日本史一問一答編集委員会 編

山川出版社

はじめに

本書は、新課程の教科書日本史探究に準拠して、日本史の学習に必要な重要歴史用語・人物・年代などを網羅した、一問一答形式の問題集である。現在日本史を学んでいる人たちが、普段の学習内容をどの程度理解しているか、何が重要事項であるかを知り、その定着を図ることができるようにした。また、大学入試をひかえた受験生が、今まで学習してきたことを総ざらいして、基本的な重要事項が自分のものになっているかを確認し、そして、不充分な点があればそれを補って、大学入試に臨めるように考慮して作成している。

「大学入学共通テスト」は全問マークセンスの解答形式で、資料文・図版・地図・発表形式や会話形式の説明文が多用されている。ただ、いずれの形式による出題でも解答の基本は、歴史用語・人物・年代に関する正しい知識の理解とそれらの学習内容の定着である。本書では、現在発行されている高校の日本史探究の教科書を手掛りに、重要事項と考えられるものを問題の正答となるようにした。

さて、次に本書の利用法を簡単に提案したい。本書は、教科書や用語集と併用して授業の学習効果を高めるとともに、大学入試の準備に役立つように作成してある。常に教科書や用語集を手元におきながら、教科書→一問一答→教科書→一問一答というサイクルで勉強して欲しい。用語の理解は、一度でものにするのは難しいので、反復練習をすることが望ましい。授業後の復習に、定期試験前の重要事項チェックに、入試前の総復習に大いに活用して欲しい。そしてその際に、解答は必ず紙に書いて欲しい。マークセンスの入試でも、確実な知識を持っていないと、それを組み合わせた正誤問題などで高得点は期待できない。知識を確実なものにするには、手を動かすことが大切である。また、論述問題対策として、解答から逆に説明の文章を書いてみることも大切な勉強である。ケアレスミスをしないように、集中して1点を大事にする勉強をつづければ、実力は必ず向上すると確信している。本書を充分活用して、日本史に対する理解を深めて欲しい。

編者

本書の特長と使い方

本書は、授業や教科書、『用語集』で学習した用語について、覚えているかを、一問一答形式でチェックする問題集です。チェック欄を活用して、身に付くまで繰り返し学習しましょう。また、わからなかった問題は、教科書や『用語集』も使って確認しましょう。

＊本書の目次構成は小社の教科書『詳説日本史』(日探705)や『日本史用語集』に準じています。

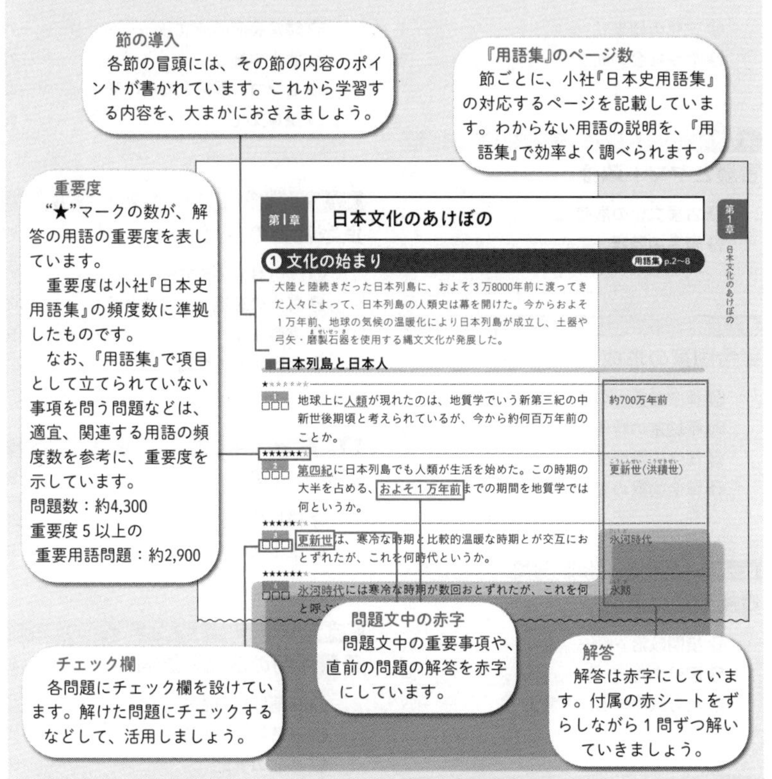

巻末索引
用語を探しやすいように、巻末に解答の用語の索引を掲載しています。

こんな使い方もできます。

- 本書を読みすすめるだけでなく、解答を紙に書いていくと、より一層の学習効果が期待できます。
- 問題文中の赤字も付属の赤シートで隠せるので、穴埋め問題としても活用できます。

目次

第1章 日本文化のあけぼの

第I章 日本文化のあけぼの

❶ 文化の始まり

用語集 p.2〜8

大陸と陸続きだった日本列島に、およそ3万8000年前に渡ってきた人々によって、日本列島の人類史は幕を開けた。今からおよそ1万年前、地球の気候の温暖化により日本列島が成立し、土器や弓矢・磨製石器（ませいせっき）を使用する縄文文化が発展した。

■日本列島と日本人

★☆☆☆☆☆☆
1 □□□ 地球上に**人類**が現れたのは、地質学でいう新第三紀の中新世後期頃と考えられているが、今から約何百万年前のことか。
約700万年前

★★★★★★☆
2 □□□ **第四紀**に日本列島でも人類が生活を始めた。この時期の大半を占める、**およそ1万年前**までの期間を地質学では何というか。
更新世（こうしんせい）（洪積世（こうせきせい））

★★★★★☆☆
3 □□□ **更新世**は、寒冷な時期と比較的温暖な時期とが交互におとずれたが、これを何時代というか。
氷河（ひょうが）時代

★★★★★★☆
4 □□□ **氷河時代**には寒冷な時期が数回おとずれたが、これを何と呼ぶか。
氷期（ひょうき）

★★★★☆☆☆
5 □□□ **氷河時代**には寒冷な時期の間に比較的温暖な時期があったが、これを何と呼ぶか。
間氷期（かんぴょうき）

★★★★★★★
6 □□□ **更新世**の日本列島はまだ大陸と陸続きで、大型動物が往来していたが、長野県**野尻湖（のじりこ）**の湖底から発見されているのは何の化石か。
ナウマンゾウ

★★★★★★★
7 □□□ 人類は進化の段階で4つに分けられるが、古い順にあげよ。
猿人（えん）・原人（げん）・旧人・新人

★★★★★★★
8 □□□ 日本列島で発見された**更新世**の化石人骨は、人類のどの段階であったか。
新人

★★★★★★☆
9 □□□ 静岡県浜松市で発見された**更新世**の化石人骨を何というか。
浜北人（はまきた）

★★★★★★☆
10 □□□ **沖縄県**で発見された**更新世**の化石人骨を何というか。2つあげよ。
港川人（みなとがわ）・山下町第一洞人（やましたちょうだいいちどうじん）など

★★★★★★★

11 □□□ 世界史では人類の文化を使用する道具、特に利器の材質で3段階に分けるが、その3つの時代を順にあげよ。 | 石器時代・青銅器時代・鉄器時代

★★★★★★★

12 □□□ 更新世の時期に人類が使用した、石を打ち欠いただけの道具を何というか。 | 打製石器

★★★★★★★

13 □□□ 打製石器だけが使われた時代を、文化区分の上で何というか。 | 旧石器時代

■旧石器人の生活

★★★★★★★

1 □□□ 相沢忠洋による赤土層中の石器発見と1949(昭和24)年の学術調査で、日本の旧石器文化解明の端緒となった遺跡は、何県の何という遺跡か。 | 群馬県岩宿遺跡

★★★★★★★

2 □□□ 相沢忠洋によって石器が発見された岩宿遺跡における更新世の赤土層を何というか。 | 関東ローム層

★★★★★★★

3 □□□ 旧石器時代の石器で、獲物の肉・皮の切り取りなどに用いられた石器を何というか。 | ナイフ形石器(石刃、ブレイド)

★★★★★★★

4 □□□ 旧石器時代の石器で、槍先など刺突用の石器を何というか。 | 尖頭器(ポイント)

★★★★★★★

5 □□□ 旧石器時代の末期に、木や骨の軸にはめこんで使われた小形の剥片石器を何というか。 | 細石器(マイクロリス)

★★★★★★★

6 □□□ 細石器文化の遺跡として知られているのは北海道の何という遺跡か。 | 白滝遺跡・置戸安住遺跡

■縄文文化の成立

★★★★★★★

1 □□□ 氷河時代は、今から約何年前に終わったか。 | 約1万年前

★★★★★★★

2 □□□ 氷河時代が終わると、温暖な気候による海面の上昇で日本列島が形成され、今日とほぼ同じ自然環境になった。この時期を地質学では何と呼ぶか。 | 完新世(沖積世)

★★★★★★★

3 □□□ 全体を磨いてつくった石器を何というか。 | 磨製石器

★★★★★★★

4 □□□ 完新世の時期で、打製石器の使用に磨製石器が加わった | 新石器時代

文化が展開した時代を何というか。

★★★★★★★

5 □□□ 今から約1万6000年前から日本で展開した、磨製石器の出現や土器の使用などを特徴とする文化を何というか。 — 縄文(じょうもん)文化

★★★★

6 □□□ 遺物の絶対年代測定法の1つで、樹木の年輪(ねんりん)の幅が気候の変化に応じて異なることを利用して測定する方法を何というか。 — 年輪年代法

★★★★★★★

7 □□□ 生物遺体に残存する放射性炭素(^{14}C)の量を測定し、死後経過した年数を算出する年代測定法を何というか。 — 放射性炭素(^{14}C)年代測定法(炭素14年代法)

★★★

8 □□□ 約1万6000年前から紀元前8～5世紀頃までの期間にわたった縄文時代を、時期区分するための基準は何か。 — 縄文土器の変化

★★★★★★★

9 □□□ 縄文文化の6区分のうち最初と最後の時期を何というか。 — 草創期・晩期

★★★★

10 □□□ 縄文時代晩期の東日本を代表する土器は、青森県の遺跡名をつけて呼ばれるが、この遺跡名を答えよ。 — 亀ヶ岡(かめがおか)遺跡

★★★★★★★

11 □□□ 縄文文化の生活で、食料を確保するための主な方法をあげよ。 — 狩猟・漁労・採集

■縄文人の生活と信仰

★★★★★★★

1 □□□ 縄文時代に現れた新しい狩猟具は何か。 — 弓矢

★★★★★★

2 □□□ 縄文時代の狩猟用具である弓矢の矢の先端につけたものを何というか。 — 石鏃(せきぞく)

★★★★★★

3 □□□ 打製と磨製があり、縄文・弥生(やよい)両時代を通じて木の伐採や土掘り具として多く使用された石器は何か。 — 石斧(せきふ)(石鍬(いしぐわ))

★★

4 □□□ 縄文時代に、動物の皮などをはぐのに用いられた石器を何というか。 — 石匙(せきひ)(いしさじ)

★★★★★

5 □□□ 縄文時代に、木の実や球根類をすりつぶすことなどに用いられた石器は何か、2つあげよ。 — 石皿(いしざら)・磨石(すり)

★★★★★★★

6 □□□ 縄文時代に、貝殻や骨などを捨てた場で、埋葬の場でもあった遺跡を何というか。 — 貝塚(かいづか)

頻度	番号	問題	解答
★★★★★☆☆	7 □□□	1877(明治10)年に日本ではじめて貝塚の発掘調査を行った、アメリカ人の動物学者はだれか。	モース
★★★★☆☆☆	8 □□□	モースが1877年に発掘した遺跡を何というか。	大森(おおもり)貝塚
★★★★★★☆	9 □□□	動物の骨や角でつくる釣針や銛(もり)などの道具を何というか。	骨角器(こっかくき)
★★★★★★★	10 □□□	縄文時代の一般的な住居は、地面を掘りくぼめ、その上に屋根をかけた住居である。この住居のことを何というか。	竪穴(たてあな)住居
★★★★★☆☆	11 □□□	縄文時代には、広場を囲んで数棟の竪穴住居が並んだ集落がつくられたが、これを何と呼ぶか。	環状(かんじょう)集落
★★★★★★★	12 □□□	縄文時代前期から中期の大集落遺跡で、多数の竪穴住居、大型掘立柱(ほったてばしら)建物、国内最多の土偶の出土、クリ林の管理などで知られるのは何県の何という遺跡か。	青森県三内丸山(さんないまるやま)遺跡
★★★★★★★	13 □□□	縄文時代の交易を示すものとして、特定の場所を産地とするガラス質の石器の広範囲な分布がある。北海道の十勝(とかち)・白滝(しらたき)、長野県の和田峠などを産地とするものは何か。	黒曜石(こくようせき)
★★★★★★☆	14 □□□	まじないなどの超自然的な力で災いを防いだり、豊かな収穫を祈る行為を何というか。	呪術(じゅじゅつ)
★★★★☆☆☆	15 □□□	あらゆる自然物や自然現象に精霊(せいれい)がやどるとする信仰を何というか。	アニミズム(精霊崇拝(せいれいすうはい))
★★★★★★★	16 □□□	縄文時代の精神生活を知ることができる遺物とされ、女性をかたどったものが多い土製品を何というか。	土偶(どぐう)
★★★★★★★	17 □□□	縄文時代の精神生活を知ることができる遺物とされ、男性を表現したと思われる石製品は何か。	石棒(せきぼう)
★★★★★★☆	18 □□□	縄文時代の人骨にみられ、当時の成人になるための通過儀礼と考えられている風習は何か。	抜歯(ばっし)
★★★★★★☆	19 □□□	死者の手足を折り曲げた、縄文時代にみられる埋葬方法を何というか。	屈葬(くっそう)

❷ 農耕社会の成立

用語集 p.8〜14

縄文文化の終末期、九州北部で水田による米作りが始まり、紀元前5〜前4世紀頃に東日本にも広まった。農耕とともに、多くの文化や技術が大陸から渡来人によってもたらされ、在来の縄文人とともに弥生文化が生み出された。農耕は日本社会を大きくかえ、集落は大規模化して戦いの時代に入り、クニと呼ばれる政治的まとまりが分立していった。

■弥生文化の成立

★★★★★★★
1 □□□ 紀元前8世紀頃から九州北部で始まり、その後北海道と南西諸島を除く日本列島の大部分の地域に、紀元3世紀頃まで展開した文化を何というか。
弥生(やよい)文化

★★★★★★★
2 □□□ 生産面での弥生文化の特徴は何か。
水稲(すいとう)耕作の普及

★★★★★★☆
3 □□□ 弥生時代早期、または縄文時代晩期の水田や水路が発見され、前8世紀頃からすでに水稲耕作が始まっていたことが知られるようになった、福岡県で発見された遺跡をあげよ。
板付(いたづけ)遺跡

★★★☆☆☆☆
4 □□□ 弥生時代早期、または縄文時代晩期の水田や水路が発見された佐賀県の遺跡をあげよ。
菜畑(なばたけ)遺跡

★★★★★★★
5 □□□ 弥生文化は北海道にはおよばず、食料採集文化が続いていたが、この文化を何と呼ぶか。
続縄文(ぞくじょうもん)文化

★★★★★★☆
6 □□□ 弥生文化は南西諸島にはおよばず、食料採集文化が続いていたが、この文化を何と呼ぶか。
貝塚(かいづか)文化(貝塚後期文化)

★★★★☆☆☆
7 □□□ 弥生土器の名称は、1884(明治17)年、この様式の土器が東京の本郷(ほんごう)弥生町で発見されたことにちなむが、この貝塚を何というか。
向ヶ岡(むこうがおか)貝塚

★★★★★☆☆
8 □□□ 弥生土器は縄文土器とくらべてどんな特徴があるか、2つあげよ。
薄手(うすで)・赤褐色(せきかっしょく)

★★★★★☆☆
9 □□□ 弥生土器は、用途に応じていくつかの基本形があったが、煮炊き用のものを何というか。
甕(かめ)

★★★★★★★
10 □□□ 弥生土器で貯蔵用のものを何というか。
壺(つぼ)

★★★☆☆☆☆
11 □□□ 弥生土器で食物を蒸(む)すためのものを何というか。
甑(こしき)

★★★★★★★
12
□□□ 弥生土器で盛り付け用のものを何というか。 | 高杯(坏)(たかつき)

★★★★★★★
13
□□□ 金属器のうち、木製農具を製作する工具や、武器などの実用の道具にも使われたものは何か。 | 鉄器

★★★★★★★
14
□□□ 金属器のうち、銅と錫(すず)の合金で、主に宝器・祭器・装身具として使われたものは何か。 | 青銅器(せいどうき)

■弥生人の生活

★★★★★★★
1
□□□ 弥生時代初期の水稲耕作は三角州など低湿地を利用して行われたが、この初期の水田を何というか。 | 湿田(しつでん)

★★★★★★★
2
□□□ 自然堤防や段丘上に立地し、やや湿った状態まで排水でき、灌漑(かんがい)を行う水田を何というか。 | 半乾田(はんかんでん)

★★★★★★★
3
□□□ 地下水位が低く排水が良好で、灌漑の必要な生産性の高い水田を何というか。 | 乾田

★★★★★★★
4
□□□ 弥生時代には農耕と並行して狩猟や漁労も盛んだったほか、家畜として何を飼育していたことがわかっているか。 | ブタ(イノシシ)

★★★★★★★
5
□□□ 弥生時代に水田の耕作用に使われた木製農具を2つあげよ。 | 木鍬(きぐわ)・木鋤(きすき)

★★★★★★★
6
□□□ 弥生時代の低湿地の水田で、足がしずむのを防ぐために使われた木製農具をあげよ。 | 田下駄(たげた)

★★★★★★★
7
□□□ 水田に堆肥(たいひ)や青草などを踏み込む道具として使われた木製農具は何か。 | 大足(おおあし)

★★★★★★★
8
□□□ 弥生時代には、直播(じかまき)だけでなく田植えも始まっていたが、収穫時に使用された磨製の石器を何というか。 | 石包(庖)丁(いしぼうちょう)

★★★★★★★
9
□□□ 弥生時代前期から中期にかけて行われていた、石包丁を用いた稲の刈り取り方法を何というか。 | 穂首刈り(ほくびがり)

★★★★★★★
10
□□□ 弥生時代後期になると農業技術が発展し、鉄製農具も現れたが、このうち稲の刈り取りに使用された道具は何か。 | 鉄鎌(てつがま)

★★★★★★★
11
□□□ 弥生時代後期から始まった、鉄鎌を用いた稲の刈り取りの方法を何というか。 | 根刈り(ねかり)

★★★★★★

12 □□□ 弥生時代に、刈り取った稲は、木臼(きうす)や竪杵(たてぎね)を使って脱穀されたが、収穫物の貯蔵のために建てられたものは何か。

高床倉庫(たかゆかそうこ)

★★★★★

13 □□□ 日本最大級の環濠(かんごう)集落で、多数の木製農具が出土した例として知られる、弥生時代中期の奈良県の代表的な遺跡をあげよ。

唐古(からこ)・鍵(かぎ)遺跡

★★★

14 □□□ 住居・倉庫・水田跡などで知られる弥生時代後期の静岡県の遺跡をあげよ。

登呂(とろ)遺跡

★★★

15 □□□ 水田遺構の発見により、弥生時代に稲作が本州北端近くまでおよんだことを示す青森県の代表的な遺跡を2つあげよ。

垂柳(たれやなぎ)遺跡・砂沢(すなざわ)遺跡

★★★★

16 □□□ 朝鮮半島や九州北部にみられる、大きな平石を数個の石で支え、その下に埋葬した弥生時代の墓制を何というか。

支石墓(しせきぼ)

★★★★★★

17 □□□ 九州北部にみられる、特製の大型の土器を用いた弥生時代の墓制を何というか。

甕棺墓(かめかんぼ)

★

18 □□□ 甕棺墓の棺から、大量の副葬品が発見された福岡県春日市にある遺跡をあげよ。

須玖岡本(すぐおかもと)遺跡

★★★

19 □□□ 板を組み合わせた棺に埋葬した弥生時代の墓制を何というか。

木棺墓(もっかんぼ)

★★★

20 □□□ 九州北部などに多い墓制で、板石を組み合わせてつくった棺によるものを何というか。

箱式石棺墓(はこしきせっかんぼ)

★★★★★★

21 □□□ 弥生時代後期から古墳時代にみられる墓制で、方形の低い墳丘(ふんきゅう)の周りに溝をめぐらしたものを何というか。

方形周溝墓(ほうけいしゅうこうぼ)

★★★★★★

22 □□□ 弥生時代中期から後期の西日本で、周囲を削ったり、盛土をしたりして、大きな丘陵の形をした墓がつくられたが、これを何というか。

墳丘墓(ふんきゅうぼ)

★★★★★

23 □□□ 岡山県にあり、直径約40mの円形墳丘の両側に突出部をもつ、吉備(きび)の首長墓と考えられる大墳丘墓を何というか。

楯築(たてつき)墳丘墓

★★★

24 □□□ 弥生時代中期から、吉備・山陰・北陸の各地方で行われた墓制で、方形墳丘墓の四隅(よすみ)がヒトデのように飛び出した特異な形の大型墳丘墓を何というか。

四隅突出型墳丘墓(よすみとっしゅつがたふんきゅうぼ)

★★★★★★★
25 □□□ 弥生時代には、屈葬に対し手足をのばした形の葬法がみられるが、これを何というか。
伸展葬

★★★★★★★
26 □□□ 弥生時代には、集団の中に身分の差が生じ、各地に有力な支配者が現れたが、このことを示す埋葬方法の変化をあげよ。
多量の副葬品

★★★★★★★
27 □□□ 弥生時代の国産青銅器のうち、九州北部を中心に分布するものを2つあげよ。
銅矛(鉾)・銅戈

★★★★★★★
28 □□□ 弥生時代の国産青銅器のうち、近畿地方を中心に分布するものを1つあげよ。
銅鐸

★★★★★★★
29 □□□ 弥生時代の国産青銅器のうち、瀬戸内海地域を中心に分布するものを1つあげよ。
平形銅剣

★★★★★★★
30 □□□ 銅剣358本、銅鐸6個、銅矛16本がまとまって出土した島根県出雲市斐川町にある弥生時代の遺跡をあげよ。
荒神谷遺跡(神庭荒神谷遺跡)

■小国の分立

★★★★★★★
1 □□□ 弥生時代の集落には、周りに濠や土塁をめぐらした防御用の施設をもつものが少なくない。このような集落を何というか。
環濠集落

★★★★★★★
2 □□□ 弥生時代中期から後期にかけて、香川県紫雲出山遺跡、大阪府高槻市古曽部・芝谷遺跡のように、軍事・防衛的機能を重視して山頂や丘陵上につくられたと考えられる集落が存在するが、これを何というか。
高地性集落

★★★★★★★
3 □□□ 二重の環濠をもつ巨大な環濠集落の遺跡で、大きな墳丘墓や多くの甕棺墓、望楼と推定される掘立柱の建物跡などが発見された、「クニ」の形成をうかがわせる佐賀平野にある大遺跡をあげよ。
吉野ヶ里遺跡

★★★★★★★
4 □□□ 中国の歴史書に登場する弥生時代の日本人は、どのような名称で呼ばれているか。
倭人

★★★★★★★
5 □□□ 紀元前後の倭(日本)が100余国の小国にわかれていて、定期的に中国に使者を送ってくると記す、倭に関する最古の記録がある中国の歴史書は何か。
『漢書』地理志

★★★★★★★
6 □□□ 紀元前108年におかれた、朝鮮半島の4郡のうち、今のピョンヤン(平壌)付近にあった郡を何というか。
楽浪郡

★★★★★★★
7 □□□ 紀元前108年に朝鮮半島に4郡を設置した中国の王朝と皇帝をあげよ。
漢(前漢)の武帝

★★★★★★★
8 □□□ 紀元57年にある小国の使者が朝貢し、中国の皇帝から印綬を与えられたことを記す、中国の歴史書は何か。
『後漢書』東夷伝

★★★★★★★
9 □□□ 『後漢書』東夷伝に記されている、印綬を与えられた倭の小国を何というか。
奴国

★★★★★★★
10 □□□ 紀元57年に、奴国の使者に印綬を与えた中国の王朝と皇帝をあげよ。
後漢の光武帝

★★★★★★★
11 □□□ 1784(天明4)年に九州北部から、『後漢書』東夷伝に記されている金印が発見されたが、その発見地は何県のどこか。
福岡県志賀島

★★★★★★★
12 □□□ 福岡県志賀島で発見された金印には、どのような文字が刻まれているか。
漢委奴国王

★★★★★★★
13 □□□ 『後漢書』東夷伝には、紀元107年に、倭の国王らが奴隷160人を献上したことが記されているが、この倭の国王とされる人物の名を何というか。
帥升(師升)

★★★★★★★
14 □□□ 『後漢書』東夷伝には、奴隷と考えられるものが何と記されているか。
生口

■邪馬台国連合

★★★★★★★
1 □□□ 後漢に続く三国時代に、29国ばかりの小国の連合体が倭(日本)に存在し、中国に朝貢している。このことを記す中国の歴史書は何か。
「魏志」倭人伝

★★★★★★★
2 □□□ 中国の三国時代の三国の国名をあげよ。
魏・呉・蜀

★★★★★★★
3 □□□ 中国の三国時代に、倭で29カ国の連合体の盟主となった国を何というか。
邪馬台国

★★★★★★★
4 □□□ 239年に魏に朝貢した邪馬台国の女王を何というか。
卑弥呼(ひめこ)

★★★★★★★

5 □□□ 卑弥呼は「景初二年」に、朝鮮半島におかれた中国の郡を通じ、魏の皇帝に使者を送った。「景初二年」は「景初三年」の誤りだが、それは西暦何年にあたるか。

239年

★★★★★★★

6 □□□ 卑弥呼が使節を送った、中国が支配する朝鮮半島の今のソウル付近を中心とした郡を何というか。

帯方郡(たいほうぐん)

★★★★★★★

7 □□□ 卑弥呼に、魏の皇帝はある称号と金印・銅鏡(どうきょう)を与えたが、どのような称号か。

親魏倭王(しんぎわおう)

★★★★★★★

8 □□□ 卑弥呼は呪術にすぐれ、呪術的権威を背景とする巫女(みこ)的な王であったと考えられるが、「魏志」倭人伝では卑弥呼の呪術のことを何と記しているか。

鬼道(きどう)

★★★★★★★

9 □□□ 邪馬台国には身分秩序があったことを示す記述があるが、どのような身分秩序か。

大人(たいじん)と下戸(げこ)

★★★★★★★

10 □□□ 邪馬台国で卑弥呼の死後、その地位を継いだとされる一族の女性の名を何というか。

壱与(いよ)(台与(とよ))

★★★★★★★

11 □□□ 奈良県桜井市(さくらいし)の三輪山(みわやま)西麓に広がる3～4世紀の巨大遺跡で、2009(平成21)年に整然と配置された大型建物跡が発見されて、のちのヤマト政権の王宮につながるものとして注目されている遺跡は何か。

纒向遺跡(まきむく)

★★★★★★★

12 □□□ 邪馬台国の位置について、対立する2つの説をあげよ。

近畿(大和)説・九州説

第2章 古墳とヤマト政権

❶ 古墳文化の展開

用語集 p.15〜24

日本列島では政治連合が形成されるとともに、古墳がつくられるようになっていった。その中心は大和地方を中心としたヤマト政権で、4世紀の中頃までに東北地方南部にまで波及した。ヤマト政権は、大陸ともかかわりながら、大王を中心とする集権的な国家形成を目指すようになった。

■古墳の出現とヤマト政権

★★★★★★★
1 □□□ 3世紀後半、西日本を中心に各地に出現した、土を高く盛り上げて造成した墓を何というか。 — 古墳（こふん）

★★★★★★★
2 □□□ 土を高く盛り上げた墓制をもつ文化が発達した時代を何というか。 — 古墳時代

★★★★★☆☆
3 □□□ 古墳時代は前期・中期・後期の3期に区分されているが、中期はほぼ何世紀に相当するか。 — 5世紀

★★★★★★★
4 □□□ 古墳のうち、円形の墳丘（ふんきゅう）の一端に方形の墳丘を連接させた高塚式古墳を何というか。 — 前方後円墳（ぜんぽうこうえんふん）

★★★★★★☆
5 □□□ 出現期の古墳としては最大規模をもつ、奈良県にある前方後円墳を何というか。 — 箸墓古墳（はしはか）

★★★★★★☆
6 □□□ 出現期の古墳の分布などから、4世紀頃までに大和（やまと）地方を中心とする政治連合が形成されたと考えられている。この政治連合を何というか。 — ヤマト政権

■前期・中期の古墳

★★★★★★★
1 □□□ 古墳の墳丘上には、素焼（すやき）の土製品が並べられていることが多いが、これを何というか。 — 埴輪（はにわ）

★★★★★★☆
2 □□□ 土管状の単純な器形の埴輪を何というか。 — 円筒埴輪（えんとう）

★★★★☆☆☆
3 □□□ 家や器財・人物・動物などをかたどった埴輪を何というか。 — 形象埴輪

★★★★★★★

4 □□□ 形象埴輪のうち、家を表すものと盾・靫（ゆき）・蓋（きぬがさ）などを表すものを、それぞれ何というか。

家形埴輪（いえがた）・器財埴輪（きざい）

★★★★★★★

5 □□□ 前期・中期の古墳に多い棺の収蔵施設で、長方形の石室をつくり、上部から棺をおさめ、天井石をのせて閉鎖し、土をかぶせたものを何というか。

竪穴式石室（たてあなしきせきしつ）

★★★★★★★

6 □□□ 古墳で、直接木棺を埋めて周囲を厚く粘土でおおったものを何というか。

粘土槨（ねんどかく）

★★★★★★★

7 □□□ 前期古墳の副葬品には呪術的性格が強く、この時期の各地の首長たちが司祭者的性格をもっていたことを物語っているが、どんなものが副葬されていたか。２つあげよ。

銅鏡（どうきょう）・腕輪形石製品（うでわがた）など

★★★★★★★

8 □□□ 中期古墳には巨大な規模をもつものが目立つが、大阪府堺市の百舌鳥（もず）古墳群にある国内最大規模の古墳を何というか。

大仙陵古墳（だいせんりょう）（仁徳天皇陵古墳（にんとくてんのうりょう））

★★★★★★★

9 □□□ 大阪府羽曳野（はびきの）市の古市（ふるいち）古墳群のなかで、最大規模の古墳を何というか。

誉田御廟山古墳（こんだごびょうやま）（応神天皇陵古墳（おうじん））

★★★★★★★

10 □□□ 中期古墳の副葬品は、前期と異なり、武人的性格が強いとされるが、どんなものが副葬されていたか。２つあげよ。

馬具・鉄製武器や武具

★★★★★★★

11 □□□ 畿内の巨大古墳は５世紀のヤマト政権の盟主の墓と考えられるが、この盟主のことを何というか。

大王（おおきみ）（だいおう）

★★★★★★★

12 □□□ 古墳の築造は東北地方から九州南部にまでおよんだが、特に大規模な古墳が数多くつくられた群馬・栃木県地方、岡山県地方はそれぞれ古い地名で何と呼ぶか。

上毛野（かみつけの）・吉備（きび）

■東アジア諸国との交渉

★★★★★★★

1 □□□ 中国で、三国時代のあと国内を統一した王朝の名をあげよ。

晋（しん）（西晋）

★★★★★★★

2 □□□ ４世紀初め、中国では匈奴（きょうど）をはじめとする北方諸民族の侵入を受けて晋（しん）が江南に移り、南北の分裂時代になった。この時代を何というか。

南北朝時代

★★★★★★★

3 □□□ 朝鮮半島では、中国東北部から南下した勢力が、313年

高句麗（こうくり）

に楽浪郡を滅ぼしたが、この勢力とは何か。

★★★★★★★ 4 □□□	4世紀半ばに朝鮮半島南部では、韓族の小国家連合を統一して2つの国家が成立したが、このうち、南西部の小国家連合名と、これを統一して成立した国家名をあげよ。	馬韓・百済(ひゃくさい)
★★★★★★★ 5 □□□	朝鮮半島南東部の小国家連合名と、4世紀半ばにこれを統一して成立した国家名をあげよ。	辰韓・新羅(しんら)
★★★★ 6 □□□	3世紀頃、朝鮮半島南部にあった小国家連合は何と呼ばれたか。	弁韓(弁辰)
★★★★★★★ 7 □□□	弁韓には、鉄資源を求めて倭の勢力も進出したが、この地域は4世紀には何と呼ばれたか。	加耶(加羅)
★★★★ 8 □□□	朝鮮半島南部の加耶は、『日本書紀』では何と呼ばれているか。	任那
★★★★★★ 9 □□□	倭が「辛卯年」に朝鮮半島に進出し、高句麗と交戦したことを記す高句麗王の石碑を何というか。	広開土王碑(好太王碑)
★★★ 10 □□□	広開土王碑に記されている「辛卯年」は、西暦何年にあたるか。	391年
★★★★ 11 □□□	広開土王碑は、鴨緑江の北岸、中国吉林省集安市の高句麗の都であった場所にあるが、この都を何というか。	丸都
★★★★★★★ 12 □□□	南北朝時代の中国の南朝に次々と倭の王が使いを送り、朝貢したことを記す中国の歴史書をあげよ。	『宋書』倭国伝
★★★ 13 □□□	倭の王が中国の南朝に朝貢したのは、主として何世紀のことか。	5世紀
★★★★★★★ 14 □□□	中国の南朝に朝貢した倭の王を総称して何というか。	倭の五王
★★★★★★★ 15 □□□	中国の南朝に朝貢した倭の五王の名を順にあげよ。	讃・珍(弥)・済・興・武
★★★★★★★ 16 □□□	『宋書』倭国伝には、「東は毛人を征すること五十五国、西は衆夷を服すること六十六国……」という国内統一の状況を述べた倭王の上表文がのせられているが、この倭王はだれか。	武
★★★★★★ 17 □□□	武は『日本書紀』の何天皇にあたるか。	雄略天皇

★★★★★★★

18 □□□ 埼玉県の古墳から出土した鉄剣銘に「獲加多支鹵大王」という名があり、雄略天皇と同一人物と考えられているが、この古墳名をあげよ。

稲荷山古墳

★★★★★★★

19 □□□ 倭の五王のうち、済と興にあたると推定されている天皇の名をそれぞれあげよ。

允恭天皇・安康天皇

■大陸文化の受容

★★★★★★★

1 □□□ 朝鮮や中国との交流が盛んになると、半島や大陸から人々が近畿地方を中心に移住してくるようになり、新しい技術や文化を伝えた。このような人々を何というか。

渡来人

★★★★★★★

2 □□□ ヤマト政権は、渡来人を技術者集団に組織し、各地に居住させたが、須恵器などの焼き物の技術者集団を何というか。

陶作部

★★★★★★★

3 □□□ 応神天皇の時に、秦の始皇帝の子孫が渡来したことに始まるという伝承をもつ近畿地方の豪族で、養蚕・機織・開拓に従事した氏族を何というか。

秦氏

★★★★★★★

4 □□□ 始皇帝の子孫という伝承上の人物で、秦氏の祖先とされるのはだれか。

弓月君

★★★★★★★

5 □□□ 応神天皇の時に、後漢の皇帝の子孫が17県の民を率いて渡来したという伝承をもつ豪族を何というか。

東漢氏

★★★★★★★

6 □□□ 後漢の皇帝の子孫という伝承上の人物で、東漢氏の祖先とされるのはだれか。

阿知使主

★★★★★★★

7 □□□ 漢字の伝来に関連して、応神天皇の時、『論語』『千字文』をもって百済から渡来したと伝えられる人物はだれか。

王仁

★★★★★★★

8 □□□ 百済から渡来した、王仁を祖先と称している豪族を何というか。

西文氏

★★★★★★★

9 □□□ 日本における漢字使用の始まりを示す遺物について、熊本県出土のものをあげよ。

江田船山古墳出土の鉄刀

★★★★★★★

10 □□□ 日本における漢字使用の始まりを示す遺物について、和歌山県の神社に伝えられたものをあげよ。

隅田八幡神社の人物画像鏡

	問題	解答
★★★★★★★ 11 □□□	日本における漢字使用の始まりを示す遺物について、埼玉県出土のものをあげよ。	稲荷山古墳出土の鉄剣
★★★★ 12 □□□	日本における漢字使用の始まりを示す遺物について、奈良県天理市の神社に伝えられたものをあげよ。	石上神宮七支刀(いそのかみしちしとう)
★★ 13 □□□	6世紀初め、百済から渡来した儒教の学者を何というか。	五経博士(ごきょうはかせ)
★★★★★ 14 □□□	仏教公伝として、百済の王が日本の天皇に仏像・経論を贈ったということが伝えられているが、百済の王の名と天皇名をそれぞれあげよ。	聖明王(せいめいおう)(聖王・明王)・欽明(きんめい)天皇
★★★★ 15 □□□	仏教公伝を「戊午(ぼご)年」(538年)とする文献を2つあげよ。	上宮聖徳法王帝説(じょうぐうしょうとくほうおうていせつ)・元興寺縁起(がんごうじえんぎ)
★★★★ 16 □□□	仏教公伝を「壬申(じんしん)年」(552年)とする文献をあげよ。	日本書紀(にほんしょき)
★ 17 □□□	『扶桑略記(ふそうりゃっき)』によると6世紀初め、鞍作鳥(くらつくりのとり)の祖父と伝えられる人物が仏教公伝より先に日本に渡来して仏像を崇拝していた。この人物はだれか。	司馬達等(しばたっと)
★★★★ 18 □□□	5世紀末から6世紀前半にかけて、朝廷でまとめられたとされる大王の系譜で、のちの『古事記(こじき)』『日本書紀』のもとになったものを何というか。	帝紀(ていき)
★★★★ 19 □□□	5世紀末から6世紀前半にかけて、朝廷でまとめられたとされる朝廷の説話・伝承を何というか。	旧辞(きゅうじ)

■後期の古墳

	問題	解答
★★★★★★★ 1 □□□	6世紀の古墳時代後期になると、古墳の埋葬施設は従来の竪穴式にかわり、朝鮮半島から伝わったものが普及した。何と呼ばれるものか。	横穴式石室(よこあなしきせきしつ)
★★★★★ 2 □□□	横穴式石室は、遺体をおく主室と通路とで成り立っているが、それぞれ何というか。	玄室(げんしつ)・羨道(せんどう)(えんどう)
★★★★ 3 □□□	九州や茨城県・福島県などの古墳には、墓室に彩色あるいは線刻された壁画をもつものがみられるが、これを何と呼ぶか。	装飾古墳(そうしょくこふん)

★★★★★★★

4 □□□ 福岡県宮若市にある後期の円墳で、横穴式石室の奥壁に竜・馬・船などを黒・赤2色で描いた彩色壁画がみられる古墳名をあげよ。

竹原古墳

★★★★★★★

5 □□□ 5世紀の終わりから6世紀にかけて、奈良県新沢千塚古墳群のように、1カ所に十数基から数百基もの小さな古墳がつくられるようになるが、これを何というか。

群集墳

■古墳時代の人々の生活

★★★★★★★

1 □□□ 古墳時代には、それまでの竪穴住居のほかに、どのような建物がみられるようになったか。

掘立柱建物

★★★★★★★

2 □□□ 群馬県高崎市で日本で最初に発見された、古墳時代後期の豪族居館跡として最大級の遺跡は何か。

三ツ寺Ⅰ遺跡

★★★★★★★

3 □□□ 古墳時代に使われた土器のうち、弥生土器の系統をひく赤焼きのものを何というか。

土師器

★★★★★★★

4 □□□ 5世紀になると、朝鮮半島から伝えられた技術により、1000度以上で焼成される灰色で硬質の土器が現れたが、これを何というか。

須恵器

★★★★★★★

5 □□□ 日本の民族宗教として、様々な農耕儀礼が発達したが、その年の豊作を祈る春の祭りを何というか。

祈年の祭り(祈年祭)

★★★★★★★

6 □□□ 稲の収穫を感謝し、翌年の豊作を祈る秋の祭りを何というか。

新嘗の祭り(新嘗祭)

★★★★★★★

7 □□□ 一族の祖先神や守護神としてまつられる神を何というか。

氏神

★★★★★★★

8 □□□ 三重県にあり、大王家の祖先神とされる天照大神をまつる神社を何というか。

伊勢神宮

★★★★★★★

9 □□□ 島根県にあり、大国主神をまつる神社を何というか。

出雲大社

★★★★★★★

10 □□□ 奈良県にあり、三輪山を神体として崇拝する神社を何というか。

大神神社

★★★★★★★

11 □□□ 古墳時代には様々な呪術的風習があったが、鹿の肩甲骨を焼いて吉凶を占うことを何というか。

太占(太占の法)

★★★★★★
12 □□□ 古墳時代の呪術的風習で、穢れのある時や神事の前に、川など水の中に入って**穢れを落とす**ことを何というか。 — 禊

★★★★★★
13 □□□ 古墳時代の呪術的風習で、種々の儀礼により**厄災や罪をとりはらう**ことを何というか。 — 祓

★★★★★★
14 □□□ 古墳時代の呪術的風習で、**熱湯**に手を入れさせ、手がただれるかどうかで真偽を判断する神判は何か。 — 盟神探湯

■ヤマト政権と政治制度

★★★★★★★
1 □□□ ヤマト政権が諸豪族を服属させて、全国統一を進めていく過程でつくりあげた支配の仕組みを何というか。 — 氏姓制度

★★★★★★★
2 □□□ ヤマト政権下で、諸豪族が、**血縁**にもとづいて構成する同族集団を何というか。 — 氏

★★★★
3 □□□ **氏**の首長を何というか。 — 氏上

★
4 □□□ **氏**の一般構成員を何というか。 — 氏人

★★★★★★★
5 □□□ ヤマト政権の**職務を分担した**諸豪族の**氏単位**に与えられた、その地位を示す称号を何というか。 — 姓(カバネ)

★★★★★★★
6 □□□ 大王家からわかれたとされる大和の有力豪族や、地方の伝統ある豪族がもつ称号を何というか。 — 臣

★★★★
7 □□□ **臣**の称号をもつ豪族の例をあげよ。 — 葛城氏・平群氏・蘇我氏など

★★★★★★★
8 □□□ 大王とは祖先が異なるとされ、その多くが**職能**をもって朝廷に仕えた有力豪族がもつ姓は何か。 — 連

★★★★
9 □□□ **連**の姓をもち、**軍事**を担当した豪族を2氏あげよ。 — 大伴氏・物部氏

★
10 □□□ **連**の姓をもち、**祭祀**を担当した豪族を2氏あげよ。 — 忌部氏・中臣氏

★★★★
11 □□□ 氏姓制度で、主として**地方の有力豪族**に与えられた姓を何というか。 — 君(公)

★★★★★★★
12 □□□ ヤマト政権の大王の下で、国政を担当する**中央豪族**に与えられる姓のうち、**最有力**なものは何か。2つあげよ。 — 大臣・大連

★★★★★★☆

13 □□□ ヤマト政権下で、特定の技術・職業をもって朝廷に奉仕する集団を何というか。 — 品部(しなべ)（ともべ）

★★★★★★☆

14 □□□ 品部を統率して朝廷に仕える中・下級豪族を何というか。 — 伴造(とものみやつこ)

★★★★★★★

15 □□□ ヤマト政権下で、地方官として、それぞれの地方の支配権を認められた豪族を何というか。 — 国造(くにのみやつこ)

★★★★★★☆

16 □□□ 地方豪族支配下の民の一部を割いて設けた、ヤマト政権の直轄民を何というか。 — 名代(なしろ)・子代(こしろ)

★★★★★★★

17 □□□ ヤマト政権の直轄地を何というか。 — 屯倉(みやけ)

★★★★★☆☆

18 □□□ 大化改新前の諸豪族の私有地を何というか。 — 田荘(たどころ)

★★★★★★★

19 □□□ 大化改新前の諸豪族の私有民を何というか。 — 部曲(かきべ)

★★★☆☆☆☆

20 □□□ 大化改新前の諸豪族が所有する奴隷を何というか。 — ヤツコ(奴婢(ぬひ))

★★★★☆☆☆

21 □□□ 品部・名代・子代・部曲など、ヤマト政権や豪族が所有し支配していた人々を総称して何というか。 — 部(べ)(部民(べのたみ))（べみん）

★★★★★★★

22 □□□ 大王権力の拡大に対し、6世紀初めに新羅(しらぎ)と結び、九州北部でヤマト政権に対する反乱をおこした人物はだれか。 — 筑紫(つくしの)国造磐井(いわい)（ちくし）

■古墳の終末

★☆☆☆☆☆☆

1 □□□ 千葉県印旛(いんば)郡栄(さかえ)町にある7世紀前半頃に築造された終末期としては最大の古墳は何か。 — 龍角寺岩屋古墳(りゅうかくじいわや)

★★★★★☆☆

2 □□□ 近畿の大王の墓にみられる、墳丘の平面が八角形の終末期古墳を何というか。 — 八角墳(はっかくふん)

❷ 飛鳥の朝廷

用語集 p.24～27

6世紀の朝鮮半島では、高句麗(こうくり)の圧迫を受けた百済(くだら)や新羅(しらぎ)が勢力を南に広げ、朝鮮半島におけるヤマト政権の影響力を後退させた。隋(ずい)が南北朝を統一して周辺地域に進出し始めると、ヤマト政権は激動する東アジア情勢に対応すべく、蘇我馬子(そがのうまこ)と厩戸王(うまやとおう)を中心に先進文化や仏教を取り入れ、新たな国家組織の形成を進めた。

■東アジアの動向とヤマト政権の発展

	問題	解答
1 ★★★★	6世紀初めに加耶西部の地域(『日本書紀』では「任那四県」と表記)を百済に割譲し、のちにその責任を問われて大連の地位を退いたとされる人物はだれか。	大伴金村
2 ★★★★★★★	加耶諸国を併合していった国は新羅とどこか。	百済
3 ★	新羅・百済により加耶諸国が滅ぼされたのは西暦何年のことか。	562年
4 ★★★★★★★	朝廷内の豪族間の争いが高まるなか、大伴金村失脚後に勢力を強め、対立するようになった豪族は何氏と何氏か。	蘇我氏・物部氏
5 ★★★★★★★	蘇我氏・物部氏の争いは、あるものの受容をめぐって激化したが、それは何か。	仏教
6 ★★★★★★★	蘇我氏と物部氏の争いは、587年に蘇我氏が物部氏を滅ぼすことで決着した。この時の両氏の氏上はだれか。	蘇我馬子・物部守屋
7 ★	蘇我氏の力は、渡来人と結び財政権を握ったことにあったが、当時、朝廷の財物をおさめた蔵を総称して何というか。	三蔵
8 ★★★★★★★	592年に蘇我馬子によって暗殺された天皇はだれか。	崇峻天皇
9 ★★★★★★★	崇峻天皇が暗殺されたあとに即位した、最初の女性天皇はだれか。	推古天皇
10 ★★★★★★★	推古天皇の甥で、蘇我馬子と協力して国政を担当し、改革を進めた人物はだれか。	厩戸王(聖徳太子)
11 ★★★★★★★	603年に、姓とは異なり、才能や功績に応じ、氏族単位ではなく個人に与えられる新しい位階制度がつくられた。この制度を何というか。	冠位十二階(の制)
12 ★★★	冠位十二階の制度に用いられた徳目を上から順に6つ答えよ。	徳・仁・礼・信・義・智
13 ★★★★★★★	604年に、「和を以て貴しとなし……」で始まる、豪族・官人に対する天皇への服従や衆議尊重、三宝崇敬などの道徳的訓戒を内容とする法令がつくられた。これを何というか。	憲法十七条

頻度	No.	問題	答え
★☆☆☆☆☆☆	14	7世紀初めに厩戸王が蘇我馬子とともに編纂したが、645（大化元）年の蘇我氏滅亡の際に焼失したという歴史書を2つあげよ。	天皇記・国記
★★★★★★★	15	「日出づる処の天子、書を日没する処の天子に致す」という、中国皇帝に臣属しない形式の国書をもった外交使節が派遣されたのは、西暦何年のことか。	607年
★★★★★★★	16	607年に中国に派遣された外交使節を何というか。	遣隋使（けんずいし）
★★★★★★☆	17	607年に遣隋使として中国に派遣された人物はだれか。	小野妹子（おののいもこ）
★★★★★★★	18	607年に派遣された遣隋使について記載されている、中国の歴史書を何というか。	『隋書』倭国伝（ずいしょ わこくでん）
★★★★★★★	19	小野妹子が隋に派遣された時の隋の皇帝の名と、608年に日本へ答礼使として遣わされた隋の使者の名をあげよ。	煬帝（ようだい）・裴世清（はいせいせい）
★★★★★★★	20	608年に、再び隋に派遣された小野妹子に同行した、留学生を1人あげよ。	高向玄理（たかむこのげんり）（くろまろ）
★★★★★★★	21	608年に、再び隋に派遣された小野妹子に同行した、学問僧を2人あげよ。	南淵請安（みなぶちのしょうあん）・旻（みん）
★★★★★★★	22	中国では618年に隋が滅び、新しい王朝が成立し、高度に発達した中央集権国家を築いた。この王朝を何というか。	唐（とう）
★★★★★★★	23	唐に派遣された使節を何というか。	遣唐使
★★★★☆☆☆	24	遣唐使が最初に派遣されたのは西暦何年か。	630年
★★★☆☆☆☆	25	630年に遣唐使として派遣された人物はだれか。	犬上御田鍬（いぬかみのみたすき）

■飛鳥の朝廷と文化

頻度	No.	問題	答え
★★★★★★★	1	推古朝を中心に、大化改新の頃まで大王の宮殿が営まれた、奈良盆地南部の地名を何というか。	飛鳥（あすか）
★★★★★★★	2	7世紀前半の推古朝を中心とした時代の文化を何というか。	飛鳥文化

★★★★★ 3 □□□	飛鳥文化はそれまでの古墳文化に、百済・高句麗(こうくり)を通じてもたらされた、中国のある時代の文化の影響が加わって成立したものであるが、その時代を何というか。	南北朝時代
★★★★ 4 □□□	仏教の普及にともない、諸氏が一族のために建てた寺院を何というか。	氏寺(うじでら)
★★★★★★★ 5 □□□	寺院は、それまでの何にかわって豪族の権威を示すものとなったか。	古墳(こふん)
★★★★★★★ 6 □□□	厩戸王(うまやとおう)(聖徳太子(しょうとくたいし))の発願で、奈良県斑鳩(いかるが)の地に建てられた寺院を何というか。	法隆寺(ほうりゅうじ)(斑鳩寺)
★ 7 □□□	法隆寺の建物は、670年の焼失後、7世紀後半に再建されたものといわれるが、その根拠とされるものを何というか。	若草伽藍跡(わかくさがらん)
★ 8 □□□	法隆寺の建築にみられる柱の中央部のふくらみを何というか。	エンタシス
★★★★★★ 9 □□□	厩戸王の発願で建てられたという大阪市の寺院を何というか。	四天王寺(してんのうじ)
★★★★★★★ 10 □□□	蘇我氏の発願で奈良県飛鳥の地に建てられた寺院を何というか。	飛鳥寺(あすかでら)(法興寺(ほうこうじ))
★★★ 11 □□□	飛鳥大仏とも呼ばれる日本最古の仏像は何か。	飛鳥寺釈迦如来像(しゃかにょらいぞう)
★★★★★ 12 □□□	飛鳥寺釈迦如来像の作者はだれか。	鞍作鳥(くらつくりのとり)(止利仏師(とりぶっし))
★★★★★★ 13 □□□	飛鳥時代の仏像彫刻には、銅に鍍金(ときん)を施したものが多いが、これを何というか。	金銅像(こんどう)
★★★★ 14 □□□	飛鳥時代の仏像彫刻には、中国南北朝の影響があるが、北朝系で多くみられる様式を何というか。	北魏様式(ほくぎ)
★★★★★★★ 15 □□□	北魏様式の代表である、鞍作鳥が制作した法隆寺金堂(こんどう)の仏像は何か。	釈迦三尊像
★★ 16 □□□	厩戸王の等身仏と称する法隆寺の秘仏は何か。	夢殿救世観音像(ゆめどのくぜかんのん)
★★★★★ 17 □□□	南朝系の様式の代表で、長身でやわらかい感じの姿態で立ち、左手に水瓶(すいびょう)をさげた法隆寺の仏像を何というか。	百済観音像

★★★★★★☆

18 □□□ 右足を左足の膝におき、手を頬(ほお)にあてて思索にふける姿の仏像を何というか。 — 半跏思惟像(はんかしゆい)

★★★★★★☆

19 □□□ 奈良県斑鳩の尼寺で、南朝様式の半跏思惟像を本尊とする寺院を何というか。 — 中宮寺(ちゅうぐうじ)

★★★★★★★

20 □□□ 美しい木造の半跏思惟像がある、京都市太秦(うずまさ)の秦(はた)氏の氏寺を何というか。 — 広隆寺(こうりゅうじ)

★★★★★☆☆

21 □□□ 法隆寺にある、仏像をおさめるための宮殿形の仏具で、すぐれた工芸品としても知られるものを何というか。 — 玉虫厨子(たまむしのずし)

★★★★★★☆

22 □□□ 厩戸王の死後、その妃(きさき)によってつくられた、中宮寺に伝わる絵画刺繡(ししゅう)を何というか。 — 天寿国繡帳(てんじゅこくしゅうちょう)

★★★★☆☆☆

23 □□□ 7世紀前半に、暦法を伝えたという百済僧はだれか。 — 観勒(かんろく)

★★★★☆☆☆

24 □□□ 7世紀前半に、紙・墨・絵の具の製法を伝えたという高句麗僧はだれか。 — 曇徴(どんちょう)

第3章 律令国家の形成

第3章 律令国家の形成

① 律令国家への道

用語集 p.28〜37

7世紀半ば、充実した国家体制を整えた唐が高句麗(こうくり)への侵攻を始めると、国際的緊張のなかで周辺諸国は中央集権の確立と国内統一の必要に迫られた。厩戸王(うまやとおう)の死後、蘇我蝦夷(そがのえみし)・入鹿が権力集中をはかったが、中大兄皇子はそれを倒して天皇中心の官僚制による中央集権を目指した。都城、戸籍、令が整備され、大宝律令の制定で律令国家の仕組みが整った。

■大化改新

	問題	解答
★★★★★★☆ 1 □□□	父である蘇我馬子(うまこ)のあとを継ぎ、**大臣**(おおおみ)として権力を握ったのはだれか。	蘇我蝦夷(そがのえみし)
★★★★★☆☆ 2 □□□	643年に、**厩戸王**(**聖徳太子**(しょうとくたいし))の子で有力な皇位継承候補者が襲われて自害する事件がおこった。その人物とはだれか。	山背大兄王(やましろのおおえのおう)
★★★★★★★ 3 □□□	**山背大兄王**が襲われて自害する事件がおこったが、この事件をひきおこした人物はだれか。	蘇我入鹿(いるか)
★★★★★★☆ 4 □□□	**蘇我蝦夷・入鹿**の父子が滅ぼされた事件を何というか。	乙巳(いっし)の変
★★★★★★★ 5 □□□	**乙巳の変**は西暦何年におこったか。	645年
★★★★★★★ 6 □□□	**乙巳の変**を計画・実行した中心人物を2人あげよ。	中大兄皇子(なかのおおえのみこ)・中臣鎌足(なかとみのかまたり)
★★★★★☆☆ 7 □□□	**乙巳の変**の時の天皇で、この事件後に退位した女性天皇はだれか。	皇極(こうぎょく)天皇
★★★★★☆☆ 8 □□□	**皇極天皇**はのちに**重祚**(ちょうそ)(再び天皇になること)して何天皇と呼ばれたか。	斉明(さいめい)天皇
★★★★★★★ 9 □□□	乙巳の変後に、新しく即位した天皇はだれか。	孝徳(こうとく)天皇
★★★★★★★ 10 □□□	乙巳の変後に、**中大兄皇子**はどのような地位についたか。	皇太子
★★★★★☆☆ 11 □□□	乙巳の変後に、**中臣鎌足**はどのような地位についたか。	内臣(うちつおみ)(ないしん)

★★★★★★★
12 □□□ 乙巳の変の前に中国から帰国して東アジアの情勢を伝え、変のあとに新政府の政治顧問となった人物を2人あげよ。
旻・高向玄理（くろまろ）

★★★★★★
13 □□□ 乙巳の変後の新政府における旻・高向玄理の役職は何か。
国博士

★★★★
14 □□□ 乙巳の変後の新政府で左大臣に就任した人物はだれか。
阿倍内麻呂

★★★★
15 □□□ 乙巳の変後の新政府で右大臣に就任した人物はだれか。
蘇我倉山田石川麻呂

★★★★
16 □□□ 乙巳の変後、日本ではじめて年号（元号）が立てられたが、何という年号か。
大化

★★★★★★★
17 □□□ 乙巳の変後、都はどこに移されたか。
難波長柄豊碕宮（難波宮）

★★★★★★★
18 □□□ 646（大化2）年正月に発せられた4カ条からなる改革の基本方針を何というか。
改新の詔

★★★★★
19 □□□ 改新の詔の第1条の内容は何か。
公地公民制

★★★★★
20 □□□ 改新の詔の第2条の内容は何か。
新しい地方行政制度

★★★★★
21 □□□ 改新の詔の第3条の内容は何か。
戸籍・計帳・班田収授法

★★★★★
22 □□□ 改新の詔の第4条の内容は何か。
新しい統一的税制

★
23 □□□ 大化改新で私有地・私有民を廃止する代償として、豪族に一定数の戸を指定して、そこからの租税の大部分を与える制度を何というか。
食封（へひと）

★★
24 □□□ 食封のために指定される一定数の戸を何というか。
封戸

★★★★★★★
25 □□□ 大化改新以降から大宝律令施行（701年）まで、国造が支配していた従来の「クニ」を分割するなどして設置された地方行政組織を何というか。
評（こおり）

★★★★★★★
26 □□□ 乙巳の変に始まる一連の政治改革を何と呼ぶか。
大化改新

■天智天皇・天武天皇

★★★★★★
1 □□□ 朝鮮半島では百済、ついで高句麗が滅びたが、滅ぼしたのはどのような勢力か。
唐・新羅の連合軍

★★★★★★★
2 □□□ 百済復興を支援するため派遣された倭の大軍が、朝鮮半島南西部の錦江（きんこう）の河口で、唐・新羅の連合軍に大敗した戦いを何というか。
白村江の戦い（はくそんこう）（はくすきのえ）

★★★★★☆☆
3 □□□ 白村江の戦いは西暦何年のことか。
663年

★★★★★★★
4 □□□ 白村江の戦いに敗れたあと、大宰府（だざいふ）の西北、御笠川（みかさがわ）流域の平地に約1.2kmにわたる堤と、水をたたえた堀からなる設備がつくられた。これを何というか。
水城（みずき）

★★★★★★★
5 □□□ 白村江の戦いのあと、大宰府北方の大野城（おおのじょう）など、九州北部から瀬戸内海周辺の山上に防御目的で築かれた城を何というか。
朝鮮式山城（やまじろ）

★★★★★★★
6 □□□ 中大兄皇子は、白村江の戦いのあと、正式に即位して改新政治を推進した、667年に飛鳥から移した新しい都はどこか。
近江大津宮（おうみおおつのみや）

★★☆☆☆☆☆
7 □□□ 中大兄皇子が即位前の7年間行ったように、次に即位する者が即位しないまま政務をとることを何と呼ぶか。
称制（しょうせい）

★★★★★★★
8 □□□ 中大兄皇子は668年に即位して、何天皇となったか。
天智天皇（てんじ）

★★★★★★☆
9 □□□ 天智天皇が中臣鎌足らに命じて編纂させたという法令を何というか。
近江令（りょう）

★★★★★★★
10 □□□ 670年につくられた最初の全国的戸籍を何というか。
庚午年籍（こうごねんじゃく）

★★★★★★★
11 □□□ 天智天皇の死後におこった皇位をめぐる内乱を何というか。
壬申の乱（じんしん）

★★★★★☆☆
12 □□□ 壬申の乱は西暦何年に発生したか。
672年

★★★★★★★
13 □□□ 壬申の乱で、皇位をめぐって争った天智天皇の子と天智天皇の弟をそれぞれあげよ。
大友皇子（おおとものみこ）・大海人皇子（おおあまのみこ）

★★★★★★★
14 □□□ 壬申の乱に勝利した大海人皇子は即位して、何天皇と呼ばれたか。
天武天皇（てんむ）

★★★★★★★
15 □□□ 大海人皇子が672年に遷都し、翌年即位した都はどこか。
飛鳥浄御原宮（あすかきよみはらのみや）

★★★★★★★
16 □□□ 天武天皇のもとで684年に制定された、皇親を最上位とする新たな姓の制度を何というか。
八色の姓（やくさのかばね）

★★★★☆☆☆

17 □□□ 八色の姓のうち、上位2つの姓をあげよ。 — 真人・朝臣

★★★★★★★

18 □□□ 飛鳥池遺跡から工房跡とともに400点近く出土した、天武朝に鋳造された銅銭を何というか。 — 富本銭

■律令の成立と「日本」

★★★★★★★

1 □□□ 天武天皇により制定が命じられ、その死後、次の天皇により施行された法令を何というか。 — 飛鳥浄御原令

★★★★★★★

2 □□□ 天武天皇の皇后で、天武天皇の次に即位した天皇はだれか。 — 持統天皇

★★★★★☆☆

3 □□□ 持統天皇が飛鳥浄御原令にもとづいて作成させた、農民支配の根本台帳となった戸籍を何というか。 — 庚寅年籍

★★★★★★★

4 □□□ 持統天皇は694年、飛鳥から中国の都を模した本格的な宮都に遷都した。この都を何というか。 — 藤原京

★★★★★★★

5 □□□ 天皇の住まいや政務・儀式が行われる朝堂院などからなる宮城と、官人や民衆が居住する碁盤目状に区画された京とで都を構成するという、中国にならった都の制度を何というか。 — 都城制

★★★★★★★

6 □□□ 天武朝の頃に、「大王(だいおう)」にかわって新しく用いられるようになったといわれる称号は何か。 — 天皇

★★★★★★★

7 □□□ 8世紀初頭に完成した国家の基本法を何というか。 — 大宝律令

★★★★★☆☆

8 □□□ 大宝律令が完成したのは西暦何年か。 — 701年

★★★★★★☆

9 □□□ 大宝律令が制定された時の天皇はだれか。 — 文武天皇

★★★★★☆☆

10 □□□ 大宝律令を編纂した中心人物を2人あげよ。 — 刑部親王・藤原不比等

★☆☆☆☆☆☆

11 □□□ 大宝律令は、唐の何という律令を手本にしたものか。 — 永徽律令

★★★★★★★

12 □□□ 718(養老2)年の元正天皇の時に新たにまとめられ、藤原仲麻呂によって施行された国家の基本法を何というか。 — 養老律令

★★★★★★★

13 □□□ 養老律令編纂の中心人物はだれか。 — 藤原不比等

★★★★★★★

14 養老律令が施行されたのは西暦何年か。 — 757年

★★★★★★★

15 8世紀に、中国にならって制定された基本法のうち、今日の刑法にあたるものを何というか。 — 律(りつ)

★★★★★★★

16 8世紀に、中国にならって制定された基本法のうち、行政組織や税制その他、国家統治に関する諸条項を規定しているものを何というか。 — 令(りょう)

官僚制

★★★★★★★

1 律令で定められた中央の官制を、官庁の数でまとめて何というか。 — 二官八省一台(だい)五衛府(えふ)

★★★★★★★

2 律令で定められた統治組織のうち、神々の祭祀(さいし)をつかさどる機関は何か。 — 神祇官(じんぎかん)

★★★★★★★

3 律令で定められた統治組織のうち、一般政務をつかさどる最高機関は何か。 — 太政官(だいじょうかん)

★★★★★★★

4 太政官を構成する官職を上から順に4つあげよ。 — 太政大臣・左大臣・右大臣・大納言(だいなごん)

★★★★★★★

5 太政官を構成する高官や三位以上の者を総称して何というか。 — 公卿(くぎょう)

★★★★★★★

6 太政官の秘書部門を管轄する官職は何か。 — 少納言

★★★★★★★

7 太政官の事務局にあたり、左・右でそれぞれ4省を統轄した役所は何か。 — 左弁官(さべんかん)・右(う)弁官

★★★★★★★

8 太政官のもとで、政務を分担する各省を総称して何というか。 — 八省

★★★★★★★

9 八省のうち、民政・財政などをつかさどる役所は何か。 — 民部省(みんぶしょう)

★★★★★★★

10 風俗の取締りや官吏の監察にあたる律令制の機関は何か。 — 弾正台(だんじょうだい)

★★★★★★★

11 宮都の警備にあたる律令制の諸官庁を総称して何というか。 — 五衛府

★★★★★★★

12 都の周辺の一定地域の行政区域を、特に何というか。 — 畿内(きない)(五畿)

13 ★★★	畿内の国名をすべてあげよ。	大和・山背(山城)・摂津・河内・和泉
14 ★★★★★★★	畿内以外の全国の国々を区分する古代の行政区であり、都を起点とした主要幹線道路の名称でもあったものを、まとめて何というか。	七道
15 ★★	七道をすべてあげよ。	東海道・東山道・北陸道・山陰道・山陽道・南海道・西海道
16 ★★★★★★★	律令制下の地方行政区分を、大きなものから順に、3つあげよ。	国・郡・里
17 ★★★★★★★	律令制で、中央から諸国に派遣され、任期があり、司法・行政をつかさどる地方官を何というか。	国司
18 ★★★★★★★	律令制で、諸国におかれた政庁とその所在地を何というか。	国衙・国府
19 ★★★★★★★	律令制で、もとの国造など在地豪族から任命され、終身官であった地方官は何か。	郡司
20 ★★★	郡司が政務を行う郡庁・正倉・館などからなる郡の役所を何というか。	郡家(郡衙)(ぐんけ)
21 ★★★★★★★	「郡」は、大宝律令が施行されるまでは、何と表記されていたか。	評(こおり)
22 ★★★★	律令制で、里は原則として何戸からなるか。	50戸
23 ★★★★★	律令制で、住民から選ばれ、里の行政にたずさわる地位を何というか。	里長(さとおさ)
24 ★★★★★★★	里は717(養老元)年頃に改称されたが、新しく何と呼ばれたか。	郷
25 ★★★★★	律令制で、特別地域である京の司法・行政・警察などを担当する官庁を何というか。	左・右京職
26 ★★★★★★★	律令制で、外交の要地である難波におかれた官庁を何というか。	摂津職

★★★★★★★
27 □□□ 律令制で、九州におかれ、西海道の統轄と外交をつかさどった特別官庁を何というか。 — 大宰府（だざいふ）

★★★★★★
28 □□□ 律令制で、4つの等級に分けられた諸官庁の上級職員を総称して何というか。 — 四等官（しとうかん）

★★★★★★
29 □□□ 長官・次官・判官・主典はそれぞれ何と読むか。 — かみ・すけ・じょう・さかん

★★★★
30 □□□ 律令制で、官吏には位階が与えられ、それに応じた官職に任命された。この制度を何というか。 — 官位相当制

★★★★
31 □□□ 上級官吏などに位階に応じて与えられる田地を何というか。 — 位田（いでん）

★★★
32 □□□ 上級官吏などに官職に応じて与えられる田地を何というか。 — 職田（しきでん）

★
33 □□□ 功績により与えられる田地を何というか。 — 功田（こうでん）

★
34 □□□ 天皇の命により特別に与えられる田地を何というか。 — 賜田（しでん）

★★
35 □□□ 上級貴族に対し、一定数の戸からの租税の大部分を給与として与える食封（じきふ）という制度があったが、この食封の対象とされた戸のことを何というか。 — 封戸（ふこ）

★★
36 □□□ 食封のうち、位階によって与えられるものを何というか。 — 位封（いふ）

★
37 □□□ 食封のうち、官職によって与えられるものを何というか。 — 職封（しきふ）

★
38 □□□ 律令制で、春夏・秋冬の2季に分けて支給される、絁（あしぎぬ）・綿などの俸禄（ほうろく）を何というか。 — 季禄（きろく）

★
39 □□□ 律令制で、高位高官の者に支給される従者を何というか。 — 資人（しじん）

★★★★★★★
40 □□□ 五位以上の貴族の子(三位以上は孫も)が21歳になると、父祖の位階に応じて一定の位階を与えられる制度を何というか。 — 蔭位の制（おんいのせい）

★★★★
41 □□□ 律に規定された5種の刑罰を総称して何というか。 — 五刑（ごけい）

★★★★
42 □□□ 五刑の刑罰を軽いものから順にあげよ。 — 笞（ち）・杖（じょう）・徒（ず）・流（る）・死（し）

★★★★★★★

43 □□□ 律に規定された天皇・国家・尊属・神社に対する8種の罪は、国家と社会を乱す重罪として、有位者でも減刑などの特権を受けられなかった。この8種の罪を総称して何というか。

八虐(はちぎゃく)

■民衆の負担

★★★★★★★

1 □□□ 律令制で人民を登録する帳簿として、6年ごとにつくられるものは何か。

戸籍(こせき)

★★★★★★★

2 □□□ 律令制で毎年つくられ、調・庸などの課役を賦課(ふか)する基本台帳となるものは何か。

計帳(けいちょう)

★★★★★★★

3 □□□ 律令制で行政上の最小単位として、25人程度で編成され、班田や課税の対象となる戸を何というか。

郷戸(ごうこ)

★★★★★★★

4 □□□ 行政上の戸(郷戸)を編成した直系家族を中心とする10人前後の小家族からなる戸を何というか。

房戸(ぼうこ)

★★★★★★★

5 □□□ 律令では人民を2つの身分に大別しているが、それぞれ何というか。

良民(りょうみん)・賤民(せんみん)

★★★★★★★

6 □□□ 良民・賤民の2つの身分の中間に位置し、諸官司に隷属した特殊技能者たちを2つあげよ。

品部(しなべ)・雑戸(ざっこ)

★★★★★★★

7 □□□ 律令制で賤民は、いくつかの身分にわかれたが、総称して何というか。

五色の賤(ごしきのせん)

★★★★★★★

8 □□□ 天皇・皇族の陵墓を守ることを職業とした賤民は何か。

陵戸(りょうこ)

★★★★★★★

9 □□□ 役所の雑役に使われる官有の賤民で、一戸を構えることを許された者を何というか。

官戸(かんこ)

★★★★★★★

10 □□□ 私有の賤民で、家族をもつことを許された者を何というか。

家人(けにん)

★★★★★★★

11 □□□ 諸官庁に属し、家族をもてない奴隷を何というか。

公奴婢(くぬひ)(官奴婢(かん))

★★★★★★★

12 □□□ 私有の奴隷で、財産として売買・贈与された者を何というか。

私奴婢(し)

★★★★★★★ 13 □□□	唐の均田法（きんでんほう）にならい、日本の令に規定された土地制度を何というか。	班田収授法（はんでんしゅうじゅほう）
★★★★★★★ 14 □□□	班田収授法で、戸籍にもとづいて人民に支給される田地を何というか。	口分田（くぶんでん）
★★★★★★★ 15 □□□	口分田は何歳以上に支給されるか。	6歳以上
★★★★★ 16 □□□	良民の男女に支給される口分田の面積を、それぞれあげよ。	男2段・女1段120歩（男の3分の2）
★★★★★ 17 □□□	賤民はどのくらいの口分田を支給されるか。	私有の賤民（家人・私奴婢）は良民の3分の1、他の賤民は良民と同じ
★★★★★ 18 □□□	律令制で田地を支給する班年は何年ごとか。	6年ごと
★ 19 □□□	律令制で寺院と神社に与えられた田地を、それぞれ何というか。	寺田（じでん）・神田（しんでん）
★★★★ 20 □□□	田地を6町（約654m）四方に区画し、南北の一辺を条、東西の一辺を里（り）と呼び、その一区画をさらに36等分して坪（つぼ）と呼んだ土地区画方式を何というか。	条里制（じょうりせい）
★★★★★★★ 21 □□□	口分田などの田地に課税し、稲で納めさせる税は何か。	租（そ）
★★★★★ 22 □□□	租は田1段につきいくらか。	稲2束（そく）2把（わ）
★★★★★ 23 □□□	租は収穫の約何％にあたるか。	約3％
★★★★★ 24 □□□	租は主にどこの財源となるか。	地方の国々
★★★ 25 □□□	口分田をはじめ位田・功田・賜田など、租の税を納める義務のある田を何というか。	輸租田（ゆそでん）
★★★ 26 □□□	租を免除される田を何というか。	不輸租田
★ 27 □□□	租が免除される田は寺田・職田のほかには何があるか。	神田
★★★★★★★ 28 □□□	律令制における年齢区分で、課役対象となる21〜60歳の男性、61〜65歳の男性、17〜20歳の男性をそれぞれ何というか。	正丁（せいてい）・次丁（じてい）（老丁（ろうてい））・中男（ちゅうなん）（少丁（しょうてい））

★★★★★★★ 29 □□□ 律令制で、絹・糸・絁・布など、郷土の産物を納める人頭税は何か。	調
★★★★★★ 30 □□□ 律令制で、正丁1人につき1年に10日、都での労役を課すものを何というか。	歳役
★★★★★★★ 31 □□□ 律令制で、都での労役にかえて布を納めさせるものを何というか。	庸
★★★ 32 □□□ 庸は正丁1人につきいくら納めさせるか。	布2丈6尺
★★★★★★ 33 □□□ 調・庸は都へ運ばれて中央政府の財源となったが、運搬にあたる人夫を何というか。	運脚
★★★★★★★ 34 □□□ 国司が農民を水利土木工事や雑用に使役する労役を何というか。	雑徭
★★★★ 35 □□□ 雑徭は正丁で1年に何日以内という規定であったか。	60日以内
★★★ 36 □□□ 律令制で、戸の等級に応じて、凶作に備えて粟を納めさせるものを何というか。	義倉
★★★★★★ 37 □□□ 律令制で、国家が春に稲を貸しつけ、秋に高い利息とともに徴収する制度を何というか。	公出挙
★★ 38 □□□ 豪族など個人が営利のために春に稲を貸しつけ、秋に利息とともに徴収することを何というか。	私出挙
★★★★ 39 □□□ 律令制で、国家の兵士はどのような割合で徴発されたか。	正丁の3～4人に1人
★★★★★★★ 40 □□□ 律令制で、兵士が配属された諸国の軍隊のことを何というか。	軍団
★★★★★★ 41 □□□ 軍団の一部は上京して宮城や京内の警備にあたったが、これを何というか。	衛士
★★★★★★ 42 □□□ 律令制で、主に東国の兵士の一部を3年交代で北九州沿岸の警備にあたらせたが、これを何というか。	防人
★★★ 43 □□□ 律令制で、50戸につき正丁2人を上京させて、中央での雑役に使役したが、これを何というか。	仕丁

❷ 平城京の時代

用語集 p.37〜43

奈良の平城京に遷都し、天皇中心の中央集権のもと律令国家が営まれた時代を奈良時代という。東北地方の蝦夷(えみし)、九州南部の隼人(はやと)を服属させるなど、国内の支配地が拡大していくなか、藤原氏が進出してきたことで政界に動揺が広がった。また、土地政策の強化をはかったが、私有地(荘園)を拡大させることにもなった。

■遣唐使

★★★★★★★
1 □□□ 630年に始まる遣唐使が初期にとった、朝鮮半島沿いの航路を何というか。 — 北路

★★★★★★★
2 □□□ 8〜9世紀に、新羅(しらぎ)との関係が悪化したためとられるようになった、遣唐使の東シナ海横断の航路を何というか。 — 南路

★★★★★★★
3 □□□ 唐に留学し、玄宗(げんそう)皇帝に重用され、詩人李白(りはく)らとも交流したが、帰国できずに長安で死去したのはだれか。 — 阿倍仲麻呂(あべのなかまろ)

★★★★★★★
4 □□□ 朝鮮半島の統一国家で、7〜10世紀にかけて日本と使節を交換した国を何というか。 — 新羅(しらぎ)

★★★★★★★
5 □□□ 7世紀末に中国東北部(満洲)におこり、727年から日本と国交があった国をあげよ。 — 渤海(ぼっかい)

★★★★★★★
6 □□□ 古代の外国使節の迎接施設で、大宰府(だざいふ)(博多津(はかたのつ))と平安京に設置されたのは何か。 — 鴻臚館(こうろかん)

■奈良の都平城京

★★★★★★★
1 □□□ 奈良は8世紀に70年間余り都(みやこ)となったが、この都を何と呼ぶか。 — 平城京(へいじょうきょう)(へいぜいきょう)

★★★★★★★
2 □□□ 平城京に遷都(せんと)した和銅3年は西暦何年か。 — 710年

★★★★★★★
3 □□□ 平城京に遷都した時の天皇はだれか。 — 元明天皇(げんめい)

★★★★★★★
4 □□□ 平城京のモデルとなった唐の都はどこか。 — 長安(ちょうあん)

★★★★★★★
5 □□□ 中国の都城にならい、日本でも採用された、都市を碁盤目状に区画する制度を何というか。 — 条坊制(じょうぼうせい)

★★★★★★★
6 □□□ 都城の北部中央にある皇居と諸官庁を含む地域を大内裏(だいだいり)というが、平城京ではその場所のことを何と呼ぶか。 — 平城宮(へいじょうきゅう)

★★★★★★★
7 □□□ 平城京などの都で、天皇の日常生活の場である皇居を何というか。 — 内裏（だいり）

★★★★★★★
8 □□□ 平城京などの都で、宮城の正面中央から都の正門の羅城門（らじょうもん）まで、都の中央を南北に走る大路（おおじ）を何というか。 — 朱雀大路（すざくおおじ）

★★★★★★★
9 □□□ 朱雀大路を中心に、都の東側を何というか。 — 左京（さきょう）

★★★★★★★
10 □□□ 平城宮跡などの遺跡から発見される、当時の重要史料である文字を墨書した木札を何というか。 — 木簡（もっかん）

★★★★★★
11 □□□ 平城京内の左京・右京に設けられた官営の市を何というか。 — 東市（ひがしのいち）・西市（にしのいち）

★★★★★★
12 □□□ 東市・西市の監督のためにおかれた役所を何というか。 — 市司（いちのつかさ）

★★★
13 □□□ 708(和銅元)年に、国内のある国からはじめて銅が献上され、これを祝って年号が改められたが、ある国とはどこか。 — 武蔵国（むさし）

★
14 □□□ 武蔵国からはじめて銅が献上され、改元された年号(元号)は何か。 — 和銅（わどう）

★★★★★★★
15 □□□ 武蔵国から銅が献上され、朝廷が唐にならって鋳造した銭貨を何というか。 — 和同開珎（わどうかいちん）（わどうかいほう）

★★★★★
16 □□□ 和同開珎が鋳造されたのは西暦何年のことか。 — 708年

★★★★
17 □□□ 和同開珎以後、10世紀半ばまでに鋳造された銭貨を総称して何というか。 — 本朝十二銭（ほんちょう）(皇朝十二銭（こうちょう）)

★★★★
18 □□□ 銭貨の流通をはかるために、711(和銅4)年に出された法令は何か。 — 蓄銭叙位令（ちくせんじょいれい）

■地方の統治と蝦夷・隼人

★
1 □□□ 古代において、都と地方の連絡のために整備された交通制度は何か。 — 駅制

★★★★★
2 □□□ 駅制で、約16km ごとに設置された馬や食料を供給するための施設は何か。 — 駅家（うまや）（えきか）

★★★★★★★

3 □□□ 奈良時代の金の産出国をあげよ。 — 陸奥国(むつ)

★★★★★★★

4 □□□ 奈良時代の銅の産出国を、武蔵国のほかにあげよ。 — 長門国(ながと)・周防国など

★★★★★★★

5 □□□ ヤマト政権に服属していない東北地方に住む人々のことを何と呼んだか。 — 蝦夷(えみし)

★★★★★★★

6 □□□ 7世紀半ば、蝦夷の人々に対するヤマト政権の日本海方面の前進基地としておかれた城柵(じょうさく)を2つあげよ。 — 渟足柵(ぬたりのさく)・磐舟柵(いわふねのさく)

★★★★★★★

7 □□□ 斉明天皇(さいめい)の時代に、秋田・津軽方面に派遣され蝦夷の鎮圧を進めた人物はだれか。 — 阿倍比羅夫(ひらふ)

★★★★★★★

8 □□□ 東北地方の蝦夷鎮圧により、712(和銅5)年に日本海側に設置された国はどこか。 — 出羽国(でわのくに)

★★★★★★★

9 □□□ 724(神亀元)年に、鎮守府兼陸奥国府として太平洋側に設置された、蝦夷対策と東北経営の拠点は何か。 — 多賀城(たがじょう)

★★★★★★★

10 □□□ 奈良時代に、九州南部の住民は何と呼ばれていたか。 — 隼人(はやと)

★★★★★★★

11 □□□ 九州南部において薩摩国(さつま)についで、713(和銅6)年に新たに設置された国はどこか。 — 大隅国(おおすみ)

★★★★★★★

12 □□□ 7世紀末から8世紀初めにヤマト政権に服属した薩南諸島の島を2つあげよ。 — 種子島(多禰)(たねがしま・たね)・屋久島(掖玖)(やくしま・やく)

■藤原氏の進出と政界の動揺

★★★★★★★

1 □□□ 平城遷都や養老律令(ようろうりつりょう)編纂の中心となり、奈良時代初期の政界に重きをなした人物はだれか。 — 藤原不比等(ふひと)

★★★★★★★

2 □□□ 藤原不比等の娘宮子(みやこ)が生んだ、奈良時代最初の男性の天皇はだれか。 — 聖武天皇(しょうむ)

★★★★★★★

3 □□□ 藤原不比等の4人の子のうち、房前(ふささき)と宇合(うまかい)がおこした家の名をそれぞれあげよ。 — 北家(ほっけ)・式家(しきけ)

★★★★★★★

4 □□□ 729(天平元)年に、藤原四子(しし)の策謀により政権の座にある皇族が自殺に追い込まれた事件を何というか。 — 長屋王の変(ながやおう)

★★★★★★★

5 □□□ 長屋王の変後、皇后に立てられたのはだれか。 — 藤原光明子(こうみょうし)

★★★★★★★ 6 □□□	藤原四子が疫病により病死したのち、政権を握った皇族出身の人物はだれか。	橘諸兄(たちばなのもろえ)
★★★★★★★ 7 □□□	唐から帰国し、橘諸兄の政権で重用された人物を2人あげよ。	吉備真備(きびのまきび)・玄昉(げんぼう)
★★★★★★★ 8 □□□	橘諸兄の政権に対して、740(天平12)年に大宰府(だざいふ)で挙兵し、敗死した人物はだれか。	藤原広嗣(ひろつぐ)
★★★★★★★ 9 □□□	藤原広嗣の乱後、聖武天皇は転々と都を移したが、山背(やましろ)国における都の名をあげよ。	恭仁京(くにきょう)
★★★★★★★ 10 □□□	藤原広嗣の乱後、聖武天皇は転々と都を移したが、摂津(せっつ)国における都の名をあげよ。	難波宮(なにわのみや)
★★★★★★★ 11 □□□	藤原広嗣の乱後、聖武天皇は転々と都を移したが、近江(おうみ)国における都の名をあげよ。	紫香楽宮(しがらきのみや)
★★★★★★★ 12 □□□	奈良時代の仏教は、第一に国家の安泰を祈願するという国家仏教の性格をもつが、こうした思想を何というか。	鎮護(ちんご)国家
★★★★★★★ 13 □□□	鎮護国家の思想にもとづき、聖武天皇が国ごとに僧寺と尼寺(にじ)を建てるように命じた詔(みことのり)を何というか。	国分寺建立の詔(こくぶんじこんりゅうのみことのり)
★★★★★ 14 □□□	国分寺建立の詔が出されたのは西暦何年か。	741年
★ 15 □□□	国分寺建立の詔によって、国ごとに建てられた僧寺の正式名称をあげよ。	金光明四天王護国之寺(こんこうみょうしてんのうごこくのてら)
★ 16 □□□	国分寺建立の詔によって、国ごとに建てられた尼寺の正式名称をあげよ。	法華滅罪之寺(ほっけめつざいのてら)
★ 17 □□□	国分寺建立の詔によって国ごとに建てられた僧寺で、国家を守護するものとして特に重んじられた経典(きょうてん)は何か。	金光明最勝王経(さいしょうおうきょう)(金光明経)
★★★★★★★ 18 □□□	聖武天皇は「夫(そ)れ天下の富を有(たも)つ者は朕(ちん)なり。天下の勢を有つ者も朕なり。此(こ)の富勢を以てこの尊像を造る」という詔を発して、鎮護国家の大事業に着手したが、この詔を何というか。	大仏造立の詔(だいぶつぞうりゅうのみことのり)
★★★★★★★ 19 □□□	大仏造立の詔は、転々と都が移されていた頃に発せられたが、その時の都はどこか。	紫香楽宮

★★★★★ 20 □□□	大仏造立の詔が出されたのは西暦何年か。	743年
★★★★★★ 21 □□□	大仏造立の詔によって造立が始まった、大仏の正式名称は何か。	盧舎那仏（るしゃなぶつ）
★★★★★★★ 22 □□□	大仏造立の詔によって、盧舎那仏が造立された総国分寺でもある平城京の寺院を何というか。	東大寺（とうだいじ）
★★★★★★★ 23 □□□	聖武天皇にかわって即位し、752（天平勝宝4）年に大仏開眼供養（かいげんくよう）を行った女性天皇はだれか。	孝謙天皇（こうけん）
★★★★★★★ 24 □□□	孝謙天皇のもとで、光明皇太后の信任を得て政権を握った人物はだれか。	藤原仲麻呂（なかまろ）
★★★★★★★ 25 □□□	藤原仲麻呂は、孝謙天皇の次の淳仁天皇（じゅんにん）から特に名を賜わったが、何という名か。	恵美押勝（えみのおしかつ）
★★★★★★★ 26 □□□	757（天平宝字元）年に、藤原仲麻呂に反対して反乱を企てて失敗する事件がおこったが、これを何というか。	橘奈良麻呂の変（ならまろ）
★★★★★★★ 27 □□□	孝謙太上天皇（だいじょう）（上皇）の信任を得て、急速に勢力をのばした僧侶はだれか。	道鏡（どうきょう）
★★★★★★★ 28 □□□	道鏡の勢力に対して反乱を企て失敗した、764（天平宝字8）年におこった事件を何というか。	恵美押勝（藤原仲麻呂）の乱
★★★★★★★ 29 □□□	孝謙太上天皇は重祚（ちょうそ）して、何天皇と呼ばれたか。	称徳天皇（しょうとく）
★★★ 30 □□□	道鏡は特別な地位に就任して権勢をふるったが、その地位を就任順に2つあげよ。	太政大臣禅師（だいじょうだいじんぜんじ）・法王（ほうおう）
★★★ 31 □□□	八幡神（はちまんしん）の神託（しんたく）と称して、道鏡を皇位につけようとする事件が769（神護景雲3）年におきたが、この神託は何という神社のものか。	宇佐神宮（うさじんぐう）（宇佐八幡宮（はちまんぐう））
★★★★★ 32 □□□	宇佐神宮の神託事件で、道鏡の天皇就任を妨げ、のちに平安遷都に活躍した人物はだれか。	和気清麻呂（わけのきよまろ）
★★★★★★ 33 □□□	称徳天皇の死去後、壬申（じんしん）の乱以来続いた天武（てんむ）系の天皇にかわって即位した、天智天皇（てんじ）の孫はだれか。	光仁天皇（こうにん）
★★★★★ 34 □□□	藤原式家の人物で、光仁天皇の即位に尽力したのはだれか。	藤原百川（ももかわ）

■民衆と土地政策

★★★★★★★ 1 □□□	奈良時代に普及した平地式の住居を何というか。	掘立柱住居
★★★★★★★ 2 □□□	平安時代初期までの結婚形態で、はじめ男性が女性の家に通う形式のものを何というか。	妻問婚
★★★★★★★ 3 □□□	口分田や位田・職田などを班給したあとの、残りの田地を何というか。	乗田(公田)
★★★★★★★ 4 □□□	乗田は、1年を期限に貸し出され、収穫の5分の1の地子(地代)をとったが、このことを何というか。	賃租
★★★★★★★ 5 □□□	古代において、未開の地を開墾した田地を何というか。	墾田
★★★★★★★ 6 □□□	口分田の不足に対処する政府の政策のうち、722(養老6)年に長屋王政権のもとで立てられた計画は何か。	百万町歩開墾計画
★★★★★★★ 7 □□□	灌漑施設を新設の場合は3世にわたり、旧来の施設を利用した場合は本人1代の墾田私有を認める法令を何というか。	三世一身法
★★★★★★★ 8 □□□	三世一身法は「養老七年の格」ともいうが、養老七年は西暦何年か。	723年
★★★★★★★ 9 □□□	橘諸兄政権は、一定限度の開墾地の永久私有を認める法令を制定した。これを何というか。	墾田永年私財法
★★★★★★★ 10 □□□	墾田永年私財法は西暦何年に出されたか。	743年
★★★★★★★ 11 □□□	墾田永年私財法の発令後、貴族・寺院・地方豪族などの大規模な開墾による私有地が成立し始めたが、これを何と呼ぶか。	荘園(初期荘園)
★★★★★★★ 12 □□□	負担から逃れるため、農民が口分田を捨てて戸籍に登録された地を離れたり、都の造営工事などから行方不明になったりすることを何というか。	浮浪・逃亡

❸ 律令国家の文化

用語集 p.43〜50

天武・持統天皇の時代を中心とした白鳳文化、聖武天皇の時代の年号をとった平城京を中心とした天平文化がおこった。天平文化は、遣唐使によってもたらされる進んだ外来文化の影響を強く受けた国際色豊かな文化で、中国にならって国史の編纂が行われたり、鎮護国家の思想のもと、すぐれた仏教美術作品が数多くつくられたりした。

第3章 律令国家の形成

白鳳文化

★★★★★★★

1 □□□ 天武・持統天皇の時代を中心にして、大化改新から平城京遷都にいたる時期の文化を何というか。 — 白鳳文化

★★

2 □□□ 白鳳文化に影響を与えたのは、主に中国のどの時期の文化か。 — 唐の初期(初唐)

★★★★★

3 □□□ 舒明天皇の建立に始まるといわれ、のち百済大寺となり、天武天皇の時に官立の大寺院となり、さらに奈良に移り大安寺となった寺院は何か。 — 大官大寺

★★★★★★★

4 □□□ 白鳳期に建てられた官立の寺院のうち、天武天皇が皇后の病気平癒のため発願して建立された寺院は何か。 — 薬師寺

★★★★★

5 □□□ 薬師寺の建物で、白鳳期の代表的建築物とされているものをあげよ。 — 東塔

★★★★★

6 □□□ 薬師寺金堂の本尊で、白鳳期の代表的な仏像彫刻を何というか。 — 薬師三尊像

★★★★★

7 □□□ 奈良県桜井市にある、蘇我倉山田石川麻呂が641年に創建した寺院跡から、この当時の回廊の建築部材が発掘されたが、この寺院名をあげよ。 — 山田寺

★★★★★★

8 □□□ もとは山田寺の本尊で、のちに他の寺院に移されて今日に伝えられている彫刻は何か。 — 興福寺仏頭

★★★★★★

9 □□□ インド・中国の様式を取り入れたスケールの大きい画風で知られる白鳳期を代表する絵画で、1949(昭和24)年に火災で焼損したものは何か。 — 法隆寺金堂壁画

★★★★★★★

10 □□□ 奈良県明日香村で発見された古墳内部の壁画で、天井には星宿図(天文図)、壁面には四神や男女群像が極彩色で描かれている壁画を何というか。 — 高松塚古墳壁画

★★★★★★★
11 □□□
『万葉集』にすぐれた作品を残した宮廷歌人で、「大君は神にしませば天雲の雷(いかづち)の上にいほりせるかも」という歌を詠んだのはだれか。
柿本人麻呂(かきのもとのひとまろ)

★★★★★★★
12 □□□
天智(てんじ)・天武天皇の頃の女流宮廷歌人として、すぐれた歌を残したのはだれか。
額田王(ぬかたのおおきみ)

★★★★★★★
13 □□□
天智天皇の時以後、宮廷では漢詩文をつくることが盛んになったが、この時期の代表的な作者で、謀反の疑いで自殺に追い込まれた天武天皇の皇子はだれか。
大津皇子(おおつのみこ)

■天平文化と大陸

★★★★★★★
1 □□□
天平は、何天皇の時の年号か。
聖武天皇(しょうむ)

★★★★★★★
2 □□□
天平文化は、律令(りつりょう)国家の体制のもとで、都における皇族・貴族の富と権力を背景にしているが、仏教的色彩と国際性も目立つ。この国際性は主に何によってもたらされたか。
遣唐使(けんとうし)

★★★★★★★
3 □□□
天平文化は、どこの国の、どの時期の文化の影響が強いか。
唐の最盛期(盛唐(せいとう))

■国史編纂と『万葉集』

★★★★★★★
1 □□□
712(和銅5)年に完成した現存する最古の歴史書は何か。
古事記(こじき)

★★★★★★★
2 □□□
『古事記』の編纂の材料となったもので、6世紀にまとめられたとされる大王の系譜と、朝廷に伝わる神話・伝承をそれぞれ何というか。
帝紀(ていき)・旧辞(きゅうじ)

★★★★★★★
3 □□□
『古事記』は、天武(てんむ)天皇の命で、ある人物が暗誦(あんしょう)していたものを、のちにある人物が筆録したものだが、この2人の人物をあげよ。
稗田阿礼(ひえだのあれ)・太安万侶(おおのやすまろ)(安麻呂)

★★★★★★★
4 □□□
中国の史書にならって、編年体・漢文で記述され、720(養老4)年に完成した最古の官撰の正史は何か。
日本書紀(にほんしょき)

★★★★★★★
5 □□□
『日本書紀』編纂の中心人物はだれか。
舎人親王(とねり)

★★★★★★★
6 □□□
『日本書紀』以後、10世紀初頭にかけて、国家事業として
六国史(りっこくし)

史書の編纂が続けられたが、これらを総称して何というか。

★★★★★★★

7 □□□	六国史の2番目で、主に奈良時代を内容とする歴史書を何というか。	続日本紀（しょくにほんぎ）

★★★★☆☆☆

8 □□□	六国史の最後の歴史書を何というか。	日本三代実録

★★★★★★★

9 □□□	713(和銅6)年に、朝廷が諸国に命じて、各国の地誌・伝説・産物などを記載・提出させたものを何というか。	風土記（ふどき）

★★★★☆☆☆

10 □□□	風土記のなかで、現在、まとまった内容が伝わっているのはいくつ(何カ国)か。	5カ国

★★★★☆☆☆

11 □□□	風土記のなかで、現在、まとまった内容を伝えているのはどこの国のものか。	常陸（ひたち）・出雲（いずも）・播磨（はりま）・豊後（ぶんご）・肥前（ひぜん）

★★★★☆☆☆

12 □□□	現在伝わる風土記のうち、ほぼ完全に内容が残っているのはどの国のものか。	出雲国

★★★★★★☆

13 □□□	751(天平勝宝3)年に成立した、現存する日本最古の漢詩集を何というか。	懐風藻（かいふうそう）

★★☆☆☆☆☆

14 □□□	大友皇子の曽孫で、鑑真（がんじん）の伝記『唐大和上東征伝（とうだいわじょうとうせいでん）』を記し、詩人としても著名な人物はだれか。	淡海三船（おうみのみふね）

★★★☆☆☆☆

15 □□□	すぐれた詩人としても有名な石上宅嗣（いそのかみのやかつぐ）が、私邸に設け、学問をする人々に開放した図書館のような施設を何というか。	芸亭（うんてい）

★★★★★★★

16 □□□	奈良時代までの約4500首の歌をおさめた最古の歌集は何か。	万葉集（まんようしゅう）

★★★★★☆☆

17 □□□	『万葉集』では、漢字の音訓を組み合わせて日本語を記す用法が用いられたが、これを何というか。	万葉仮名（がな）

★★★☆☆☆☆

18 □□□	負担の重さに苦しむ農民の姿を伝える『万葉集』の長歌（ちょうか）と、その作者をあげよ。	貧窮問答歌（ひんきゅうもんどうか）・山上憶良（やまのうえのおくら）

★★★★★★☆

19 □□□	『万葉集』におさめられている歌で、方言を用いた東国の人々の歌を何というか。	東歌（あずまうた）

★★★★★☆☆

20 □□□	『万葉集』におさめられている歌で、九州に兵士として送られた東国の人々の歌を何というか。	防人歌（さきもりうた）

★★★★★
21 □□□ 奈良時代の宮廷歌人で、すぐれた叙景歌人・自然歌人として有名なのはだれか。

山部赤人（やまべのあかひと）

★★★★★★
22 □□□ 『万葉集』に最も多くの歌を残し、その編纂にも重要な役割をはたしたとされる人物はだれか。

大伴家持（おおとものやかもち）

★★★★★
23 □□□ 律令制下の教育制度で、中央におかれ、貴族や文筆を担当する東西史部（やまとかわちのふひとべ）の子弟を教育した機関は何か。

大学（だいがく）

★★★★★
24 □□□ 律令制下で地方の国ごとにおかれ、郡司など地方豪族の子弟を教育した機関は何か。

国学（こくがく）

★★
25 □□□ 律令制下の大学の教育内容は、儒教の経典を学ぶもの、法律を学ぶものなど諸道があったが、9世紀には漢文学・歴史を学ぶものが生まれた。これを何というか。

紀伝道（きでんどう）

■国家仏教の展開

★★★★★★★
1 □□□ 仏教によって国家の安定をはかろうとする思想を何というか。

鎮護国家（ちんご）

★★★★★★★
2 □□□ 国家の経営する七大寺の1つで、藤原氏の氏寺としてその後も大きな勢力をふるった寺院は何か。

興福寺（こうふくじ）

★★★★★★
3 □□□ 藤原氏の氏神（うじがみ）として、氏寺の興福寺（こうふくじ）と一体となって勢力をふるった神社は何か。

春日神社（かすが）

★★★★★★
4 □□□ 奈良の諸大寺では仏教の教理研究が盛んで、信仰による教団とは異なる学派的な宗派が生まれたが、これを総称して何というか。

南都六宗（なんとろくしゅう）

★★★★★★★
5 □□□ 南都六宗のうち、玄昉（げんぼう）・道鏡（どうきょう）らの僧侶を出し、興福寺などを中心に活動した宗派は何か。

法相宗（ほっそうしゅう）

★★★★★★★
6 □□□ 南都六宗のうち、東大寺を根本道場として活動した宗派は何か。

華厳宗（けごんしゅう）

★★★★★★★
7 □□□ いく多の苦難をのりこえて唐から渡来し、日本に戒律を伝えた僧侶はだれか。

鑑真（がんじん）

★★★★★
8 □□□ 南都六宗のうち、鑑真によって始められた宗派は何か。

律宗（りっしゅう）

★★★★★★★

9 □□□ 鑑真が創建した寺院は何か。 | 唐招提寺（とうしょうだいじ）

★★★★★

10 □□□ 南都六宗のうち、大安寺の道慈（どうじ）が入唐（にっとう）して深めた宗派は何か。 | 三論宗（さんろんしゅう）

★★★★★★★

11 □□□ 政府の抑圧を受けながらも民間に布教し、橋や池溝をつくるなどの社会事業を行い、のち大仏造営にも協力して、大僧正（そうじょう）に任ぜられた僧侶はだれか。 | 行基（ぎょうき）

★★★★★★★

12 □□□ 奈良時代以来、神々の信仰と仏教との融合が進むが、このような現象を何というか。 | 神仏習合（しんぶつしゅうごう）

★★

13 □□□ 光明皇后（こうみょう）が設けたという貧窮者や病人の救済施設を2つあげよ。 | 悲田院（ひでんいん）・施薬院（せやくいん）

■天平の美術

★★★★★

1 □□□ 鎌倉時代に礼堂（らいどう）がつけ加えられた、毎年3月に東大寺創建当時の様子を伝える法華会（ほっけえ）が行われる建物を何というか。 | 東大寺法華堂（ほっけどう）（三月堂）

★★★★★★

2 □□□ 東大寺にある建物で、聖武天皇の遺品や大仏開眼供養関係の品をおさめている倉庫を何というか。 | 正倉院（しょうそういん）（宝庫）

★★★★★★★

3 □□□ 正倉院にみられる、柱を用いず、三角材を横に組んで壁をつくる建築様式を何というか。 | 校倉造（あぜくらづくり）

★★★★★

4 □□□ 前面に吹放（ふきはな）しの円柱列があり、寄棟造（よせむね）の大屋根に奈良時代の現存唯一の鴟尾（しび）がある唐招提寺（とうしょうだいじ）の創建当時の建物を何というか。 | 唐招提寺金堂（こんどう）

★★★★

5 □□□ 唐招提寺にある建物で、平城宮にあった朝集殿（ちょうしゅうでん）を移したものは何か。 | 唐招提寺講堂

★★★★★★

6 □□□ 奈良時代に発達した彫刻技法で、粘土でつくった像を何というか。 | 塑像（そぞう）

★★★★★★

7 □□□ 奈良時代の彫刻技法で、土や木で原型をつくり、漆を使って仕上げる像を何というか。 | 乾漆像（かんしつぞう）

★★★★★

8 □□□ 東大寺法華堂の本尊で、天平彫刻の代表的作品でもある、高さ362cmの巨大な乾漆像を何というか。 | 不空羂索観音像（ふくうけんじゃくかんのん）（さく）

★★★★★

9 □□□ 東大寺法華堂の不空羂索観音像の両側に配置されていた塑像で、静かに合掌する姿の2体の彫刻は何か。

日光・月光菩薩像

★★★★★

10 □□□ 東大寺法華堂に伝わってきた仏像のうち、甲冑をつけ金剛杵をふりあげた姿の塑像で、厨子におさめられた秘仏のため彩色がよく残る像は何か。

執金剛神像

★★★★★★

11 □□□ 唐招提寺にある乾漆像で、寺の創立者である盲目の僧侶の姿を表現した、現存最古の肖像彫刻を何というか。

鑑真和上像

★★★★★

12 □□□ 興福寺にある八部衆像のうちの1体で、三面六臂(顔が3つ、腕が6本)の乾漆像は何か。

阿修羅像

★★★★★★

13 □□□ 正倉院にある6面の屛風で、樹下に唐風の美人が描かれ、髪や着物にヤマドリの羽をはりつけていたものを何というか。

鳥毛立女屛風(樹下美人図)

★★★★

14 □□□ 薬師寺にある仏教絵画で、仏教で福徳をつかさどる女神として信仰され、唐代の貴婦人の姿に似せて描かれている遺物は何か。

吉祥天像

★★★★

15 □□□ 釈迦の伝記を記した経文に、絵を加えたものを何というか。

過去現在絵因果経

★★★★★★★

16 □□□ 天平文化の国際性と高い工芸の水準を示す正倉院宝物は、だれの遺品をおさめたものか。

聖武天皇

★★★★★★

17 □□□ 正倉院宝物のうち、インド産の紫檀でつくられ、貝の光沢のある部分をうすく切ってちりばめ、駱駝や熱帯樹などを表す装飾をほどこした五絃の楽器を何というか。

螺鈿紫檀五絃琵琶

★★

18 □□□ 称徳天皇が、恵美押勝の乱の戦没者供養のためにつくらせて近畿の十大寺に配った、現存する世界最古の印刷物をあげよ。

百万塔陀羅尼

④ 律令国家の変容

用語集 p.50〜57

桓武天皇や嵯峨天皇が在位した平安時代初期は、律令政治を立て直すための改革が行われた時期である。また、蝦夷の服属も進み、律令国家の支配が東北地方におよぶようになった。弘仁・貞観文化と呼ばれる唐風文化が広がり、仏教は密教が伝えられ、建築・彫刻などにおいて密教芸術が新たに発展した。

■平安遷都と蝦夷との戦い

★★★★★★★ 1	光仁天皇の次に即位し、律令政治の再建につとめた天皇はだれか。	桓武天皇
★★☆☆☆☆☆ 2	桓武天皇の母にあたり、渡来系氏族の血をひくとされるのはだれか。	高野新笠
★★★★★★★ 3	桓武天皇は、平城京から水陸交通の便利な場所へ都を移すことにしたが、新たな都の候補地となった国はどこか。	山背国
★★★★★★★ 4	784(延暦 3)年に遷都された新しい都はどこか。	長岡京
★★★★★★☆ 5	長岡京建設の長官が暗殺される事件が発生し、この新都は短期間で廃されたが、暗殺された長官とはだれか。	藤原種継
★★★★★★★ 6	長岡京に続いて建設された新都を何というか。	平安京
★★★★★★★ 7	平安京への遷都は西暦何年か。	794年
★★★☆☆☆☆ 8	遷都と並ぶ桓武天皇の大事業をあげよ。	蝦夷との戦い
★★★★★★☆ 9	光仁天皇の時代の780(宝亀11)年に、東北地方で蜂起した蝦夷の豪族はだれか。	伊治呰麻呂
★☆☆☆☆☆☆ 10	伊治呰麻呂が乱をおこした際、征東副使となった人物はだれか。	紀古佐美
★★★★★★★ 11	桓武天皇に登用され、797(延暦16)年に征夷大将軍となった人物はだれか。	坂上田村麻呂
★★★★★★☆ 12	坂上田村麻呂に降伏したあと、河内で斬られた蝦夷の族長はだれか。	阿弖流為
★★★★★★★ 13	坂上田村麻呂が802(延暦21)年に北上川中流域に築き、蝦夷支配の拠点とした城を何というか。	胆沢城
★★★★★★★ 14	胆沢城に蝦夷支配のための役所が移されたが、この役所を何というか。	鎮守府
★★★★★★★ 15	最初に鎮守府がおかれたのはどこか。	多賀城
★★★★★★☆ 16	803(延暦22)年に胆沢城のさらに北方に築かれ、東北経営の前進拠点とされた城を何というか。	志波城

★★★★★★★

17 □□□ 805(延暦24)年に、蝦夷との戦いと平安京造営の二大事業の継続を主張する菅野真道に対し、藤原緒嗣が中止を主張して論争し、桓武天皇によって緒嗣の意見が採用された。この論争を何というか。

徳政論争(相論)

■平安時代初期の政治改革

★★★★★★★

1 □□□ 令制の役所の統合・廃止が行われ、政治機構の簡略化が進められるなかで、令の規定にない官職も設けられたが、このような官職を何というか。

令外官

★★★★★★★

2 □□□ 令外官の1つで桓武天皇が国司の監督を強化するため、8世紀末に新設した官職は何か。

勘解由使

★★★★★★★

3 □□□ 国司の交替にあたり、後任者が前任者に発行する事務引き継ぎの証明書を何というか。

解由状

★★★★★★★

4 □□□ 8世紀末、桓武天皇はそれまでの軍団・兵士を廃止し、かわりに郡司の子弟や有力農民の志願による少数精鋭の兵士を採用した。この兵士を何というか。

健児

★★★★★★★

5 □□□ 810(弘仁元)年に設置され、天皇の側近として太政官組織との直接連絡や機密文書を取り扱った役所を何というか。

蔵人所

★★★★★★★

6 □□□ 810年に、最初に蔵人頭に任命された藤原北家出身の人物はだれか。

藤原冬嗣

★★★★★★★

7 □□□ 9世紀初めにおかれた令外官で、京内の警察・裁判業務をつかさどり、衛門府・弾正台・刑部省・京職などの業務を吸収した官職は何か。

検非違使

★★★★★★★

8 □□□ 代表的な令外官である蔵人頭や検非違使が設置された時の天皇はだれか。

嵯峨天皇

★★★★★★★

9 □□□ 蔵人所の設置は、嵯峨天皇の時におきた、前天皇が重祚を企てた事件が背景になっているが、この事件を何というか。

平城太上天皇の変(薬子の変)

★★★★★★★

10 □□□ 平城太上天皇に加担し、権力を握ろうとした兄妹の兄はだれか。

藤原仲成

★★★★★★★
11 □□□ 藤原仲成・藤原薬子兄妹は藤原氏の何家出身か。
式家

★★★★★★
12 □□□ 律令制定以降、律令条文の補足や修正のために出された法令を何というか。
格

★★★★★★
13 □□□ 律令や格の施行細則を何というか。
式

★★★★★★★
14 □□□ 嵯峨天皇のもとで、律令条文の補足・修正や施行細則の分類・整理と編纂が行われたが、これを何というか。
弘仁格式

★★★★★
15 □□□ 清和天皇の時に編纂された格式を何というか。
貞観格式

★★★★★★★
16 □□□ 延喜格式が編纂された時の天皇はだれか。
醍醐天皇

★★★★
17 □□□ 弘仁・貞観・延喜格式の3つを総称して何というか。
三代格式

★★★★★★
18 □□□ 清原夏野ら編集の、833(天長10)年に成立した養老令の官撰注釈書は何か。
令義解

★★
19 □□□ 9世紀後半に、惟宗直本によって編集された養老令の私撰注釈書は何か。
令集解

地方と貴族社会の変容

★★★
1 □□□ 班田は受けるが調・庸や兵役の負担を逃れるため、戸籍の男女の性別や年齢を偽って申告することを何というか。
偽籍

★
2 □□□ 桓武天皇は班田実施を現実に応じて改め、その励行をはかるため、班年を6年ごとから何年ごとに改めたか。
12年

★★★
3 □□□ 823(弘仁14)年に、大宰府管内に設けられた政府の直営田を何というか。
公営田

★★★
4 □□□ 879(元慶3)年に、畿内に設けられた政府の直営田を何というか。
官田(元慶官田)

★
5 □□□ 財源に苦しんだ政府は直接に土地を経営するようになるが、8世紀以降、天皇家の財源として設けられたものを何というか。
勅旨田

★★
6 □□□ 8世紀末から9世紀頃、天皇と結びついて勢いを強めた少数の皇族・貴族の総称を何というか。
院宮王臣家

■唐風文化と平安仏教

★★★★★★

1 □□□ 平安遷都から9世紀末頃までの文化を、嵯峨・清和天皇の時の年号から何というか。 — 弘仁・貞観文化

★★★

2 □□□ 文芸は国家の支柱で、国家隆盛の鍵であるとする思想を何というか。 — 文章経国(思想)

★★★★

3 □□□ 9世紀前半に編まれた3つの勅撰漢詩文集を、つくられた順にあげよ。 — 凌雲集・文華秀麗集・経国集

★★★

4 □□□ 空海の漢詩文を弟子の真済がまとめたものを何というか。 — 性霊集

★★★

5 □□□ 空海の詩論書をあげよ。 — 文鏡秘府論

★★★★★★

6 □□□ 平安時代初期に、貴族たちが大学に学ぶ子弟のために設けた学寮を何というか。 — 大学別曹

★★★★

7 □□□ 和気氏が設けた大学別曹を何というか。 — 弘文院

★★★★★

8 □□□ 藤原氏が設けた大学別曹を何というか。 — 勧学院

★★★★

9 □□□ 橘氏が設けた大学別曹を何というか。 — 学館院

★★★★

10 □□□ 在原氏が設けた大学別曹を何というか。 — 奨学院

★★★★

11 □□□ 空海が庶民教育のために都に設置した学校は何か。 — 綜芸種智院

★★★★★★★

12 □□□ 平安時代初期に入唐し、帰国後に法華経の信仰による新しい宗派を伝えた僧侶と、その宗派の名をあげよ。 — 最澄・天台宗

★★★★★★★

13 □□□ 天台宗の本拠は、都を離れた比叡山におかれたが、その寺院の名をあげよ。 — 延暦寺

★★

14 □□□ 大乗戒壇の設立により南都仏教からの独立を目指す最澄が、これに反対する者たちにこたえるために著した書物は何か。 — 顕戒論

★★★★★

15 □□□ 釈迦の教えを経典にもとづいて学び、修行して悟りを開こうとする仏教を何というか。 — 顕教

★★★★★★★

16 □□□ 大日如来の教えにより、秘密の呪法を通じて仏の世界に接し、悟りを開こうとする仏教を何というか。 — 密教

★★★★★★ 17 □□□ 密教で、病気や災難を除くために行う呪術を何というか。	加持祈禱
★★★★★★★ 18 □□□ 最澄と同時に入唐し、特に密教を学び、それにもとづく宗派を伝えた僧侶と、その宗派の名をあげよ。	空海・真言宗
★★★★★★★ 19 □□□ 真言宗が中心道場とした高野山の寺院を何というか。	金剛峯寺
★★★★★★★ 20 □□□ 嵯峨天皇から空海に勅賜され、真言宗が中心道場とした京都の寺院を何というか。	教王護国寺（東寺）
★ 21 □□□ 空海が仏門に入るにいたった理由を記した書物で、仏教・道教・儒教三教の優劣を論じ、仏教の優位を説いたものを何というか。	三教指帰
★★★★★ 22 □□□ 入唐し、帰国後に天台宗の密教化を進めた僧侶で、山門派の祖とされるのはだれか。	円仁
★★ 23 □□□ 円仁の著書で、唐の五台山などを巡礼した旅日記は何か。	入唐求法巡礼行記
★★ 24 □□□ 天台宗で、円珍を祖とする寺門派の中心寺院を何というか。	園城寺（三井寺）
★★★ 25 □□□ 天台宗の密教と真言宗の密教を、それぞれ何と呼ぶか。	台密・東密
★★★★★★ 26 □□□ 神仏習合の1つとして、神社の境内に建てられた寺院を何というか。	神宮寺
★★★★★ 27 □□□ 山岳信仰と仏教の密教的信仰とが混合し、山伏に代表される山岳修行の宗教が生まれたが、これを何というか。	修験道

■密教芸術

★★★★★★★ 1 □□□ 弘仁・貞観文化の美術には、神秘的な仏教の影響が強いが、どのような仏教か。	密教
★★★★★ 2 □□□ 奈良県にある真言宗の寺院で、女人高野と呼ばれ、山岳寺院としての特色を示す建物を今日に伝える寺院は何か。	室生寺
★★★★★ 3 □□□ 室生寺にある平安時代初期の建築の代表を2つあげよ。	金堂・五重塔
★★★★★★ 4 □□□ 弘仁・貞観文化の仏像彫刻を特徴づける技法を2つあげよ。	一木造・翻波式

★★ 5 □□□	弘仁・貞観文化の彫刻の技法をよく示す大和の室生寺の弥勒堂に伝わった仏像をあげよ。	釈迦如来坐像（しゃかにょらいざぞう）
★★★★ 6 □□□	河内（かわち）の観心寺（かんしんじ）にある典型的な密教彫刻で、秘仏として保存され、彩色もよく残り、6本の腕がのびやかで全体に豊満な感じを与える仏像は何か。	如意輪観音像（にょいりんかんのんぞう）
★★★★★★ 7 □□□	奈良の薬師寺に残されている神仏習合（しんぶつしゅうごう）による一木造の神像彫刻をあげよ。	僧形八幡神像（そうぎょうはちまんしんぞう）
★★★★★★★ 8 □□□	密教で宇宙の真理を表すために、諸仏・諸菩薩を配置して図示したものを何というか。	曼荼羅（まんだら）（両界曼荼羅）
★★★★ 9 □□□	現存最古の曼荼羅の作品が伝わる京都の北方の真言宗の寺院は何か。	神護寺（じんごじ）
★★★★★★ 10 □□□	曼荼羅の代表的作品で、かつて宮中真言院（しんごんいん）で用いられたとされることから、伝真言院曼荼羅とも呼ばれるものが伝来する寺院は何か。	教王護国寺（東寺）
★★★★★★ 11 □□□	密教の盛行につれて信仰が広がり、特に修験道の本尊として信仰されたもので、火焔（かえん）のなかにあって右手に剣、左手に羂索（けんさく）をもつ姿で表される像は何か。	不動明王像（ふどうみょうおう）
★★★ 12 □□□	不動明王像の代表的な絵画として黄不動（き）と呼ばれるものは、どこの寺院に伝わっているか。	園城寺（三井寺）
★★★★★★★ 13 □□□	弘仁・貞観時代には唐風の書道（唐様（からよう））がもてはやされたが、その名手3人のことを何というか。	三筆（さんぴつ）
★★★★★★★ 14 □□□	三筆と称される人物は、空海・橘逸勢（たちばなのはやなり）とあと1人はだれか。	嵯峨天皇（さが）
★★★★★★ 15 □□□	空海が最澄に送った手紙3通を1巻にしたものが現存している。これを何というか。	風信帖（ふうしんじょう）

第4章 貴族政治の展開

① 摂関政治

用語集 p.58〜61

藤原北家は、他氏族の勢力を退け、天皇との結びつきを強めて勢力をのばしていった。道長・頼通の時代は、天皇の外戚として摂政や関白といった要職を占め、政治の実権を独占し続けたことから摂関政治と呼ばれた。一方、遣唐使の派遣中止により、唐のあとの宋(そう)とは正式な国交を開かず東アジアとの国際関係が変化していった。

■藤原氏北家の発展

★★★★★★★

1 □□□ 奈良時代後期から平安時代初期にかけて優勢であったが、平城太上天皇の変(へいぜいだいじょうてんのうのへん)(薬子の変(くすこのへん))以後、没落したのは藤原氏の何家か。

式家(しきけ)

★★★★★★★

2 □□□ 平城太上天皇の変(薬子の変)以後、勢力をのばしたのは藤原氏の何家か。

北家(ほっけ)

★★★★★★★

3 □□□ 藤原氏の北家出身で、平安時代初期に嵯峨天皇(さがてんのう)の信任を得て台頭し、天皇家と姻戚関係を結んだ人物はだれか。

藤原冬嗣(ふゆつぐ)

★★★★★★★

4 □□□ 嵯峨天皇の信任を得て、藤原冬嗣は何という官職についたか。

蔵人頭(くろうどのとう)

★★★★★★★

5 □□□ 藤原氏発展の一方で、他氏が没落する政治的事件が次々に発生するが、842(承和9)年に皇太子恒貞親王(つねさだしんのう)が廃され、伴(とも)・橘(たちばな)氏が失脚した事件を何というか。

承和の変(じょうわのへん)

★★★★★★★

6 □□□ 承和の変で、謀反を企てたとして流罪になった人物で、三筆(さんぴつ)の1人はだれか。

橘逸勢(たちばなのはやなり)

■摂政・関白の始まり

★★★★★★★

1 □□□ 天皇が幼少の期間に、その政務を代行する官職を何というか。

摂政(せっしょう)

★★★★★★★

2 □□□ 即位した幼少の天皇の外祖父として、9世紀半ばに摂政の官職に就任したのはだれか。

藤原良房(よしふさ)

★★★★★★★

3 □□□ 藤原良房が摂政に就任した時の天皇はだれか。

清和天皇(せいわてんのう)

★★★★★★
4
□□□
866(貞観8)年に、平安宮にある朝堂院の南側の正門応天門が放火されたことからおこった事件を何というか。 | 応天門の変

★★★★★★
5
□□□
左大臣源信を失脚させようとして応天門の放火事件をひきおこし、流罪になったのはだれか。 | 伴善男

★★★★★★
6
□□□
伴善男は、何という官職についていたか。 | 大納言

★★
7
□□□
応天門の変で没落した古来有力な一族は、伴(大伴)氏と何氏か。 | 紀氏

★★★★★★★
8
□□□
天皇の成人後に、その後見役として政務を行う令外官を何というか。 | 関白

★★★★★★★
9
□□□
はじめて関白に就任した人物はだれか。 | 藤原基経

★★★★★★★
10
□□□
藤原基経が884(元慶8)年に、実質的に関白の職に就任した時の天皇はだれか。 | 光孝天皇

★★★★★★
11
□□□
藤原基経を関白に任命する勅書が出されたのは887(仁和3)年のことだが、この時の天皇はだれか。 | 宇多天皇

★★★★
12
□□□
887(仁和3)年の勅書のなかで使われた語句をめぐり藤原氏が示威を行い、翌年、天皇は勅書を取り消し、その起草者である橘広相を罰したが、この事件を何というか。 | 阿衡の紛議(阿衡事件)

★★★★★★★
13
□□□
宇多天皇に重用され、のちに藤原氏により大宰府へ左遷された人物はだれか。 | 菅原道真

★★★
14
□□□
菅原道真が大宰府に左遷された時の藤原氏の中心人物(氏長者)はだれか。 | 藤原時平

■延喜・天暦の治

★★★★★★★
1
□□□
宇多天皇ののち、10世紀前半に2度にわたり、摂政・関白がおかれずに天皇親政が行われた時期があるが、それらの治世を何と呼ぶか。 | 延喜・天暦の治

★★★★★★★
2
□□□
延喜の治という親政を行った天皇はだれか。 | 醍醐天皇

★★★★★★★
3
□□□
天暦の治という親政を行った天皇はだれか。 | 村上天皇

★★★★★★★

4 □□□ 村上天皇の時に鋳造された本朝(皇朝)十二銭の最後の貨幣を何というか。 — 乾元大宝(けんげんたいほう)

★★★★★★★

5 □□□ 10世紀後半におきたある事件以降、摂政・関白は常置となり、藤原氏北家の勢力は不動のものとなったが、ある事件とは何か。 — 安和(あんな)の変

★★★★★★★

6 □□□ 安和の変は西暦何年におきたか。 — 969年

★★★★★★★

7 □□□ 安和の変の時、藤原氏により失脚させられた醍醐天皇の皇子で、左大臣であった人物はだれか。 — 源高明(たかあきら)

■摂関政治

★★★★★★★

1 □□□ 安和の変以降、摂政・関白が常置となったが、このような政治形態を何というか。 — 摂関(せっかん)政治

★★★★★★★

2 □□□ 藤原北家(ほっけ)の勢力が確立すると、摂政・関白はすべて藤原北家から出されるようになるが、この摂政・関白に任命される家柄を何というか。 — 摂関家

★★★★★★★

3 □□□ 摂政・関白の地位をめぐる藤原北家の一族間の争いのうち、叔父の藤原道長と争った甥(おい)はだれか。 — 藤原伊周(これちか)

★★★★★★★

4 □□□ 4人の娘を皇后や皇太子妃とし、3人の天皇の外祖父となって栄華をきわめた人物はだれか。 — 藤原道長(みちなが)

★★★★★★★

5 □□□ 藤原道長の娘で、一条天皇の中宮となって、2人の天皇の母となった人物はだれか。 — 藤原彰子(しょうし)

★★★★★★★

6 □□□ 藤原彰子の子で、天皇となったのはだれか。即位順に2人あげよ。 — 後一条天皇・後朱雀(ごすざく)天皇

★★★★★★★

7 □□□ 藤原道長と対立した伊周の妹で、一条天皇の皇后はだれか。 — 藤原定子(ていし)

★★★★★★★

8 □□□ 藤原道長の子で宇治殿(うじ)と呼ばれ、後一条天皇以下3代の摂政・関白として、約50年間政権を握ったのはだれか。 — 藤原頼通(よりみち)

★★★★★★★

9 □□□ 藤原氏発展の背景には、娘を天皇の后妃として、皇室と姻戚関係を結ぶということがあったが、このような関係を何というか。 — 外戚(がいせき)関係

★★★★★★★

10 □□□ 摂関期に国政の重要事項を審議し、天皇（もしくは摂関）の決裁の参考にされた公卿の会議を何というか。 — 陣定

■国際関係の変化

★★★★★★★

1 □□□ 9世紀末に、それまでの外交政策に大きな変化が生じたが、それは何か。 — 遣唐使派遣中止

★★★★★★★

2 □□□ 遣唐使派遣中止はだれの建議によるものか。 — 菅原道真

★★★★★★★

3 □□□ 遣唐使派遣中止の建議は西暦何年のことか。 — 894年

★★★★★★★

4 □□□ 中国では907年に唐が滅び、その後再統一されるまで諸王朝の興亡があったが、それらの諸王朝を何と呼ぶか。 — 五代十国

★★★★★★★

5 □□□ 唐滅亡後の分裂時代を経て、960年に成立した中国の統一王朝を何というか。 — 宋（北宋）

★★★★★★★

6 □□□ 奈良時代に日本と国交のあった渤海を、926年に滅ぼした契丹が建国した国は何か。 — 遼

★★★★★★★

7 □□□ 935年に朝鮮半島の新羅を滅ぼし、これにかわった国は何か。 — 高麗

★★★★★★★

8 □□□ 遣唐使派遣中止後、日本人の渡航は禁止されていたが、巡礼を目的とする僧は許されたことから、10世紀末に宋に渡り、帰国時に釈迦如来像をもち帰り京都嵯峨の清凉寺に安置した人物はだれか。 — 奝然

② 国風文化

用語集 p.62〜67

それまでに受け入れられてきた大陸文化をふまえ、日本の風土にあった優雅で洗練された国風文化がおこった。「かな文字」の発達により多くの文学作品が生まれ、美術工芸の面でも国風化が広がった。また、末法思想を背景に現世の不安から逃れようとする浄土教も流行した。

■国文学の発達

★★★★★★★

1 □□□ 10〜11世紀の平安時代中期以降に展開した日本風の文化を何というか。 — 国風文化（藤原文化）

★★★★★★★

2 □□□ 国風文化が発達した時期に成立し、文学の発展や文芸の国風化に大きな役割をはたしたものは何か。 — かな文字

★★★★★

3 □□□ 天皇または上皇・法皇の命により、編纂された和歌集を何というか。 — 勅撰和歌集(ちょくせんわかしゅう)

★★★★★★

4 □□□ 905(延喜5)年に編纂された、最初の勅撰和歌集は何か。 — 古今和歌集(こきん)

★★★★★

5 □□□ かなで書かれた最初の日記文学で、国司の任期を終えて帰京するまでのことを記した作品は何か。 — 土佐日記(とさ)

★★★★★

6 □□□ 『古今和歌集』の撰者で、『土佐日記』の作者としても著名な人物はだれか。 — 紀貫之(きのつらゆき)

★★★★★

7 □□□ 日本の物語文学の祖といわれる、伝説を素材にした伝奇的な物語は何か。 — 竹取物語(たけとり)

★★★★★

8 □□□ 在原業平(ありわらのなりひら)を主人公とし、和歌を主体とした短編からなる歌物語は何か。 — 伊勢物語(いせ)

★★★★★★★

9 □□□ 11世紀初めに成立した大長編物語で、藤原氏全盛期の貴族社会を描写した物語文学の最高峰とされているものは何か。 — 源氏物語(げんじ)

★★★★★★

10 □□□ 『源氏物語』の作者で、一条天皇の中宮藤原彰子(しょうし)に仕えた人物はだれか。 — 紫式部(むらさきしきぶ)

★★★★★★★

11 □□□ 一条天皇の皇后藤原定子(ていし)に仕えた女性によって書かれた随筆をあげよ。 — 枕草子(まくらのそうし)

★★★★★★

12 □□□ 『枕草子』の作者はだれか。 — 清少納言(せいしょうなごん)

★★

13 □□□ 唐の白居易の作品で、平安時代に熱狂的に受容され、『源氏物語』『枕草子』にも影響を与えたという漢詩集は何か。 — 白氏文集(はくしもんじゅう)

■浄土の信仰

★★★★★★

1 □□□ 神仏習合(しんぶつしゅうごう)の風潮が進むにつれて、在来の神々は仏が人間を救うために、仮に形をかえて現れたものとする思想が生まれたが、これを何というか。 — 本地垂迹説(ほんじすいじゃくせつ)

2 ★★★	死者の怨霊のたたりなどをおそれ、怨霊や疫神をまつって災厄から逃れようとする信仰を何というか。	御霊信仰
3 ★★★★★★	御霊信仰にもとづく、法会や祭礼を何というか。	御霊会
4 ★★★★	藤原時平らの策謀により、大宰府に左遷されて死んだ菅原道真の怨霊のたたりをおそれ、道真をまつった京都の神社を何というか。	北野神社(北野天満宮)
5 ★★★★★	平安時代に疫病が流行した時、全国の国数にあたる66本の鉾を立てて祭りを営んだことに始まるという、京都の有名な祭礼は何か。	祇園祭
6 ★★★★★	中国から伝来した信仰で、万物は陰陽二気によって生じるとし、木火土金水の5つの要素の変化によって災異や吉凶を説明しようとする思想にもとづく呪術・祭祀の体系を何というか。	陰陽道
7 ★★★★	不吉なことを家にこもって避けることを何というか。	物忌
8 ★★★★	凶となる方角を避けて、目的地に向かうことを何というか。	方違
9 ★★★★★★★	阿弥陀如来を信仰し、来世の極楽往生を願う仏教の教えを何というか。	浄土教
10 ★★★★★★★	民間の浄土教の始祖といわれ、若い頃より諸国をめぐり、10世紀半ばには京の市中で人々に念仏を勧めた僧侶はだれか。	空也
11 ★★★	空也は民間で伝道教化につとめたことから、特に何と呼ばれたか。	市聖
12 ★★★★★★★	阿弥陀仏の姿を心に念じ、特に南無阿弥陀仏ととなえることを何というか。	念仏
13 ★★★★★★	地獄・極楽のありさまを説き、極楽往生のために念仏を勧め、人々に大きな影響を与えた、985(寛和元)年に成立した書物を何というか。	往生要集
14 ★★★★★★★	『往生要集』を著した僧侶はだれか。	源信(恵心僧都)
15 ★★★★★★★	浄土教の普及の背景には社会不安の増大とともに、釈迦	末法思想

の死後から仏法が衰え、やがて仏法が滅び天災地変が頻発するという仏教思想があった。この思想を何というか。

★★★★★☆☆

16 □□□ 平安時代の人々は、いつから末法の世に入ると考えていたか。西暦年で答えよ。 — 1052年

★★★☆☆☆☆

17 □□□ 念仏の功徳で極楽往生した人の伝記を集めたものを、一般的に何というか。 — 往生伝

★★★☆☆☆☆

18 □□□ 往生伝の最初のものとして、10世紀末に成立した書物をあげよ。 — 日本往生極楽記

★★★☆☆☆☆

19 □□□ 『日本往生極楽記』の著者はだれか。 — 慶滋保胤

★★★☆☆☆☆

20 □□□ 法華経などの経典を入れて埋納するなどした、円筒形の金銅製容器を何というか。 — 経筒

★★☆☆☆☆☆

21 □□□ 奈良県の山上ヶ岳山頂の金峯山経塚から出土した、日本で現存最古の埋納用の経筒をあげよ。 — 藤原道長埋納経筒

■国風美術

★★★★★★★

1 □□□ 平安時代中期に完成した、日本風の貴族の住宅様式を何というか。 — 寝殿造

★★★★★★☆

2 □□□ 寝殿造の建物のうち、中央にあって主人が居住する正殿を何というか。 — 寝殿

★★★★★★☆

3 □□□ 正殿の左右や後ろに相対させてつくられた別棟の建物を何というか。 — 対(対屋)

★★★★★★★

4 □□□ それまでの中国風の絵画にかわって、平安時代中期からおこってきた日本の風物を題材とする日本的な絵画を何と呼ぶか。 — 大和絵

★★☆☆☆☆☆

5 □□□ 中国風の絵画のことを何というか。 — 唐絵

★★★★★★★

6 □□□ 平安時代に完成した技法で、漆で文様を描き、金銀などの金属粉を蒔きつけて模様とするものを何というか。 — 蒔絵

★★★★★★★

7 □□□ それまでの中国風の書風に対し、和様の書風が成立したが、その名手と称された人々を何と呼ぶか。 — 三跡(三蹟)

★★★★★★★
8
□□□ 三跡をすべてあげよ。

小野道風(どうふう)・藤原佐理・藤原行成(こうぜい)

★★★★★★★
9
□□□ 藤原佐理が大宰府に赴任する途中、甥に送った書状が残っている。これを何というか。

離洛帖

★★★★★★★
10
□□□ 11世紀以降、阿弥陀如来を本尊として安置する建物が寺院の中心として盛んに建てられたが、この建物を何というか。

阿弥陀堂

★★★★★★★
11
□□□ 藤原道長が全盛期に、「此の世をば 我が世とぞ思ふ望月の かけたることも無しと思へば」という歌を詠んだことを伝える貴族の日記を何というか。

小右記

★★★★★★★
12
□□□ 『小右記』には藤原道長に対する批判的記事もあり、内容的にも重要だが、その筆者はだれか。

藤原実資

★★★★★★★
13
□□□ 藤原頼通が、道長から譲り受けた宇治の別荘を、末法初年の1052(永承7)年に寺院としたが、これを何というか。

平等院

★★★★★★★
14
□□□ 平等院の本堂として、1053(天喜元)年に建立された阿弥陀堂を何というか。

鳳凰堂

★★★★★★★
15
□□□ 浄土教の流行により阿弥陀如来像が盛んに制作されるようになったが、この時期に完成した仏像彫刻の手法を何というか。

寄木造

★★★★★★★
16
□□□ 寄木造の手法を完成したとされる仏師はだれか。

定朝

★★★★★★★
17
□□□ 定朝の作として著名な仏像は何か。

平等院鳳凰堂阿弥陀如来像

★★★★★★★
18
□□□ 臨終に際して往生を願う人を阿弥陀如来が迎えに来るありさまを描いた絵を何というか。

来迎図

★★★★★★★
19
□□□ 来迎図の代表的な作品で、高野山に伝わるものをあげよ。

阿弥陀聖衆来迎図

■貴族の生活

★★★★★★★
1
□□□ 平安時代の貴族の男性が、日常の出勤や儀式などに着用した正装を何というか。

束帯

★★★★★★★
2 □□□ 束帯の略装とされるものを何というか。 | 衣冠（いかん）

★★★★★★★
3 □□□ 平安時代の貴族男性の平常服は何か。 | 直衣（のうし）

★★★★★★★
4 □□□ もとは狩の時の軽快な服で、平安時代の貴族男性の平常服に用いられたものは何か。 | 狩衣（かりぎぬ）

★★★★★★★
5 □□□ 唐衣（からぎぬ）や裳（も）からなる宮廷の女性の正装を何というか。 | 女房装束（しょうぞく）（十二単（ひとえ））

★★★★★★★
6 □□□ 平安時代の女性の平常服は何か。 | 小袿（こうちぎ）

★★★★★★★
7 □□□ 平安時代の庶民の男性の実用服は何か。 | 水干（すいかん）

★★★★★★★
8 □□□ 貴族の男性の成人式を何というか。 | 元服（げんぷく）

★★★★★★★
9 □□□ 貴族の女性の成人式を何というか。 | 裳着（もぎ）

★★★★★★★
10 □□□ 大祓（おおはらえ）や七夕（たなばた）など、宮中で毎年同じ時期に行われる儀式を何というか。 | 年中行事（ねんじゅう）（ねんちゅう）

★★★★★★★
11 □□□ 藤原道長の日記を何というか。 | 御堂関白記（みどうかんぱくき）

★★★★★★★
12 □□□ 朝廷の儀式・行事のあり方を詳しく記した儀式書のうち、藤原公任（きんとう）撰のものを何というか。 | 北山抄（ほくざんしょう）

❸ 地方政治の展開と武士

用語集 p.67〜71

律令体制が行き詰まると、国家財政維持のために、徴税の責任とともに大きな権限を与えられた受領が力をつけていった。また開発領主が現れ、開発した土地を貴族や大寺院に寄進し特権を得るようになった。地方では武士団が形成され、平将門や藤原純友などが反乱をおこしたが、治安維持を担った武士によって鎮圧されるとともに、源氏と平氏に代表される武家の棟梁（とうりょう）のもとに組織化されていった。

■受領と負名

★★★★★★★
1 □□□ 10世紀初め、醍醐（だいご）天皇のもとで違法な土地所有を禁ずる法令が出されたが、これを何というか。 | 延喜（えんぎ）の荘園（しょうえん）整理令

★★★★★★★
2 □□□ 延喜の荘園整理令は西暦何年に出されたか。 | 902年

★★★★★★★
3 □□□ 律令制の地方官で、中央から派遣され、一国の行政・警察・司法をつかさどる官職を何というか。 | 国司（こくし）

★★★★★★☆ 4 □□□ 国司が勤務する国の政庁を何というか。	国衙（こくが）
★☆☆☆☆☆☆ 5 □□□ 班田制の崩壊、律令制の衰退にともない、国衙の主な任務はどのようなものになったか。	一定額の納税の請負
★☆☆☆☆☆☆ 6 □□□ 戸籍・計帳の崩壊により従来の成人男性中心の税制を維持できなくなった政府は、徴税基盤を何におくようになったか。	土地
★★★★★★★ 7 □□□ 平安時代中期以降の公領（国衙領）の税で、租・調・庸・出挙（すいこ）に由来するものは何か。	官物（かんもつ）
★★★★★★★ 8 □□□ 平安時代中期以降の公領（国衙領）の税で、雑徭（ぞうよう）に由来する力役にあたるものは何か。	臨時雑役（ぞうやく）
★★★★★★★ 9 □□□ 10世紀初め頃、徴税単位となった田地は、国司から耕作を請け負う有力農民の名をつけて呼ばれるようになるが、このような田地を何というか。	名（みょう）（名田（みょうでん））
★★★★★☆☆ 10 □□□ 名には納税の請負人の名がつけられたが、このことから請負人のことを何というか。	負名（ふみょう）
★★★★★★★ 11 □□□ 10〜11世紀、荘園・公領の耕作を請け負った有力な農民を何と呼んだか。	田堵（たと）
★★★☆☆☆☆ 12 □□□ 田堵のなかで、大規模な土地の経営を行う者を特に何と呼ぶか。	大名田堵（だいみょう）
★★★★★★★ 13 □□□ 現地に赴任して国の実務をとる国司の最上席者は、交替の際に一国の財産などを前任者から引き継いだことから、何と呼ばれるようになったか。	受領（ずりょう）
★☆☆☆☆☆☆ 14 □□□ 受領には、どのような階層の者が多いか。	中・下級貴族
★★★★★★☆ 15 □□□ 受領には、強欲（ごうよく）で私腹をこやす者が多かったが、その悪政を31カ条にわたって朝廷に訴え、国司の罷免を求めた訴状が988（永延２）年に出されている。これを何と呼んでいるか。	尾張国郡司百姓等解（おわりのくにぐんじひゃくしょうらのげ）
★★★★★★☆ 16 □□□ 「尾張国郡司百姓等解」で訴えられ、その結果解任された国司はだれか。	藤原元命（もとなが）
★★★★★★★ 17 □□□ 律令体制のゆるみから売位・売官が盛んとなったことを	成功（じょうごう）

背景に、私財を出して朝廷儀式の運営や寺社の造営費を請け負い、その代償として収入の多い国司などの官職に任命してもらうことを何というか。

★★★★★★★

18 □□□ 成功の一種で、一定の財物を官に納め、任期満了後に同一の国司などの官職に再任されることを何というか。
重任(ちょうにん)

★★★★★★★

19 □□□ 国司に任じられても現地に赴任せず、国司としての収入のみを得ることを何というか。
遙任(遙任国司)(ようにん)

★★★★★★★

20 □□□ 国衙で実務をとった、現地の有力者が世襲的に任じられる役人のことを何というか。
在庁官人(ざいちょうかんじん)

★★★★★★★

21 □□□ 国司不在の国衙のことを何というか。
留守所(るすどころ)

★★★★★★★

22 □□□ 任国に赴任しない受領のかわりに、現地の留守所で在庁官人を指揮した者を何というか。
目代(もくだい)

■荘園の発達

★★★★★★★

1 □□□ 土着した国司の子孫や地方豪族、大名田堵(だいみょうたと)などで、未開地を開発してその所有者となった者を何と呼ぶか。
開発領主(かいはつりょうしゅ)

★★★★★★★

2 □□□ 開発領主らは国衙の干渉を免れるために、所領を貴族や大寺社に寄進(きしん)するようになるが、こうして成立した荘園を何というか。
寄進地系荘園(きしんち)

★★★★★★★

3 □□□ 荘園の寄進を受けて領主権を得た貴族や寺社など、中央の権力者のことを何というか。
領家(りょうけ)

★★★★★★★

4 □□□ 荘園が領家からさらに上級の有力者に寄進された時、その上級の領主のことを何というか。
本家(ほんけ)

★★★★★★★

5 □□□ 寄進を受けた領主のうち実質的支配権をもったものを何というか。
本所(ほんじょ)

★★★★★★★

6 □□□ 開発領主は、寄進後は荘園の現地管理者として土地の実質的な支配権を確保したが、この管理者の地位を一般的に何というか。
荘官(しょうかん)

★★★★★★★

7 □□□ 荘官のなかで、現地におもむき下級荘官を指揮して経営にあたる上級荘官を何というか。
預所(あずかりどころ)

★★★★★★★
8 □□□ 寄進地系荘園の代表例として、東寺百合文書のなかにその寄進の経過が記されている肥後国(熊本県)にあった荘園を何というか。

鹿子木荘

★★★★★★★
9 □□□ 荘園領主がその地位を利用して獲得した、租税免除の特権を何というか。

不輸(の権)

★★★★★★★
10 □□□ 中央政府から正式に文書が交付されて、不輸を認められた荘園を何と呼ぶか。

官省符荘

★★★★★★★
11 □□□ 不輸を認める時に出される、符を2つあげよ。

太政官符・民部省符

★★★★★★★
12 □□□ 国司の裁定による許可証(免判)によって、租税の免除を認められた荘園を何というか。

国免荘

★★★★★★★
13 □□□ 国司が国内の耕地を調査し、税額を定めるために派遣した役人を何というか。

検田使

★★★★★★★
14 □□□ 荘園領主がその権威によって獲得した、国衙の役人の立入りやさらには警察権の介入をも拒否する権利を何というか。

不入(の権)

■地方の反乱と武士の成長

★★★★★★★
1 □□□ 9世紀後半から、盗賊の追捕や内乱の鎮圧などのために派遣されて、地方の武士と兵士を統率し、のちには諸国に常置されるようになった令外官を何というか。

押領使

★★★★★★★
2 □□□ 10世紀以降、盗賊の追捕や内乱の鎮圧などのために派遣されて、地方の武士と兵士を統率し、のちには諸国に常置されるようになった令外官を何というか。

追捕使

★★★★★★★
3 □□□ 地方政治の混乱と治安の乱れから武装するようになった、土着した国司の子孫や地方豪族などの戦闘集団を何というか。

武士団

★★★★★★★
4 □□□ 統率者のもとで武士の集団を構成する一族のことを何というか。

家子

★★★★★★★
5 □□□ 統率者のもとで武士の集団を構成する従者のことを何というか。

郎等(郎党・郎従)

★★★★★★
6
□□□ 中小の武士団を統合した大武士団の統率者を何というか。 | 棟梁(武家の棟梁)

★★★★★
7
□□□ 大武士団の統率者には、もともとどのような出身の者が多いか。 | 国司

★★★★★★★
8
□□□ 大武士団の統率者の代表的な例で、桓武天皇の流れを何というか。 | 桓武平氏

★★★★★★★
9
□□□ 大武士団の統率者の代表的な例で、清和天皇の流れを何というか。 | 清和源氏

★★★★★★★
10
□□□ 武士は、やがて公的な地位にも就任するようになるが、10世紀以降、上京して宮中の警備にあたった者を何というか。 | 滝口の武者(武士)

★★★★★
11
□□□ 貴族の身辺護衛にあたる者を何と呼んだか。 | 侍

★★★★★★
12
□□□ 1019(寛仁3)年に、中国の沿海州地方の民族が対馬・壱岐・九州北部を襲うという事件がおこったが、これを何というか。 | 刀伊の入寇

★★★★★★★
13
□□□ 刀伊の入寇をおこしたのは、何という民族か。 | 女真人(族)

★★★★★★
14
□□□ 刀伊の入寇の際、九州の武士を率いてこれを撃退した大宰権帥はだれか。 | 藤原隆家

★
15
□□□ 桓武平氏は、桓武天皇の子孫が平の姓を賜わり、上総介となり任地に土着して関東各地に広がったものだが、この人物の名をあげよ。 | 高望王(平高望)

★★★★★★★
16
□□□ 桓武平氏の一族で、下総の猿島を本拠とし、一族間の争いから、やがて国司を追放するなど中央政府への反乱をおこすにいたった人物はだれか。 | 平将門

★★★★★★
17
□□□ 平将門は、常陸・下野・上野の国府を攻め落とし、関東の大半を征服して、ある称号を名乗ったがその名称をあげよ。 | 新皇

★
18
□□□ 平将門が反乱をおこしたのは西暦何年か。 | 939年

★★★★★★
19
□□□ 平将門の乱を鎮圧した関東の武士は藤原秀郷ともう1人はだれか。 | 平貞盛

★★★★★★★
20 □□□
もと伊予国司で伊予の日振島を根拠に瀬戸内海の海賊を率いて乱をおこし、伊予の国府や大宰府を襲った人物はだれか。

藤原純友

★★★★★★
21 □□□
藤原純友の乱を鎮圧した人物の1人で、清和源氏の祖となった人物はだれか。

源経基(経基王)

★★★★
22 □□□
藤原純友の乱は平将門の乱と同じ頃におこったが、この2つの乱を当時の年号をとって何と呼ぶか。

天慶の乱

★★★★
23 □□□
安和の変で源高明を密告して摂関家に近づき、摂津国多田荘に土着して勢力をのばした人物はだれか。

源満仲

★★
24 □□□
源満仲の子で藤原道長に仕えた兄弟をあげよ。

源頼光・頼信

★★★★★★
25 □□□
1028(長元元)年に上総で反乱をおこした人物をあげよ。

平忠常

★★★★★★
26 □□□
平忠常の乱を平定し、源氏の東国進出のきっかけをつくった人物はだれか。

源頼信

第5章 院政と武士の躍進

❶ 院政の始まり

用語集 p.74〜77

後三条天皇が荘園整理を断行し荘園公領制へと移行したため、有力農民は名主として、武士は在庁官人として、土地にかかわる権限を強めていった。上皇が政治の実権を握り続けた院政では、法や慣例にとらわれない政治が行われ、売位・売官の風潮が広まった。

■延久の荘園整理令と荘園公領制

★★★★★★★
1 □□□ 1068(治暦4)年に即位し、摂関家と外戚関係がなく、摂関家をはばからずに親政を行った天皇はだれか。
後三条天皇（ごさんじょう）

★★★☆☆☆☆
2 □□□ 紀伝道（きでんどう）の家系で、後三条天皇の近臣としてその政治を補佐した人物はだれか。
大江匡房（おおえのまさふさ）

★★★★★★★
3 □□□ 後三条天皇によって、1069(延久元)年に出された荘園整理令を何というか。
延久（えんきゅう）の荘園（しょうえん）整理令

★★★★★★★
4 □□□ 後三条天皇が荘園整理のため設置し、荘園所有者に提出させた文書と国司の報告を審査する役所を何というか。
記録荘園券契所（けんけいじょ）(記録所)

★★☆☆☆☆☆
5 □□□ 後三条天皇が制定した公定枡（ます）を何というか。
宣旨枡（せんじます）

★★★★★★★
6 □□□ 荘園が発達するなかで、国司の支配下にある土地は何と呼ばれたか。
公領(国衙領（こくが）)

★★★★★☆☆
7 □□□ 院政期に、国司が国内を新たに再編成した行政単位を何というか。
郡（ぐん）・郷（ごう）・保（ほ）

★★★★★★★
8 □□□ 11世紀半ばから形成された一国の編成において、荘園と公領(郡・郷・保)が並立する体制を何というか。
荘園公領制

★★★★★★☆
9 □□□ 荘園や公領内の耕地の大部分は名（みょう）(名田（みょうでん）)として、田堵（たと）などの有力な農民に割り当てられたが、彼らはやがて耕作する田地への権利を強めて何と呼ばれるようになったか。
名主（みょうしゅ）

★★★☆☆☆☆
10 □□□ 有力農民から土地を借りて耕作(請作（うけさく）)する農民で、さらにその一部を他の小農民に耕作させたりもした農民を何と呼ぶか。
作人（さくにん）

★★★★★★★

11 □□□ 土地を所有せず、譲与・売買・質入れの対象ともなっていた隷属農民を何というか。 — 下人(げにん)

★★★★★★

12 □□□ 名主が荘園領主に納めるもののうち、主に米・絹布などで納入するものを何というか。 — 年貢(ねんぐ)

★★★★★

13 □□□ 名主が荘園領主に納めるもののうち、糸・布・炭・野菜など手工業製品や特産物を納入するものを何というか。 — 公事(くじ)

★★★★

14 □□□ 荘園領主に対する負担で、労役を奉仕するものを何というか。 — 夫役(ぶやく)

■院政の開始

★★★★★★★

1 □□□ 1051(永承6)年に陸奥(むつ)でおこり、前後12年におよんだ戦いを何というか。 — 前九年合戦(ぜんくねんかっせん)(前九年の役)

★★★★

2 □□□ 前九年合戦をひきおこした陸奥の豪族とは何氏か。 — 安倍氏(あべ)

★★★★★★★

3 □□□ 前九年合戦を平定した父子をあげよ。 — 源頼義(よりよし)・義家(よしいえ)

★★★★★★★

4 □□□ 源頼義・義家を支援し、前九年合戦ののちには陸奥・出羽(でわ)両国で大きな勢力を得た一族は何氏か。 — 清原氏(きよはら)

★★★★★★★

5 □□□ 1083(永保3)年におきた、清原氏の一族の内紛に端を発した戦いを何というか。 — 後三年合戦(ごさんねん)(後三年の役)

★★★★★★★

6 □□□ 陸奥守兼鎮守府(ちんじゅふ)将軍の地位にあり、後三年合戦を鎮定した人物はだれか。 — 源義家

★★★★★★★

7 □□□ 後三年合戦ののち、奥羽全域にわたる支配を確立した藤原(清原)清衡(きよひら)とその子孫のことを何というか。 — 奥州藤原氏(おうしゅう)

★★★★★★★

8 □□□ 譲位後の天皇のことを何というか。 — 上皇(じょうこう)(太上天皇(だいじょうてんのう))

★★★★★★

9 □□□ 上皇の居所のことで、のちにはその人を意味するようになった言葉は何か。 — 院(いん)

★★★★★★★

10 □□□ 上皇が出家した場合、これを何というか。 — 法皇(ほうおう)

★★★★★★★

11 □□□ 天皇の位を譲ったのちも、上皇として天皇を後見しながら政治の実権を握る政治形態を何というか。 — 院政

★★★★★★★
12 □□□ 院政の政治形態は、だれによって始められたか。 | 白河上皇

★★★★★★☆
13 □□□ 白河上皇は、だれに譲位したのちに院政を始めたか。 | 堀河天皇

★★★★★☆☆
14 □□□ 白河上皇が院政を始めたのは西暦何年のことか。 | 1086年

★★★★★★★
15 □□□ 白河上皇の孫で、院政を行った上皇はだれか。 | 鳥羽上皇

★★★★★☆☆
16 □□□ 院政のために開かれた役所を何というか。 | 院庁

★★★★☆☆☆
17 □□□ 院庁の職員を何というか。 | 院司

★★★★★★☆
18 □□□ 白河上皇によって院の御所の警護に採用され、院政の武力となった武士を何というか。 | 北面の武士

★★★★★★☆
19 □□□ 院政のもとで出される文書のうち、院庁から出されるものを何というか。 | 院庁下文

★★★★★☆☆
20 □□□ 上皇の命令として、院より直接出されるかたちの文書を何というか。 | 院宣

★★★★★★★
21 □□□ 院政を行った白河・鳥羽・後白河の3上皇はいずれも出家して法皇となり、仏教を厚く信仰したが、白河天皇が京都に造営し、八角九重塔など壮大な堂塔を誇った寺院は何か。 | 法勝寺

★★★★★★★
22 □□□ 法勝寺以後、院政期に天皇家により造営された寺院は、いずれもある字が共通して名称に使われていたことから、総称して何といわれたか。 | 六勝寺

★★★★★★★
23 □□□ 院政期の上皇が繰り返し行った寺社参詣のうち、特に紀伊国の3カ所の宗教的聖地への参詣を何というか。 | 熊野詣

★★★★☆☆☆
24 □□□ 院政期の上皇が繰り返し行った寺社参詣のうち、紀伊国にある真言宗の本拠地に参詣したものを何というか。 | 高野詣

❷ 院政と平氏政権

用語集 p.77〜82

私的な土地所有を基盤とする院・大寺院・武士がそれぞれ独自の権力をもつ中世社会が始まった。東国に勢力をもつ源氏、上皇近臣の平氏は、保元・平治の乱の結果、その実力が認められ、なかでも平清盛が武家の棟梁の地位を確立した。平氏政権は外戚として高位高官を一族で独占したため貴族と武家から反発を受けた。

■院政期の社会

番号	重要度	問題	解答
1	★★★★★★	院政を行う上皇の側近として権勢をふるった者を何というか。	院近臣(いんのきんしん)
2	★★	院近臣たちには、富裕な受領(ずりょう)や后妃(こうひ)の一族、上皇の養育にかかわった者の一族が多いが、この養育にかかわった女性を何というか。	乳母(めのと)
3	★★★★★★	特定の国の支配権を上級貴族や寺社に与えて、その国からの収益を取得させるという、院政期に広まった制度を何というか。	知行国制度(ちぎょうこく)
4	★★★★★★	知行国制度において一国の支配権・収益権を与えられた者を何というか。	知行国主
5	★★	上皇自身が国の収益を獲得する知行国を何というか。	院分国(いんぶんこく)
6	★★★★★★★	院政期の上皇には荘園の寄進が集中し、大量の荘園からなる天皇家領が形成されたが、鳥羽上皇が第3皇女に譲った荘園群で、平安時代末で約100カ所、最終的には200カ所以上にのぼったといわれるのは何か。	八条院領(はちじょういん)(八条女院(にょいん)領)
7	★★★★★★	後白河法皇が院御所内の持仏堂(じぶつどう)に寄進した荘園群で、鎌倉時代初め頃には約90カ所にものぼったといわれているものは何か。	長講堂領(ちょうこうどう)
8	★★★★★★★	巨大な荘園を集積して、世俗的権力となった寺院が組織した武力を何というか。	僧兵(そうへい)
9	★★★★★★★	僧兵は、神木(しんぼく)や神輿(しんよ)をおしたてるなどして、しばしば集団行動で朝廷に対し訴えをおこしたが、この行動を何というか。	強訴(ごうそ)
10	★★★★★★	大荘園と僧兵をもつ寺院の2大勢力で、「南都・北嶺(ほくれい)」が指す寺はそれぞれ何か。	興福寺(こうふくじ)・延暦寺(えんりゃくじ)
11	★★★★★★	奈良法師と呼ばれた興福寺の僧兵が、強訴の時にささげてきた神木はどこのものか。	春日神社(かすが)
12	★★★★★	山法師と呼ばれた延暦寺の僧兵が、強訴の時にささげてきた神輿はどこのものか。	日吉神社(ひよし)

★★★★★★★
13 □□□ 院政期に、地方では各地の武士が一族や地域との結びつきを強めていたが、奥羽地方で繁栄した一族を何というか。 — 奥州藤原氏(おうしゅう)

★★★★★★
14 □□□ 奥州藤原氏は3代100年にわたって繁栄を誇ったが、2代目の名をあげよ。 — 藤原基衡(もとひら)

★★★★★★
15 □□□ 奥州藤原氏の陸奥(むつ)にある根拠地をあげよ。 — 平泉(ひらいずみ)

■保元・平治の乱

★★★
1 □□□ 院政期に院と結んで勢力をのばした、桓武(かんむ)平氏の一族が地盤としていた地域はどこか。 — 伊勢(いせ)・伊賀(いが)

★★★★★★
2 □□□ 院政期に、白河上皇に重用され、出雲(いずも)でおこった反乱を平定して武名をあげた武士はだれか。 — 平正盛(まさもり)

★★
3 □□□ 1108(天仁元)年に、出雲で反乱をおこして平正盛に討たれた源義家の子はだれか。 — 源義親(よしちか)

★★★★★★★
4 □□□ 平正盛の子で、鳥羽(とば)上皇の信任を得て瀬戸内海の海賊平定に功績をあげ、西国一帯に勢力をもつようになった人物はだれか。 — 平忠盛(ただもり)

★★★★★★★
5 □□□ 鳥羽法皇の死後、皇族および摂関家内部の対立によって京都でおこった内乱を何というか。 — 保元(ほうげん)の乱

★★★★★
6 □□□ 保元の乱は、西暦何年におこったか。 — 1156年

★★★★★★★
7 □□□ 保元の乱で勝利した天皇はだれか。 — 後白河(ごしらかわ)天皇

★★★★★★★
8 □□□ 保元の乱に敗れ、讃岐(さぬき)に配流された上皇はだれか。 — 崇徳(すとく)上皇

★★★★★★★
9 □□□ 保元の乱の際、摂関家内で対立した人物のうち、敗者はだれか。 — 藤原頼長(よりなが)

★★★★★★★
10 □□□ 保元の乱で天皇方について勝利した武士は、平清盛とだれか。 — 源義朝(よしとも)

★★★★★★★
11 □□□ 保元の乱で上皇方について敗北した武士は、平忠正とだれか。 — 源為義(ためよし)

★	No.	問題	解答
★★★★★★★	12	武家の棟梁の勢力争いと後白河上皇の近臣の権力争いが結びついて、京都でおこった内乱を何というか。	平治の乱
★★★★★	13	平治の乱は、西暦何年におこったか。	1159年
★★★★★★★	14	平治の乱で勝利者となり、武家の棟梁としての地位を確立した人物はだれか。	平清盛
★★★★★★★	15	後白河上皇の近臣として活躍し、平治の乱で自殺に追い込まれた人物はだれか。	藤原通憲(信西)
★★★★★★★	16	平治の乱で敗れ、東国へ逃れる途中、尾張で殺された源氏の棟梁はだれか。	源義朝
★★★★★★★	17	後白河上皇の近臣で、平治の乱で兵をあげたが敗れ、捕らえられて斬られた人物はだれか。	藤原信頼

■平氏政権

★	No.	問題	解答
★★★★★★★	1	平治の乱ののち、異例の昇進をとげ、武士としてはじめて太政大臣となり、権力をふるった人物はだれか。	平清盛
★★★★★★	2	平清盛の娘で、天皇の中宮となったのはだれか。	平徳子
★★★★★	3	平徳子は何天皇の中宮となったか。	高倉天皇
★★★★★★	4	平徳子は天皇の生母となって特に院号を与えられたが、何という院号か。	建礼門院
★★★★★★★	5	平徳子が生んだ天皇はだれか。	安徳天皇
★★★★★	6	平清盛の政権の呼び方にもなっている京都の地名は何か。	六波羅
★★★★★★★	7	平氏はその権力が強まるにつれて、院政と対立するようになるが、この時に院政を行っていた上皇はだれか。	後白河上皇(法皇)
★★★★	8	平清盛の長男で、父と後白河上皇(法皇)との対立の和解につとめたが、父に先だって病死した人物はだれか。	平重盛
★★★★★★	9	平氏政権の武士的側面として、畿内から瀬戸内海を経て九州までの武士を従者に組織したが、武士の社会で従者のことを何というか。	家人(郎等・郎党)

★★★★★★★

10 □□□ 平氏は畿内・西国の武士と主従関係を結ぶために、彼らを荘園や公領の現地支配者に任命したが、この地位を何というか。 — 地頭（じとう）

★★★★★★★

11 □□□ 平氏政権の経済的基盤は摂関家と共通する面があるが、それは何か。２つあげよ。 — 知行国・荘園

★★★★★★★

12 □□□ 平氏政権が積極的に取り組んだ対外貿易とは何か。 — 日宋貿易（にっそう）

★★★★★★★

13 □□□ 平清盛が日宋貿易のために、現在の神戸に修築した港を何というか。 — 大輪田泊（おおわだのとまり）

■院政期の文化

★★★★★★★

1 □□□ 12世紀前半に、奥州藤原氏の根拠地平泉に建立された阿弥陀堂をあげよ。 — 中尊寺金色堂（ちゅうそんじこんじきどう）

★★★★★★★

2 □□□ 豊後（ぶんご）（大分県）高田に建立された九州最古の阿弥陀堂をあげよ。 — 富貴寺大堂（ふきじおおどう）

★★★★★★★

3 □□□ 陸奥（むつ）国（福島県）白水（しらみず）に建立された阿弥陀堂をあげよ。 — 白水阿弥陀堂（しらみずあみだどう）

★★★★★★★

4 □□□ 民間におこった歌謡で貴族の間でも流行し、後白河上皇が特に愛好したものは何か。 — 今様（いまよう）

★★★★★★★

5 □□□ 平安時代末期に今様を編集して成立した歌謡集は何か。 — 梁塵秘抄（りょうじんひしょう）

★★★★★★★

6 □□□ 『梁塵秘抄』を編集したのはだれか。 — 後白河上皇

★★★★★★★

7 □□□ 奈良時代に唐から伝わった曲芸・奇術・小舞踏などの雑多な戯芸で、のちの能の源流ともなったものは何か。 — 猿楽（さるがく）（散楽（さんがく））

★★★★★★★

8 □□□ 田植えの時に豊作を祈り、農民の労をねぎらう音楽や踊りからおこり、平安時代中期以降芸能化して、京都で流行したものは何か。 — 田楽（でんがく）

★★★★★★★

9 □□□ 11世紀頃から、和文体で物語風に書かれた歴史書がつくられるようになったが、これを何というか。 — 歴史物語

★★★★★★★

10 □□□ 文徳（もんとく）天皇から後一条天皇までの藤原氏全盛期を藤原道長の栄華を中心に批判的に叙述した、『世継（よつぎ）物語』とも呼ばれる、かな書き紀伝体の歴史物語の傑作は何か。 — 大鏡（おおかがみ）

★★★★★ 11 □□□	平安時代末期に成立した**説話集**で、天竺(インド)・震旦(中国)・本朝(日本)の部からなり、貴族・武士・庶民の生活のありさまを伝えるものは何か。	今昔物語集
★★★★★★ 12 □□□	**戦いを主要な題材**とし、武士の活躍を描いた文芸作品を何というか。	軍記物語
★★★★★ 13 □□□	**軍記物語**の文芸作品の初期のものとして、**平将門の乱**を漢文で記したものは何か。	将門記
★★★★ 14 □□□	**前九年合戦**の経過を描いた**軍記物語**を何というか。	陸奥話記
★★★★★★ 15 □□□	**絵**と**詞書**とをおりまぜて、物語などの進行を示すものが平安時代末期に生まれたが、これを何というか。	絵巻物
★★★★★★★ 16 □□□	平安時代中期の代表的物語文学に題材をとり、**吹抜屋台**・**引目鉤鼻**という特徴のある描き方で宮廷貴族の生活を描いた絵巻物を何というか。	源氏物語絵巻
★★★★★★★ 17 □□□	大納言伴善男の失脚をまねいた、**応天門の変**を描いた絵巻物を何というか。	伴大納言絵巻
★★★★★★★ 18 □□□	**信貴山**にこもって毘沙門天をまつった僧命蓮に関する3つの説話を題材としたもので、庶民の生活・風俗をよく描いている絵巻物を何というか。	信貴山縁起絵巻
★★★★★ 19 □□□	詞書はなく全巻墨一色で描かれ、蛙・兎・猿を**擬人化**して風刺的に描いた絵巻物は何か。	鳥獣人物戯画(鳥獣戯画)
★★★ 20 □□□	**『鳥獣人物戯画』**の作者と伝えられる人物はだれか。	鳥羽僧正覚猷
★★★★★★★ 21 □□□	貴族たちが書写して四天王寺などにおさめた装飾経で、**扇形の紙**に大和絵で当時の風俗が描かれ、京都市中の店のありさまなど、民衆の生活をうかがうことのできるものは何か。	扇面古写経
★★★★★★ 22 □□□	**平清盛**以下が一門の繁栄を祈って書写し、**安芸の宮島**にある神社に奉納した装飾経は何か。	平家納経
★★★★★★★ 23 □□□	平清盛が**『平家納経』**を奉納した、平氏の氏神とされた神社を何というか。	厳島神社

第6章

武家政権の成立

❶ 鎌倉幕府の成立

用語集 p.83〜87

源頼朝を担ぎ上げた東国武士は、所領支配権を強化拡大するための政治体制を求め、治承・寿永の乱の結果、武家政権である鎌倉幕府を創設した。武士は御恩と奉公を条件に将軍と主従関係を結び、守護や地頭の地位につき土地に対する権限を強めていった。源頼朝と公家(くげ)はともに荘園領主であり、幕府と朝廷は二元的な支配者として存在した。

■源平の争乱

★★★★★★ 1 □□□ 1177(治承元)年に、後白河法皇の近臣らが平氏の打倒を企てたが失敗に終わった。この事件を何というか。	鹿ヶ谷(ししがたに)の陰謀(いんぼう)
★★★★ 2 □□□ 鹿ヶ谷の陰謀で捕らえられ、鬼界ヶ島(きかいがしま)に流され、その悲劇的な流罪生活がのちに能や歌舞伎(かぶき)の題材に取り入れられた人物はだれか。	俊寛(しゅんかん)
★★★★ 3 □□□ 鹿ヶ谷の陰謀で捕らえられ、備前(びぜん)国へ流されて殺された院の近臣はだれか。	藤原成親(なりちか)
★★★★★★ 4 □□□ 1180(治承4)年に、後白河法皇の皇子を奉じ、最初に平氏打倒の兵をあげた武士はだれか。	源頼政(よりまさ)
★★★★★★★ 5 □□□ 源頼政と平氏打倒の兵をあげた後白河法皇の皇子はだれか。	以仁王(もちひとおう)
★★★★ 6 □□□ 反平氏の決起を呼びかけた以仁王からの命令文書を何というか。	令旨(りょうじ)
★★★★★★★ 7 □□□ 以仁王の呼びかけに応じて蜂起した、信濃(しなの)の木曽谷(きそだに)の武士はだれか。	源義仲(よしなか)
★★★★★★★ 8 □□□ 平治の乱で伊豆(いず)に流され、1180年8月に挙兵した源氏の嫡流(ちゃくりゅう)はだれか。	源頼朝(よりとも)
★★★★★ 9 □□□ 1180年から1185(文治元)年にいたる各地の武士団による争乱を、その主な年号をとって何というか。	治承(じしょう)・寿永(じゅえい)の乱
★★★★★★★ 10 □□□ 1180年に、全国的内乱が広まるなかで平清盛は一時都を移した。それはどこか、国名をつけて答えよ。	摂津(せっつ)国福原京(ふくはらきょう)

★★★★★★★

11 □□□ 源頼朝は挙兵直後に平氏方の武将大庭景親と戦い大敗したが、この戦いを何というか。

石橋山の戦い

★★★★★★

12 □□□ 源頼朝が、平維盛らの平氏の追討軍を迎えて、これを敗走させた1180年10月の戦いを何というか。

富士川の戦い

★★

13 □□□ 1180年の末、反平氏の拠点であった南都の東大寺や興福寺を焼打ちした平氏の総大将はだれか。

平重衡

★★★★★★

14 □□□ 1181年夏、西日本が旱ばつで凶作となり、この年から2～3年続いて西日本を基盤とする平氏に打撃を与えた飢饉を何というか。

養和の飢饉

★★★★★★

15 □□□ 1183(寿永2)年、北陸から入京をはかる源義仲の軍が、平維盛軍と越中・加賀国境で激突し、敗走させた戦いを何というか。

倶利伽羅峠(砺波山)の戦い

★★★★★★★

16 □□□ 源頼朝の軍と平氏との戦いのうち、1184(元暦元)年2月に、摂津国福原に集結した平氏の軍が敗れた戦いを何というか。

一の谷の戦い

★★★★★★★

17 □□□ 1185年2月、讃岐国に拠点をもつ平氏の軍を、源義経の率いる源氏の軍が奇襲し、敗走させた戦いを何というか。

屋島の戦い

★★★★★★★

18 □□□ 1185年3月に、長門の海上で平氏一門が滅亡した戦いを何というか。

壇の浦の戦い

★★★★★★★

19 □□□ 平氏との戦いに、軍を率いて各地を転戦した源頼朝の弟を2人あげよ。

源範頼・義経

■鎌倉幕府

★★★★★★★

1 □□□ 源頼朝は平氏打倒の挙兵後まもなく、東国を中心に自己の権力基盤の確立をはかった。頼朝が根拠地としたのは相模のどこか。

鎌倉

★★★★

2 □□□ 1063(康平6)年、前九年合戦のあと、源頼義が石清水八幡宮を鎌倉に勧請し、のち鎌倉幕府の守護神として尊崇された神社を何というか。

鶴岡八幡宮

★★★★★★

3 □□□ 後白河法皇が源頼朝に、東国の支配権(東海・東山両道の支配権)を認めた宣旨を何というか。

寿永二年十月宣旨

No.	問題	解答
★★★★★★★ 4 □□□	1185(文治元)年、源頼朝が対立した源義経の追討を理由として、国ごとに設置したものは何か。	守護(しゅご)
★★★★ 5 □□□	守護は、当初何と呼ばれたか2つ答えよ。	惣追捕使(そうついぶし)・国地頭(くにじとう)
★★★★★★ 6 □□□	守護の3つの権限は、京都大番役の催促、殺害人の逮捕とあと1つは何か。	謀叛人(むほんにん)の逮捕(たいほ)
★★★★★★ 7 □□□	京都大番役の催促、謀叛人・殺害人の逮捕の権限をまとめて何というか。	大犯三カ条(だいぼんさんかじょう)
★★★★★★★ 8 □□□	1185年、源頼朝が諸国の公領・荘園に設置することを朝廷に認めさせた、土地管理・年貢徴収・治安維持の任務をもつ役職を何というか。	地頭
★★★ 9 □□□	地頭の設置にともない、田畑1段当り5升ずつの米の徴収が認められたが、翌年停止された。この米を何と呼ぶか。	兵粮米(ひょうろうまい)
★★★ 10 □□□	奥州藤原氏は、清衡(きよひら)以後3代にわたって平泉を中心に繁栄したが、4代目の時に源義経をかくまったことを理由に源頼朝により滅ぼされた。この時の奥州藤原氏の当主はだれか。	藤原泰衡(やすひら)
★★★ 11 □□□	奥州藤原氏が滅亡したのは西暦何年か。	1189年
★★★★★★★ 12 □□□	鎌倉幕府の機構のなかで、1180(治承4)年におかれた御家人の統率、軍事・警察の任にあたった機関は何か。	侍所(さむらいどころ)
★★★★★★★ 13 □□□	鎌倉幕府の侍所の初代長官(別当)はだれか。	和田義盛(よしもり)
★★★★★★★ 14 □□□	1184(元暦元)年におかれ、のちに政所(まんどころ)と名称が変更された、鎌倉幕府の一般政務や財政をつかさどる機関は何か。	公文所(くもんじょ)
★★★★★★ 15 □□□	鎌倉幕府の公文所の初代長官(別当)はだれか。	大江広元(おおえのひろもと)
★★★★★★★ 16 □□□	1184年におかれた、鎌倉幕府の訴訟・裁判機関は何か。	問注所(もんちゅうじょ)
★★★★★★ 17 □□□	鎌倉幕府の問注所の初代長官(執事)はだれか。	三善康信(みよしのやすのぶ)
★★★★★★ 18 □□□	1185(文治元)年におかれた、九州の御家人統率と軍事・警察の任務をつかさどる鎌倉幕府の機関を何というか。	鎮西奉行(ちんぜいぶぎょう)

★★★★★★★ 19 □□□ 1185年に京都の治安維持、朝廷との交渉などの目的をもって設置された、鎌倉幕府の機関を何というか。	京都守護
★★★★★★★ 20 □□□ 1190(建久元)年に源頼朝が就任した官職は何か。	右近衛大将
★★★★★★★ 21 □□□ 1192(建久3)年に源頼朝が就任した官職は何か。	征夷大将軍
★★★★★★★ 22 □□□ 1185年に源頼朝の奏請によって親幕府派の公卿が任命され、朝廷内に幕府の意向を反映させる目的で設置された公家の役職は何か。	議奏公卿(議奏)
★★★★★★★ 23 □□□ 議奏公卿に任命された人物で、『玉葉』という日記を記した摂関家出身の貴族はだれか。	九条(藤原)兼実

■幕府と朝廷

★★★★★★★ 1 □□□ 鎌倉時代に将軍と主従関係を結んだ武士を何というか。	御家人
★★★★★★★ 2 □□□ 鎌倉時代、御家人以外の武士を何というか。	非御家人
★★★★★★★ 3 □□□ 将軍と御家人の主従関係は、将軍の与える恩恵と御家人側の奉仕義務とによって結ばれたが、この恩恵と奉仕義務をそれぞれ何というか。	御恩・奉公
★★★★★★★ 4 □□□ 御恩のうち、先祖伝来の所領支配を保障したものを何というか。	本領安堵
★★★★★★★ 5 □□□ 御恩のうち、功績によって新たな領地を与えることを何というか。	新恩給与
★★★★★★★ 6 □□□ 一般に土地の給与を通じて主従関係が結ばれる制度を何と呼ぶか。	封建制度
★★★★★★★ 7 □□□ 鎌倉幕府は国衙に命じて、一国内の荘園・公領ごとの田地の面積や、荘園領主・地頭の氏名を記す土地台帳をつくらせたが、これを何というか。	大田文
★★★★★★★ 8 □□□ 御家人の奉仕義務のうち、内裏や院御所の警護にあたった番役を何というか。	京都大番役
★★★★★★★ 9 □□□ 御家人の奉仕義務のうち、鎌倉の将軍御所の警備にあたった番役を何というか。	鎌倉番役

★★★★★★★

10 御家人の奉仕義務のうち、惣領が一族を率いて戦時に出陣・参戦することを何というか。 — 軍役

★★★★★★★

11 鎌倉幕府の経済的基盤のうち、鎌倉殿(将軍)が本所(荘園領主)として支配した荘園を何というか。 — 関東御領

★★★★★★★

12 鎌倉幕府の将軍の知行国を何というか。 — 関東知行国(関東御分国)

★★★★★★★

13 10世紀以降、律令・格式の編纂ののちに朝廷から出された法令は、しだいに何と呼ばれるようになったか。 — 新制

❷ 武士の社会

用語集 p.87〜92

将軍暗殺や御家人同士の抗争が相次いだことを受け、後鳥羽上皇は朝廷の勢力を挽回しようと承久の乱をおこしたが、幕府側が勝利し畿内や西国にまでその支配が拡大して幕府優位の体制ができあがった。幕府内では北条氏の力が高まり執権政治は独裁化していった。また、荘園・公領において地頭の支配が強まった。

■北条氏の台頭

★★★★★★★

1 源頼朝の死後、政所・侍所の別当を兼ねた北条氏が鎌倉幕府の実権を握った。この政治形態を何というか。 — 執権政治

★★★★★★★

2 源頼朝の死後、将軍職を継いだのはだれか。 — 源頼家

★★★★★★★

3 鎌倉幕府の執権に最初に就任したのはだれか。 — 北条時政

★★★★★★★

4 石橋山の戦いで源頼朝を救ったことから侍所の所司として重用されたが、頼朝の死後、御家人たちに弾劾されて失脚した有力御家人はだれか。 — 梶原景時

★★★★★★★

5 2代将軍の外戚として権勢を得たが、北条氏追討に失敗し、1203(建仁3)年に北条時政に殺された人物はだれか。 — 比企能員

★★★★★★★

6 源頼家は北条氏と対立し、1204(元久元)年に暗殺されたが、その場所はどこか。 — 伊豆の修禅寺

★★★★★★★

7 鎌倉幕府の3代将軍はだれか。 — 源実朝

★★★★★★★

8 父である北条時政を引退させて2代執権となったのはだれか。 — 北条義時

重要度	No.	問題	解答
★★★★★★★	9	1213(建保元)年に北条義時は、侍所別当であった有力御家人を滅ぼして政所・侍所別当を兼ね、執権の地位を確立した。この時に滅ぼされた御家人はだれか。	和田義盛
★★★★☆☆☆	10	和田義盛が敗死した戦いを何というか。	和田合戦

■承久の乱

重要度	No.	問題	解答
★★★★★★★	1	鎌倉幕府成立後、院政を開始して幕府に対する朝廷の勢力を回復させようとする動きの中心になった人物はだれか。	後鳥羽上皇
★★★★★★☆	2	後鳥羽上皇によって、院の新たな武力として設置されたものを何というか。	西面の武士
★★★★★☆☆	3	1219(承久元)年に、鎌倉幕府の3代将軍を暗殺した、2代将軍の遺児はだれか。	公暁(こうぎょう)
★★★★★★★	4	鎌倉幕府の4代将軍として、京都の摂関家から迎えられたのはだれか。	藤原(九条)頼経
★★★★★★★	5	鎌倉幕府の4代・5代将軍のことを、その出身から何と呼んでいるか。	摂家将軍(藤原将軍)
★★★★★★★	6	源頼朝の妻で、京都から迎えられた幼少の将軍を後見して幕政を裁断し、尼将軍と呼ばれたのはだれか。	北条政子
★★★★★★★	7	後鳥羽上皇が宣旨・院宣を発しておこした、鎌倉幕府打倒の戦いを何というか。	承久の乱
★★★★★★★	8	承久の乱の時、諸国に追討の宣旨・院宣が発せられたが、その対象となった幕府の執権はだれか。	北条義時
★★★☆☆☆☆	9	承久の乱は西暦何年におこったか。	1221年
★★★★★★★	10	承久の乱で東海道を京都に攻め上がった、幕府軍の将を2人あげよ。	北条泰時・北条時房
★★★★★★★	11	承久の乱に敗れた後鳥羽上皇は、どこに流されたか。	隠岐
★★★☆☆☆☆	12	承久の乱に敗れ、佐渡に流された上皇はだれか。	順徳上皇

	問題	解答
★★★☆☆☆☆ 13 □□□	承久の乱に敗れ、土佐(とさ)(のち阿波(あわ))に流された上皇はだれか。	土御門(つちみかど)上皇
★★★★☆☆☆ 14 □□□	承久の乱ののち、幕府により廃された天皇はだれか。	仲恭(ちゅうきょう)天皇
★★★☆☆☆☆ 15 □□□	承久の乱後に廃された仲恭天皇にかわり、幕府の意向で即位した天皇はだれか。	後堀河(ごほりかわ)天皇
★★★★★★★ 16 □□□	承久の乱ののち、従来の京都守護にかわって、新たに設置された幕府の機関を何というか。	六波羅探題(ろくはらたんだい)
★★★★★★★ 17 □□□	六波羅探題の初代長官を2人あげよ。	北条泰時・北条時房
★★★★★★☆ 18 □□□	承久の乱後、朝廷側についた貴族・武士の所領3000余カ所が没収され、新たに多数の地頭が任命されたが、この地頭を何と呼んでいるか。	新補地頭(しんぽじとう)
★★★★☆☆☆ 19 □□□	承久の乱後の新たな地頭に対して、従来の地頭を何と呼んだか。	本補(ほんぽ)地頭
★★★★★★☆ 20 □□□	新補地頭の得分(とくぶん)について、得分が明確でないところに、幕府は一定の基準を定めて給与を保障したが、この基準を何というか。	新補率法(しんぽりっぽう)
★★★☆☆☆☆ 21 □□□	新補地頭の得分のうち、荘園領主への年貢や課役納入が免除される免田(めんでん)(給田)と呼ばれる田地は、どのような比率で与えられるか。	田畑11町ごとに1町の割合
★★★★★☆☆ 22 □□□	領主に納める年貢に加えて地頭が自分の収益として農民から徴収できる付加米を何というか。	加徴米(かちょうまい)
★★★☆☆☆☆ 23 □□□	加徴米の数量は新補率法ではどのくらいか。	1段につき5升

■執権政治

	問題	解答
★★★★★★★ 1 □□□	承久の乱後に3代執権となり、執権政治を確立したのはだれか。	北条泰時
★★★★★★★ 2 □□□	北条泰時の時に新設された、執権の補佐役を何というか。	連署(れんしょ)
★★★★★★★ 3 □□□	初代の連署はだれか。	北条時房

重要度	No.	問題	解答
★★★★★★★	4 □□□	1225(嘉禄元)年、幕府の重要政務や裁判の評議・裁定を合議するために設けた役職を何というか。	評定衆
★★★★★★★	5 □□□	**北条泰時**によって制定された、**武家の最初の体系的法典**を何というか。	御成敗式目(貞永式目)
★★★☆☆☆☆	6 □□□	**御成敗式目**は西暦何年に制定されたか。	1232年
★☆☆☆☆☆☆	7 □□□	**御成敗式目**は何条からなっているか。	51カ条
★★★★☆☆☆	8 □□□	**御成敗式目**が基準(根拠)としたものは、**源頼朝以来の先例**と、武家社会の何か。	道理
★★★★☆☆☆	9 □□□	北条泰時は、御成敗式目の制定の趣旨を**六波羅探題**として在京中の弟に宛てた書簡に記した。弟はだれか。	北条重時
★★★★★☆☆	10 □□□	**御成敗式目**の制定後、必要に応じて出された法令を何というか。	式目追加
★★★★☆☆☆	11 □□□	室町幕府の法令で**建武年間以後の式目追加**は何と呼ばれたか。	建武以来追加
★★★★★★☆	12 □□□	御成敗式目に対して、**朝廷**の支配下で効力をもった法の総称を何というか。	公家法
★★★★☆☆☆	13 □□□	**荘園領主**のもとで効力をもった法の総称を何というか。	本所法
★★★★★★★	14 □□□	鎌倉幕府の**5代執権**はだれか。	北条時頼
★★★★★☆☆	15 □□□	**北条時頼**が、**裁判の公正と迅速化**をはかるために設置した機関を何というか。	引付
★★★★★★☆	16 □□□	**引付**の役人を何というか。	引付衆
★★★★★★☆	17 □□□	執権北条氏の独裁体制が確立したのは、1247(宝治元)年に**北条時頼**が有力御家人であった**三浦一族**を滅ぼして以降であるが、この戦いを何というか。	宝治合戦
★★★★★☆☆	18 □□□	**宝治合戦**で滅ぼされた三浦氏の当主はだれか。	三浦泰村
★★★★☆☆☆	19 □□□	後嵯峨上皇の**院政下**に幕府の要請で設置され、5～6人の貴族が所領や人事の訴訟、神事や公事の実施を評議したのは何か。	院評定衆

★★★★☆☆☆

20 □□□ 北条時頼は、それまでの将軍にかえて天皇の皇子を6代将軍に迎えたが、このような将軍を何というか。

皇族将軍(親王将軍・宮将軍)

★★★★☆☆☆

21 □□□ 北条時頼が、6代将軍に迎えた、後嵯峨上皇の皇子はだれか。

宗尊親王

■武士の生活

★★★★★★★

1 □□□ 鎌倉時代の武士の居館を何というか。

館(たち)

★★★★★★☆

2 □□□ 鎌倉時代の武士が下人などに耕作させた、館近くの年貢や公事のかからない直営地を何というか。

佃(門田・正作・用作)

★★★★★★★

3 □□□ 鎌倉時代の武士の相続形態は、原則としてどのようなかたちか。

分割相続

★★☆☆☆☆☆

4 □□□ 平安時代後期から武家の間に始まった女性が男性の家に入る婚姻形式を何というか。

嫁入婚

★★★★★★★

5 □□□ 鎌倉時代の武士は一門・一家と呼ばれる同族的な集団をつくっていたが、その首長である宗家の長を何といったか。

惣領(家督)

★★★★★★★

6 □□□ 武士の一門(一家)の宗家の長は、一門全体の所領の統制権をもち、戦時にも統率権をもつなど、幕府への軍事勤務やその他の奉公を一門を率いてつとめた。こうした体制を何というか。

惣領制

★★★★★☆☆

7 □□□ 鎌倉時代の武士の間で盛んに行われた、3種類の弓技名をあげよ。

流鏑馬・笠懸・犬追物

★★★★☆☆☆

8 □□□ 流鏑馬・笠懸・犬追物を総称して何というか。

騎射三物

★☆☆☆☆☆☆

9 □□□ 多数の勢子を使って獲物を追い出し、弓矢で射止める大規模な武士の狩猟を何というか。

巻狩

★★★☆☆☆☆

10 □□□ 鎌倉時代の武士たちの日常生活のなかから生まれた武勇の尊重、主人への献身などを特徴とする道徳を当時何といったか。

弓馬の道(武家のならい・兵の道)

第6章 武家政権の成立

■武士の土地支配

★★★★★★★

1 □□□ 年貢や土地をめぐる荘園領主と地頭との紛争の解決策として、地頭に荘園管理のいっさいをまかせ、定額の年貢納入を請け負わせる制度を何というか。 — 地頭請(地頭請所)

★★★★★★★

2 □□□ 荘園領主が現地の土地の相当部分を地頭に分け与え、相互に干渉せず土地・農民を支配することを何というか。 — 下地中分

★★★★★★☆

3 □□□ 13世紀半ば、地頭と領家との間で荘園が分けられた絵図で有名な、京都の松尾神社が伯耆国に有していた荘園の名をあげよ。 — 東郷荘

❸ モンゴル襲来と幕府の衰退

用語集 p.92〜96

九州武士の奮戦で2度のモンゴル襲来を撃退したのち、北条氏やその家臣が幕政を主導する体制はいっそう強まった。琉球では3つの勢力が対峙し、蝦夷ヶ島ではアイヌの文化が生まれ津軽との交易が行われた。モンゴル襲来前後から畿内・西国では二毛作や牛馬耕が普及し、流通経済分野にも大きな変化がみられた。不十分な恩賞や相続にともなう所領の細分化によって御家人は窮乏化し、幕府の支配は動揺していった。

■モンゴル襲来

★★★★★★★

1 □□□ 13世紀の初め、大陸北部のモンゴル高原に住むモンゴル諸部族を統合したのはだれか。 — チンギス＝ハン

★★★★★★★

2 □□□ チンギス＝ハンの孫が中国に建てた国の名をあげよ。 — 元

★★★★★☆☆

3 □□□ 女真族が中国東北部に建てた王朝で、遼を滅ぼしたが、モンゴルにより滅亡した王朝を何というか。 — 金

★★★★★★★

4 □□□ 中国に元という王朝を樹立したモンゴルの皇帝はだれか。 — フビライ(クビライ)

★★★★★★☆

5 □□□ 元の首都名と、その現在の地名をあげよ。 — 大都・北京

★★★★★★★

6 □□□ フビライが征服した朝鮮半島の国を何というか。 — 高麗

★★★★★☆☆

7 □□□ 元の侵入に対して頑強に抵抗した、高麗の王に直属した3編制の精鋭部隊を何というか。 — 三別抄

★★★★★★★

8 □□□ 元軍が日本に襲来した時の鎌倉幕府の8代執権はだれか。 — 北条時宗

★★★★★★★
9 □□□ 最初の元軍の襲来を何というか。また、それは西暦何年のことか。
文永(ぶんえい)の役・1274年

★★★★★★★
10 □□□ 文永の役の際、元軍が使用した鋳鉄製の球に火薬を詰めて破裂させる武器を何というか。
てつはう

★★★★★★★
11 □□□ 元軍の再来襲に備え、幕府は九州の御家人に課していた北九州沿岸の警備を強化したが、この番役を何というか。
異国警固番役(いこくけいごばんやく)

★★★★★★★
12 □□□ 元軍の再来襲に備えた防衛施設として、博多湾(はかた)沿岸に築かれた、上陸を防ぐための施設を何というか。
石築地(いしついじ)(防塁(ぼうるい)・石塁(せきるい))

★★★★★★★
13 □□□ 2度目の元軍の襲来を何というか。また、それは西暦何年のことか。
弘安(こうあん)の役・1281年

★★★★★★★
14 □□□ 弘安の役に際し、朝鮮半島南部の合浦(がっぽ)から進発した元軍と高麗軍の混成軍を何というか。
東路(とうろ)軍

★★★★★★★
15 □□□ 弘安の役に際し、長江の南の慶元(けいげん)から進発した、南宋(なんそう)の降兵が主力の軍を何というか。
江南(こうなん)軍

★★★★★★★
16 □□□ 2度にわたる元軍の襲来をまとめて何というか。
モンゴル襲来(蒙古(もうこ)襲来・元寇(げんこう))

★★★★★★★
17 □□□ モンゴル襲来の際に奮戦した肥後(ひご)国の御家人が、武功を子孫に伝えるために描かせた絵巻物を何というか。
蒙古襲来絵詞(えことば)(絵巻(えまき))

★★★★★★★
18 □□□ 『蒙古襲来絵詞』を描かせた御家人はだれか。
竹崎季長(たけざきすえなが)

■モンゴル襲来後の政治

★★★★★★★
1 □□□ 鎌倉幕府がモンゴル襲来後、西国防備の必要から、北条氏一族を九州に派遣して軍事・行政・裁判の処理にあたらせた職を何というか。
鎮西探題(ちんぜいたんだい)

★★★★★★★
2 □□□ 鎌倉幕府内部で専制的地位を確立していった、北条氏の家督(かとく)を継ぐ嫡流(ちゃくりゅう)の当主を何というか。
得宗(とくそう)

★★★★★★★
3 □□□ 得宗家の家臣を何と呼ぶか。
御内人(みうちびと)

★★★★★★★
4 □□□ 御内人の代表格として御家人の統制を担うなど、幕政の実権を握るようになった者を何というか。
内管領(うちかんれい)(ない)

★★★★★★
5
□□□
モンゴル襲来後、御内人と旧来の御家人との対立が激しくなり、有力御家人の一族が滅亡した。1285(弘安８)年におこったこの事件を何というか。
霜月騒動

★★★★★★
6
□□□
霜月騒動で滅ぼされた有力御家人はだれか。
安達泰盛

★★★★★★
7
□□□
霜月騒動で、有力御家人を滅ぼした内管領はだれか。
平頼綱

★★★★★
8
□□□
内管領の平頼綱が滅ぼされた(平禅門の乱)のち、北条氏の専制的な地位ができあがったが、このような政治を何というか。
得宗専制政治

★★★★★
9
□□□
内管領の平頼綱を滅ぼした、９代執権はだれか。
北条貞時

■琉球とアイヌの動き

★★★★
1
□□□
琉球で貝塚後期文化から農耕経済に移行した12世紀頃、琉球に出現した豪族を何というか。
按司

★★★★★
2
□□□
12世紀、琉球各地に出現した按司が拠点とした石垣をめぐらした城砦を何というか。
グスク

★★★★★★★
3
□□□
樺太・千島・北海道地方に古くから住む先住民族を何というか。
アイヌ

★★★★★★★
4
□□□
津軽半島の十三湖に位置する港を何というか。
十三湊

★★★★★★★
5
□□□
陸奥国津軽地方の安倍貞任の子孫と伝えられ、鎌倉時代初期に北条義時の被官(御内人)となり蝦夷管領に任じられた豪族を何というか。
安藤(安東)氏

■社会の変動

★★★★★★★
1
□□□
鎌倉時代における農業技術の進歩を顕著に示す事例として、表作に米、裏作に麦のように同じ土地を年２回耕作することが畿内周辺や西日本各地で行われたが、これを何というか。
二毛作

★★★★★
2
□□□
鎌倉時代には中国から多収穫米が輸入されたが、それは何か。
大唐米

★★★★★★★

3 □□□ 鎌倉時代には肥料の使用も盛んとなったが、どのようなものが主に使われたか。2つあげよ。

刈敷・草木灰

★★★★★★

4 □□□ 鎌倉時代に普及した牛や馬を用いた農耕は何か。

牛馬耕

★★★★★★

5 □□□ 中世、主に瀬戸内海沿岸の畑で栽培され、実をしぼった油が灯明に用いられたシソ科の一年草は何か。

荏胡麻

★

6 □□□ 糸や布を藍で染める業者を何というか。

紺屋

★★★★★★★

7 □□□ 寺社の門前、荘園や交通の要地で、月に数回、一定の日に開かれた市を何というか。

定期市

★★★★★★★

8 □□□ 鎌倉時代には、定期市は月に3度がふつうになってきたが、これを何というか。

三斎市（三度の市）

★★★★

9 □□□ 店舗をもたずに、徒歩や、牛・馬・舟を使って移動しながら商品を販売する商人を何というか。

行商人

★★★★★★★

10 □□□ 『一遍上人絵伝』には、ある国の市場の様子がよく描かれているが、それはどこの市か。

備前国福岡市

★★★★★★★

11 □□□ 鎌倉時代には、京都・奈良・鎌倉などの中心的都市では、常設の小売店もみられるようになったが、これを何といったか。

見世棚

★★★★★★★

12 □□□ 天皇家や貴族・大寺院のもとに、その権威をたよって、販売や製造の特権をもつ商工業者の同業者団体が生まれた。これを何というか。

座

★★★★

13 □□□ 座の構成員のうち、大寺社に属し、芸能や手工業、雑役で奉仕にあたった下級神職を何というか。

神人

★★★

14 □□□ 座の構成員のうち、天皇家に属し、天皇に食物・調度を貢納した職能民を何というか。

供御人

★★★★★★★

15 □□□ 鎌倉時代、河川や港など交通の要地に誕生した、商品の中継ぎと委託販売・運送を行う業者を何というか。

問（問丸）

★★★★★★★

16 □□□ 鎌倉時代には、交換経済の発展にともない、それまでの米・絹布などにかわり、中国との貿易で輸入された貨幣が広く流通し始めた。この貨幣を総称して何というか。

宋銭

★★★★★★★

17 □□□ 遠隔地間の金銭の輸送、貸借の決済を手形で代用する制度を何というか。

為替（かわせ）（かわし）

★★★★★★★

18 □□□ 鎌倉時代には、金融を営む高利貸業者（こうりがし）も現れたが、これを何というか。

借上（かしあげ）

★★★★★★★

19 □□□ 高野山文書（こうやさんもんじょ）には、1275（建治元）年に、ある荘園で百姓などが地頭湯浅氏（ゆあさ）の非法を荘園領主に訴えた有名な訴状があるが、この荘園名をあげよ。

紀伊国阿氐河荘（きいあてがわのしょう）

■幕府の衰退

★★★★★★☆

1 □□□ 鎌倉武士は、分割相続により所領が細分化されて窮乏したため、女性に与えられてきた財産は本人一代限りで、死後は惣領（そうりょう）に返すかたちが多くなった。これを何というか。

一期分（いちごぶん）

★★★★★★★

2 □□□ 鎌倉幕府は、モンゴル襲来後の窮乏する御家人を救うため、御家人の所領の質入れや売買を禁じ、過去に売買したものは無償でとりもどすことができるという法令を出したが、その名称と西暦年代をあげよ。

永仁の徳政令（えいにんのとくせいれい）・1297年

★★★★★☆☆

3 □□□ 永仁の徳政令が出された時の鎌倉幕府執権はだれか。

北条貞時

★★★★★★★

4 □□□ 鎌倉時代中後期に、武力で年貢納入を拒否したり、荘園領主に抵抗する地頭や非御家人の新興武士の動きが幕府を悩ますようになる。これらの武士を何と呼んだか。

悪党（あくとう）

④ 鎌倉文化

用語集 p.96〜105

武士の素朴で質実な気風と南宋（なんそう）や元の文化が、新しい文化を生み出した。新仏教は、選んだ道の１つを実行すれば救われるとして武士や庶民に広まった。文学では、武士の活躍を描いた軍記物語、鋭い観察眼による随筆文学、新しい作風を生み出した和歌集などに特徴がみられる。寺院建築には雄大さと力強さ、細かい整然とした美しさが、仏像彫刻では力強い写実性、豊かな人間性がみられる。

■鎌倉文化

★☆☆☆☆☆☆

1 □□□ 鎌倉時代は、伝統文化を受け継ぎながらも、一方で新しい文化が生み出され、成長していく時代であった。新し

武士と庶民

い文化の担い手をあげよ。

★☆☆☆☆☆☆

2 □□□ 武士と庶民が、文学や美術に反映した気風を、漢字2字で2つあげよ。 — 素朴・質実（そぼく・しつじつ）

★☆☆☆☆☆☆

3 □□□ 鎌倉文化に影響を与えたのは、僧侶・商人の往来や亡命してきた僧侶らによって伝えられた中国文化であるが、それは中国のどの時代の文化か。 — 南宋・元の時代（なんそう・げん）

■鎌倉仏教

★★★★★★☆

1 □□□ 平安時代末期から鎌倉時代中期に、末法思想を背景とする政治・社会不安を背景としておこった、武士や庶民を対象とした新しい仏教の総称をあげよ。 — 鎌倉仏教

★★★☆☆☆☆

2 □□□ 鎌倉仏教には、どんな階層の人でも行いやすいやさしい修行を1つだけ選ぶという特色があったが、やさしい修行のことを漢字2字で何というか。 — 易行（いぎょう）

★☆☆☆☆☆☆

3 □□□ 鎌倉仏教には、選んだ修行に専念するという特色があったが、これを何というか。漢字2字で示せ。 — 専修（せんじゅ）

★★★★☆☆☆

4 □□□ 鎌倉仏教は大別すると、みずから悟りを開くものと、仏の力にすがるものがある。それぞれを漢字2字で示せ。 — 自力・他力（じりき・たりき）

★★★★★★★

5 □□□ 美作（みまさか）国の押領使（おうりょうし）の家に生まれ、はじめ比叡山（ひえいざん）で諸学を学んだが、1175(安元元)年に京都でひたすら念仏をとなえることで救われると説き、新しい宗派を開いたのはだれか。 — 法然(源空)（ほうねん・げんくう）

★★★★★★★

6 □□□ 法然が開いた新しい宗派を何というか。 — 浄土宗（じょうどしゅう）

★★★★★★☆

7 □□□ ひたすら念仏をとなえることによって極楽浄土（ごくらくじょうど）に往生（おうじょう）できるという、浄土宗の教えを示す語をあげよ。 — 専修念仏（ねんぶつ）

★★★★★☆☆

8 □□□ 浄土宗や浄土真宗(一向宗)などでとなえられる念仏の名号を何というか。 — 南無阿弥陀仏（なむあみだぶつ）

★★★★★☆☆

9 □□□ 法然が九条兼実（くじょうかねざね）の求めにより、浄土宗の教義を説いた著書をあげよ。 — 選択本願念仏集（せんちゃくほんがん／せんじゃく）

★★★★☆☆☆

10 □□□ 法然の往生の地である京都東山に建立された、浄土宗の総本山の寺院名をあげよ。 — 知恩院（ちおんいん）

第6章 武家政権の成立

★★★★★★★ 11 □□□	法然の弟子で、越後(えちご)に流されている間に信仰を深め、絶対他力をとなえ、人々はすべて阿弥陀仏の救いを信じてすがれば、極楽往生が約束されると説き、北陸から東国の武士・農民に布教した人物はだれか。	親鸞(しんらん)
★★★★★★★ 12 □□□	親鸞を開祖とする宗派名をあげよ。	浄土真宗(じょうどしんしゅう)(一向宗(いっこうしゅう))
★★★★★★★ 13 □□□	親鸞の代表的な著書をあげよ。	教行信証(きょうぎょうしんしょう)
★★★★★★★ 14 □□□	「善人なをもちて往生をとぐ、いはんや悪人をや」といい、自力で修行を積んで善人だと満足している人よりは、悩みに気付いて悪人であるとの自覚をもっている人こそ救われるという、親鸞の思想を何というか。	悪人正機(あくにんしょうき)
★★★★★★★ 15 □□□	「善人なをもちて往生をとぐ、いはんや悪人をや」という言葉は、親鸞の弟子が師の口伝(くでん)に異説の多いことを歎(なげ)き、これを正すために著した書物に記載されているが、この書物とその弟子の名をあげよ。	歎異抄(たんにしょう)・唯円(ゆいえん)
★★★★★★★ 16 □□□	のちに浄土真宗(一向宗)の中心となった京都の寺院をあげよ。	本願寺(ほんがんじ)
★★★★★★★ 17 □□□	鎌倉時代中期、伊予(いよ)国の武士の子に生まれ、天台宗・浄土宗を学んだのちに新しい宗派を開き、熊野(くまの)・伊勢(いせ)などの神社信仰を利用しながら各地を遊行(ゆぎょう)し、念仏によりすべての人が救われると説いた僧侶はだれか。	一遍(いっぺん)(智真(ちしん)・遊行上人(ゆぎょうしょうにん))
★★★★★★★ 18 □□□	一遍を開祖とする宗派名をあげよ。	時宗(じしゅう)
★★★★★★★ 19 □□□	一遍の法語・消息・和歌などを弟子らが編集し、江戸時代後期に刊行された書は何か。	一遍上人語録
★★★★★★★ 20 □□□	念仏をとなえながら鉦(かね)や太鼓(たいこ)に合わせて踊り、極楽往生の喜びを表現したものを何というか。	踊念仏(おどりねんぶつ)
★★★★★★★ 21 □□□	神奈川県藤沢市にある、時宗の総本山の寺院名をあげよ。	清浄光寺(しょうじょうこうじ)(遊行寺)
★★★★★★★ 22 □□□	鎌倉時代中期に、安房(あわ)国の漁師の子に生まれ、比叡山などで修行ののち新しい宗派を開き、法華経(ほけきょう)を釈迦(しゃか)の正しい教えとして選び、題目(だいもく)をとなえることによってすべての人々が救われると説いた僧侶はだれか。	日蓮

★★★★★★★

23 □□□	日蓮が開いた宗派名をあげよ。	日蓮宗(法華宗)

★★★★★★★

24 □□□	日蓮宗(法華宗)の題目を漢字で記せ。	南無妙法蓮華経

★★★★★☆☆

25 □□□	日蓮が執筆して執権北条時頼に献じ、そのなかで他宗を邪教として非難して国難到来を予言し、伊豆流罪の原因となった書を何というか。	立正安国論

★★★★★☆☆

26 □□□	日蓮宗(法華宗)の総本山は何という寺院か。また、その所在地はどこか。	久遠寺・山梨県身延山

★★★★★★★

27 □□□	中国から伝来した、坐禅により悟りを開く自力中心の仏教宗派を何というか。	禅宗

★★★★★★★

28 □□□	はじめ比叡山に学び、２度入宋して、鎌倉時代初期に新しい宗派を日本に伝え、京都に建仁寺を創建した僧侶はだれか。	栄西(ようさい)

★★★★★★★

29 □□□	栄西が宋から伝えた禅宗の宗派をあげよ。	臨済宗

★★★★☆☆☆

30 □□□	栄西の著書で、旧仏教側の非難に対して禅宗が鎮護国家の宗派であるとし、禅の本質・由来を説いたものを何というか。	興禅護国論

★★★★★☆☆

31 □□□	臨済宗で、師の禅僧から坐禅者に示され、考える手がかりとする問題を何というか。	公案

★★★★★★★

32 □□□	栄西が源頼家から土地を寄進されて創建した、京都における臨済宗の中心寺院を何というか。	建仁寺

★★★★★★☆

33 □□□	1246(寛元４)年に来日し、北条時頼の帰依を受け、鎌倉に創建された寺院の開山となった宋の禅僧と、その寺院の名をあげよ。	蘭溪道隆・建長寺

★★★★★★☆

34 □□□	1279(弘安２)年に北条時宗の招きで来日し、鎌倉に創建された寺院の開山となった宋の禅僧と、その寺院の名をあげよ。	無学祖元・円覚寺

★★★★★★★

35 □□□	公家の家に生まれ、天台・臨済宗を学び、入宋して曹洞禅を伝え、のちに越前で弟子を養成した僧侶はだれか。	道元

★★★★★☆☆

36 □□□	道元が説いた、「ひたすら坐禅にうちこむこと」を何というか。	只管打坐

★★★★★★★
37 □□□ 道元が宋から伝えた禅宗の宗派をあげよ。 曹洞宗

★★★★★
38 □□□ 道元の代表的著書をあげよ。 正法眼蔵

★★★★★★★
39 □□□ 道元が地頭波多野義重の援助で、越前に創建した寺院名をあげよ。 永平寺

★★★★★★★
40 □□□ 法相宗の僧侶で、戒律の復興につとめ、専修念仏を批判して旧仏教の復興につとめたのはだれか。 貞慶(解脱)

★★★★★★★
41 □□□ 華厳宗の学僧で、高山寺を再興し、『摧邪輪』を著して念仏宗派に対抗し、華厳宗の興隆につとめたのはだれか。 明恵(高弁)

★★★★★★★
42 □□□ 律宗の僧侶で、西大寺を中心に戒律の復興と民衆化につとめて、天皇家・幕府の尊信を得た人物はだれか。 叡尊(思円)

★★★★★★★
43 □□□ 叡尊の弟子で、貧民救済・施療などの社会事業に尽し、鎌倉極楽寺に招かれ開山となった僧侶はだれか。 忍性(良観)

★★★★★
44 □□□ 忍性により奈良に創建されたハンセン病患者救済施設を何というか。 北山十八間戸

★★★★★
45 □□□ 仏教など様々な信仰の影響を受けた、呪術的な山岳信仰を何というか。 修験道

★★★★★
46 □□□ 真言密教にもとづく両部神道の影響で、鎌倉時代末期に発生した、神主仏従の神道を何というか。 伊勢神道(度会神道)

★★★★★
47 □□□ 伊勢神道の神道説を何というか。 神本仏迹説(反本地垂迹説)

★★★★
48 □□□ 鎌倉時代末期に『類聚神祇本源』を著し、伊勢神道を形成した伊勢神宮外宮の神職はだれか。 度会家行

■中世文学のおこり

★★★★★
1 □□□ もと北面の武士で、出家して諸国を行脚した平安時代末期の代表的歌人をあげよ。 西行

★★★★★
2 □□□ 西行の歌集をあげよ。 山家集

★★★★★★☆

3 □□□ 京都賀茂神社の神職の家に生まれた人物が、転換期の世相を深い思索の目で見つめ、そのむなしさを嘆いた鎌倉時代初期の随筆を何というか。

方丈記

★★★★★★☆

4 □□□ 『方丈記』の作者をあげよ。

鴨長明

★★★★★★★

5 □□□ 鎌倉時代初期に、天台宗一門を統轄する最高職をつとめ、政治上では公武の協調を理想とし、摂関政治の立場に立った独自の史観を展開した僧侶はだれか。

慈円(慈鎮)

★★★☆☆☆☆

6 □□□ 慈円の独自の史観の内容を示す言葉は何か。

道理

★★★★★★★

7 □□□ 慈円が独自の史観にもとづいて著した歴史書を何というか。

愚管抄

★★★★☆☆☆

8 □□□ 慈円がつとめた比叡山延暦寺の僧職で、天台宗一門を統轄する最高職を何というか。

天台座主

★★★☆☆☆☆

9 □□□ 慈円の兄で源頼朝と親しく、鎌倉幕府草創期に摂政・関白をつとめたのはだれか。

九条(藤原)兼実

★★★★★★★

10 □□□ 平安時代以来、勅撰和歌集の編集はひき続いて行われたが、後鳥羽上皇の命によって撰集された和歌集をあげよ。

新古今和歌集

★★★★★★☆

11 □□□ 『新古今和歌集』の撰者の1人で、多くの歌学書を残し、情趣・あわれみを尊ぶ歌風を大成したのはだれか。

藤原定家(ていか)

★☆☆☆☆☆☆

12 □□□ 源平騒乱期から承久の乱以降までの宮廷の重要史料である、藤原定家の日記名をあげよ。

明月記

★★★★★★☆

13 □□□ 鎌倉幕府3代将軍源実朝の歌集名をあげよ。

金槐和歌集

★★☆☆☆☆☆

14 □□□ 13世紀初めの紀行文で、作者は不詳であるが、京都・鎌倉間の東海道の様子を知ることができる書は何か。

海道記

★★☆☆☆☆☆

15 □□□ 源親行が著したといわれる紀行文で、京都・鎌倉を旅し、さらに鎌倉に滞在して帰途につくまでのことを記した書は何か。

東関紀行

★★★★☆☆☆

16 □□□ 1277(建治3)年、実子と継子の所領争い解決のため、鎌倉におもむいた人物が著した紀行文を何というか。

十六夜日記

★★★★☆☆☆

17 □□□ 『十六夜日記』の作者はだれか。

阿仏尼

★★★★★★ 18 □□□	戦乱を題材に、実在の武士を主人公として、その活動を和漢混淆文（こんこうぶん）で勇壮かつ流麗に描いた戦記文学を総称して何というか。	軍記（ぐんき）物語
★★★★ 19 □□□	軍記物語のなかで、1156(保元元)年におこった戦乱を、源為朝（ためとも）を中心として描いた作品を何というか。	保元（ほうげん）物語
★★★★ 20 □□□	軍記物語のなかで、1159(平治元)年におこった戦乱を、源義朝（よしとも）の長子義平（よしひら）を中心に描いた作品を何というか。	平治（へいじ）物語
★★★★★★★ 21 □□□	平氏一門の興隆から衰亡までを、仏教的無常観にもとづいて脚色した軍記物語の傑作をあげよ。	平家（へいけ）物語
★★★ 22 □□□	『平家物語』の作者といわれている人物はだれか。	信濃前司行長（しなののぜんじゆきなが）
★★★ 23 □□□	『平家物語』は琵琶（びわ）の伴奏で語られたが、これを何というか。	平曲（へいきょく）
★★★★★★ 24 □□□	『平家物語』の語り手を何というか。	琵琶法師（びわほうし）
★★ 25 □□□	作者不詳で、『平家物語』と内容がほぼ同じであることから、異本の一種ともみられているが、『平家物語』にはない説話も記されている軍記物語名をあげよ。	源平盛衰記（げんぺいじょうすいき）（せいすいき）
★★ 26 □□□	橘成季（たちばなのなりすえ）の著で、古今の伝説を多方面にわたって集録した説話集を何というか。	古今著聞集（ここんちょもんじゅう）
★★★★★★ 27 □□□	鎌倉時代末期に書かれたもので、説話文学の系譜をひき、著者の広い見聞と鋭い観察眼による随筆の名作をあげよ。	徒然草（つれづれぐさ）
★★★★★★ 28 □□□	『徒然草』の作者はだれか。	兼好（けんこう）法師(卜部（うらべ）兼好)
★ 29 □□□	13世紀初めに書かれ、作者不詳だが、題名は『今昔物語集』の補遺の意でつけられ、仏教や世事に関する奇談が多い説話集を何というか。	宇治拾遺（うじしゅうい）物語
★ 30 □□□	鎌倉時代中期に書かれ、作者不詳だが、説話を10項目に分けて年少者への教訓としたもので、儒教的色彩が濃い説話集を何というか。	十訓抄（じっきんしょう）
★★★ 31 □□□	1283(弘安6)年に無住（むじゅう）によって著された仏教説話集で、庶民に理解しやすく仏の功徳（くどく）や極楽往生を説いた説話集を何というか。	沙石集（しゃせきしゅう）

★★★★★☆☆
32 □□□ 朝廷や公家社会の儀式・礼儀・年中行事・官職などについて研究する学問を当時何といったか。 — 有職故実

★☆☆☆☆☆☆
33 □□□ 順徳天皇が著した有職故実の書を何というか。 — 禁秘抄

★★★★★★☆
34 □□□ 鎌倉時代中期、武蔵国金沢郷に多くの書物を集めた書庫が開設されたが、これを何というか。 — 金沢文庫（かなざわ）

★★★★★☆☆
35 □□□ 金沢文庫を設けた人物はだれか。 — 北条（金沢）実時

★★★★★★★
36 □□□ 1180（治承4）年以降の鎌倉幕府のできごとを、編年体・日記体裁で記した幕府編纂の歴史書で、鎌倉時代研究の重要な史料となっているものを何というか。 — 吾妻鏡

★★☆☆☆☆☆
37 □□□ 14世紀前半に、臨済宗の学僧が著した、日本最初の仏教通史を何というか。 — 元亨釈書

★★☆☆☆☆☆
38 □□□ 『元亨釈書』の著者はだれか。 — 虎関師錬

★★★★☆☆☆
39 □□□ 鎌倉時代末期に禅僧によって中国から伝えられ、五山の僧が学んだ「大義名分」を重んずる儒学を何というか。 — 宋学（朱子学）

★★★★★☆☆
40 □□□ 君と臣との関係に守るべき分限があるとの考えにもとづいて、天皇と幕府のあり方を正そうとする主張を何というか。 — 大義名分論

美術の新傾向

★★★★★★☆
1 □□□ 源平争乱の際、平重衡によって焼かれた東大寺は、鎌倉時代初期に再建されたが、大勧進職として募金から建築までいっさいを指揮した僧侶はだれか。 — 重源（俊乗房）

★★★★★☆☆
2 □□□ 重源に従って、東大寺大仏を修復した宋の工人はだれか。 — 陳和卿（ちんわけい）

★★★★★★★
3 □□□ 東大寺再建にあたって採用された、南宋の寺院建築を範とした雄大・豪放で力強い建築様式を何というか。 — 大仏様（天竺様）

★★★★★★☆
4 □□□ 大仏様や金剛力士像で有名な、東大寺の建造物は何か。 — 南大門

★★★★★★★
5 □□□ 鎌倉時代中期以降に宋から伝えられ、細かな部材を組み合わせ、整然とした美しさを特色とし、禅宗寺院で用いられた建築様式を何というか。 — 禅宗様（唐様）

第6章 武家政権の成立

番号	重要度	問題	解答
6	★★★★☆☆☆	鎌倉にある禅宗様を代表する建造物名をあげよ。	円覚寺舎利殿
7	★★★★☆☆☆	大陸の建築様式に対して、ゆるい屋根勾配、おだやかな軒反りを特徴とする日本的な様式を何というか。	和様
8	★★★★☆☆☆	和様の代表的遺構で、本尊である千手観音坐像のほかに1000体の観音像が安置されている京都の寺院の建築物をあげよ。	蓮華王院本堂（三十三間堂）
9	★★★☆☆☆☆	河内の観心寺金堂などにみられるように、日本的なものに大陸様式を部分的に加味した建築様式を何というか。	折衷様（新和様）
10	★★★★★★★	鎌倉時代初期に活躍した奈良仏師で、写実的で剛健な手法の鎌倉彫刻を樹立した代表的人物はだれか。	運慶
11	★★★☆☆☆☆	運慶の作品で、興福寺にあるインドの高僧の肖像彫刻は何か。	無著・世親像
12	★★★★★★★	運慶とその弟子らの合作になる、東大寺南大門にある仁王像を何というか。	金剛力士像
13	★★★★★★★	金剛力士像の制作にもたずさわった運慶の弟子はだれか。	快慶
14	★☆☆☆☆☆☆	快慶の作品で、東大寺にあり神仏習合の風をよく示している神像を何というか。	僧形八幡神像
15	★★☆☆☆☆☆	運慶の長男で、写実的彫刻の発展に貢献し、三十三間堂の本尊千手観音像を制作した人物はだれか。	湛慶
16	★★☆☆☆☆☆	運慶の第３子で、邪鬼をユーモラスに表現した興福寺の彫刻を制作したといわれる人物はだれか。	康弁
17	★★☆☆☆☆☆	康弁らの作品で、灯籠をのせた邪鬼をユーモラスに表現した興福寺に伝わる彫刻をあげよ。	天灯鬼・竜灯鬼像
18	★★★★☆☆☆	運慶の第４子で、京都六波羅蜜寺に伝わる僧侶の像を制作した人物はだれか。	康勝
19	★★★★★☆☆	康勝の作で、京都六波羅蜜寺に伝わる市聖と呼ばれた僧侶の像を何というか。	空也上人像
20	★★★★★★☆	鎌倉時代に肥後の御家人竹崎季長が、文永・弘安の役の武功を子孫に伝えるために描かせた絵巻物を何というか。	蒙古襲来絵詞（絵巻）

	問題	解答
★★★★★★ 21	春日明神の霊験譚を描いた絵巻物を何というか。	春日権現験記絵
★★ 22	『春日権現験記絵』を描いたのはだれか。	高階隆兼
★★★★ 23	浄土宗の開祖の生涯を描いた絵巻物を何というか。	法然上人絵伝
★★★★★★★ 24	時宗の開祖の生涯を描いたもので、写実的手法で自然や庶民生活が描かれている絵巻物を何というか。	一遍上人絵伝(一遍聖絵)
★★★★ 25	菅原道真の生涯と京都にある神社の由来・霊験などを描いた絵巻物を何というか。	北野天神縁起絵巻
★★★★★ 26	武蔵の武士の生活を描いた、鎌倉時代後期の絵巻物をあげよ。	男衾三郎絵巻
★★★★★ 27	近江国石山寺の沿革・霊験などを描いた絵巻物は何か。	石山寺縁起絵巻
★★ 28	和歌山県粉河寺の本尊の千手観音像をめぐる霊験を描いた絵巻物を何というか。	粉河寺縁起絵巻
★★★★★★ 29	信西巻など3巻が現存する平安時代末期の戦乱を題材とした合戦絵巻を何というか。	平治物語絵巻
★★★★★★ 30	鎌倉文化の写実性を反映して発達した肖像画を何と呼ぶか。	似絵
★ 31	似絵の傑作といわれている、京都神護寺にある武士を描いた作品を2つあげよ。	伝源頼朝像・伝平重盛像
★★★★★ 32	「伝源頼朝像」「伝平重盛像」の作者とされる人物はだれか。	藤原隆信
★★★★★★ 33	「後鳥羽上皇像」を描き、父とともに肖像画の大家といわれたのはだれか。	藤原信実
★ 34	高山寺に伝わり、肖像画として価値が高い、明恵(高弁)の修禅を伝える図を何というか。	明恵上人樹上坐禅図
★★★★★★★ 35	禅宗で修行僧が一人前になった時に与えられる、師や先徳の肖像画を何というか。	頂相(ちんそう)
★★★ 36	伏見天皇の皇子で、天台座主になり、宋の書風を取り入れた書を残し、江戸時代の御家流のもとになった書道の流派を始めた人物はだれか。	尊円入道親王

★★★ 37	尊円入道親王が始めた書道の流派を何というか。	青蓮院流（しょうれんいん）
★ 38	尊円入道親王が即位前の後光厳（ごこうごん）天皇のため、習字の手本として書いたものは何か。	鷹巣帖（たかのすじょう）
★★★ 39	鎌倉時代後期の備前（びぜん）の刀鍛冶（かじ）で、備前物の名声を高めたのはだれか。	長光（長船長光）（ながみつ　おさふね）
★★★ 40	鎌倉時代後期の京都で名刀工といわれたのはだれか。	吉光（藤四郎吉光・粟田口吉光）（よしみつ　とうしろう　あわたぐち）
★★★ 41	鎌倉の刀鍛冶で相州派の中心となったのはだれか。	正宗（岡崎正宗）（まさむね　おかざき）
★★★ 42	13世紀初め、道元とともに宋に渡り、製陶法を研究して、帰国後に尾張国（おわり）で良土を得て、宋風の陶器をつくり出したとされる人物はだれか。	加藤景正（かげまさ）
★★★★★★ 43	13世紀以降に尾張国で盛んに生産されるようになった、加藤景正が祖といわれる陶器を何というか。	瀬戸焼（せとやき）

第7章 **武家社会の成長**

❶ 室町幕府の成立

用語集 p.106〜117

得宗専制政治に対する御家人の反発を背景に鎌倉幕府が滅んだあと、建武の新政、南北朝の動乱を経て、足利義満の時代に室町幕府が確立していく。室町幕府は、明や朝鮮と国交を開き、貿易を行った。また、琉球(りゅうきゅう)では琉球王国が成立し、北海道南部には和人が進出してしだいにアイヌを圧迫した。

■鎌倉幕府の滅亡

1 ★★★★★★	鎌倉時代中期にある上皇が亡くなると、以後皇室は2つにわかれて皇位や皇室領荘園をめぐる争いをくり広げた。ある上皇とはだれか。	後嵯峨上皇(ごさがじょうこう)
2 ★★★★★★★	鎌倉時代中期以後、皇室は2つの流れにわかれて対立したが、この2統を何というか。	持明院統(じみょういんとう)・大覚寺統(だいかくじとう)
3 ★★★★★★	持明院統の祖となった天皇名をあげよ。	後深草天皇(ごふかくさ)
4 ★★★★★★	大覚寺統の祖となった天皇名をあげよ。	亀山天皇(かめやま)
5 ★★★★★★	14世紀の初めに、2統が交代で皇位につく方式が成立したが、これを何というか。	両統迭立(りょうとうてつりつ)
6 ★★★★★★★	鎌倉時代後期、花園天皇のあとに、両統迭立の解消と子孫への皇位継承を目指す天皇が即位したが、この天皇はだれか。	後醍醐天皇(ごだいご)
7 ★★★★★★★	後醍醐天皇の皇統名をあげよ。	大覚寺統
8 ★★★★	亀山天皇の子で、後二条(ごにじょう)・後醍醐天皇の時に院政を行っていた上皇はだれか。	後宇多上皇(ごうだ)
9 ★★★★★	鎌倉時代末期の執権(しっけん)で、最後の得宗(とくそう)はだれか。	北条高時(ほうじょうたかとき)
10 ★★	北条高時に仕えた内管領(うちかんれい)はだれか。	長崎高資(ながさきたかすけ)
11 ★★★★★	後醍醐天皇は2度にわたって討幕計画を企てて失敗しているが、1324(正中元)年に発生した最初の事件を何というか。	正中の変(しょうちゅう)

★★★★★★☆
12 □□□ 1331(元弘元)年に後醍醐天皇が挙兵を企てて失敗し、幕府に捕らえられ、翌年隠岐(おき)に流された。この事件を何というか。
元弘の変(げんこう)

★★★★☆☆☆
13 □□□ 後醍醐天皇が元弘の変ののち、隠岐に流されていた期間に、京都で即位した天皇の名と、その皇統名をあげよ。
光厳天皇(ごうごん)・持明院統

★★★★★★★
14 □□□ 河内(かわち)の豪族で、元弘の変に呼応して挙兵し幕府軍と戦ったのはだれか。
楠木正成(くすのきまさしげ)

★★★★★★★
15 □□□ 鎌倉幕府の有力御家人で、六波羅探題(ろくはらたんだい)を攻略した人物はだれか。
足利高氏(尊氏)(あしかがたかうじ)

★★★★★★★
16 □□□ 鎌倉を攻め、幕府を滅ぼした人物はだれか。
新田義貞(にったよしさだ)

★★★☆☆☆☆
17 □□□ 鎌倉幕府の滅亡は西暦何年か。
1333年

■建武の新政

★★★★★★★
1 □□□ 鎌倉幕府滅亡後に開始された、後醍醐天皇による政治を何というか。
建武の新政(けんむ しんせい)

★★★★★★★
2 □□□ 天皇の意志を蔵人(くろうど)が伝える形式の文書で、建武の新政で絶対万能とされたものは何か。
綸旨(りんじ)

★☆☆☆☆☆☆
3 □□□ 武士社会において土地の事実的支配を何年以上継続している場合、その土地の所有権の変更はできないことになっていたか。
20年

★★★★★☆☆
4 □□□ 後醍醐天皇が親政を行うにあたって再興した一般政務を担当する機関を何というか。
記録所(きろくしょ)

★★★★★★★
5 □□□ 鎌倉幕府滅亡後、後醍醐天皇によってつくられた新しい政治機関で、幕府の引付(ひきつけ)を受け継いで所領問題などの訴訟を扱った機関を何というか。
雑訴決断所(ざっそけつだんしょ)

★★★★★☆☆
6 □□□ 建武政権の職制で、鎌倉幕府滅亡の際の論功行賞(ろんこうこうしょう)を取り扱った機関を何というか。
恩賞方(おんしょうがた)

★★★★★☆☆
7 □□□ 新田義貞が頭人(とうにん)をつとめた建武政権の職制で、京都の治安維持のための軍事・警察機関を何というか。
武者所(むしゃどころ)

★★★★★★★
8 □□□ 後醍醐天皇の皇子成良親王と足利直義が、関東10カ国の支配にあたった建武政権機関を何というか。 — 鎌倉将軍府

★★★★★★★
9 □□□ 後醍醐天皇の皇子義良親王と北畠顕家が、陸奥・出羽の統治にあたった建武政権機関を何というか。 — 陸奥将軍府

★★★★★★★
10 □□□ 建武の新政の混乱ぶりを批判した有名な史料名をあげよ。 — 二条河原落書(落首)

★★★★★☆☆
11 □□□ 二条河原落書は何という書物に記載されているか。 — 建武年間記

★★★★★★★
12 □□□ 1335(建武2)年に、北条高時の子が鎌倉幕府の再興をはかっておこした反乱を何というか。 — 中先代の乱

★★★★☆☆☆
13 □□□ 中先代の乱をおこした北条高時の子の名をあげよ。 — 北条時行

★★★★★★☆
14 □□□ 中先代の乱の際に、足利尊氏と対立して鎌倉に幽閉された後醍醐天皇の皇子が、足利直義により殺されたが、その皇子の名をあげよ。 — 護良親王(もりなが)

南北朝の動乱

★★★★★★★
1 □□□ 建武の新政権に反旗をひるがえした足利尊氏は、一時、後醍醐天皇の軍に敗れて九州に敗走したが、再挙して1336(建武3)年に京都を奪回した。この時、尊氏によって擁立された持明院統の天皇はだれか。 — 光明天皇

★★★★★★☆
2 □□□ 九州から再度上洛する足利尊氏軍を、楠木正成が摂津で迎え撃ったが敗死した。この戦いを何というか。 — 湊川の戦い

★★★★★★★
3 □□□ 1336年に、足利尊氏によって示された幕政の方針17カ条を何というか。 — 建武式目

★★★★★☆☆
4 □□□ 室町幕府が「本条」と呼んで基本法令としたものは何か。 — 御成敗式目(貞永式目)

★★★★☆☆☆
5 □□□ 室町幕府が基本法令とした御成敗式目に、建武年間以後、必要に応じて追加制定された法令を何というか。 — 建武以来追加

★★★★★★★
6 □□□ 1336年に、足利尊氏に幽閉されていた後醍醐天皇が、京都を脱出して新たな朝廷を開いたのはどこか。 — 吉野

★★★★★★★
7 □□□ 後醍醐天皇が吉野で開いた朝廷を何というか。 — 南朝

★★★★★★★
8 □□□
14世紀に、2つの朝廷が同時に存在し、全国で争乱が続いたが、これを何というか。
南北朝の動乱

★★★★★★★
9 □□□
足利尊氏が京都に開いた幕府を、のちの所在地から何と呼ぶか。
室町幕府

★★★★★★★
10 □□□
1338(暦応元)年に、足利尊氏を征夷大将軍に任命したのはだれか。
光明天皇

★★★★★★★
11 □□□
室町幕府では、鎌倉幕府的体制の再建を目指す漸進派と新たな体制をつくろうとする急進派との対立が表面化し、1350(観応元)年には争乱に突入した。この争乱を何というか。
観応の擾乱

★★★★★★★
12 □□□
室町幕府内で漸進派の中心人物であった足利尊氏の弟の名をあげよ。
足利直義

★★★★★★★
13 □□□
足利尊氏の側近で、幕政を握っていた急進派の中心人物はだれか。
高師直

★★★★★★★
14 □□□
足利尊氏の側近である高師直の職名をあげよ。
執事

★★★★★★★
15 □□□
南北朝の動乱が長期化し全国化した背景には、宗家の代表が血縁によって一門を統制する制度の解体による社会的変化があったが、この制度を何というか。
惣領制

★★★★★★★
16 □□□
南北朝の動乱期に一般化した、所領の相続のあり方を何というか。
単独相続

■守護大名と国人一揆

★★★★★★★
1 □□□
守護の権限拡大の例として、田地をめぐる紛争で稲を一方的に刈り取る実力行使を取り締まる権限が加えられた。この実力行使を何というか。
刈田狼藉

★★★★★★★
2 □□□
守護の権限拡大の例として、幕府の裁判の判決を強制執行する権限を何というか。
使節遵行

★★★★★★★
3 □□□
1352(観応3)年、近江・美濃・尾張の3国において、動乱による軍費調達のため、荘園や公領の年貢の半分を徴収する権限を守護に与える法令が出されたが、これを何というか。
半済令

★★★★★★★
4
□□□
国人・土豪の非法や農民の年貢未納に悩まされた荘園領主が、年貢の徴収を守護に請け負わせた制度を何というか。

守護請（しゅごうけ）

★★★★★★★
5
□□□
室町時代に守護は、幕府支配のもとで任国内の荘園や公領を把握し、国内の武士を家臣化して、荘園・公領を問わず一国全体を統轄した。このような守護を従来の守護と区別して何というか。

守護大名（だいみょう）

★★★★★★★
6
□□□
荘官・地頭（じとう）が在地に土着し、経営基盤を確立して領主層に成長した武士を何というか。

国人（こくじん）

★★★★★★★
7
□□□
中世の人々が協力して1つの目的を実現しようとする際に、神仏に誓約してつくり出した一致団結した状態を何というか。

一味同心（いちみどうしん）

★★★★★★★
8
□□□
神仏を木版刷りした紙の裏に記すことで、契約の遵守（じゅんしゅ）を神仏に誓った証拠文書を何というか。

起請文（きしょうもん）

★★★★★★★
9
□□□
一味同心により結ばれた集団を何というか。

一揆（いっき）

★★★★★★★
10
□□□
地方土着の武士は、みずからの領主権を守るために地域的な一味同心の地縁的集団をつくり、自主的な地域権力をもった。この集団を何というか。

国人一揆

★★★★★★★
11
□□□
国人一揆において、参加者が守るべき規約（一揆契状（けいじょう））の署名には、参加者の平等性を示すためにどのような方法が用いられたか。

傘連判（からかされんぱん）

■室町幕府

★★★★★★★
1
□□□
足利尊氏の第3子として生まれ、2代将軍として幕府の基礎を築いたのはだれか。

足利義詮（よしあきら）

★★★★★★★
2
□□□
南北朝を合体させ、幕府の全国統一を実現した将軍はだれか。

足利義満（よしみつ）

★★★★★★★
3
□□□
南朝の征西大将軍として、九州で活躍した後醍醐天皇の皇子はだれか。

懐良親王（かねよし）（かねなが）

★★★★★★★
4
□□□
室町幕府の九州探題（たんだい）として、九州を平定した武将はだれか。

今川了俊（いまがわりょうしゅん）（貞世（さだよ））

★★★★★★★
5 □□□ 約60年にわたる南北朝の動乱が終結し、南北朝の合体が実現したのは西暦何年のことか。 | 1392年

★★★★★★★
6 □□□ 南北朝の合体は、南朝(大覚寺統)の天皇から北朝(持明院統)の天皇への譲位というかたちをとって行われたが、この時の南朝の天皇はだれか。 | 後亀山天皇(ごかめやま)

★★★★★★★
7 □□□ 南北朝の合体で一本化された、もとの北朝の天皇はだれか。 | 後小松天皇(ごこまつ)

★★★★★★★
8 □□□ 足利義満は壮麗な邸宅を設け、そこで幕府政治を展開したが、その邸宅を何というか。 | 花の御所(ごしょ)(室町殿(むろまちどの))

★★★★★★★
9 □□□ 足利義満により京都北山(きたやま)に営まれた壮麗な山荘を何というか。 | 北山殿(きたやまどの)

★★★★★★★
10 □□□ 足利義満は幕府の将軍であると同時に公家(くげ)としての最高位に就任して朝廷の支配権も握ったが、何という官職か。 | 太政大臣(だいじょうだいじん)

★★★★★★★
11 □□□ 1390(明徳元)年に、強勢を誇った美濃(みの)・尾張(おわり)・伊勢(いせ)の守護を兼ねる人物が足利義満に討伐されて滅んだ事件を何というか。 | 土岐康行(ときやすゆき)の乱

★★★★★★★
12 □□□ 中国・近畿に11カ国を領し「六分一衆(ろくぶんのいちしゅう)」と呼ばれた守護が、1391(明徳2)年に足利義満に挑発されて反乱をおこし、敗れた。反乱の名称と守護の名をあげよ。 | 明徳(めいとく)の乱・山名氏清(やまなうじきよ)

★★★★★★★
13 □□□ 周防(すおう)・長門(ながと)など6カ国を領した守護が、1399(応永6)年におこした反乱と、その守護の名をあげよ。 | 応永(おうえい)の乱・大内義弘(おおうちよしひろ)

★★★★★★★
14 □□□ 室町幕府の職制のうち、将軍の補佐役で政務を総轄する重職を何というか。 | 管領(かんれい)

★★★★★★★
15 □□□ 管領は足利氏一門の有力守護家が交代でつとめたが、これをまとめて何というか。 | 三管領

★★★★★★★
16 □□□ 管領に任命される3つの守護家をあげよ。 | 細川(ほそかわ)・斯波(しば)・畠山(はたけやま)

★★★★★★★
17 □□□ 室町幕府の職制のうち、京都の警備・刑事訴訟にあたる機関を何というか。 | 侍所(さむらいどころ)

★★★★★★★
18 □□□ 室町幕府の侍所の長官を何というか。またこの職につくことのできる守護家を何というか。 | 所司(しょし)・四職(ししき)

番号	重要度	問題	解答
19	★★★★★★	室町幕府の侍所の長官につくことのできる守護家をすべてあげよ。	山名・赤松・一色・京極
20	★★★★★★★	室町幕府の財政事務を扱う機関を何というか。	政所
21	★★★★★	室町幕府の記録・訴訟文書の保管などを担当する機関を何というか。	問注所
22	★★★★★★★	守護の多くが京都・鎌倉に駐留し、任国の支配のために代官をおいた。これを何というか。	守護代
23	★★★★★★	室町幕府は、将軍の権力を支える軍事力の形成につとめ、直轄軍を編成したが、これを何というか。	奉公衆
24	★★★★★★	室町幕府の経済基盤のうち全国に散在し、年貢・公事を徴収していた幕府の直轄地を何というか。	御料所
25	★★★★★★★	室町幕府が高利貸業者に課した税を2つあげよ。	土倉役(倉役)・酒屋役
26	★★★★★★★	室町時代に幕府・公家・守護・寺社などが課した、陸上の通行税を何というか。	関銭
27	★★★★★★★	室町時代に幕府・公家・守護・寺社などが課した、河川・港湾の通行税を何というか。	津料
28	★★★★★★	室町時代に一般化した、田地に課す銭納の臨時税を何というか。	段銭
29	★★★★★★	室町時代に、家屋の棟数に応じて戸ごとに課された銭納の臨時税を何というか。	棟別銭(むなべち)
30	★★★★★★★	室町幕府の地方職制のうち、幕府と同一の機構をもち、関東8カ国と伊豆・甲斐を統轄・支配した機関を何というか。	鎌倉府(関東府)
31	★★★★★★★	鎌倉府の長官を何というか。	鎌倉公方(関東公方)
32	★★★★★★	鎌倉府の初代長官に任命されたのはだれか。	足利基氏
33	★★★★★★★	鎌倉公方の補佐役を何というか。	関東管領
34	★★★★★★★	関東管領を世襲したのは何氏か。	上杉氏

★★★★★★★

35 □□□ 室町幕府の職制のうち、九州を統轄する機関を何というか。
九州探題（たんだい）

★★★★★★★

36 □□□ 室町幕府の職制のうち、陸奥の軍事・民政を行う機関を何というか。
奥州探題（おうしゅう）

★★★★★★★

37 □□□ 室町幕府の職制のうち、出羽国を支配し、最上氏が世襲した機関は何か。
羽州探題（うしゅう）

■東アジアとの交易

★★★★★★★

1 □□□ 13〜16世紀頃にかけて、朝鮮や中国沿岸を荒らしまわり、略奪をはたらいた海賊を何というか。
倭寇（わこう）

★★★★★★★

2 □□□ 16世紀の後期倭寇の活動を描いた中国の絵画を何というか。
倭寇図巻（ずかん）

★★★★★★★

3 □□□ 1325（正中２）年に、鎌倉幕府が寺院の再建費を得るために、元（げん）に派遣した貿易船を何というか。
建長寺船（けんちょうじぶね）

★★★★★★★

4 □□□ 足利尊氏・直義は、後醍醐天皇の冥福（めいふく）を祈る寺院の建立を勧められ、その資金を得るために元に貿易船を派遣した。寺院建立を勧めた禅僧の名をあげよ。
夢窓疎石（むそうそせき）

★★★★★★★

5 □□□ 足利尊氏・直義が、後醍醐天皇の冥福を祈るために建立した寺院は何という寺院か。
天龍寺（てんりゅうじ）

★★★★★★★

6 □□□ 東福寺（とうふくじ）再建の費用を得るため、中国の元に派遣され、1323（元亨３）年日本への帰途に朝鮮半島南西沖で沈没、1976年発見された沈没船を何というか。
新安沈船（しんあんちんせん）

★★★★★★★

7 □□□ 倭寇の禁圧要求をきっかけにして、日中間の正式な通商貿易が開始されたが、その中国の王朝名を何というか。
明（みん）

★★★★★★★

8 □□□ 明の初代皇帝を何というか。
朱元璋（太祖洪武帝）（しゅげんしょう（たいそこうぶてい））

★★★★★★★

9 □□□ 中国の明・清（しん）時代にとられた交易統制政策で、冊封を前提とする諸国の王との朝貢貿易のみに限定し、中国人の海外渡航・交易も禁じた政策を何というか。
海禁政策（かいきん）

★★★★★★★

10 □□□ 1401（応永８）年に、明に使節を派遣して、国交と貿易開始を求めたのはだれか。
足利義満

★★★★★★★ 11 □□□	1401年の第1回遣明船（けんみんせん）の正使となった義満の側近の僧はだれか。	祖阿（そあ）
★★★★★★★ 12 □□□	1401年の第1回遣明船の副使となった博多の商人はだれか。	肥富（こいつみ）
★★★★★★★ 13 □□□	1401年の遣明使に対する、翌年の返書において、明の皇帝は足利義満を何と表現したか。	日本国王源道義（げんどうぎ）
★★★★★★★ 14 □□□	日明貿易は、足利義満が中国の伝統的な外交方針を受け入れた形式で行われたが、この形式を何貿易というか。	朝貢貿易（ちょうこう）
★★★★★★★ 15 □□□	1403(応永10)年に、足利義満は明の皇帝宛の国書に、みずからのことを何と記したか。	日本国王臣源（しんげん）
★★★★★★★ 16 □□□	日明貿易では、1404(応永11)年からは明の皇帝から与えられる証票が使用され、これをもたない船の貿易は禁止されたが、この証票を何というか。	勘合（かんごう）
★★★★★★★ 17 □□□	日明貿易の朝貢形式を、屈辱的であるとして中止した将軍はだれか。	足利義持（よしもち）
★★★★★★★ 18 □□□	貿易の利潤を重視して、いったん断交した明との貿易を再開した将軍はだれか。	足利義教（よしのり）
★★★★★★★ 19 □□□	日明貿易の主な輸入品のうち、高級織物の原料は何か。	生糸（きいと）
★★★★★★★ 20 □□□	日明貿易の主な輸入品のうち、日本の貨幣流通に大きな影響を与えたものは何か。	銅銭（どうせん）
★★★★★★★ 21 □□□	日明貿易で明から輸入された物品を総称して何というか。	唐物（からもの）
★★★★★★★ 22 □□□	日明貿易の請負商人は、幕府などの貿易船の経営者に利益の10分の1を上納したが、これを何というか。	抽分銭（ちゅうぶんせん）
★★★★★★★ 23 □□□	日明貿易の実権は、幕府の手から守護大名およびそれと結ぶ商人の手に移っていったが、細川氏と結びついたのはどこの商人か。	堺（さかい）
★★★★★★★ 24 □□□	日明貿易の実権は、幕府の手から守護大名およびそれと結ぶ商人の手に移っていったが、大内氏（おおうち）と結びついたのはどこの商人か。	博多（はかた）

★★★★★★☆ 25 □□□	1523(大永3)年に、大内氏と細川氏の日明貿易の主導権争いから、中国の港で発生した事件を何というか。	寧波(ニンポー)の乱
★★★★★★★ 26 □□□	日明貿易は1551(天文20)年に、最終的に貿易を独占した守護大名の滅亡により断絶したが、この大名は何氏か。	大内(おおうち)氏
★★★★★★★ 27 □□□	後期倭寇には中国人の密貿易者も多かった。彼らは中国の生糸(きいと)と日本のある鉱物資源を交易したが、その鉱物資源は何か。	銀
★★★★★★☆ 28 □□□	倭寇の被害が大きかった高麗(こうらい)で、これを撃退して名声を得た武将が、1392年に高麗を倒して新しい王朝を建てた。この武将とはだれか。	李成桂(りせいけい)
★★★★★★★ 29 □□□	李成桂が1392年に建てた王朝を何というか。	朝鮮
★★★★★★★ 30 □□□	日本と朝鮮の国交と貿易は、朝鮮からの倭寇禁止の要請を受けて開始されたが、この時に要請を受け入れた将軍はだれか。	足利義満
★★★★★★★ 31 □□□	日朝貿易を仲介したのは、対馬(つしま)の何氏か。	宗(そう)氏
★★★★★☆☆ 32 □□□	朝鮮が日本人使節接待のために設けた客館と居留地域を何というか。	倭館(わかん)
★★★★★★★ 33 □□□	1419(応永26)年に、倭寇の被害をおそれた朝鮮が、その根拠地とみなした対馬を突如襲撃する事件がおきた。これを何というか。	応永(おうえい)の外寇(がいこう)
★★★★★★★ 34 □□□	室町時代に行われた、日朝貿易で衣料など人々の生活様式に大きな影響を与えた輸入品は何か。	木綿(もめん)
★★★★★★☆ 35 □□□	日朝貿易の輸入品のなかに、仏教の経典を集成したものも含まれているが、これを何というか。	大蔵経(だいぞうきょう)(一切経(いっさいきょう))
★☆☆☆☆☆☆ 36 □□□	日朝貿易の主な輸出品のうち、鉱物資源は何か。	銅・硫黄(いおう)など
★★★★★★☆ 37 □□□	日朝貿易は、富山浦(ふざんほ)・乃而浦(ないじほ)・塩浦(えんぽ)に住む日本人居留民が1510(永正7)年におこした暴動以後、衰えることになった。この乱を何というか。	三浦(さんぽ)の乱

■琉球と蝦夷ヶ島

★★★★★★☆

1 □□□ 1429(永享元)年に、沖縄の山北・中山・山南の3勢力を統一して王国を建設した中山王はだれか。 — 尚巴志

★★★★★★★

2 □□□ 1429年に尚巴志が統一した国を何というか。 — 琉球王国

★★★★★★★

3 □□□ 琉球王国の都を何というか。 — 首里

★★★★★★★

4 □□□ 中世の琉球王国の貿易では、日本・明・東南アジア諸国との物資の取次を行ったが、このような貿易を何というか。 — 中継貿易(なかつぎ)

★★★★★★☆

5 □□□ 琉球王国の重要な国際港として発展したのはどこか。 — 那覇

★★★★★★★

6 □□□ 14世紀には畿内と津軽とを結ぶ日本海交易が盛んに行われていたが、津軽の交易拠点をあげよ。 — 十三湊

★★★★★★★

7 □□□ 室町時代の北海道の呼称は何というか。 — 蝦夷ヶ島

★★★★★★☆

8 □□□ 津軽海峡を渡った人々は蝦夷ヶ島の南部に進出し、渡島半島の南部一帯の海岸沿いに館をつくった。これらを現在では何と呼んでいるか。 — 道南十二館

★★★★★★★

9 □□□ 蝦夷ヶ島に渡った本州系日本人の呼称は何か。 — 和人(シャモ)

★★★★★★★

10 □□□ 道南十二館の1つで津軽海峡に臨む段丘上にあり、14世紀末から15世紀初め頃に埋められた約39万枚の中国銭が出土した館を何というか。 — 志苔館

★★★★★★★

11 □□□ 室町時代に、蝦夷ヶ島に勢力をのばした津軽の豪族名をあげよ。 — 安藤氏(安東氏)

★★★★★★★

12 □□□ 蝦夷ヶ島に進出した和人と、古くから住んでいたアイヌとの対立は、1457(長禄元)年に大乱に発展した。この時のアイヌの大首長はだれか。 — コシャマイン

★★★★★★★

13 □□□ コシャマインとの戦いに勝利し、渡島半島南部地域の和人居住地の支配者に成長したのは何氏か。 — 蠣崎氏

★★★☆☆☆☆

14 □□□ 蠣崎氏を継いだ武田信広がコシャマインとの戦いののち築城したもので、武家屋敷や職人の工房跡、和人・アイヌの墓地などの遺構などが発掘された館を何というか。 — 勝山館

★★★★★★☆

15 □□□ 蠣崎氏の一族は、江戸時代に蝦夷ヶ島で勢力をもつ大名になったが、何と名乗ったか。

松前氏（まつまえ）

❷ 幕府の衰退と庶民の台頭

用語集 p.117〜123

鎌倉時代後期から自治的な村が生まれ、しだいに各地に広がっていった。そうしたなか、15世紀半ばには室町幕府に動揺がみられるようになり、農民らの一揆（いっき）も発生するようになった。また応仁（おうにん）の乱がおこると全国的な騒乱となり、室町幕府の体制や荘園制は解体が進んだ。一方、農業の生産性が向上し、商工業の発達や貨幣経済の進展がみられた。

■惣村の形成

★★★★★★★

1 □□□ 南北朝の動乱期を経て、農民らの自治的集団としての村が発達してきたが、このような自治的な村を何というか。

惣（惣村）（そう・そうそん）

★★★★★★☆

2 □□□ 惣村の結合の中心となった、神社の祭礼を行う農民たちの祭祀集団を何というか。

宮座（みやざ）

★☆☆☆☆☆☆

3 □□□ 惣村を構成する村民を何というか。

惣百姓（そうびゃくしょう）

★☆☆☆☆☆☆

4 □□□ はじめに惣村が発達してきた地域はどこか。

畿内と周辺部

★★★★★★★

5 □□□ 惣村の自治的協議機関を何というか。

寄合（よりあい）

★★★★★★☆

6 □□□ 惣村の自治的運営の指導者をひらがな３字で答えよ。

おとな

★★★★★★☆

7 □□□ 惣村の自治的運営の指導者を漢字３字で答えよ。

沙汰人（さたにん）

★★★★★★★

8 □□□ 惣村の規約を何というか。

惣掟（地下掟・村法・村掟）（そうおきて・じげ・そん・ぽう）

★★★★★☆☆

9 □□□ 惣掟にもとづき、村民が自分たちで警察・裁判権を行使したことを何というか。

地下検断（自検断）（けんだん）

★★★★★★★

10 □□□ 惣村の機能として、灌漑（かんがい）用水の自主管理や山野などの共有地管理などがあったが、この村の共有地を何と呼ぶか。

入会地（いりあいち）

★★★★★★★

11 □□□ 惣村では、領主へ納める年貢を村として請け負う制度も生まれたが、この制度を何というか。

地下請（百姓請・村請）（うけ）

★★★★★★★

12 □□□ 武士・農民が特定の目的のもとに集団を結成することを何というか。

一揆（いっき）

★★★★★

13 □□□ 集団の威力を背景に強圧的に領主に訴えることを何というか。

強訴(ごうそ)

★★★★★★★

14 □□□ 一村が団結して耕作を放棄し、**他領や山中へ一時的に退去**する方法で抵抗することを何というか。

逃散(ちょうさん)

★★★

15 □□□ 惣村の農民が実力を行使する場合、惣村が支配単位である**荘園**や**公領**を中心にまとまった、より大きな結合体が結成されることが多かったが、これを何というか。

惣荘(そうしょう)・惣郷(そうごう)

★★★★★★

16 □□□ 惣村の有力者で、農民として年貢などを納めながら、守護などと**主従関係**を結んで侍身分を獲得した者を何というか。

地侍(じざむらい)

■幕府の動揺と土一揆

★★

1 □□□ 鎌倉公方**足利持氏**(くぼうあしかがもちうじ)と対立して関東管領(かんれい)を辞した**上杉氏憲**(うえすぎうじのり)が、1416(応永23)年におこした反乱を何というか。

上杉禅秀の乱(うえすぎぜんしゅうのらん)

★★★★★★★

2 □□□ 室町幕府**6代**将軍に就任し、将軍権力の強化をねらい強引な専制政治を行った人物はだれか。

足利義教(よしのり)

★★★★★★★

3 □□□ 1438(永享10)年に、**足利義教**が鎌倉公方を討伐した事件を何というか。

永享の乱(えいきょうのらん)

★★★★★★★

4 □□□ **永享の乱**で、足利義教によって自害に追い込まれた鎌倉公方はだれか。

足利持氏(もちうじ)

★★★★★★

5 □□□ 鎌倉公方**足利持氏**を補佐したが、諫言(かんげん)して不和となり、将軍**足利義教**に協力して**足利持氏**を倒した関東管領はだれか。

上杉憲実(のりざね)

★★★★★

6 □□□ 永享の乱ののち、**結城氏朝**(ゆうきうじとも)が足利持氏の遺子を擁して挙兵し鎮圧された事件を何というか。

結城合戦(ゆうきかっせん)

★★★★★

7 □□□ 1454(享徳3)年、鎌倉公方**足利成氏**(しげうじ)が関東管領**上杉憲忠**を謀殺したことを発端としておこった事件を何というか。

享徳の乱(きょうとくのらん)

★★★★★★★

8 □□□ 将軍**足利義教**の有力守護抑圧策に不安を感じた播磨(はりま)の守護が、将軍を謀殺した。この事件と播磨守護の名をあげよ。

嘉吉の変(かきつのへん)・赤松満祐(あかまつみつすけ)

第7章 武家社会の成長

頻度	No.	問題	解答
★★★☆☆☆☆	9 □□□	嘉吉の変は西暦何年におこったか。	1441年
★★★★★★★	10 □□□	惣村の結合をもとにした農民勢力が、一部の都市民や困窮した武士とともに、徳政を求めて蜂起することを何というか。	土一揆(徳政一揆)
★★★★★★★	11 □□□	1428(正長元)年に、京都近郊の農民勢力が、一部の都市民や困窮した武士とともに、土倉・酒屋・寺院などを襲撃した一揆を何というか。	正長の徳政一揆
★★★★★★☆	12 □□□	正長の徳政一揆について「日本開白以来、土民蜂起是れ初めなり」と記録した書物名をあげよ。	大乗院日記目録
★★★★★★☆	13 □□□	正長の徳政一揆の鎮圧にあたった管領はだれか。	畠山満家
★★★★★★★	14 □□□	正長の徳政一揆の成果が、「正長元年ヨリサキ者、カンヘ四カンカウ(神戸四カ郷)ニヲヰメ(負目)アルヘカラス」と刻まれた徳政碑文の所在地をあげよ。	大和の柳生郷
★★★★★★☆	15 □□□	1429(永享元)年1月に、「侍をして国中に在らしむべからず」として、守護赤松氏の軍と戦った一揆を何というか。	播磨の土一揆
★★★★★★★	16 □□□	1441(嘉吉元)年に、数万人の土一揆が京都を占領して「代始めの徳政」を要求し、幕府に徳政令の発布を余儀なくさせた一揆を何というか。	嘉吉の徳政一揆
★★★★★★☆	17 □□□	幕府は徳政令の発布の際、債権額もしくは債務額のいく分かを上納することを条件に、債権の保護や債務の破棄を認めることもあった。この上納銭を何というか。	分一銭

■応仁の乱と国一揆

頻度	No.	問題	解答
★★★★★★★	1 □□□	全国の守護が2派にわかれ、京都を主戦場にして11年間戦い、戦国時代の発端となった大乱を何というか。	応仁の乱(応仁・文明の乱)
★★★☆☆☆☆	2 □□□	応仁の乱は西暦何年におこったか。	1467年
★★★★★★★	3 □□□	応仁の乱が始まった時の室町幕府の8代将軍はだれか。	足利義政
★★★★★★☆	4 □□□	応仁の乱の原因の1つに将軍継嗣争いがあるが、足利義政の弟でその養子となった人物はだれか。	足利義視

5 ★★★★★★ 足利義政の実子で、のちの9代将軍はだれか。	足利義尚（よしひさ）
6 ★★★★★★ 足利義政の妻はだれか。	日野富子（ひのとみこ）
7 ★★★★★★★ 応仁の乱の原因の1つである相続争いがおこった管領家（かんれい）を2家あげよ。	畠山氏・斯波氏（しば）
8 ★★★★★★★ 応仁の乱の東軍の大将はだれか。	細川勝元（ほそかわかつもと）
9 ★★★★★★★ 応仁の乱の西軍の大将はだれか。	山名持豊（やまなもちとよ）（宗全（そうぜん））
10 ★★★★★★★ 応仁の乱以後、実力によって主君を倒す家臣が続出したが、このような風潮を何というか。	下剋上（げこくじょう）
11 ★★★★★★★ 応仁の乱の頃に盛んに活躍した軽装で機動力に富み、徒歩で軍役に服した雑兵（ぞうひょう）を何というか。	足軽（あしがる）
12 ★★★★★★★ 足軽たちが寺院の板廊をひきはがし、蔀戸（しとみど）をかつぎ出す狼藉（ろうぜき）を描いている有名な絵巻の名をあげよ。	真如堂縁起（しんにょどうえんぎ）
13 ★★★★★★★ 応仁の乱後も両派にわかれて対立していた守護畠山氏の軍を国外に退去させ、1485(文明17)年から8年間にわたる自治支配を行った一揆を何というか。	山城の国一揆（やましろのくにいっき）
14 ★★★★★ 山城の国一揆に関する記述で有名な奈良興福寺大乗院（こうふくじだいじょういん）の門跡尋尊（もんぜきじんそん）(一条兼良（いちじょうかねよし）の子)の記録を何というか。	大乗院寺社雑事記（ぞうじき）
15 ★★★★★★★ 本願寺門徒（ほんがんじもんと）の農民や土豪の連合体が、守護・戦国大名に対しておこした一揆を何というか。	一向一揆（いっこう）
16 ★★★★★★★ 1488(長享2)年に、守護を倒して、以後1世紀にわたり本願寺門徒や国人（こくじん）らがある国の支配を続けたが、この一揆を何というか。	加賀（かが）の一向一揆
17 ★★★★★★★ 加賀の一向一揆によって、1488年に倒された守護はだれか。	富樫政親（とがしまさちか）
18 ★★★ 加賀の一向一揆のあと、一向宗門徒により擁立された名目上の守護はだれか。	富樫泰高（やすたか）
19 ★★★★★★★ 越前吉崎（えちぜんよしざき）に坊舎を構え、御文（おふみ）を通じて北陸での教化活動を展開した本願寺8世はだれか。	蓮如（れんにょ）

第7章 武家社会の成長

★★★★★★★

20 □□□ 加賀の一向一揆に関する「百姓ノ持タル国」の記述がみられる、蓮如の子が著した本願寺の記録の補遺を何というか。

実悟記拾遺（じつごきしゅうい）

★★★★★★★

21 □□□ 加賀の一向一揆を、約1世紀後に制圧した戦国大名はだれか。

織田信長（おだのぶなが）

■農業の発達

★★★★★★★

1 □□□ 室町時代には、1年間に米・麦・そばなど3種の農作物を順次同一地に作付することが行われるようになった。これを何というか。

三毛作（さんもうさく）

★★★★★★★

2 □□□ 室町時代には、稲の収穫時期が異なる品種が普及した。その品種を収穫時期の早い順に3つあげよ。

早稲（わせ）・中稲（なかて）・晩稲（おくて）

★★★★★★★

3 □□□ 室町時代の農業で、新たに普及した人糞尿（じんぷんにょう）の肥料は何か。

下肥（しもごえ）

★★★★★★★

4 □□□ 和紙の原料として栽培されるようになった落葉低木をあげよ。

楮（こうぞ）

★★★★★★★

5 □□□ 染料の原料として栽培されるようになった作物をあげよ。

藍（あい）

★★★★★★★

6 □□□ 京都の宇治（うじ）で、特産品として栽培されるようになったものは何か。

茶（ちゃ）

■商工業の発達

★★★★★★★

1 □□□ 美濃（みの）の特産紙を何というか。

美濃紙（みのがみ）

★★★★★★★

2 □□□ 播磨（はりま）の特産紙をあげよ。

杉原紙（すいばらがみ）

★★★★★★★

3 □□□ 浜辺で海水を汲んで運び、灌水（かんすい）して砂に塩分を付着させる製塩法を何というか。

揚浜法（あげはま）

★★★★★★★

4 □□□ 堤で囲った砂浜に、潮の干満を利用して海水を導入する塩田で、初期のものを何というか。

古式入浜（こしきいりはま）

★★★★★★★

5 □□□ 地方の市場も発展し、応仁の乱後には月に6回開かれる定期市も一般化したが、この市を何というか。

六斎市（ろくさいいち）

★★★★★★★

6 □□□ 市の発展につれて、市を巡回する行商人も増加したが、

連雀商人（れんじゃく）

木製の背負い道具の名称から転じた行商人の呼称を何というか。

★★★★★★★
7 □□□ 荷を天秤棒に下げて呼び売りして歩く行商人を特に何と呼んだか。 — 振売（ふりうり）

★★★★★★★
8 □□□ 京都の郊外に住み、炭や薪（たきぎ）を頭にのせて売る行商の女性を何というか。 — 大原女（おはらめ）

★★★★★★★
9 □□□ 京都に住んだ鵜飼（うかい）集団の女性で、鮎（あゆ）などを行商する女性を何というか。 — 桂女（かつらめ）

★★★★★★★
10 □□□ 室町時代には店頭に商品を陳列して販売する常設の小売店が発展したが、これを何というか。 — 見世棚（みせだな）（店棚）

★★★★★★★
11 □□□ 室町時代に京都三条・七条に設けられた米の市場を、当時何と呼んだか。 — 米場（こめば）

★★★★★★★
12 □□□ 中世、商工業者が結成した同業者の組合は、規模も大きくなり種類や数も著しく増加した。この同業者の組合を何というか。 — 座（ざ）

★★★★★★★
13 □□□ 座の保護者を何というか。 — 本所（ほんじょ）

★★★★★★★
14 □□□ 山城（やましろ）・丹波（たんば）など10カ国以上に、荏胡麻（えごま）を原料とする製品の製造・販売の独占権をもっていた座を何というか。 — 大山崎油座（おおやまざきあぶらざ）（油神人（じにん））

★★★★★★★
15 □□□ 大山崎油座の本所はどこか。 — 石清水八幡宮（いわしみずはちまんぐう）

★★★★★★★
16 □□□ 京都の北野（きたの）天満宮を本所とする座を何というか。 — 北野社麴座（きたのしゃこうじざ）

★★★★★★★
17 □□□ 京都の祇園（ぎおん）社を本所とする座を何というか。 — 祇園社綿座（ぎおんしゃわたざ）

★★★★★★★
18 □□□ 室町時代には多くの職人が現れたが、金属を溶かして道具を製造する職人を何というか。 — 鋳物師（いもじ）

★★★★★★★
19 □□□ 刃物を製造する職人のことを何というか。 — 鍛冶（かじ）

★★★★★★★
20 □□□ 室町時代に盛んに輸入されて、国内で流通した銅銭を総称して何というか。 — 明銭（みんせん）

★★★★★★★
21 □□□ 明の初代皇帝の統治期間に鋳造された銅銭を何というか。 — 洪武通宝（こうぶつうほう）

★★★★★★★
22 □□□ 明銭のうち、最も多く輸入されたものは何か。 — 永楽通宝（えいらく）

★★★★★★★
23 □□□ 室町時代に流通した粗悪な銭で、民間で私的に鋳造されたものを何というか。

私鋳銭（しちゅうせん）

★★★★★★★
24 □□□ 商取引にあたって、悪銭をきらい、良質の銭(精銭)を要求する行為を何というか。

撰銭（えりぜに）（せんせん）

★★★★★★★
25 □□□ 幕府や戦国大名は各貨幣間の交換率や通用する銅銭の基準、種類などを定めた法令を出したが、これを何というか。

撰銭令

★★★★★★★
26 □□□ 室町時代の代表的な金融業者(高利貸業者)を2つあげよ。

土倉（どそう）・酒屋（さかや）

★★★★★★★
27 □□□ 遠隔地間の米や銭の輸送または貸借の決裁に使用された為替（かわせ）手形の一種を何というか。

割符（さいふ）

★★★★★★★
28 □□□ 交通の要地に通行税をとる目的で設けられた施設を何というか。

関所（せきしょ）

★★★★★★★
29 □□□ 室町時代以降に発展した海上行商や輸送を行う船を何というか。

廻船（かいせん）

★★★★★★★
30 □□□ 室町時代に発達した、商品の中継・卸売や商人宿を営むものを何というか。

問屋（といや）

★★★★★★★
31 □□□ 室町時代に盛んになった陸上の運送業者を2つあげよ。

馬借（ばしゃく）・車借（しゃしゃく）

③ 室町文化

用語集 p.123〜132

室町時代の文化は、南北朝の動乱期から、いわゆる北山文化や東山文化へと、連続性をもって展開していった。そうしたなかで、武家文化と公家（くげ）文化の融合が進み、大陸文化と伝統文化の融合も進んだ。また、民衆の地位向上により、庶民の間でも文芸が流行し、応仁（おうにん）の乱を背景に文化の地方普及も進んだ。

■文化の融合

★★★★★★★
1 □□□ 室町文化のうち、足利義満（あしかがよしみつ）による南北朝合体や幕政確立を背景にした文化を何というか。

北山（きたやま）文化

★★★★★★★
2 □□□ 室町文化のうち、足利義政（よしまさ）の時代を中心に、禅の精神にもとづく簡素さと、伝統文化の幽玄・侘（わび）を精神的な基調とする、15世紀後半に発達した文化を何というか。

東山（ひがしやま）文化

■動乱期の文化

★★★★☆☆☆

1 □□□ 四鏡(しきょう)と呼ばれる4つの歴史物語の最後のもので、鎌倉時代の公武関係を公家側の立場から記した編年体の歴史物語を何というか。

増鏡(ますかがみ)

★★★★★★☆

2 □□□ 神代から後村上(ごむらかみ)天皇までの歴史を通じて、南朝の正統性を主張した歴史書を何というか。

神皇正統記(じんのうしょうとうき)

★★★★★★☆

3 □□□ 『神皇正統記』の著者で、南朝の重臣はだれか。

北畠親房(きたばたけちかふさ)

★★★★☆☆☆

4 □□□ 鎌倉幕府や南北朝の動乱から足利尊氏(たかうじ)の政権掌握の過程を、足利方の立場から描いた歴史書は何か。

梅松論(ばいしょうろん)

★★★★★★☆

5 □□□ 鎌倉幕府の滅亡と南北朝の動乱を、南朝に縁の深い者の立場から描いた、軍記物語の傑作を何というか。

太平記(たいへいき)

★★★★★★★

6 □□□ 和歌の上句と下句を別の人が交互に詠み継いでいく文芸を何というか。

連歌(れんが)

★★★★★★★

7 □□□ 何種類かの茶を飲み、その種類・産地を判別する競技を何というか。

闘茶(とうちゃ)

★★★★★★★

8 □□□ 室町期に流行した、多人数での自由な、酒食をともなう娯楽的な茶会を何というか。

茶寄合(ちゃよりあい)

★★★★★★☆

9 □□□ 南北朝時代から室町時代にかけて流行した華美で人目をひく風俗を何というか。

バサラ

★★★☆☆☆☆

10 □□□ 伝統的な権威を無視し、傍若無人(ぼうじゃくぶじん)な振る舞いをするバサラ大名として知られる南北朝期の武将はだれか。

佐々木導誉(どうよ)(高氏(たかうじ))

■室町文化の成立

★★★★★★☆

1 □□□ 足利義満が京都北山に営んだ山荘は、その死後、何という寺に改められたか。

鹿苑寺(ろくおんじ)

★★★★★★★

2 □□□ 鹿苑寺の寺院に残る、初層は寝殿造、中層は和様、上層は禅宗様の3層からなる楼閣建築を何というか。

金閣(きんかく)

★★★★★★☆

3 □□□ 後醍醐(ごだいご)天皇や足利尊氏らの帰依(きえ)を受け、京都天龍寺(てんりゅうじ)の開山となり、すぐれた弟子を養成して臨済(りんざい)宗の黄金期を築いた僧侶はだれか。

夢窓疎石(むそうそせき)

第7章 武家社会の成長

頻度	No.	問題	解答
★★★★★★★	4	足利義満は南宋の制度にならって、京都と鎌倉の臨済宗寺院の寺格を定め制度化したが、これを何というか。	五山・十刹の制
★★★★★☆☆	5	五山・十刹の制で、別格として五山の上におかれた寺院を何というか。	南禅寺
★★★★★★★	6	足利尊氏・直義兄弟が後醍醐天皇の菩提を弔うために創建した京都五山第一位の寺院を何というか。	天龍寺
★★★★★★★	7	足利義満が創建した京都五山第二位の寺院を何というか。	相国寺
★★★★★★★	8	北条時頼創建の鎌倉五山第一位の寺院を何というか。	建長寺
★★★★★★★	9	北条時宗創建の鎌倉五山第二位の寺院を何というか。	円覚寺
★★☆☆☆☆☆	10	室町幕府が官寺の住持任免など禅僧管理をゆだねた役職を何というか。	僧録
★★★★★★★	11	禅僧によって宋・元から伝えられた、墨の濃淡・強弱の描線で表現する東洋独特の絵画を何というか。	水墨画
★★★★☆☆☆	12	水墨画の基礎は、室町時代初期に五山の禅僧によってつくられたが、そのなかで「寒山拾得図」で知られるのはだれか。	周文
★★★★★★☆	13	如拙の代表作に、禅の公案を題材として描いた水墨画がある。この作品名をあげよ。	瓢鮎図（ひょうでんず）
★★★★☆☆☆	14	五山・十刹に拠った禅僧らを中心に発達した漢詩文の総称を何というか。	五山文学
★★★☆☆☆☆	15	京都五山・鎌倉五山を中心に出版された書籍を何というか。	五山版
★★★★☆☆☆	16	夢窓疎石の弟子で足利義満に重んじられ、五山文学の最高峰といわれる禅僧をあげよ。	絶海中津
★★★★★★★	17	奈良時代の散楽が民間に入り、各地の寺社の祭礼などで興行されてきた芸能を何というか。	猿楽
★★★★★★★	18	社寺の祭礼に奉仕する猿楽に、民間に発展した芸能を取り入れ、宗教的芸能から庶民的な舞台芸術に発展したものを何というか。	能（能楽・猿楽能）

★★★☆☆☆☆
19 □□□ 興福寺を本所とする能の座を総称して何というか。 — 大和猿楽四座

★★★★★☆☆
20 □□□ 大和猿楽四座のうち、春日社・興福寺への奉仕を任とし、のち足利義満の庇護を受けて発展した座は何か。 — 観世座

★★★★★★★
21 □□□ 観世座の祖で、その子とともに足利義満の保護を得て、能を発展させた人物はだれか。 — 観阿弥

★★★★★★★
22 □□□ 観阿弥の子で、多くの謡曲や能のすぐれた芸術論を著した人物はだれか。 — 世阿弥

★★★★★★☆
23 □□□ 世阿弥の代表的な能の芸術論で、「花」「幽玄」を主張したものは何か。 — 風姿花伝(花伝書)

★★★★☆☆☆
24 □□□ 謡う部分と候詞の対話の部分とがあい交わる能の脚本を何というか。 — 謡曲

■室町文化の展開

★★★★★★★
1 □□□ 足利義政が京都東山に営んだ山荘は、その死後、何という寺院に改められたか。 — 慈照寺

★★★★★★★
2 □□□ 慈照寺に残る、下層が書院造、上層が禅宗様の2層からなる楼閣建築を何というか。 — 銀閣

★★★★★☆☆
3 □□□ 室町時代に成立し、押板・違い棚・付書院などを備え、今日の和風住宅の原型をなす武家住宅の建築様式を何というか。 — 書院造

★★★★★★☆
4 □□□ 書院造の代表的なものに、足利義政の東山山荘内の持仏堂の書斎がある。これを何というか。 — 東求堂同仁斎

★★★★★★★
5 □□□ 禅院で、水を用いず岩石と砂利を組み合わせて象徴的な自然をつくり出す庭園様式を何というか。 — 枯山水(かれせんずい)

★★★★★★☆
6 □□□ 枯山水の代表例で、狭い長方形の平庭に白砂と大小15の石を配置した京都の寺院の庭園名をあげよ。 — 龍安寺石庭

★★☆☆☆☆☆
7 □□□ 京都の林下で有名であった寺院にある枯山水の代表的な庭園をあげよ。 — 大徳寺大仙院庭園

★★★★★☆☆
8 □□□ 将軍に芸能・技能をもって仕えた者を何というか。 — 同朋衆

★★★★★★★
9
□□□
同朋衆のうち作庭にかかわった賤民身分の人々を何というか。
山水河原者

★★★★★★★
10
□□□
山水河原者の1人で、東山山荘の庭をつくり8代将軍足利義政から天下第一とたたえられた作庭師はだれか。
善阿弥

★★★★★★★
11
□□□
東山文化の頃に水墨画を大成した人物で、「秋冬山水図」などで知られるのはだれか。
雪舟

★★★★★★★
12
□□□
大和絵の世界で、土佐派の地位を確立した人物はだれか。
土佐光信

★★★★★★★
13
□□□
水墨画に大和絵を取り入れ、装飾画化を進め、狩野派の画風を確立した父子の名をあげよ。
狩野正信・元信

★★★★★★★
14
□□□
京都大徳寺にある、狩野元信の代表作と伝えられる作品は何か。
大仙院花鳥図

★★★★★★★
15
□□□
足利義政に仕え、彫金にすぐれ、以後子孫が代々金工の宗家となったのはだれか。
後藤祐乗

★★★★★★★
16
□□□
簡素な小座敷・道具立てで精神的な深さを味わう草庵の茶を何というか。
侘茶

★★★★★★★
17
□□□
室町時代中期の奈良の人で、一休宗純に参禅して禅の精神を学び、侘茶の方式を始めた人物はだれか。
村田珠光（しゅこう）

★★★★★★★
18
□□□
堺の商人で侘茶の方式をさらに簡素化し、次の時代の千利休に引き継いだ人物はだれか。
武野紹鷗

★★★★★★★
19
□□□
東山文化の頃に成立した生花の芸術を何というか。
花道（立花）

★★★★★★★
20
□□□
京都の六角堂の僧侶で、生花を芸術的に高め、花道の祖といわれる東山文化の頃の人物をあげよ。
池坊専慶

★★★★★★★
21
□□□
『古今和歌集』を和歌の聖典として神聖化し、そのなかの難解な部分の解釈や歌の故実などを、師から弟子に授けることを何というか。
古今伝授

★★★★★★★
22
□□□
古今伝授を最初に行ったとされる人物はだれか。
東常縁

★★★★★★★
23
□□□
東常縁から古今伝授を受けた連歌師はだれか。
宗祇

★★★★★★★
24 □□□ 応仁・文明期に活躍し、有職故実(ゆうそくこじつ)や古典の研究で室町時代随一の学者といわれた公家はだれか。
一条兼良(いちじょうかねよし)(かねら)

★★★★★★★
25 □□□ 一条兼良の著で、将軍足利義尚(よしひさ)の諮問(しもん)に答えた政治上の意見書を何というか。
樵談治要(しょうだんちよう)

★★★★★★★
26 □□□ 戦国時代に、京都の吉田神社の神職により大成された神道説で、反本地垂迹説(はんほんじすいじゃくせつ)の立場で儒教・仏教を統合しようとした神道を何というか。
唯一神道(ゆいいつしんとう)(吉田神道)

★★★★★★★
27 □□□ 唯一神道を大成した人物はだれか。
吉田兼倶(かねとも)

■庶民文芸の流行

★★★★★★★
1 □□□ 能の合間に演じられ、滑稽(こっけい)を主とした軽妙さに富んだ喜劇を何というか。
狂言(きょうげん)

★★★★★★★
2 □□□ 室町時代に庶民にもてはやされた芸能のうち、越前国幸若大夫一派の舞で、織田信長ら武人が愛好したものを何というか。
幸若舞(こうわかまい)

★★★★★★★
3 □□□ 室町時代から、自由な詩形で民間で歌われ広く流行した歌謡を何というか。
小歌(こうた)

★★★★★★★
4 □□□ 室町時代の小歌の歌集として有名なものをあげよ。
閑吟集(かんぎんしゅう)

★★★★★★★
5 □□□ 室町時代の庶民的な短編物語の総称を何というか。
御伽草子(おとぎぞうし)

★★★★★★★
6 □□□ 3年寝たままの男が、歌才によって宮中に召され、立身出世をするという内容の御伽草子の作品を何というか。
物(もの)くさ太郎

★★★★★★★
7 □□□ 打出(うちで)の小槌(こづち)を得た小人が、貴族となるという内容の御伽草子の作品を何というか。
一寸法師(いっすんぼうし)

★★★★★★★
8 □□□ 南北朝時代、連歌の地位を確立した摂関家出身の公家はだれか。
二条良基(にじょうよしもと)

★★★★★★★
9 □□□ 二条良基が制定した連歌の規則書を何というか。
応安新式(おうあんしんしき)

★★★★★★★
10 □□□ 二条良基が編集した連歌集で、勅撰集(ちょくせんしゅう)に準ぜられたものをあげよ。
菟玖波集(つくばしゅう)

第7章 武家社会の成長

★★★★★★☆
11 □□□ 諸国を遊歴して全国に連歌を広め、その芸術性を高めた人物はだれか。 — 宗祇(そうぎ)

★★★★★☆☆
12 □□□ 宗祇が確立した、深みのある芸術的な連歌を何というか。 — 正風連歌(しょうふうれんが)

★★★★★☆☆
13 □□□ 宗祇が編集した連歌集で勅撰集に準ぜられたものは何か。 — 新撰菟玖波集(しんせん)

★★★★★☆☆
14 □□□ 宗祇とその弟子の肖柏(しょうはく)と宗長(そうちょう)の師弟3人が詠んだ連歌百句で、連歌の模範とされているものを何というか。 — 水無瀬三吟百韻(みなせさんぎんひゃくいん)

★★★★☆☆☆
15 □□□ 連歌はやがて規則にこだわり自由な気風が失われていったので、新しい自由な庶民的精神を根本とし、滑稽を旨とする連歌が始まった。これを何というか。 — 俳諧連歌(はいかい)

★★★★☆☆☆
16 □□□ 俳諧連歌の創始者といわれる人物はだれか。 — 宗鑑(そうかん)(山崎宗鑑)

★★★★☆☆☆
17 □□□ 宗鑑が編集した連歌集をあげよ。 — 犬筑波集(いぬつくばしゅう)

★★★★★★★
18 □□□ 室町時代に発展した、仮装や華美な服装で踊るものを何というか。 — 風流(ふりゅう)(風流踊り)

★★★★★☆☆
19 □□□ 空也(くうや)や一遍(いっぺん)によって始められた、念仏(ねんぶつ)・和讃(わさん)をとなえながら踊るものを何というか。 — 念仏踊り(ねんぶつ)

★★★★★★☆
20 □□□ 盂蘭盆(うらぼん)の時に、祖先の精霊をなぐさめる踊りを何というか。 — 盆踊り(ぼん)

■文化の地方普及

★★★★★★☆
1 □□□ 日明貿易で繁栄した大内氏の城下町には文化人が多く集まったが、その城下町はどこか。 — 山口

★★★★★☆☆
2 □□□ 肥後(ひご)の菊池(きくち)氏や薩摩(さつま)の島津(しまづ)氏が招いて儒学の講義を受けた、五山の禅僧で朱子(しゅし)学者の名をあげよ。 — 桂庵玄樹(けいあんげんじゅ)

★★★★☆☆☆
3 □□□ 桂庵玄樹を祖とする薩摩の朱子学派を何というか。 — 薩南学派(さつなん)

★★★★★★★
4 □□□ 鎌倉時代初期に下野(しもつけ)国に設置され、のちに宣教師ザビエルによって西洋に「坂東(ばんどう)の大学」と紹介されたのは何か。 — 足利学校(あしかが)

★★★★★★☆
5 □□□ 15世紀に足利学校を再興した人物はだれか。 — 上杉憲実(うえすぎのりざね)

★★★☆☆☆☆
6 □□□ 書簡形式の教科書で、室町時代に広く流布(るふ)したものを何 — 庭訓往来(ていきんおうらい)

というか。

★★★★★

7 □□□ 饅頭屋宗二が出版したという日常語句を類別した国語辞書を何というか。 — 節用集

■新仏教の発展

★★★★★

1 □□□ 室町幕府の保護を受けた五山派に対し、より自由な活動を求めて民間布教につとめた禅宗諸派を何というか。 — 林下

★★★★

2 □□□ 林下の諸派のなかで、曹洞系では永平寺が中心寺院であるが、臨済系で中心となった花園天皇の離宮を堂舎として開創した寺院を何というか。 — 妙心寺

★★★

3 □□□ 臨済系の林下の僧で、在家的、民衆的な禅を説き、当時の貴族や五山派の腐敗を強く批判したのはだれか。 — 一休宗純

★★★★★

4 □□□ 一休宗純でも有名な臨済宗の寺院を何というか。 — 大徳寺

★★★★★★

5 □□□ 15世紀後半に、日蓮宗(法華宗)の宗勢を、東国から京都や中国・九州地方に広めた僧侶はだれか。 — 日親

★★★★★★

6 □□□ 京都の町衆を中心に、日蓮宗の信仰を基盤として結ばれた一揆を何というか。 — 法華一揆

★★★★★

7 □□□ 延暦寺との対立から、1536(天文5)年に京都の日蓮宗寺院21カ寺が破壊され、法華宗徒が一時京都を追われた事件を何というか。 — 天文法華の乱

★★★★★

8 □□□ 浄土真宗(一向宗)諸派のうち、応仁の乱後、北陸・東海・近畿の農村に急速に勢力を拡大したのは何派か。 — 本願寺派

★★★★★★★

9 □□□ 本願寺派が隆盛する基盤を築いた人物はだれか。 — 蓮如

★★★★

10 □□□ 蓮如が布教のために書いた、浄土真宗(一向宗)の信仰を平易な言葉で説明した手紙を総称して何というか。 — 御文

★★★★

11 □□□ 一向一揆の基盤となった、坊主を中心として信者が連携を深めた集団を何というか。 — 講

★★★★★★

12 □□□ 浄土真宗(一向宗)の信者のうち、出家しないで農・工・商などの業を営む者を何というか。 — 門徒

④ 戦国大名の登場　用語集 p.132〜139

応仁の乱に始まる戦乱は各地に地方権力たる戦国大名を誕生させた。彼らは、家臣の収入を銭に換算し、一定の軍役を負担させることで軍事制度の基礎を固め、独自の分国法や検地によって領国支配を強化した。一方、戦乱のなかでも遠隔地商業は活発であり、堺や博多、京都では富裕な商人による自治が進められた。

■戦国大名

重要度	No.	問題	解答
★★★★★★	1	応仁の乱の頃から織田信長の上洛(1568年)の頃までの、約100年におよぶ戦乱の時代を何と呼ぶか。	戦国時代
★★★★★★★	2	戦国時代に、守護大名にかわってみずからの力で新たな領国支配を行うようになった勢力を何というか。	戦国大名
★★★★★★★	3	戦国大名は、守護大名の家臣から身をおこした者が多かったが、京都に在住した守護にかわって現地を支配した代官を何と呼ぶか。	守護代
★★★★	4	細川政元が10代将軍足利義材(のちの義稙)の出陣中に足利義澄を11代将軍に擁立して、将軍の廃立を行った政変を何というか。	明応の政変
★★★★	5	讃岐・阿波・河内・和泉などを領国とし、幕府の管領として勢威をふるった細川氏の家臣で、主家の衰退に乗じて幕政の実権を握った人物はだれか。	三好長慶
★★★	6	主家である三好氏の実権を奪い、さらに13代将軍足利義輝を襲って自害させ、東大寺大仏殿を焼打ちにし、のちに織田信長に討たれた人物はだれか。	松永久秀
★★★★★★★	7	東国を支配する鎌倉公方は、享徳の乱を機に分裂して2つにわかれたが、それぞれどこに移ったか。	古河・堀越
★★★★★★★	8	初代古河公方はだれか。	足利成氏
★★★★★★	9	初代堀越公方はだれか。	足利政知
★★★	10	関東管領上杉氏は4家にわかれたが、15世紀後半以降勢力をふるい、しばしば衝突を繰り返していた2家をあげよ。	山内上杉氏・扇谷上杉氏
★★★★	11	関東管領の分裂に乗じ、関東の大半を制圧した戦国大名	北条氏(後北条氏)

家をあげよ。

★★★★★★

12 □□□ 京都から駿河に下り今川氏の内紛に介入したのち、伊豆の堀越公方を倒して伊豆・相模に進出し、戦国大名に成長した人物はだれか。

北条早雲(伊勢宗瑞)

★★★★★★★

13 □□□ 北条早雲が根拠地とした城下町はどこか。

小田原

★★★★★

14 □□□ 北条早雲の孫で、北条氏の全盛期をつくり出した人物をあげよ。

北条氏康

★★★★★★★

15 □□□ 主家の姓と関東管領職を継ぎ、甲斐の勢力としばしば戦った戦国大名はだれか。

上杉謙信(長尾景虎)

★★★★★★★

16 □□□ 甲斐の守護から戦国大名に成長し、甲斐・信濃を中心に中部地方一帯の大領国を形成した人物はだれか。

武田信玄(晴信)

★★★★

17 □□□ 上杉謙信と武田信玄が、5回にわたって信濃国で対陣した戦いをあげよ。

川中島の戦い

★★★★

18 □□□ 美濃守護土岐氏の重臣長井家をのっとり、土岐氏を追放して美濃を手に入れた戦国大名はだれか。

斎藤道三

★★

19 □□□ 越前の守護斯波氏の家臣で、主家の内紛に乗じて越前一国を支配下におさめた戦国大名家をあげよ。

朝倉氏

★★★★★

20 □□□ 尾張の守護斯波氏の守護代の一族から成長した戦国大名家をあげよ。

織田氏

★★★★

21 □□□ 足利氏一門で、駿河守護から遠江・三河をも合わせて支配した東海地方の戦国大名家をあげよ。

今川氏

★★★★

22 □□□ 中国・北九州7カ国の守護を兼ね、勘合貿易を独占し、応仁の乱後、没落した公家・僧侶を城下に迎えて、京都の文化を移植した戦国大名はだれか。

大内義隆

★★★★

23 □□□ 大内義隆の重臣で周防の守護代をつとめ、1551(天文20)年に、義隆にそむいて自害に追い込み、大内氏の実権を握ったのはだれか。

陶晴賢

★★★★★★

24 □□□ 安芸の国人からおこり、陶晴賢を厳島で破り、周防・長門を領有し、さらに山陰の大名を滅ぼして、中国地方の戦国大名となったのはだれか。

毛利元就

★★★★★★★
25 □□□ 月山富田城に拠り、石見銀山をめぐり毛利元就と戦って滅ぼされた、山陰の大名家を何というか。 | 尼子氏

★★★★★★★
26 □□□ 土佐の豪族で、四国で勢力をのばした戦国大名家をあげよ。 | 長宗我部氏

★★★★★★★
27 □□□ 薩摩を中心に九州南部を広く支配した戦国大名家をあげよ。 | 島津氏

★★★★★★★
28 □□□ 豊後を中心に九州北部に勢力をのばした戦国大名家をあげよ。 | 大友氏

★★★★★★★
29 □□□ 主家に対して負う軍事的負担を何というか。 | 軍役

★★★★★★★
30 □□□ 戦国大名が、家臣とした国人や地侍の収入額を銭に換算し、彼らの軍役や領民への課役の基準として利用した制度を何というか。 | 貫高制

★★★★★★★
31 □□□ 戦国大名が領内の国人や地侍などを家臣団に編入する時、有力家臣を親とし、他の武士をその子になぞらえて支配関係をつくりあげたが、この関係を何というか。 | 寄親・寄子制

■戦国大名の分国支配

★★★★★★★
1 □□□ 各地に成立した戦国大名が、みずからの実力で奪いとった支配領域を何というか。 | 領国(分国)

★★★★★★★
2 □□□ 戦国大名が制定した、領国支配のための施政方針や法令を何というか。 | 分国法(家法・戦国家法)

★★★★★★★
3 □□□ 人材登用や家臣団の城下集住などを規定している、越前の戦国大名の法令を何というか。 | 朝倉孝景条々(朝倉敏景十七箇条)

★★★★★★★
4 □□□ 陸奥の戦国大名伊達氏の171カ条からなる法令を何というか。 | 塵芥集

★★★★★★★
5 □□□ 駿河・遠江・三河を領有した戦国大名の、かな書きの法令を何というか。 | 今川仮名目録

★★★★★★★
6 □□□ 近江南半を領有した戦国大名が、1567(永禄10)年に制定した法令を何というか。 | 六角氏式目

重要度	No.	問題	解答
★★★★★	7	甲斐・信濃を拠点とする武田氏の法令を何というか。	甲州法度之次第(信玄家法)
★★★★	8	領民統治に関するものなどが条文にある、四国の有力な戦国大名の法令を何というか。	長宗我部氏掟書(長宗我部元親百箇条)
★★★★	9	下総国の戦国大名が制定した、104カ条からなる法令を何というか。	結城氏新法度
★★★★★	10	主に家臣団の統制・武士の心得などを記した、北条氏の家訓を何というか。	早雲寺殿二十一箇条
★★★★★★★	11	理非にかかわらず、喧嘩の当事者双方を処罰する規定を何というか。	喧嘩両成敗法
★★★★	12	戦国大名は領内掌握のため、家臣などからその支配地の面積・作人・収量などを自己申告させたが、これを何というか。	指出検地
★★★	13	甲斐・駿河・伊豆などで開発されたのは何の鉱山か。	金
★★★★★★★	14	石見・但馬などで開発されたのは何の鉱山か。	銀
★★★★★	15	武田信玄によって、甲府盆地の治水のため釜無川・御勅使川の合流地点につくられた堤防を何というか。	信玄堤
★★★★★★★	16	戦国大名が城郭を中心に家臣団・商工業者を集住させ、計画的に建設した都市を何というか。	城下町
★★★★★★★	17	戦国大名北条氏の城下町はどこか。	小田原
★★★★★★	18	戦国大名大内氏の城下町はどこか。	山口
★★★★	19	戦国大名大友氏の城下町はどこか。	豊後府内
★★★	20	戦国大名今川氏の城下町はどこか。	府中(駿府)
★★	21	戦国大名上杉氏の城下町はどこか。	春日山
★★★★★★★	22	戦国大名朝倉氏の城下町はどこか。	一乗谷

■都市の発展と町衆

★★★★

1 □□□ 中世、寺院・神社の門前市から発達した町を何というか。

門前町（もんぜんまち）

★★★

2 □□□ 伊勢内宮と外宮の門前町はそれぞれどこか。

宇治・山田（うじ・やまだ）

★★★★

3 □□□ 延暦寺・日吉神社の門前町で、琵琶湖水運の物資が集積し、馬借の拠点となった町はどこか。

坂本（さかもと）

★★★

4 □□□ 長野は何という寺院の門前町か。

善光寺（ぜんこうじ）

★★★★★★

5 □□□ 室町・戦国期に、浄土真宗(一向宗)の寺院・道場を中心に、その敷地内の周囲に土塁や濠をめぐらせて形成された町を、総称して何というか。

寺内町（じないまち）

★★★★

6 □□□ 河内国にあり、興正寺の一向宗門徒を中心とした寺内町はどこか。

富田林（とんだばやし）

★★★★★★★

7 □□□ 摂津国にあり、蓮如が御坊を開いた寺内町はどこか。

石山（いしやま）

★★

8 □□□ 中世における市場で、特定商人によって占有される特権的な販売座席を何というか。

市座（いちざ）

★★★★★★★

9 □□□ 商工業発展のために、戦国大名は座の特権を否定し、自由な商品流通をはかった。この政策を何というか。

楽市令(楽市)（らくいち）

★★★★★★★

10 □□□ 貿易や商業の発展にともなって海陸交通の要地に成立した港湾都市を何というか。

港町（みなとまち）

★★★

11 □□□ 戦国時代に発展した、伊勢湾の奥、長良川の河口近くにあり、水陸交通の要地として栄えた港町を何というか。

桑名（くわな）

★★★★

12 □□□ 伊勢神宮の門前町である宇治・山田の外港として栄えた港町を何というか。

大湊（おおみなと）

★★★★★

13 □□□ 戦国時代以降に特に発展した、若狭湾の支湾にある港町をあげよ。

小浜（おばま）

★★★★

14 □□□ 越前の港町で、古代には渤海使のために松原客院がおかれていたのはどこか。

敦賀（つるが）

★★

15 □□□ 戦国時代以降に特に発展した、瀬戸内海に臨む備後の港町を何というか。

尾道（おのみち）

★★★★★★★
16 □□□ 平安時代末期の大輪田泊(おおわだのとまり)で、現在の神戸港西部にあたる港町を何というか。 — 兵庫

★★★★★★★
17 □□□ 遣唐使の頃から用いられ、明や琉球(りゅうきゅう)との貿易で栄えた薩摩半島南西部の港町を何というか。 — 坊津(ぼうのつ)

★★★★★★★
18 □□□ 和泉国(いずみ)の港湾都市で、15世紀後半から勘合(かんごう)貿易・南蛮(なんばん)貿易で繁栄し、自治組織をもっていた都市名をあげよ。 — 堺(さかい)

★★★★★★★
19 □□□ 堺の自治を指導した36人の豪商を何というか。 — 会合衆(かいごうしゅう)(えごうしゅう)

★★★★★★★
20 □□□ 堺の自治を奪い、屈服させた戦国大名はだれか。 — 織田信長(おだのぶなが)

★★★★★★★
21 □□□ 商人が大内氏と結んで勘合貿易に活躍した、筑前(ちくぜん)国の港湾都市を何というか。 — 博多(はかた)

★★★★★★★
22 □□□ 博多の自治的運営には12人の豪商があたったが、その自治を担った役を何というか。 — 年行司(ねんぎょうじ)

★★★★★★★
23 □□□ 戦国時代の京都では、土倉(どそう)・酒屋などの自営商工業者が、自治・自衛的共同体としての町を組織したが、その中心的構成員を何というか。 — 町衆(ちょうしゅう)(まちしゅう)

★★★★★★★
24 □□□ 戦国時代の都市の共同体である町で定められた独自の決まりを何というか。 — 町法(ちょうほう)(町掟(ちょうおきて))

★★★★★★★
25 □□□ 戦国時代の京都で、町衆から選ばれ、町や町組(ちょうぐみ)を運営した者を何と呼ぶか。 — 月行事(がちぎょうじ)(司)(つきぎょうじ)

★★★★★★★
26 □□□ 応仁の乱後、京都の町衆の経済力と結束力を背景に復活した祇園社(ぎおん)(八坂(やさか)神社)の疫病除(よ)けの祭礼を何というか。 — 祇園祭(ぎおんまつり)

第8章 近世の幕開け

1 織豊政権

用語集 p.142〜148

応仁の乱を経て、16世紀半ばの日本では戦国大名が列島各地に割拠していた。一方ヨーロッパの大航海時代の影響を受け、徐々に世界とのつながりが深まっていった。そして鉄砲を受容することで、織田信長・豊臣秀吉によって全国統一が目指され、近世の萌芽が形成されていった。

■銀の交易と鉄砲伝来

★★★★★☆☆

1 □□□ 15世紀後半から16世紀にかけて、ヨーロッパは世界的規模の活動を始めた。ヨーロッパを中心として世界の諸地域が広く交流する時代を何と呼ぶか。
— 大航海時代

★★★★★★★

2 □□□ 15世紀末以降、アジアに進出し始めたヨーロッパの国を2つあげよ。
— ポルトガル・スペイン

★★★★★★☆

3 □□□ ポルトガルのアジア進出について、インドの西海岸・マレー半島・中国における拠点を順にあげよ。
— ゴア・マラッカ・マカオ

★★★★★★★

4 □□□ スペインのアジア進出の拠点はどこか。
— マニラ

★★★★★☆☆

5 □□□ 明は私貿易を禁止していたが、この明の対外政策を何というか。
— 海禁政策

★★★★★☆☆

6 □□□ スペイン・ポルトガルからの主要な輸入品で、もともと中国(明)産のものは何か。
— 生糸

★★★★★☆☆

7 □□□ 16世紀中頃から飛躍的に生産が増大し、日本からスペイン・ポルトガルへの主要な輸出品となったものは何か。
— 銀

★★★★★☆☆

8 □□□ 16世紀前半に博多商人神屋(谷)寿禎が朝鮮から伝えた金・銀の精錬技術を何というか。
— 灰吹法

★★★★★★★

9 □□□ 豊臣秀吉が支配下においた鉱山のうち、2007年に世界遺産(文化遺産)に登録された島根県の鉱山は何か。
— 石見(石見大森)銀山

★★★★★★★

10 □□□ 日本にはじめて来航したヨーロッパ人は、どこの国の人か。
— ポルトガル

★★★★★★★

11 □□□ ポルトガル人を乗せた中国船が1543(天文12)年(1542年
— 種子島

説もある)に来航した地はどこか。

★★★★★ 12 □□□	ポルトガル人が1543年に来航した時の種子島の領主はだれか。	種子島時堯(ときたか)
★★★★★★★ 13 □□□	種子島の地に来航したポルトガル人がもたらした、戦国時代の日本に大きな影響を与えたものは何か。	鉄砲(てっぽう)
★★★★★★★ 14 □□□	鉄砲は日本に伝来すると急速に普及し、その製造も始まった。和泉(いずみ)国での製造地名をあげよ。	堺(さかい)
★★★★★★ 15 □□□	近江(おうみ)国で鉄砲が製造された地名をあげよ。	国友(くにとも)
★★★★★ 16 □□□	紀伊(きい)国で鉄砲が製造された地名をあげよ。	根来(ねごろ)
★★★★★★★ 17 □□□	応仁(おうにん)の乱の頃から現れ、鉄砲の普及でその重要性を増した雑兵(ぞうひょう)を何というか。	足軽(あしがる)

■キリスト教と南蛮貿易

★★★★★★★ 1 □□□	キリスト教を日本にはじめて伝えた人物はだれか。	フランシスコ=ザビエル
★★★★★★★ 2 □□□	フランシスコ=ザビエルが所属するカトリック教団を何というか。	イエズス会(耶蘇(やそ)会)
★★★★ 3 □□□	フランシスコ=ザビエルが最初に日本に渡来した地はどこか。	鹿児島
★★★ 4 □□□	フランシスコ=ザビエルが日本にキリスト教を伝えたのは西暦何年のことか。	1549年
★★★ 5 □□□	フランシスコ=ザビエルが滞日2年余りの間に、布教活動を行った中国地方と九州の都市を順にあげよ。	山口・豊後府内(ぶんごふない)
★★★ 6 □□□	堺が自治都市であることに注目して手紙でヨーロッパに紹介したイエズス会の宣教師はだれか。	ガスパル=ヴィレラ
★★★★★★ 7 □□□	織田信長(おだのぶなが)・羽柴(はしば)(豊臣)秀吉と親しくしてキリシタンの地歩を固め、『日本史』を著したイエズス会の宣教師はだれか。	ルイス=フロイス
★★★★★★★ 8 □□□	洗礼を受けてキリスト教に入信した大名を何というか。	キリシタン大名(だいみょう)

★★★★★★☆
9 □□□ 日本ではポルトガル人やスペイン人を何と呼んだか。 — 南蛮人(なんばんじん)

★★★★★★★
10 □□□ ポルトガル人・スペイン人との貿易を何というか。 — 南蛮貿易

■織田政権

★★★★★★★
1 □□□ 16世紀後半に、尾張国(おわり)から全国統一を推し進めた人物はだれか。 — 織田信長(おだのぶなが)

★★★★★★★
2 □□□ 織田信長の勢力拡大の出発点となった、1560(永禄３)年の戦いを何というか。 — 桶狭間の戦い(おけはざま)

★★★★★★★
3 □□□ 桶狭間の戦いで倒された駿河(するが)などの戦国大名はだれか。 — 今川義元(いまがわよしもと)

★★★★★★★
4 □□□ 1568(永禄11)年に上洛(じょうらく)をはたした織田信長が、将軍職につけた人物はだれか。 — 足利義昭(あしかがよしあき)

★★★☆☆☆☆
5 □□□ 織田信長は、1567(永禄10)年に美濃(みの)の斎藤氏を滅ぼしたのち、その居城であった稲葉山(いなばやま)城に移り、この地を何と改めたか。 — 岐阜

★★★★★★★
6 □□□ 織田信長が統一事業を進めるにあたって用いた印判には、何という字が刻まれていたか。 — 天下布武(てんかふぶ)

★★★★★☆☆
7 □□□ 織田信長に敵対した、北近江(おうみ)と越前(えちぜん)の戦国大名をそれぞれあげよ。 — 浅井長政(あざいながまさ)・朝倉義景(あさくらよしかげ)

★★★★★★★
8 □□□ 織田信長が浅井長政・朝倉義景を討ち破った、1570(元亀元)年の戦いを何というか。 — 姉川の戦い(あねがわ)

★★★★★★★
9 □□□ 浅井長政・朝倉義景と結んで織田信長に反抗し、1571(元亀２)年に焼討ちされた寺院は何か。 — 延暦寺(えんりゃくじ)

★★★★★☆☆
10 □□□ 織田信長が、対立するようになった将軍足利義昭を追放し、実質的に室町幕府を滅ぼしたのは西暦何年のことか。 — 1573年

★★★★★★★
11 □□□ 織田信長の鉄砲を重視した戦術が威力を発揮し、信長・徳川家康(とくがわいえやす)連合軍が宿敵(しゅくてき)を大敗させた、1575(天正３)年の戦いを何というか。 — 長篠の戦い(ながしの)

★★★★★★☆
12 □□□ 長篠の戦いに敗北し、７年後の天目山の戦いで自刃した戦国大名はだれか。 — 武田勝頼(たけだかつより)

★★★★★★★

13 □□□ 織田信長が琵琶湖畔に築城し、根拠地とした城郭を何というか。 | 安土城

★★★★★★★

14 □□□ 関所の廃止や撰銭令などとともに、商工業振興のために織田信長が命じた市場に関する法令をあげよ。 | 楽市令

★★★★★★★

15 □□□ 織田信長によって楽市令が出された近江の都市をあげよ。 | 安土

★★★★★★★

16 □□□ 一向一揆の中心で、織田信長との10年におよぶ戦いののち、1580(天正８)年に屈服した勢力は何か。 | 石山本願寺

★★★★★★★

17 □□□ 織田信長と石山本願寺との戦いを何というか。 | 石山合戦(戦争)

★★★★★★★

18 □□□ 1582(天正10)年に謀反をおこし、織田信長を討った家臣はだれか。 | 明智光秀

★★★★★★★

19 □□□ 織田信長が明智光秀にそむかれて敗死した事件を何というか。 | 本能寺の変

■豊臣秀吉の全国統一

★★★★★★★

1 □□□ 尾張の中村に生まれ、織田信長の有力家臣に出世し、天下統一を引き継いだ人物はだれか。 | 羽柴(豊臣)秀吉

★★★★★★★

2 □□□ 羽柴秀吉が、本能寺の変後まもなく明智光秀を討ち破った戦いを何というか。 | 山崎の戦い

★★★★★★★

3 □□□ 羽柴秀吉は1583(天正11)年、織田信長の後継者の地位を固める過程で、北陸に根拠をもつ信長の重臣を近江琵琶湖北岸で破った。この戦いを何というか。 | 賤ヶ岳の戦い

★★★★★★★

4 □□□ 賤ヶ岳の戦いで破れた織田信長の重臣はだれか。 | 柴田勝家

★★★★★★★

5 □□□ 羽柴秀吉が、旧石山本願寺跡に築き、国内統一の拠点とした城郭を何というか。 | 大坂城

★★★★★★★

6 □□□ 1584(天正12)年、羽柴秀吉は徳川家康・織田信雄(のぶお)と尾張で戦ったが、この戦いを何というか。 | 小牧・長久手の戦い

★★★★★★★

7 □□□ 羽柴秀吉が全国の支配者として、1585(天正13)年と、その翌年に任じられた官職を順にあげよ。 | 関白・太政大臣

★★★★★★★ 8 □□□	羽柴秀吉が1586(天正14)年に朝廷から与えられた新たな姓を何というか。	豊臣
★★★★★★★ 9 □□□	1587(天正15)年に、豊臣秀吉は九州征討を行ったが、この時屈服した薩摩(さつま)の戦国大名はだれか。	島津義久(しまづよしひさ)
★★★★★★★ 10 □□□	豊臣秀吉の全国統一の最終段階として行われた、関東地方制圧の戦いを何というか。	小田原攻め(おだわらぜめ)(小田原征伐)
★★★★★★★ 11 □□□	小田原攻めで降伏し、切腹させられた人物と、その子で、この時の当主をあげよ。	北条氏政(ほうじょううじまさ)・氏直(うじなお)
★★★★★★★ 12 □□□	豊臣秀吉の小田原攻めの折に服属した、陸奥(むつ)を代表する戦国大名はだれか。	伊達政宗(だてまさむね)
★★★★★★★ 13 □□□	豊臣秀吉は1588(天正16)年に、新築した邸宅に天皇を迎えて諸大名に忠誠を誓わせたが、この邸宅名をあげよ。	聚楽第(じゅらくてい)
★★★★★★★ 14 □□□	聚楽第に迎えられた天皇はだれか。	後陽成天皇(ごようぜいてんのう)
★★★★★★★ 15 □□□	豊臣秀吉が奥羽を平定し、全国統一を完成させたのは西暦何年のことか。	1590年

■豊臣政権の土地・身分政策

★★★★★★★ 1 □□□	1582(天正10)年の山崎の戦い以来、豊臣秀吉の全国統一の進行とともに実施された土地・人民の調査を何というか。	太閤検地(たいこうけんち)
★★★★★★★ 2 □□□	豊臣秀吉は太閤検地の際、服属させた地域の何を単位に検地を実施したか。	村
★★★★★★★ 3 □□□	太閤検地では、田畑・屋敷地などの地種や上・中・下・下々などの等級ごとに、段当りの標準収穫高を定めたが、これを何というか。	石盛(こくもり)(斗代(とだい))
★★★★★★★ 4 □□□	石盛(斗代)に面積をかけて得られる土地の生産高を何というか。	石高(こくだか)
★★★★★★★ 5 □□□	全国統一を終えた豊臣秀吉は、諸大名に対し、領国の土地調査の結果をまとめた土地台帳を郡ごとの絵図とともに提出させた。これを何というか。	検地帳(御前帳(ごぜんちょう))

★★☆☆☆☆☆
6 □□□ 太閤検地にあたり、不統一であった面積の単位を統一し、1町を10段、1段を10畝、1畝を30歩とし、1間四方を1歩としたが、1間の長さは何尺何寸に定められたか。
6尺3寸

★★★☆☆☆☆
7 □□□ 太閤検地にあたり1段は何歩とされたか。
300歩

★★★★★☆☆
8 □□□ 太閤検地は、一区画の土地の耕作者を1人の百姓に定め、従来の荘園制における複雑な土地に対する権利や中間搾取を排除した。この原則を何というか。
一地一作人

★★★★★★★
9 □□□ 太閤検地の結果、全国の生産力が玄米の収穫高で換算された。この制度を何というか。
石高制

★★☆☆☆☆☆
10 □□□ 豊臣氏の直轄領はおよそ何石あったか。
約220万石

★★★★★☆☆
11 □□□ 豊臣氏の直轄領のことを、当時何といったか。
蔵入地

★★★★★★★
12 □□□ 豊臣秀吉は、容積がまちまちであった枡について、京都を中心に使用されていた枡を基準に統一したが、この枡を何というか。
京枡

★★★★★★☆
13 □□□ 豊臣政権が1585(天正13)年に実施した支配下の大名に対する配置がえのことを何というか。
国替(転封)

★★★★★★★
14 □□□ 1588(天正16)年に、豊臣秀吉が、方広寺の大仏造営を口実に諸国の農民から武器を没収した法令を何というか。
刀狩令

★★★★★★★
15 □□□ 刀狩令は農民の一揆を防止する目的のほかに、もう1つ目的があったが何か。漢字4字で示せ。
兵農分離

★★☆☆☆☆☆
16 □□□ 豊臣秀吉の保護のもと、明や朝鮮との貿易で巨富を得、博多町人の代表として、町の監督権を与えられた豪商を2人あげよ。
島井宗室・神屋宗湛

★★★★★★☆
17 □□□ 豊臣秀吉が1588年に鋳造させた貨幣を何というか。
天正大判

★★★★★★★
18 □□□ 検地帳の提出により、すべての大名の石高が確定され、大名が石高に応じて豊臣秀吉に軍事的な奉仕を行う体制が確立した。この軍事負担を何というか。
軍役

★★★★★☆☆
19 □□□ 1591(天正19)年、豊臣秀吉は武士の百姓・町人化、百姓の移転・転業を禁じ、身分を固定するための法令を出したが、これを何というか。
人掃令(身分統制令)

■対外政策と侵略戦争

番号	重要度	問題	解答
1	★★★★★★★	豊臣秀吉は九州平定の帰路、博多で突然**キリスト教の禁教政策**を打ち出したが、この法令を何というか。	バテレン(宣教師)追放令
2	★★★	**バテレン(宣教師)追放令**は西暦何年に発布されたか。	1587年
3	★★★★★	1588(天正16)年、豊臣秀吉は**イエズス会領**となっていた地を没収して直轄地としたが、どこか。	長崎
4	★★★★★★	**長崎**をイエズス会に寄進した**キリシタン大名**はだれか。	大村純忠
5	★★★★★★	1588年に、豊臣秀吉が**倭寇**などの海賊行為を禁止し、海上支配を強化するために発した命令を何というか。	海賊取締令
6	★★★	1596(慶長元)年、**土佐**に漂着したスペイン船の乗組員が、スペインが領土拡張に**宣教師**を利用していると証言する事件がおこった。この事件を何というか。	サン＝フェリペ号事件
7	★★★	1596年、豊臣秀吉は**サン＝フェリペ号事件**を機に近畿地方のフランシスコ会の宣教師や信者を長崎で処刑した。これを何というか。	26聖人殉教
8	★★★	豊臣秀吉が強圧的な書簡を送り、服属と**入貢**を求めたのは、どこにあったスペイン政庁か。	マニラ
9	★★★★★★★	豊臣秀吉は**高山国**に入貢を求めたが、**高山国**とはどこのことか。	台湾
10	★★★★★★★	豊臣秀吉と朝鮮との仲介にあたった**対馬**の大名は何氏か。	宗氏
11	★★★★★★★	豊臣秀吉による**朝鮮出兵**の本陣とされ、城が築かれたのは**肥前**のどこか。	名護屋
12	★★★★★	豊臣秀吉の姉の子で秀吉の養子となり、秀吉にかわり**関白**となったのはだれか。	豊臣秀次
13	★★★★★★★	豊臣秀吉は、朝鮮に対し**入貢**と**明への出兵の先導**を求めたが拒否され、約16万の大軍を朝鮮に派兵した。この1度目の朝鮮出兵を何というか。	文禄の役
14	★★★	**文禄の役**の朝鮮出兵は西暦何年に始まったか。	1592年
15	★★★★	**文禄の役**の朝鮮側からの呼称を何というか。	壬辰倭乱

★★★★★★☆
16 □□□ 文禄の役の先鋒として、兵を率いて出兵したキリシタン大名はだれか。 — 小西行長

★★★★★★☆
17 □□□ 文禄の役の先鋒として出兵した、豊臣秀吉の子飼いの武将はだれか。 — 加藤清正

★★★★★★☆
18 □□□ 文禄の役の時、水軍を率いて奮戦した朝鮮側の武将はだれか。 — 李舜臣

★★★★★★★
19 □□□ 文禄の役後の日明交渉は、豊臣秀吉の意図と大きく異なったため秀吉は再出兵した。この2度目の朝鮮出兵を何というか。 — 慶長の役

★★★☆☆☆☆
20 □□□ 慶長の役の朝鮮出兵は西暦何年に始まったか。 — 1597年

★★★★☆☆☆
21 □□□ 慶長の役の朝鮮側からの呼称を何というか。 — 丁酉倭乱(再乱)

★★★★★★☆
22 □□□ 豊臣秀吉の政権のもとで、行政・司法・財務などを分掌した腹心の武将たちを何というか。 — 五奉行

★★★★★★☆
23 □□□ 豊臣秀吉が晩年に、後事を託するために任命して、重要政務を合議させた有力大名を何というか。 — 五大老

★★★★★★☆
24 □□□ 五奉行のうち、首座として豊臣秀吉の死後の政局収拾に苦心したが、関ヶ原の戦いで徳川家康に従い、常陸に転封になった人物はだれか。 — 浅野長政

★★★★★☆☆
25 □□□ 五奉行のうち、検地奉行として活躍したが、関ヶ原の戦いでは大坂城で西軍に属し、高野山に追放された人物はだれか。 — 増田長盛

★★★★★★★
26 □□□ 五奉行のうち、内政面に練達した能力を発揮したが、関ヶ原の戦いでは西軍の中心となり、戦後、斬首になった人物はだれか。 — 石田三成

★★★★★★★
27 □□□ 五大老の筆頭はだれか。 — 徳川家康

★★★★★★☆
28 □□□ 織田信長の家臣であったが、豊臣秀吉に仕えて北陸最大の大名となり、金沢を居城とした五大老はだれか。 — 前田利家

★★★★★★★
29 □□□ 関ヶ原の戦いで西軍の主将として大坂城にいたため、周防・長門の2国に減封された五大老はだれか。 — 毛利輝元

★★★★★★★

30
□□□ 北陸の雄として豊臣秀吉に仕え、関ヶ原の戦いで西軍に属したが、敗北後に徳川家康に降り、米沢30万石に減封された五大老はだれか。

上杉景勝

❷ 桃山文化

用語集 p.148〜152

織豊政権の時代には、武家の権力を結集した天下人や、大名の威勢、戦争や貿易で富を得た豪商の気風を反映した豪華・壮大な文化である桃山文化が形成された。そこには室町期とは異なる、仏教色の薄れた人間中心的な色彩や、貿易や世界との交流の影響による多様な性格を見て取ることができる。

■桃山文化

★★★★★★★

1
□□□ 織田信長・豊臣秀吉に代表される新興武将と豪商の財力を土台とした文化を何というか。

桃山文化

★★★★★★★

2
□□□ 桃山文化を象徴する高層の楼閣や郭・櫓をもつ建築物は何か。

城郭

★★★★★★★

3
□□□ 城郭の中心をなす高層の楼閣を何というか。

天守(天主)

★★★★★★★

4
□□□ 城郭は、軍事的拠点として山上を利用したものから、桃山時代にどのような形式に変化していったか。城郭の変遷を時代順に3つあげよ。

山城・平山城・平城

★★★★★★★

5
□□□ 池田輝政が慶長年間に築城した平山城で、五層七重の大天守に3個の小天守をつなぐ連立式天守をもつ城郭をあげよ。

姫路城(白鷺城)

★★★★★★★

6
□□□ 豊臣秀吉の晩年の邸宅を兼ねた平山城で、秀吉死後、徳川家康が居館としたが、のちに破壊された京都の城郭を何というか。

伏見城

★★★★★★★

7
□□□ 伏見城の城郭の遺構を本殿とする、琵琶湖の竹生島にある神社を何というか。

都久夫須麻神社

■美術と風俗

★★★★★★★

1
□□□ 桃山文化を代表する絵画は、城郭の内部をかざる襖や屏風に描かれたものだが、このような絵を何というか。

障壁画(障屏画)

★★★★★★★
2 □□□ 狩野派の発展の基盤を築いた人物で、安土城・大坂城などの障壁画を描いたのはだれか。 — 狩野永徳

★★★★★★★
3 □□□ 狩野永徳の代表作で、雌雄一対の獅子を描いた屏風絵を何というか。 — 唐獅子図屛風

★★★★☆☆☆
4 □□□ 狩野永徳の門弟で、絵画に装飾性を強めた画風を築き、「松鷹図」「牡丹図」で有名な絵師はだれか。 — 狩野山楽

★★★★★☆☆
5 □□□ 水墨画と金碧濃彩画の両方ですぐれた作品を残した画家で、水墨画では『松林図屛風』、金碧濃彩画では「智積院襖絵」の作者と伝えられる人物はだれか。 — 長谷川等伯

★★★☆☆☆☆
6 □□□ 桃山文化の代表的画家で『山水図屛風』の作者はだれか。 — 海北友松

★★★★★★★
7 □□□ 障壁画にすぐれ、江戸幕府の御用絵師となった画派をあげよ。 — 狩野派

★★★★★☆☆
8 □□□ 桃山文化の庶民生活や風俗を題材とする絵画を総称して、何というか。 — 風俗画

★★★★★☆☆
9 □□□ 京都内外の名所や市民生活を描いた、狩野永徳の屛風絵を何というか。 — 洛中洛外図屛風

★★☆☆☆☆☆
10 □□□ 諸種の職人の姿を描いた屛風絵で、狩野吉信の作品を何というか。 — 職人尽図屛風

★★★★★★★
11 □□□ 桃山時代に、日本人の手によって南蛮人との交易や南蛮の風俗を主題とする屛風絵が描かれたが、これらの作品を何というか。 — 南蛮屛風

★★☆☆☆☆☆
12 □□□ 桃山時代に盛んに行われるようになった、戸や障子の上部にある鴨居と天井との間の板の部分にほどこされた彫刻を何というか。 — 欄間彫刻

★★★★☆☆☆
13 □□□ 桃山時代に男女の間に一般化した、袖が筒状の衣服を何というか。 — 小袖

★☆☆☆☆☆☆
14 □□□ 近世以降、男性が小袖の上に身につけた、略礼服の上下をそれぞれ何というか。 — 肩衣・袴

■芸能の新展開

	問題	解答
★★★★★★★ 1	堺の豪商出身で草庵茶室を完成し、茶道を大成した人物をあげよ。	千利休(宗易)
★★★★★★★ 2	千利休が大成した茶道を何というか。	侘茶
★★★★★★ 3	千利休が造作したとされる、京都の臨済禅院にある草庵風茶室建築を何というか。	妙喜庵待庵
★★★ 4	1587(天正15)年に、豊臣秀吉が身分・貧富の差なく自由に参集を求めた大茶会(大茶湯)は、京都のどこで行われたか。	北野神社
★★★★★★ 5	桃山時代にある女性が創始し、念仏踊りに簡単な所作を加え、江戸時代に民衆演劇の代表的なものに発展するもととなったのは何か。	阿国歌舞伎(かぶき踊り)
★★★★★★★ 6	阿国歌舞伎を創始したとされる人物はだれか。	出雲お国(阿国)
★★★★★★ 7	16世紀半ばに琉球から日本に伝来した頃は蛇皮を張っていたが、のちに猫皮を利用した三絃とも呼ばれる楽器は何か。	三味線
★★★★★★★ 8	三味線を伴奏楽器として、操り人形を動かす民衆演劇を何というか。	人形浄瑠璃
★★★ 9	堺の商人高三隆達が節付けしたという小歌を何というか。	隆達節

■国際的な文化の交流

	問題	解答
★★★★★★★ 1	ヨーロッパ、特にカトリックの文化的影響を受けて形成された、17世紀日本の文化を何というか。	南蛮文化
★★★★★★ 2	16世紀後半、キリスト教の普及につれて、各地に建てられた教会堂を何と呼んだか。	南蛮寺
★★★★★★ 3	はじめて豊後府内に設置された宣教師養成の学校を何というか。	コレジオ
★★★★★★ 4	16世紀後半に初等教育を実施し、キリスト教徒の教育にあたった神学校を何というか。	セミナリオ

★★★★★★☆

5 □□□ 金属製の活字による活版印刷術を伝え、またヨーロッパへ少年使節の派遣を勧めたイエズス会宣教師の名をあげよ。

ヴァリニャーノ

★★★★★★★

6 □□□ ヴァリニャーノの勧めで、キリシタン大名大村純忠や有馬晴信らがヨーロッパへ派遣した少年使節を何と呼ぶか。

天正遣欧使節(てんしょうけんおうしせつ)

★★★★★☆☆

7 □□□ 天正遣欧使節のうち、13歳で使節の正使(せいし)となったのはだれか。

伊東(いとう)マンショ

★★★★★★★

8 □□□ ヴァリニャーノがもたらした活版印刷術によって、宗教書の翻訳(ほんやく)や辞典・日本古典などが印刷・刊行されたが、これらの書物を何というか。

キリシタン版(天草(あまくさ)版)

★★★★★★★

9 □□□ キリシタン版(天草版)のなかで、日本古典を全文ポルトガル系ローマ字で記述した代表的な例をあげよ。

天草版平家(へいけ)物語

★★★☆☆☆☆

10 □□□ 長崎で刊行されたキリシタン版(天草版)の1つで、イエズス会宣教師編纂による、日本語をローマ字で収録してポルトガル語で説明した辞書を何というか。

日葡(にっぽ)辞書

第9章 **幕藩体制の成立と展開**

① 幕藩体制の成立

用語集 p.153〜163

豊臣秀吉の死後、徳川家康は関ヶ原の戦いに勝利し、江戸に幕府を開いた。その後、大坂の陣で豊臣氏を滅ぼしたのち、徳川氏は国内統治の体制を固めていく。260年間続く幕府の基礎となる幕藩体制がここにつくられていった。

■江戸幕府の成立

	問題	解答
★★★★★★★ 1 □□□	三河の小大名出身で、小田原の北条氏の滅亡後、豊臣秀吉が東国の支配をまかせた人物はだれか。	徳川家康
★★★★★★★ 2 □□□	徳川家康は東国支配のため、北条氏の支城を根拠地としたが、その城の所在地はどこか。	江戸
★★★★★★★ 3 □□□	徳川家康が覇権を確立した天下分け目の戦いは、西暦何年の何という戦いか。	1600年・関ヶ原の戦い
★★★★★★★ 4 □□□	関ヶ原の戦いで西軍の中心になった豊臣政権の五奉行の1人で、内政面に練達した人物はだれか。	石田三成
★★★★★★ 5 □□□	関ヶ原の戦いは西軍の敗北に終わったが、西軍の武将のうち、朝鮮出兵で活躍し、キリシタン大名としても有名なのはだれか。	小西行長
★★★★★★ 6 □□□	豊臣秀吉の武将の1人で、朝鮮出兵で活躍し、関ヶ原の戦いでは東軍に属した肥後を領国とする築城の名手はだれか。	加藤清正
★★★ 7 □□□	豊臣秀吉の武将の1人で、関ヶ原の戦いでは東軍に属し、広島城主となったが、のちに居城を無断で修築したことを江戸幕府にとがめられ、領地を没収されたのはだれか。	福島正則
★★★★★★ 8 □□□	江戸幕府の大名に対する処分で、領地を没収しその家を断絶させることを何というか。	改易
★★★★★★ 9 □□□	江戸幕府の大名に対する処分で、領地を削減することを何というか。	減封
★★★★★★ 10 □□□	江戸幕府の大名に対する処分で、領地の変更を何というか。	転封(国替)

★★★★★★★

11 □□□ 関ヶ原の戦いに勝利した徳川家康は、征夷大将軍に任じられ幕府を創設したが、この幕府を何というか。

江戸幕府

★★★☆☆☆☆

12 □□□ 江戸幕府が開かれたのは西暦何年か。

1603年

★☆☆☆☆☆☆

13 □□□ 徳川家康は諸大名に、一村ごとの石高を郡単位に記載しこれを一国単位にまとめた帳簿の作成を命じたが、この帳簿を何というか。

郷帳

★★★★★★★

14 □□□ 征夷大将軍の職は、1605(慶長10)年に徳川家康の子に譲られ、家康の子孫が継承することが世に示された。この家康の子とはだれか。

徳川秀忠

★★★★★★★

15 □□□ 征夷大将軍を辞した徳川家康は駿府に移ったが、前将軍として実権は握り続けた。前将軍に対する尊称は何か。

大御所

★★★★★★★

16 □□□ 豊臣氏は、1614(慶長19)年・1615(元和元)年の2度の戦いで滅びたが、この戦いを何というか。

大坂の陣(大坂冬の陣・夏の陣)

★★★★★★★

17 □□□ 大坂の陣で滅ぼされた豊臣秀吉の子はだれか。

豊臣秀頼

★★★★★☆☆

18 □□□ 大坂の陣の発端となった「国家安康、君臣豊楽」の銘がある鐘は、何という寺のものか。

方広寺

■幕藩体制

★★★★★★★

1 □□□ 大坂の陣の直後に、幕府は諸大名に対し、居城以外の城は破却するように命じたが、この法令を何というか。

一国一城令

★★★★★★★

2 □□□ 大坂の陣ののち、徳川家康は諸大名を伏見城に集め、将軍徳川秀忠の名で大名の守るべき基本法を公表した。これを何というか。

武家諸法度(元和令)

★★☆☆☆☆☆

3 □□□ 武家諸法度(元和令)を起草したのは、徳川家康に仕えた南禅寺の僧で「黒衣の宰相」と呼ばれた人物であるが、だれか。

金地院崇伝(以心崇伝)

★★★★★★★

4 □□□ 江戸時代には、将軍と主従関係を結んだ石高1万石以上の支配地を与えられた武家が270家前後あったが、これらを何というか。

大名

★★★★★★★

5 □□□ 江戸時代の大名のうち、徳川氏の一門を何と呼んだか。

親藩

★★★★★★★
6 □□□ 関ヶ原の戦い以前から徳川氏に臣従していた大名を何というか。 — 譜代(ふだい)

★★★★★★★
7 □□□ 関ヶ原の戦いに前後して徳川家に臣従した大名を何というか。 — 外様(とざま)

★★★★★★☆
8 □□□ 徳川氏一門のなかでも家康の子どもの家系には最高の格式が与えられ、将軍を出すことができる家柄と定められていたが、それを何というか。 — 三家(さんけ)

★★★★★☆☆
9 □□□ 三家の家名(藩名)をあげよ。 — 尾張(おわり)・紀伊(きい)・水戸(みと)

★★★★★★★
10 □□□ 江戸幕府3代将軍で、幕府の支配体制を確立した人物はだれか。 — 徳川家光(いえみつ)

★★★★★★★
11 □□□ 江戸幕府は諸大名や旗本(はたもと)に、石高に応じて人馬や武器類の保有を義務づけ、戦時にはこれらの兵馬をひきつれて参加させた。これを何というか。 — 軍役(ぐんやく)

★★★★☆☆☆
12 □□□ 江戸幕府は必要に応じ、諸大名に城郭(じょうかく)の普請(ふしん)や修理・河川工事などを課したが、これを何というか。 — お手伝い普請(ふしん)(普請役)

★★★★★★★
13 □□□ 3代将軍徳川家光の時に発布された大名統制の基本法は何か。 — 武家諸法度(寛永(かんえい)令)

★★★☆☆☆☆
14 □□□ 武家諸法度(寛永令)は西暦何年に出されたか。 — 1635年

★★★★★★★
15 □□□ 武家諸法度(寛永令)によって、大名統制のために明文化された制度を何というか。 — 参勤交代(さんきんこうたい)

★☆☆☆☆☆☆
16 □□□ 武家諸法度(寛永令)によって大名は何石以上の船の建造が禁止されたか。 — 500石

★★★★★★★
17 □□□ 強力な領主権をもつ将軍(幕府)と大名(藩)が、土地と人民を統治する支配体制を何というか。 — 幕藩体制(ばくはん)

■幕府と藩の機構

★★★★★☆☆
1 □□□ 江戸幕府の直轄地を何というか。 — 幕領(ばくりょう)(天領(てんりょう))

★★★☆☆☆☆
2 □□□ 幕領(天領)は全国におよんだが、何万石くらいあったか。 — 400万石

★★★★☆☆☆

3 □□□	徳川将軍直属の家臣を総称して何というか。	直参
4 □□□ ★★★★★★★	直参は石高1万石未満の者であったが、このうち上級の家臣を何というか。	旗本
5 □□□ ★★★★★★☆	旗本が支配を許された領地を何というか。	旗本知行地
6 □□□ ★★★★★★★	直参のうち、給与である蔵米を支給されていた下級家臣を何というか。	御家人
7 □□□ ★★★★★☆☆	旗本と御家人とでは、将軍に謁見を許されるかどうかという決定的な違いがあった。将軍に謁見することを何というか。	お目見え
8 □□□ ★★★★★★★	江戸幕府の政治組織が整備され、将軍と諸大名との主従関係が確立するのは、何代目将軍のだれの時か。	3代将軍徳川家光
9 □□□ ★★★★★★★	江戸幕府の職制のうち、政務を統轄していた常置の最高職を何というか。	老中
10 □□□ ★★★★★★★	江戸幕府の職制のうち、非常時に老中の上位におかれた最高職を何というか。	大老
11 □□□ ★★★★★★★	老中を補佐し、旗本・御家人の監督を行う職を何というか。	若年寄
12 □□□ ★★★★★★★	老中の下にあり、特に大名の監察にあたった職は何か。	大目付
13 □□□ ★★★★★★★	若年寄の下にあり、旗本・御家人の監察にあたる職を何というか。	目付
14 □□□ ★★★★★★★	江戸幕府の職制のなかで、三奉行と総称された役職をすべてあげよ。	寺社奉行・勘定奉行・町奉行
15 □□□ ★★★★★★★	三奉行のうち、将軍直属で譜代大名より選任され、最高の格式をもち、寺社・寺社領の管理や宗教統制、関八州以外の私領の訴状受理などを担当したのは何か。	寺社奉行
16 □□□ ★★★★★★★	三奉行のうち、旗本から選任され、幕領の租税徴収や、全国の幕領と関八州の私領の訴訟を担当したのは何か。	勘定奉行
17 □□□ ★★★★★★★	三奉行のうち、旗本から選任され、江戸市中の行政・司法・警察を担当し、南北両奉行からなっていたのは何か。	町奉行

★★★★★★★
18 □□□ 江戸幕府の職制の特色は、各役職が複数で構成され、月ごとに勤務を交代した点にあるが、これを何というか。

月番交代

★★★★★★★
19 □□□ 三奉行が専決できない重大事や管轄のまたがる訴訟などは、三奉行に老中などを加えて最高司法機関を構成して処理したが、この機関を何と呼んだか。

評定所

★★★★★★★
20 □□□ 江戸幕府の職制のうち、朝廷の監察や連絡、西国大名の監視などにあたった要職を何というか。

京都所司代

★★★★★★★
21 □□□ 江戸幕府の支配する城を、将軍にかわって守衛し政務をつかさどった職名を何というか。

城代

★★★★★★★
22 □□□ 城代のうち、西国大名の監視も行った職は何か。

大坂城代

★★★★★★★
23 □□□ 江戸幕府は重要直轄地に奉行を設置したが、この奉行を総称して何というか。

遠国奉行

★★★★★★★
24 □□□ 東照宮が造営された江戸幕府の直轄地の警衛のためにおかれた遠国奉行を何というか。

日光奉行

★★★★★★★
25 □□□ 江戸幕府直轄の金山の管理と民政のためにおかれた遠国奉行は何か。

佐渡奉行

★★★★★★★
26 □□□ オランダや清との貿易やその町の民政を管轄する遠国奉行を何というか。

長崎奉行

★★★★★★★
27 □□□ 江戸時代に、江戸以外で町奉行が設置された直轄都市を3つあげよ。

京都・大坂・駿府

★★★★★★★
28 □□□ 町奉行をはじめ幕府の主な職の下に配属されて、上役を助ける実務の職を何というか。2つあげよ。

与力・同心

★★★★★★★
29 □□□ 奉行支配地以外の幕領の民政は、勘定奉行の支配下の職がそれにあたった。そのうちでおよそ10万石以上の地を担当した職を何というか。

郡代

★★★★★★★
30 □□□ 10万石に達しない幕領の支配を担当した職を何というか。

代官

★★★★★★★
31 □□□ 江戸時代の大名の領地・領民・統治機構などを総称して、何というか。

藩

★★★★★

32 □□□ 大名の重臣で、大名領の政治を総轄した職を一般的に何というか。 — 家老（かろう）

★★★

33 □□□ 大名領でも、幕領と同様に、地方民政を担当した職があったが、これを一般的に何というか。 — 郡奉行（こおり）

★★★★★

34 □□□ 各藩において、大名が家臣に禄高（ろくだか）にあたる一定の領地を与え、その領民支配を認める制度を何というか。 — 地方知行制（じかた）

★★★★★★★

35 □□□ 大名が家臣に蔵米を支給する制度を何というか。 — 俸禄制度（ほうろく）

■天皇と朝廷

★★★

1 □□□ 1613(慶長18)年に出された公家衆法度（くげしゅうはっと）で陰陽道（おんみょうどう）を家業とされたのは何家か。 — 土御門家（つちみかどけ）

★★★★★★★

2 □□□ 朝廷や公家の統制のために江戸幕府が制定した法令で、「天子諸芸能の事、第一御学問也」で始まるのは何か。また、これは西暦何年に定められたか。 — 禁中並公家諸法度（きんちゅうならびにくげしょはっと）・1615年

★

3 □□□ 江戸幕府が朝廷統制の主導権を与えた関白（かんぱく）・三公（さんこう）になる家柄を何と総称するか。 — 摂家（せっけ）

★★★★★

4 □□□ 公家から2人選ばれ、朝廷に幕府側の指示を伝えた役職を何というか。 — 武家伝奏（ぶけてんそう）

★★★★

5 □□□ 江戸幕府は天皇の領地を必要最低限にとどめ、徳川家康が整理して約1万石、のち秀忠が1万石、綱吉（つなよし）が約1万石を献じて計約3万石とした。この天皇領を何というか。 — 禁裏御料（きんりごりょう）

★★★★

6 □□□ 1627(寛永4)年に、朝廷と寺社の関係に幕府が介入し、天皇の勅許（ちょっきょ）を無効としたため、これに抗議した僧侶が処罰された。この事件を何というか。 — 紫衣事件（しえ）

★★★★★★★

7 □□□ 紫衣事件をきっかけに、譲位した天皇はだれか。 — 後水尾天皇（ごみずのお）

★★★★★★

8 □□□ 紫衣事件後に皇位についたのは、2代将軍徳川秀忠の娘和子（まさこ）（かずこ）との間に生まれた娘であったが、何天皇か。 — 明正天皇（めいしょう）

★★★

9 □□□ 明正天皇は奈良時代以来、859年ぶりの女性天皇であったが、その後の女性天皇で、桃園（ももぞの）天皇急死後の1762(宝暦12)〜70(明和7)年に在位したのは何天皇か。 — 後桜町天皇（ごさくらまち）

★★★★★★★

10 □□□ 紫衣事件の時、幕府に抗議し、出羽に配流された大徳寺の僧侶はだれか。 | 沢庵(沢庵宗彭)

■禁教と寺社

難易度	番号	問題	解答
★★★★★★★	1 □□□	江戸幕府が直轄領に禁教令を出したのは西暦何年か。	1612年
★★★★★★★	2 □□□	1614(慶長19)年に、マニラに追放されたキリシタン大名をあげよ。	高山右近
★★★★★★★	3 □□□	1622(元和８)年に、長崎でキリスト教宣教師・信徒ら55人が処刑された事件を何というか。	元和の大殉教
★★★★★★★	4 □□□	江戸時代に禁教にもかかわらず、表面的には棄教を装い密かに信仰を持続したキリシタンを何というか。	潜伏(隠れ)キリシタン
★★★★★★★	5 □□□	九州のキリシタン農民らが、領主(松倉氏や寺沢氏)の圧政に反抗しておこした一揆を何というか。	島原の乱(島原・天草一揆)
★★★★★★★	6 □□□	島原の乱は西暦何年におこったか。	1637年
★★★★★★★	7 □□□	島原の乱の際に寺沢氏が領主をつとめていた領地を何というか。	天草
★★★★★★★	8 □□□	島原の乱の首領とされた少年はだれか。	益田(天草四郎)時貞
★★★★★★★	9 □□□	島原の乱の一揆勢が、籠城したのはどこか。	原城跡
★★★★★★★	10 □□□	江戸幕府はキリシタン摘発のため、キリスト像やマリア像を踏ませた。これを何というか。	絵踏
★★★★★★★	11 □□□	江戸幕府は一般民衆を必ずどこかの寺院に所属させ、キリシタンでないことを証明させたが、この制度を何というか。	寺請制度
★★★★★★★	12 □□□	寺請制度で、寺院に所属した人々を何というか。	檀家
★★★★★★★	13 □□□	寺請制度にもとづいて、寺院が結婚・奉公・旅行などの際に発行する身分証明書を何というか。	寺請証明
★★★★★★★	14 □□□	江戸幕府が禁教の目的で行った民衆の信仰調査を何というか。	宗門改め

重要度	No.	問題	解答
★★★★★★☆	15 □□□	宗門改めの結果、作成された帳簿を何というか。	宗門改帳（宗門人別改帳）
★★★★☆☆☆	16 □□□	法華を信じない者の施しを受けず、また施さずとする仏教の日蓮宗の宗派も、キリスト教とともに弾圧されたが、この派を何というか。	不受不施派
★★★★★☆☆	17 □□□	江戸幕府が出した寺院法度では、宗派ごとに中心寺院の地位を保障してその統制下の寺院を組織させた。この制度を何というか。	本末制度（本山・末寺の制）
★★★★★☆☆	18 □□□	江戸幕府が1665（寛文５）年に出した、宗派をこえて仏教寺院の僧侶全体を共通に統制するために制定した法令を何というか。	諸宗寺院法度（寺院法度）
★★★★★☆☆	19 □□□	江戸幕府が1665年に出した、神社・神職に対する統制のために制定した法令を何というか。	諸社禰宜神主法度
★★☆☆☆☆☆	20 □□□	江戸時代の神職に関する多くの免状発行権を認められ、白川家とともに神職の統制に貢献したのは何家か。	吉田家
★★★★☆☆☆	21 □□□	17世紀半ばに、来日した明の僧侶によって伝えられた禅宗の一派を何というか。	黄檗宗
★★★★☆☆☆	22 □□□	黄檗宗を伝えた明の僧侶とはだれか。	隠元隆琦
★★★☆☆☆☆	23 □□□	隠元隆琦によって山城の宇治に建立された中国風の寺院を何というか。	万福寺

■江戸時代初期の外交

重要度	No.	問題	解答
★★★★★★☆	1 □□□	1600（慶長５）年に、豊後臼杵湾に漂着したヨーロッパの船名をあげよ。	リーフデ号
★★★★★★★	2 □□□	リーフデ号はどこの国の船か。	オランダ
★★★★★★☆	3 □□□	イギリスやオランダなどが17世紀初めに設立した、貿易・統治の権限をもった東洋経営のための特許会社を何というか。	東インド会社
★★★★★☆☆	4 □□□	リーフデ号の乗組員のなかで、徳川家康の外交・貿易顧問となったイギリス人はだれか。	ウィリアム＝アダムズ

★★★★★ 5	ウィリアム＝アダムズの日本名を何というか。	三浦按針（みうらあんじん）
★★★★★ 6	リーフデ号の航海士で徳川家康の信任を受け、江戸に屋敷を与えられ、朱印船（しゅいんせん）貿易に従事したオランダ人はだれか。	ヤン＝ヨーステン
★★★★★ 7	ヤン＝ヨーステンの日本名を何というか。	耶揚子（やようす）
★★★ 8	江戸時代初期、オランダ人やイギリス人は何と呼ばれたか。	紅毛人（こうもうじん）
★★★★★★★ 9	江戸時代初期、イギリスやオランダは、日本との貿易のための商館をどこに開設したか。	平戸（ひらど）
★★★★★ 10	1610（慶長15）年に、徳川家康はスペインの植民地であった現在のメキシコに使節を派遣して通商を求めたが、使節として派遣された京都の商人はだれか。	田中勝介（しょうすけ）（勝助）
★★★★ 11	江戸時代初期、スペイン領であったメキシコを何と呼んだか。	ノビスパン
★★★★★★★ 12	1613（慶長18）年に、宣教師ルイス＝ソテロの勧めで、ヨーロッパへ派遣された使節を何というか。	慶長遣欧使節（けいちょうけんおうしせつ）
★★★★★★ 13	慶長遣欧使節を派遣した仙台藩主はだれか。	伊達政宗（だてまさむね）
★★★★★★ 14	慶長遣欧使節として派遣されたのはだれか。	支倉常長（はせくらつねなが）
★★★★★ 15	江戸時代初期に、対日貿易で巨利を得ていたポルトガル商人の日本への最大の輸出品は何か。	中国産の生糸（きいと）（白糸（しらいと））
★★★★★ 16	1604（慶長９）年に、ポルトガル商人の利益独占を排除するため、江戸幕府が定めた特定商人に中国産の生糸（きいと）を一括購入させる制度を何というか。	糸割符（いとわっぷ）制度
★★★★ 17	糸割符制度で、輸入の特権が与えられた特定商人の構成員を何というか。	糸割符仲間（なかま）
★★★ 18	糸割符仲間は、はじめ３カ所の都市の商人にだけ認められたが、どこの都市の商人か。	堺（さかい）・長崎・京都
★★★★ 19	糸割符仲間には、のちに江戸・大坂の商人が加えられたが、これらの特定商人たちを総称して何と呼んだか。	五カ所商人

重要度	No.	問題	解答
★★★★★★★	20 □□□	江戸時代初期、海外貿易を盛んにするために幕府が発行した渡航許可証を何というか。	朱印状(しゅいんじょう)
★★★☆☆☆☆	21 □□□	朱印状を所有し、海外に渡航した船を何というか。	朱印船
★★★★☆☆☆	22 □□□	朱印船の渡航地のうち、スペインがアジア貿易の拠点とした地域はどこか。	ルソン
★★★★★☆☆	23 □□□	朱印船貿易の時代、タイは何と呼ばれていたか。	シャム
★★★☆☆☆☆	24 □□□	朱印船貿易の時代、ベトナム北部の地は何と呼ばれていたか。	アンナン
★★★☆☆☆☆	25 □□□	朱印船貿易の時代、ベトナムの地に隣接し、メコン川の下流域に位置した国はどこか。	カンボジア
★★★☆☆☆☆	26 □□□	朱印船貿易で活躍した、長崎と摂津平野(せっつひらの)(大坂)の豪商をそれぞれあげよ。	末次平蔵(すえつぐへいぞう)・末吉孫左衛門(すえよしまござえもん)
★★★★☆☆☆	27 □□□	朱印船貿易で活躍した、京都の豪商を2人あげよ。	角倉了以(すみのくらりょうい)・茶屋四郎次郎(ちゃやしろうじろう)
★★★★★★★	28 □□□	日本人の海外貿易の活発化にともない、海外に日本移民の集団居住地が形成されたが、これを何というか。	日本町(まち)
★★★★☆☆☆	29 □□□	日本町があったシャムの首都を何というか。	アユタヤ
★★★★★☆☆	30 □□□	アユタヤの日本町の長(おさ)で、シャム王室に重く用いられ、リゴール(六昆)太守(たいしゅ)にもなった人物はだれか。	山田長政(ながまさ)

■鎖国政策

重要度	No.	問題	解答
★★★★★★★	1 □□□	1616(元和2)年に、幕府は貿易統制のためヨーロッパ船の来航地を限定したが、その2港をあげよ。	長崎・平戸(ひらど)
★★★★★☆☆	2 □□□	1623(元和9)年にオランダとの貿易競争に敗れ、平戸の商館を閉鎖して引きあげたのはどこの国か。	イギリス
★★★★★☆☆	3 □□□	1624(寛永元)年に幕府が来航を禁じたのは、どこの国の船か。	スペイン

★★★★★★☆

4 □□□	いわゆる鎖国令(さこくれい)の最初として、日本人の海外渡航は朱印状のほかに別の許可状をもつ船以外は禁止になった。その許可状と、それをもつ船のことを何というか。	老中奉書(ほうしょ)・奉書船(せん)
5 □□□	奉書船以外の海外渡航禁止は西暦何年のことか。	1633年
6 □□□	日本人の海外渡航と帰国を全面的に禁止した鎖国令は西暦何年に出されたか。	1635年
7 □□□	鎖国を実質的に完成させた法令は、「かれうた」の来航を禁止したものだが、ここでいう「かれうた」とはどこの国の船のことか。	ポルトガル
8 □□□	ポルトガルの船の来航を禁じた法令は西暦何年に出されたか。	1639年
9 □□□	1641(寛永18)年に、オランダ商館が、平戸から長崎港内につくられた扇形の埋立地に移され、鎖国体制が完成した。この埋立地を何というか。	出島(でじま)
10 □□□	オランダ商館の医師として日本に滞在したドイツ人医師・博物学者で、帰国後に『日本誌』を著した人物はだれか。	ケンペル
11 □□□	鎖国という言葉は、ケンペルが記した『日本誌』を翻訳する過程で、ある通詞(つうじ)がはじめて用いたとされている。このオランダ通詞はだれか。	志筑忠雄(しづきただお)

■長崎貿易

1 □□□	鎖国体制のもとで長崎貿易を許された国を2つあげよ。	オランダ・中国(清(しん))
2 □□□	鎖国の間、幕府がオランダ船入港のたびに提出させた海外事情の報告書を何というか。	オランダ風説書(ふうせつがき)
3 □□□	オランダ風説書を作成・提出したのはだれか。	オランダ商館長(カピタン)
4 □□□	長崎郊外に設置された清国人の居住地を何というか。	唐人屋敷(とうじん)

■朝鮮と琉球・蝦夷地

★★★★★★★

1 □□□ 豊臣秀吉の出兵で絶えた朝鮮との国交が回復し、江戸に派遣されるようになった修好使節を何というか。 — 通信使(朝鮮通信使)

★★★★★★

2 □□□ 朝鮮との貿易は、1609(慶長14)年に、対馬の宗氏と朝鮮との間に通商条約が結ばれて始まった。この条約を何というか。 — 己酉約条

★★★★★★★

3 □□□ 1609年に徳川家康の許可を得て、琉球王国を武力で征服した藩はどこか。 — 薩摩藩

★

4 □□□ 琉球王国を征服した時の薩摩藩主はだれか。 — 島津家久

★★★★★★

5 □□□ 琉球王国は、国王の代がわりごとに就任を感謝する使節を江戸幕府に派遣したが、これを何というか。 — 謝恩使

★★★★★★

6 □□□ 琉球王国は、江戸幕府の将軍の代がわりごとにそれを奉祝する使節を幕府に派遣したが、これを何というか。 — 慶賀使

★★★★★★

7 □□□ 蝦夷ヶ島の和人居住地に勢力をもっていた蠣崎氏は、近世になって何と改称したか。 — 松前氏

★★★★★

8 □□□ 松前藩の支配地以外の広大な蝦夷地に居住するアイヌとの交易対象地を何というか。 — 商場(場所)

★★★★★★

9 □□□ 松前氏は、アイヌとの交易対象地での交易権を家臣に与えることで主従関係を維持した。この制度を何というか。 — 商場知行制

★★★★★★

10 □□□ 1669(寛文9)年に、アイヌの首長が松前藩と戦闘におよんだが、この戦いを何というか。 — シャクシャインの戦い

★★★★★

11 □□□ 18世紀前半までには、多くのアイヌとの交易対象地は和人商人の請負となったが、この制度を何というか。 — 場所請負制度

■寛永期の文化

★★★★★★★

1 □□□ 南宋の朱熹が大成し、鎌倉時代に日本に伝来し、五山の禅僧の間で発展した儒学を何というか。 — 朱子学

★★★★★

2 □□□ もと五山の相国寺の僧で、徳川家康に進講し、弟子を推薦したのはだれか。 — 藤原惺窩

★☆☆☆☆☆☆

3 □□□ 藤原惺窩を祖とする朱子学の学派名をあげよ。

京学

★★★★★★☆

4 □□□ 藤原惺窩の弟子で徳川家康に仕え、さらに4代将軍徳川家綱の代まで将軍の侍講となり、また幕政にも参与した儒者はだれか。

林羅山(道春)

★★☆☆☆☆☆

5 □□□ 寛永期に流行した建築様式であり、死者の霊をまつるための建築様式のことを何というか。

霊廟建築

★★★★★★★

6 □□□ 3代将軍徳川家光が幕府の財力を投じて建立した、祖父家康をまつる華麗な霊廟を何というか。

日光東照宮

★★★★★☆☆

7 □□□ 日光東照宮は、本殿と拝殿とを相の間で結ぶ建築様式をとった代表的なものである。この様式を何というか。

権現造

★★★★★★☆

8 □□□ 後陽成天皇の弟が京都桂川のほとりに造営した、書院建築群と庭園で有名な別邸を何というか。

桂離宮

★★★★☆☆☆

9 □□□ 桂離宮を造営した後陽成天皇の弟の名をあげよ。

八条宮智仁親王

★★★★★★☆

10 □□□ 桂離宮の茶室風の建築様式を何というか。

数寄屋造

★★☆☆☆☆☆

11 □□□ 後水尾天皇の山荘で、比叡山を背景に自然の傾斜面を利用した、雄大な庭園をもつ離宮を何というか。

修学院離宮

★★★★★★☆

12 □□□ 江戸時代初期の幕府の御用絵師で、狩野派繁栄の基礎を築いた人物はだれか。

狩野探幽

★★☆☆☆☆☆

13 □□□ 狩野探幽の代表作の方丈襖絵の残る寺院はどこか。

大徳寺

★★★★★★☆

14 □□□ 江戸時代初期の京都の絵師で、土佐派の画法をもとに、新しい絵の様式を生み出した人物をあげよ。

俵屋宗達

★★★★★★☆

15 □□□ 俵屋宗達の代表作で、ユーモラスな2神を描いた屏風絵を何というか。

風神雷神図屏風

★★★★★☆☆

16 □□□ 俵屋宗達らが生み出した大胆な構図で装飾性をもつ新しい様式の絵を何というか。

装飾画

★★☆☆☆☆☆

17 □□□ 彦根藩主の井伊家が所蔵していた、当世風の風俗や生活を描いた屏風を何というか。

彦根屏風

★★★★★★★

18 □□□ 古典に通じ、蒔絵・陶芸・書道の諸分野で活躍した江戸

本阿弥光悦

時代初期を代表する芸術家はだれか。

★★★★★☆☆
19 □□□ 本阿弥光悦の蒔絵の代表作を何というか。 — 舟橋蒔絵硯箱

★★★★★★★
20 □□□ 肥前鍋島藩で始まった、釉をかけて高温で焼き、その上に模様や絵を描いて低温で焼く上絵付の技法でその名を高めた磁器を何というか。 — 有田焼

★★★★★★☆
21 □□□ 有田焼の上絵付の技法で赤絵を完成させた人物をあげよ。 — 酒井田柿右衛門

★★★★★☆☆
22 □□□ 朝鮮人陶工の沈寿官らが始めたのは何焼か。 — 薩摩焼

★★★☆☆☆☆
23 □□□ 京都の楽家初代長次郎が豊臣秀吉の命で、京都の聚楽第で低温で焼いた軟質の陶器を何というか。 — 楽焼

★★★★★☆☆
24 □□□ 毛利氏のもとで始まった陶器を何というか。 — 萩焼

★★★★★☆☆
25 □□□ 江戸時代初期に、婦人・子ども向きに絵が描かれ、かな文字で平易に書かれた短編小説を何というか。 — 仮名草子

★★★★★★★
26 □□□ 室町時代末期に、宗鑑らによって俳諧連歌が展開されたが、しだいに五・七・五のみが独立して一句を形成するようになった。これを何というか。 — 俳諧

★★★☆☆☆☆
27 □□□ 俳諧の作成を推進したのは江戸時代初期の貞門派であったが、貞門派の祖といわれるのはだれか。 — 松永貞徳

❷ 幕藩社会の構造

用語集 p.163〜168

近世社会は武士を支配身分としながらも、社会の大半を占めるのは被支配身分である百姓・職人・町人らであった。比較的安定した社会のなかで彼らは、その生活や産業において、中世以来の伝統を受け継ぎつつ、現代にもつながる諸産業を発展させていった。

■身分と社会

★★★★★★★
1 □□□ 公式に苗字(名字)を称し、また刀を腰に帯びる武士の特権を何というか。 — 苗字・帯刀

★★★★☆☆☆
2 □□□ 将軍直属の家臣である旗本・御家人を指し、幕臣とも呼ばれた家臣を何というか。 — 直参

★★★★★★★
3 □□□ 農業を中心に林業・漁業など小規模な経営に従事する者を何というか。 — 百姓

★★★★★★★
4
江戸時代に商人とともに城下町などに集住した、大工や左官などの手工業者を何というか。
職人

★★★★★★★
5
商業や金融、流通・運輸を担う商人を中心とした、都市に居住する者を何というか。
町人

★★★★★★★
6
江戸時代の職能にもとづく身分制を漢字4文字で何というか。
士農工商

★★★★★★★
7
江戸時代に、皮革処理や牢屋の牢番・行刑役などを主な生業とした者を何というか。
かわた(長吏・えた)

★★★★★★★
8
江戸時代に、村や町から排除され集団化をとげ、物乞い・遊芸・清掃などに従事した者を何というか。
ひにん(非人)

★★★☆☆☆☆
9
山岳修行により、呪術的宗教活動を行う者を何というか。
修験者

★★★★★★☆
10
一家の主として、家族に対して強い権限をもった家の構成員の中心を何というか。
家長

■村と百姓

★☆☆☆☆☆☆
1
検地と並行して行われた村の境を確定した政策を何というか。
村切

★★★★★★★
2
江戸時代の百姓のなかで基本的な階層は、検地帳に登録された田畑屋敷をもち、耕作に必要な用水権・入会権などを有する年貢負担者であった。この百姓を何というか。
本百姓(高持百姓)

★★★★★★★
3
検地帳に記載されず、田畑も所有せず、貢租も直接負担しない江戸時代の百姓を何というか。
水呑百姓(無高百姓)

★★★★★☆☆
4
江戸時代の村には、特定の地主と主従制のような隷属関係をもつ人々がいたが、その呼称を2つあげよ。
名子・被官・譜代など

★★★★★★★
5
江戸時代の多くの村は50戸前後の自然集落であった。領主はこれを行政単位として、村の役人を通じて村を支配したが、この村の役人を総称して何というか。
村方三役(地方三役)

★★★★★★★
6
村方三役のうち、村の長を、関東・関西・東北ではそれぞれ何というか。
名主・庄屋・肝煎

★★★★★★★ 7 □□□	村方三役のうち、名主などの村の長の補佐役を何というか。	組頭(くみがしら)
★★★★★★★ 8 □□□	村方三役のうち、村民代表を何というか。	百姓代(だい)
★★★★★☆☆ 9 □□□	江戸時代の田畑・屋敷地に対する本租で、本百姓が負担した税を何というか。	本途物成(ほんとものなり)(本年貢(ほんねんぐ))
★★★★★★☆ 10 □□□	江戸時代に本百姓が負担した税で、山林などからの収益や産物収入などを対象とした雑税を何というか。	小物成(こものなり)
★★★★☆☆☆ 11 □□□	江戸時代の税で、村高に応じて課せられた付加税を何というか。	高掛物(たかがかりもの)
★★★★★☆☆ 12 □□□	朝鮮使節の往来費や治水(ちすい)工事など、国ごとに課された江戸時代の臨時の税を何というか。	国役(くにやく)
★★★★★★★ 13 □□□	江戸時代の税で、街道筋(かいどうすじ)の村々の農民に課せられた公用交通の運送補助の負担を何というか。	伝馬役(てんまやく)・助郷役(すけごうやく)
★★★★★★★ 14 □□□	本年貢は村高に一定の税率をかけて計算され、名主など村役人が責任者となって納めたが、このように村が責任をもって税を納める制度を何というか。	村請制(むらうけ)
★★☆☆☆☆☆ 15 □□□	江戸幕府初期の本年貢の税率は、収穫の4割が標準であったが、この税率をどのように表現したか。	四公六民(しこうろくみん)
★★★★★★★ 16 □□□	米の収穫前に役人が派遣されて作柄(さくがら)を調査し、本年貢の税率を決定する方法を何というか。	検見法(けみ)(検見取法(けみどり))
★★★★★★★ 17 □□□	享保(きょうほう)頃から広く取り入れられた年貢率の決定方法で、豊凶に関係なく一定期間は同じ率を続けるものは何か。	定免法(じょうめん)
★★★★★★☆ 18 □□□	江戸幕府は、年貢納入や治安維持などで連帯責任を負う、5戸1組を基本とした隣保(りんぽ)組織を制度化したが、これを何と呼ぶか。	五人組(ごにんぐみ)
★★★★★★★ 19 □□□	村では、田植えや屋根葺(ふき)など一時に多くの人手を必要とする時は、互いに助けあった。これを何というか。	結(ゆい)
★★★★★★☆ 20 □□□	自治の規律をもつ村は、種々の約束事を決め、これに反するものに制裁を加えたが、交際を断つことを何と呼んでいるか。	村八分(むらはちぶ)

第9章 幕藩体制の成立と展開

★★★★★★★

21

江戸幕府は本百姓の没落を防ぎ、年貢徴収高を維持するために、田畑の売買を禁止する法令を出した。この法令は西暦何年に出されたか。また、法令名をあげよ。

1643年・田畑永代売買の禁止令

★★★★★★★

22

1673(延宝元)年に、零細農民の増加を防ぎ、年貢の確保のために土地の分割相続についての制限令を出した。これを何というか。

分地制限令

■町と町人

★★★★★★★

1

江戸時代、都市に住む商工業者を広く町人と呼んだが、厳密には違いがあった。五人組を組織し、町政に参加できた町人を何というか。

地主・家持(家主)

★★★★★★★

2

長屋などに借屋住まいをし、家守(大家)の監督を受けた者を何というか。

借家・店借

★★★★★★★

3

土地(屋敷地)を借り自分で家屋を建てて住んだ者を何というか。

地借

★★★★★★★

4

武家・百姓・町人の社会で、主家の家業・家事に従事した者を何というか。

奉公人

★★★★★★★

5

江戸町奉行の下にあって町政を担当した町役人を3つあげよ。

町年寄・町名主・月行事

★★★★★★★

6

町人は重い年貢負担を免れたが、都市機能を維持するための負担費用や様々な夫役を課された。この夫役を何というか。

町人足役

★★★★★★★

7

都市において、屋敷の間口に応じて課せられた宅地税を何というか。

地子(地子銭)

★★★★★★★

8

江戸時代後期、幕府・諸藩が財政補塡のため御用商人らに課した、臨時・不定期の賦課金を何というか。

御用金

■農業

★★★★★★★

1

1670(寛文10)年に完成した大規模な治水・灌漑工事で、芦ノ湖の水を富士山麓の深良村へ導いた用水を何というか。

箱根用水

★★★★★★★

2 □□□ 江戸時代、検地済みの本田畑のほかに、新たに海浜の浅瀬・湖沼などを干拓するなどして耕地として造成した。これを何というか。 — 新田(しんでん)開発

★★★★★

3 □□□ 17世紀末から各地にみられた、有力な都市商人が資金を投下して大規模な治水工事などを行い、開発した新田を何というか。 — 町人請負(うけおい)新田

★

4 □□□ 1673(延宝元)年、下総(しもうさ)に18カ村の新田村落が生まれた。この時干拓が行われた湖を何というか。 — 椿海(つばきのうみ)

■林業・漁業

★★★★★

1 □□□ 尾張(おわり)藩と秋田藩で藩が直轄する山林から伐(き)り出された材木を商品化し、有名になったものはそれぞれ何か。 — 木曽檜(きそひのき)・秋田杉

★★★★

2 □□□ 多くの零細漁民を使用し、城下町の魚問屋と取引した網(あみ)漁(りょう)経営者を何というか。 — 網元(あみもと)(網主(あみぬし))

■手工業・鉱山業

★★★★★★

1 □□□ 16世紀以後に開発され、戦国大名の争奪が激しかった島根県の銀山を何というか。 — 石見(いわみ)(石見大森(おおもり))銀山

★★★★★

2 □□□ 16世紀半ばの発見といわれ、信長・秀吉・家康が直轄した兵庫県の銀山を何というか。 — 生野(いくの)(但馬(たじま)生野)銀山

★★

3 □□□ 江戸時代、秋田藩が経営した銀山を何というか。 — 院内(いんない)銀山

★★★★★★

4 □□□ 16世紀後半に盛大に金・銀が採掘され、明治時代には政府から三菱(みつびし)に払い下げられた新潟県の鉱山を何というか。 — 佐渡(さど)(佐渡相川(あいかわ))金・銀山

★★★★★

5 □□□ 1610(慶長15)年に発見されて江戸幕府の御用山とされ、明治時代には古河市兵衛(ふるかわいちべえ)が買収した栃木県にある日本最大の銅山を何というか。 — 足尾(あしお)銅山

★★★★★

6 □□□ 1690(元禄3)年に発見され、大坂泉屋(いずみや)(住友家(すみともけ))が経営した江戸時代最大の銅山を何というか。 — 別子(べっし)銅山

★★★★★

7 □□□ 足踏み式の送風装置のある炉に砂鉄・木炭を交互に入れ、高熱を発生させて精錬する日本式製鉄法を何というか。 — たたら製鉄

■商業

★★★★★★★

1 □□□ 戦国時代から活発化した全国的な商取引や海外貿易の発達を背景に、権力者と結んだ特権的商人が活躍した。これを何というか。 — 豪商（ごうしょう）

★★★★★★

2 □□□ 朱印船貿易（しゅいんせん）を行い、糸割符仲間（いとわっぷなかま）としても活躍した京都嵯峨（さが）の商人で、大堰（おおい）（保津（ほづ））・富士・天竜・高瀬川（たかせ）などの水路開発にも貢献した豪商はだれか。 — 角倉了以（すみのくらりょうい）

★★

3 □□□ 江戸幕府の呉服師であり、朱印船貿易や糸割符仲間で巨利を得た京都の豪商はだれか。 — 茶屋四郎次郎（ちゃやしろうじろう）

★★

4 □□□ 徳川家康の命で銀座の創設に尽力、朱印船貿易でも活躍した摂津平野の豪商はだれか。 — 末吉孫左衛門（すえよしまござえもん）

★

5 □□□ 父の宗久（そうきゅう）に茶の湯を学び、豊臣秀吉・徳川家康にも仕えて茶頭（さじゅう）をつとめた堺（さかい）の豪商はだれか。 — 今井宗薫（いまいそうくん）

★★★★★★★

6 □□□ 17世紀後半から全国の商品流通を支配し、生産者や荷主と仲買（なかがい）・小売商人の仲介をしたものを何というか。 — 問屋（といや）

★★★★★★

7 □□□ 問屋の商人や仲買は、都市や生産地で業種ごとに同業者団体をつくり、独自の法を定めて営業権を独占しようとしたが、このような団体を何というか。 — 仲間（なかま）

③ 幕政の安定

用語集 p.168〜171

17世紀後半、東アジア全体に平和がおとずれたことを背景に、江戸幕府の政治は法や秩序を重視する儒教に裏付けられた統治方式に転換した。これにともない幕府は、朝廷との協調関係を築くことにより将軍権威の高揚をはかるようになった。一方幕府は財政悪化に対応するため貨幣改鋳を行うが、それはかえって物価の騰貴をまねいた。

■平和と秩序の確立

★★

1 □□□ 儒学（じゅがく）などを奨励して人民を教化し、法律や制度を整えることによって権威を高め、支配しようとする幕府政治を何というか。 — 文治政治（ぶんち）

★★★★★★★

2 □□□ 戦乱が終息して幕府機構が整備されるなかで、幕府の政治を文治主義的な政策にかえていった4代将軍はだれか。 — 徳川家綱（とくがわいえつな）

★★★★★★★
3 □□□ 17世紀半ば頃に社会秩序が安定するなかで、社会に不満をもち、秩序におさまらない人々もいたが、このような人々は何と呼ばれたか。 — かぶき者

★★★★★★★
4 □□□ 3代将軍家光が死去した年に、兵学者が牢人らと幕府転覆を企てたが事前に発覚した。江戸幕府が牢人発生を防ぐ方向へ向かう契機となったこの事件の名前をあげよ。 — 由井(由比)正雪の乱(慶安の変)

★★★★★★★
5 □□□ 4代将軍徳川家綱の時、牢人発生の原因となる大名の改易を減らすために緩和されたことは何か。 — 末期養子の禁止

★★★★★★☆
6 □□□ 4代将軍徳川家綱は、武家諸法度の発布の際、主人の死後は跡継ぎの新しい主人に奉公することを義務づけた。このために禁じたことは何か。 — 殉死

★★★★★★★
7 □□□ 4代将軍徳川家綱の時の大火で、江戸城天守閣も焼失し、多額の復興経費が幕府財政窮迫の一因になったといわれる、10万人をこえる死者を出した大火を何というか。 — 明暦の大火

★★★☆☆☆☆
8 □□□ 4代将軍徳川家綱がその権威を示すため、すべての大名に対して、領知の安堵を一斉に行ったが、この時発給されたものは何か。 — 領知宛行状

★★★★★★☆
9 □□□ 徳川家光の異母弟であり、山崎闇斎に朱子学を学び、藩政の刷新をはかり、幼少の将軍家綱を支えて幕政の安定にもつとめた会津藩主はだれか。 — 保科正之

★★★★★★☆
10 □□□ 陽明学者熊沢蕃山を登用し、儒学にもとづく藩政改革を行った岡山藩主はだれか。 — 池田光政

★★★★☆☆☆
11 □□□ 熊沢蕃山が1641(寛永18)年頃に開いた私塾を何というか。 — 花畠教場

★★★★★★☆
12 □□□ 江戸に彰考館を設けて『大日本史』の編纂を開始し、水戸学のもとをつくった水戸藩主はだれか。 — 徳川光圀

★★★★☆☆☆
13 □□□ 木下順庵、室鳩巣らの学者を招いて学問の振興をはかり、図書の収集につとめた加賀藩主はだれか。 — 前田綱紀

■元禄時代

★★★★★★★
1 □□□ 徳川家光の子で、館林藩主から5代将軍に就任したのはだれか。 — 徳川綱吉

★★★★★★★
2
□□□
徳川綱吉の擁立に功があり、大老となったが、1684(貞享元)年に江戸城内で刺殺されたのはだれか。

堀田正俊

★★★★★★★
3
□□□
将軍の側近で、将軍の命を老中に伝え、老中の上申を将軍に伝える役職は何か。

側用人

★★★★★★★
4
□□□
徳川綱吉の側用人で、のちには甲府藩の藩主・大老格となり、綱吉の意を受けて幕府政治を推進していったのはだれか。

柳沢吉保

★★★★★★★
5
□□□
1683(天和3)年、将軍徳川綱吉の代がわりに出された武家諸法度を何というか。

天和令

★★★★★★★
6
□□□
武家諸法度は天和令で第1条が改められた。文武と何が奨励されたか。

忠孝

★★★★★★★
7
□□□
将軍徳川綱吉は林家が上野忍ヶ岡に設けた孔子廟と家塾を、江戸の別の場所に移したが、これを何というか。

湯島聖堂

★★★★★★★
8
□□□
江戸幕府の儒官の長で、林家の当主が世襲した役職は何か。

大学頭

★★★★★★★
9
□□□
将軍徳川綱吉から大学頭に任じられたのはだれか。

林鳳岡(信篤)

★★★★★★★
10
□□□
17世紀後半、大嘗会などの朝廷儀礼の復興に取り組んだ天皇はだれか。

霊元天皇

★★★★★★★
11
□□□
1701(元禄14)年におきた赤穂事件で、朝廷関係の儀礼を管掌する高家の旗本を斬りつけたことで切腹を命じられた赤穂藩主はだれか。

浅野長矩

★★★★★★★
12
□□□
将軍徳川綱吉は朝廷との協調関係を築くため、天皇が求めた大嘗会を再興させたが、それ以外に朝廷の領地を増やすなどした。朝廷の領地を何というか。

禁裏御料

★★★★★★★
13
□□□
将軍徳川綱吉が、1685(貞享2)年から20年余りにわたって出した法令で、殺生の禁止や捨て子の保護などを命じたものを何というか。

生類憐みの令

★★★★★★★
14
□□□
1684年、近親者に死者があった時に、喪に服したり忌引きをする日数を定めた法令が出されたが、それを何というか。

服忌令

★★★★★★☆
15 □□□ 服忌令は人々の間に死や血を忌み嫌う風潮をつくり出した。これにより死んだ牛馬を片付ける仕事を担っていた階層の人々に対する差別意識が強化された。この階層の人々を何というか。 — かわた(長吏)

★★★★★★☆
16 □□□ 幕府財政の悪化に対し、金の含有率を減らした小判を発行することで得られる差益を、幕府の収入にする政策を進めた勘定吟味役(のち勘定奉行)はだれか。 — 荻原重秀

★★★☆☆☆☆
17 □□□ 荻原重秀の意見により、改鋳をして発行された金銀貨を総称して何というか。 — 元禄金銀

★★★★★★☆
18 □□□ 1707(宝永4)年に噴火し、駿河・相模などの国々に降砂による大きな被害をもたらした山の名前は何か。 — 富士山

■正徳の政治

★★★★★★★
1 □□□ 江戸幕府の6代・7代将軍の名をあげよ。 — 徳川家宣・家継

★★★★★★☆
2 □□□ 江戸幕府の6代・7代将軍の側用人はだれか。 — 間部詮房

★★★★★★★
3 □□□ 江戸幕府の6代・7代将軍の時、侍講として文治政治を展開した朱子学者はだれか。 — 新井白石

★★★★★★★
4 □□□ 6・7代将軍の時期の、朱子学者新井白石と側用人間部詮房により刷新がはかられた政治を何と呼ぶか。 — 正徳の政治

★★★★★★★
5 □□□ 新井白石は朝幕協調を深め、将軍の地位と権威を高めるため、天皇家に新しい宮家の創設を建言した。この宮家は何か。 — 閑院宮家

★★★★☆☆☆
6 □□□ 新井白石は貨幣の改鋳を行い、家康時代と同質同量の良貨を発行し物価の騰貴をおさえようとした。これらの貨幣を何というか。 — 正徳金銀

★★★★★★★
7 □□□ 長崎貿易による金・銀の海外流出を防ぐため、新井白石が1715(正徳5)年に出した、貿易制限令を何というか。 — 海舶互市新例(正徳新令・長崎新令)

★★☆☆☆☆☆
8 □□□ 海舶互市新例の対象となった国を2つあげよ。 — 清・オランダ

★★★★★★★
9 □□□ 新井白石は、将軍の地位を明確にするため、ある国の使節の待遇を簡素化したが、どこの国の使節か。 — 朝鮮

④ 経済の発展

用語集 p.171〜178

17世紀後半以降の1世紀の間に、新技術が導入されたことにより小規模な経営を基盤とする農業や手工業を中心に、生産力が著しく発展した。これにより各地の都市を中心に全国を結ぶ商品流通の市場が形成された。幕府も全国に通用する貨幣を安定して供給することにつとめ、経済の発展を支えた。

■農業生産の進展

★★★★★★★ 1 □□□	江戸時代に発明・改良された農具で、田の荒おこしや深耕(しんこう)のため考案されたものを何というか。	備中鍬(びっちゅうぐわ)
★★★★★★★ 2 □□□	手回しの翼でおこす風によって、籾(もみ)がらや塵芥(じんかい)を箱外に飛ばす選別農具を何というか。	唐箕(とうみ)
★★★★★★★ 3 □□□	穀類や豆類の脱穀のため、竿(さお)の先の短い棒を回転させて打つ農具を何というか。	からさお(殻竿・唐竿)
★★★★★★★ 4 □□□	扱箸(こきばし)にかわって登場した脱穀具で、非常に能率的であったため「後家倒し(ごけだおし)」の異名をとったものを何というか。	千歯扱(せんばこき)
★★★★★★★ 5 □□□	穀類を金網の上に流して、穀粒の大きさによってふるいわける選別農具を何というか。	千石簁(せんごくどおし)
★★★★★★★ 6 □□□	中国から伝えられた揚水機(ようすいき)で、蛇腹(じゃばら)のように水槽を重ねて上部へ水を送るものを何というか。	竜骨車(りゅうこつしゃ)
★★★★★★★ 7 □□□	17世紀半ばに発明され、竜骨車にかわって使われるようになった、足踏式の揚水機を何というか。	踏車(ふみぐるま)
★★★★★★★ 8 □□□	鎌倉時代以降、主に使用された、草葉を地中に埋めて腐敗させた肥料を何というか。	刈敷(かりしき)
★★★★★★★ 9 □□□	木綿などの商品作物の生産に用いられた肥料で、鰯(いわし)を日光にさらして干し固めた速効性肥料を何というか。	干鰯(ほしか)
★★★★★★★ 10 □□□	油菜(あぶらな)の種子である菜種(なたね)や綿実(めんじつ)から油をしぼったかすの肥料を何というか。	油粕(あぶらかす)
★★★★★★★ 11 □□□	鰯や鰊(にしん)、胡麻(ごま)や豆などから油をしぼり取ったかすの肥料を何というか。	〆粕(しめかす)
★★★★★★★ 12 □□□	金銭で購入する肥料を総称して何というか。	金肥(きんぴ)

★★☆☆☆☆☆

13 □□□ 伊予(いよ)国の戦国武将であった土居(どい)氏をめぐる軍記物語の第7巻は農書であるが、これは日本最古の農書といわれている。この書物を何というか。

清良記(せいりょうき)

★★★★★★☆

14 □□□ 日本における最初の体系的農書を著した、江戸時代前期の農学者はだれか。

宮崎安貞(みやざきやすさだ)

★★★★★★☆

15 □□□ 1697(元禄10)年に刊行された宮崎安貞の農書名をあげよ。

農業全書

★★★★★★☆

16 □□□ 江戸時代後期の農学者で、商品作物加工による農家の利と国益を論じた人物はだれか。

大蔵永常(おおくらながつね)

★★★★★☆☆

17 □□□ 大蔵永常の著書として、数十種の農具を図示し用法を記した農書と、約60種の作物の栽培法を述べた農書の名をそれぞれあげよ。

農具便利論・広益国産考(こうえきこくさんこう)

★★★★★★★

18 □□□ 桑(くわ)・麻(あさ)・たばこ・茶など、販売して貨幣を得ることを目的に栽培した作物を何というか。

商品作物

★★★★★★★

19 □□□ 江戸時代、主に阿波(あわ)国を主産地とし、染料に用いられた商品作物は何か。

藍(あい)

★★★★★★★

20 □□□ 江戸時代、主に出羽(でわ)国を主産地とし、染料に用いられた商品作物は何か。

紅花(べにばな)

★★★★★★★

21 □□□ 15世紀から国内栽培が始まり、河内や三河などを特産地とする代表的な商品作物は何か。

綿(木綿)

★★★☆☆☆☆

22 □□□ 越前(えちぜん)名産の上質紙で、幕府などの公用紙として重用されたことからついた紙の名を何というか。

奉書紙(ほうしょがみ)

■諸産業の発達

★★★★★☆☆

1 □□□ 江戸時代に土佐(とさ)・志摩(しま)・薩摩(さつま)・伊豆(いず)などで行われた釣漁(つりりょう)は何か。

鰹漁(かつお)

★★★★★☆☆

2 □□□ 江戸時代に紀伊(きい)・土佐・肥前(ひぜん)・長門(ながと)などで網(あみ)や銛(もり)を駆使して行われた漁業は何か。

捕鯨(ほげい)

★★★☆☆☆☆

3 □□□ 17世紀末以降、中国(清(しん))への主要な輸出品となった、蝦夷地(えぞち)や陸奥(むつ)で生産された海産物の加工品を1つあげよ。

昆布(こんぶ)・俵物(たわらもの)(干し鮑(あわび)・いりこ・ふかひれ)など

★★★★★★

4 □□□ 江戸時代には潮の干満を利用して、低い砂地に海水を引き入れる方式で塩が生産された。こうした塩田を何というか。

入浜塩田（いりはまえんでん）

★★★

5 □□□ 綿織物生産は江戸時代中期から急速に各地に広まっていったが、当時の織機（しょっき）は低い腰かけに座り、足を前方に動かして操作するものであった。この織機を何というか。

地機（じばた）

★★★★★★

6 □□□ 江戸時代、高度な技術で生産された絹織物について、京都の産地名をあげよ。

西陣（にしじん）

★★★★

7 □□□ 西陣では高い腰かけに座り、足を上下に踏む操作で織る織機が使用され、やがて江戸時代後期には綿織物でも使われるようになった。この織機を何というか。

高機（たかばた）

★★★★★★

8 □□□ 18世紀中頃に高機を取り入れ、絹織物の生産をするようになった上野国（こうずけ）の産地をあげよ。

桐生（きりゅう）、または伊勢崎（いせさき）

★

9 □□□ 綿織物の名産品のうち、久留米（くるめ）で考案された織物を何というか。

久留米絣（くるめがすり）

★

10 □□□ 小倉（こくら）地方の織物で帯地や袴地（はかまじ）に用いられたものを何というか。

小倉織（こくらおり）

★★

11 □□□ 麻織物のうち、小千谷（おじや）地方でつくられたものを何というか。

越後縮（えちごちぢみ）

★★★

12 □□□ 奈良地方名産の麻布を何というか。

奈良晒（さらし）

★★★★★

13 □□□ 摂津（せっつ）の灘（なだ）・伊丹（いたみ）や山城（やましろ）の伏見（ふしみ）などの名産品は何か。

酒

★★★★★

14 □□□ 醤油（しょうゆ）の名産地は房総（ぼうそう）地方に多いが、その産地名を2つあげよ。

野田（のだ）・銚子（ちょうし）

★★★

15 □□□ 漆器（しっき）のうち、能登（のと）地方の名産で、堅牢（けんろう）な塗物（ぬりもの）を何というか。

輪島塗（わじまぬり）

★★

16 □□□ 能代（のしろ）(現在の秋田県)や飛騨(現在の岐阜県)などを産地とする漆器を何というか。

春慶塗（しゅんけいぬり）

■交通の整備と発達

★★★★★★★

1 □□□ 江戸幕府が直轄下においた、江戸を起点とする幹線道路を総称して何というか。 — 五街道（ごかいどう）

★★★★★★★

2 □□□ 五街道などの交通路を管理する江戸幕府の役職を何というか。 — 道中奉行（どうちゅうぶぎょう）

★★★★★★★

3 □□□ 五街道のうち、江戸から白河（しらかわ）までの街道を何というか。 — 奥州道中（おうしゅうどうちゅう）

★★★★★★★

4 □□□ 五街道の起点は、江戸のどこであったか。 — 日本橋（にほんばし）

★★★★★★★

5 □□□ 江戸時代の主要街道に設けられた、約4km（1里）ごとの路程標を何というか。 — 一里塚（いちりづか）

★★★★★★★

6 □□□ 五街道などの本街道に対して、それ以外の街道を何と呼ぶか。 — 脇街道（脇往還（わきおうかん））

★★★★★★★

7 □□□ 江戸幕府は主要街道に関所を設けたが、東海道にある小田原（おだわら）藩が管理した関所はどこにあったか。 — 箱根（はこね）

★★★★★★★

8 □□□ 東海道の浜名湖（はまなこ）口に設けられた関所名をあげよ。 — 新居（あらい）（今切（いまぎれ））

★★★★★★★

9 □□□ 関所は、江戸防衛上、特に取締りがきびしかったが、このことを表す「入○○に出女（でおんな）」の○○にあてはまるのは何か。 — 鉄砲

★★★★★★★

10 □□□ 中山道（なかせんどう）の関所は木曽福島とあと1つはどこか。 — 碓氷（うすい）

★★★★★★★

11 □□□ 日光・奥州道中の関所を1つあげよ。 — 栗橋（くりはし）

★★★★★★★

12 □□□ 甲州（こうしゅう）道中の関所を1つあげよ。 — 小仏（こぼとけ）

★★★★★★★

13 □□□ 街道に荷物の輸送や宿泊のため、2～3里ごとに設けられたものを何というか。 — 宿駅（しゅくえき）（宿場（しゅくば））

★★★★★★★

14 □□□ 宿駅（宿場）で荷物の輸送・書状の継ぎ送りなどの業務を扱った施設を何というか。 — 問屋場（といやば）

★★★★★★★

15 □□□ 主要な街道周辺では、御用通行に際して、宿駅の伝馬役をおぎなうために人馬を徴発する村が決められていた。この村に課された夫役を何というか。 — 助郷役（すけごうやく）

★★★★★★★

16 □□□ 宿駅（宿場）における大名宿を何と呼んだか。 — 本陣（ほんじん）・脇（わき）本陣

★★★★★★☆

17 □□□ 江戸時代、一般旅行者用の食事付き宿泊施設は何と呼ばれたか。 — 旅籠屋（はたごや）

★★★★★☆☆

18 □□□ 飛脚（ひきゃく）のなかで幕府公用のものを何というか。 — 継飛脚（つぎびきゃく）

★★★★☆☆☆

19 □□□ 大名が江戸と国元との間においた飛脚を何というか。 — 大名飛脚（だいみょう）

★★★★☆☆☆

20 □□□ 民間営業の町人の飛脚を何というか。 — 町飛脚

★★★★★★☆

21 □□□ 鴨川（かもがわ）・富士川を整備し、高瀬川を開削して水路を開くなど、河川舟運を整備した京都の豪商はだれか。 — 角倉了以（すみのくらりょうい）

★★★★★★☆

22 □□□ 江戸時代、大商業都市の大坂と大消費都市の江戸を結んだ航路を何というか。 — 南海路（なんかいろ）

★★★★★★★

23 □□□ 17世紀後半に整備された、東北の日本海沿岸より津軽（つがる）海峡経由で太平洋を通り、江戸にいたる航路を何というか。 — 東廻り海運（まわ　かいうん）

★★★★★★★

24 □□□ 17世紀後半に整備された、北陸方面より下関経由で瀬戸内海を経て、大坂にいたる航路を何というか。 — 西廻り海運

★★★★★★☆

25 □□□ 東廻り海運・西廻り海運を17世紀後半に開いた商人はだれか。 — 河村瑞賢（かわむらずいけん）

★★★★★★★

26 □□□ 17世紀前半より江戸と大坂を結ぶ航路に就航した廻船（かいせん）を何というか。 — 菱垣廻船（ひがきかいせん）

★★★★★★★

27 □□□ 18世紀前半に新たに運行を始めた江戸・大坂間で酒荷を専門に運ぶ廻船で、のちには酒以外の商品も運送して南海路の輸送の中心となった廻船を何というか。 — 樽廻船（たる）

★★★★★★★

28 □□□ 江戸時代中期から明治時代前期にかけて、北海道や東北の物資を、日本海各地に寄港し、下関をまわって大坂などに輸送した船を何というか。 — 北前船（きたまえぶね）

■貨幣と金融

★★★★★★★

1 □□□ 江戸時代に流通した貨幣に金貨・銀貨・銭貨があったが、これらを総称して何というか。 — 三貨（さんか）

★★★★★☆☆

2 □□□ 一定の純度と分量をもち、一定の形に鋳造（ちゅうぞう）され、一定の価格が表示された貨幣を何というか。 — 計数貨幣（けいすうかへい）

★★★★☆☆☆

3 □□□ 江戸時代の金貨の単位をあげよ。

両・分・朱

★★★★★★★

4 □□□ 江戸時代の銀貨はなまこ形のものと、形から小粒とも呼ばれたものが使用されたが、それぞれの名称をあげよ。

丁銀・豆板銀

★★★★★☆☆

5 □□□ 江戸時代の銀貨は量目が不定で、使用ごとに重さがはかられた。このような貨幣を何というか。

秤量貨幣(ひょうりょう)

★★★★★★★

6 □□□ 金貨である小判や大判を鋳造し、また鑑定や封印などを行った後藤庄三郎が代々管轄した江戸幕府の鋳造所を何というか。

金座

★★★★★★★

7 □□□ 江戸時代の銀貨は大黒常是が代々頭取としてその鋳造にあたったが、この鋳造所を何というか。

銀座

★★★★★★☆

8 □□□ 江戸時代の銭貨は民間請負のかたちで鋳造されたが、この鋳造所を何というか。

銭座

★★★★☆☆☆

9 □□□ 徳川家康の時代に鋳造された良質の金銀貨幣を総称して何というか。

慶長金銀

★★★★★★★

10 □□□ 徳川家光の時、1636(寛永13)年に鋳造された銭貨で、以後江戸時代を通じて鋳造された銭貨を何というか。

寛永通宝

★★★★★★☆

11 □□□ 諸藩や旗本領内で発行・通用させた紙幣を総称して何というか。

藩札

★★★★★★★

12 □□□ 江戸時代に三貨の交換や預金・貸付・為替などを扱った商人を総称して何というか。

両替商

★★☆☆☆☆☆

13 □□□ 両替商のうち、公金の出納や為替・貸付業務をした有力なものを何というか。

本両替

★★★★★☆☆

14 □□□ 掛屋や海運業・大名貸などを行い巨富をなし、新田開発も行った大坂の豪商をあげよ。

鴻池家

★★★★★☆☆

15 □□□ 越後屋という呉服商などで財をなし、両替商にも従事するようになった豪商をあげよ。

三井家

■三都の発展

★★★★★★★

1	江戸時代の江戸・大坂・京都の３大都市を総称して何と呼ぶか。	三都(さんと)

★★★★★★★

2	18世紀前半の頃、江戸の人口はどのくらいあったと推定されているか。	約100万人

★★★★★★★

3	江戸時代、全国の物資の集散地として栄えた大商業都市が大坂であった。このため大坂はどのように呼ばれるか。	天下の台所

★★★★★★★

4	諸藩や旗本(はたもと)などが、年貢米(ねんぐまい)や特産物を販売するために、大坂や江戸においた施設を何というか。	蔵屋敷(くらやしき)

★★★★★★★

5	蔵屋敷に集められた、領内の年貢米や特産物を総称して何というか。	蔵物(くらもの)

★★★★★★★

6	江戸時代、各地の産地から、一般商人の手を経て市場に出まわった商品を何というか。	納屋物(なやもの)

★★★★★★★

7	蔵屋敷で蔵物の取引にたずさわる者を何というか。	蔵元(くらもと)

★★★★★★★

8	蔵物の売却代金の出納(すいとう)にあたる者を何というか。	掛屋(かけや)

★★★★★★★

9	下級旗本や御家人の禄米(ろくまい)は浅草(あさくさ)にあった幕府の米蔵から支給されたが、その蔵米を、旗本・御家人の代理として受領して売却した商人で、のちに金融業も兼ねたものを何というか。	札差(ふださし)(蔵宿(くらやど))

■商業の展開

★★★★★★★

1	江戸の荷受問屋が商品別に組織した組合は何か。	十組問屋(とくみといや)

★★★★★★★

2	大坂の荷積問屋が商品別に組織した組合は何か。	二十四組問屋(にじゅうしくみ)

★★★★★★★

3	伊勢松坂(いせまつさか)の出身で江戸で呉服店を開き、「現金(銀)かけねなし」で財をなした三井家(みついけ)の屋号を何というか。	越後屋(えちごや)

★★★★★★★

4	18世紀から広まった問屋商人が、原料・器具を百姓などの家内(かない)生産者に前貸し、その生産物を買い上げる生産形態を何というか。	問屋制家内工業

★★★★★★★

5	江戸や大坂などには、特定商品のみを取り扱う市場が立	堂島(どうじま)

つようになったが、全国の米の値段を左右した大坂の市場の所在地はどこか。

★★★★★☆☆

6 □□□ 大坂と江戸にあった青物の卸売市場の所在地をそれぞれ答えよ。 — 天満(大坂)・神田(江戸)

★★★★★☆☆

7 □□□ 大坂と江戸にあった魚の卸売市場の所在地名をそれぞれ答えよ。 — 雑喉場(大坂)・日本橋(江戸)

❺ 元禄文化

用語集 p.178〜183

元禄時代、東アジアの平和と幕府政治の転換、そして経済の飛躍的な発展を背景に、上方を中心とした町人文化である元禄文化が生まれた。幕政が儒教理念を重視するようになったことで、儒学が興隆し、このことは他の学問にも影響を与えた。また、上方の有力町人を中心に洗練された美術作品が生み出された。

■元禄文化

★★★★★★★

1 □□□ 経済のめざましい発展を背景にして、17世紀後半から18世紀初めにかけて上方を中心に生まれた町人文化を何というか。 — 元禄文化

■元禄期の文学

★★★☆☆☆☆

1 □□□ 式目を定めて古風を確立した貞門俳諧に対し、漢語や俗語を用い、日常見聞するものを句につくることが新風として町人の間に普及した。この新しい俳風を確立したのはだれか。 — 西山宗因

★★☆☆☆☆☆

2 □□□ 西山宗因が確立した新しい俳諧流派を何というか。 — 談林俳諧

★★★★★★★

3 □□□ はじめ西山宗因に学んで談林俳諧で注目を集め、やがて小説に転じてすぐれた作品を残した人物はだれか。 — 井原西鶴

★★★★★★☆

4 □□□ 元禄期に上方を中心に町人社会の生活・風俗・世相などを写実的に描写した小説を何というか。 — 浮世草子

★★★★★☆☆

5 □□□ 浮世草子は内容から3つに大別されるが、男女の愛欲を描写したものを何というか。 — 好色物

★★★★★☆☆

6 □□□ 浮世草子で、町人生活の現実の姿を写実的に描いたものを何というか。 — 町人物

★★★★★ 7 □□□ 浮世草子で、武士の仇討(あだうち)や義理などを描いたものを何というか。	武家物
★★★★★★★ 8 □□□ 井原西鶴の第一作で、主人公世之介(よのすけ)と遊女との生活を描いた好色物を何というか。	好色一代男
★★ 9 □□□ 井原西鶴の作品で、愛欲で身を滅ぼす5つの恋物語を描いた好色物を何というか。	好色五人女
★★★★★★ 10 □□□ 井原西鶴の作品で、金銭を追求する町人の喜怒哀楽をリアルに描いた町人物を何というか。	日本永代蔵(にっぽんえいたいぐら)
★★★★ 11 □□□ 井原西鶴の作品で、「大晦日(おおみそか)は一日千金」と副題された、大晦日の町人の悲喜劇を様々な角度から描いた町人物を何というか。	世間胸算用(せけんむねさんよう)
★★★★★ 12 □□□ 井原西鶴の作品で、32の仇討の説話集である武家物の作品をあげよ。	武道伝来記(ぶどうでんらいき)
★★★★★★★ 13 □□□ 元禄の頃、さび・かるみなどを理念とする幽玄閑寂(ゆうげんかんじゃく)の俳諧を確立したのはだれか。	松尾芭蕉(まつおばしょう)
★★★★★★ 14 □□□ 松尾芭蕉が確立した俳風を何というか。	蕉風(しょうふう)(正風)俳諧(はいかい)
★★★★★★★ 15 □□□ 松尾芭蕉が東北・北陸地方へ旅行した時の俳諧紀行文の傑作を何というか。	奥(おく)の細道(ほそみち)
★★★★★★★ 16 □□□ 室町時代中期頃から始まった節(ふし)付きの語りに、伴奏楽器としての三味線(しゃみせん)と、操り人形が加わった民衆劇を何というか。	人形浄瑠璃(じょうるり)
★★★★ 17 □□□ 人形浄瑠璃が元禄時代に最盛期を迎えたのは、諸流を集大成して新しい節付けの語りを行った語り手(音曲家(おんぎょくか))が出たことによる。この語り手はだれか。	竹本義太夫(たけもとぎだゆう)
★★★★★★★ 18 □□□ 元禄期、現実の社会や歴史を題材にして、人形浄瑠璃や歌舞伎(かぶき)の脚本を書いたのはだれか。	近松門左衛門(ちかまつもんざえもん)
★★ 19 □□□ 元禄期の人形遣いの名手で、人形浄瑠璃の竹本座で活躍し、のち江戸に下り興行した人物はだれか。	辰松八郎兵衛(たつまつはちろべえ)
★★★★★ 20 □□□ 近松門左衛門の脚本(戯曲(ぎきょく))は2つに大別されるが、歴史上の出来事を題材としたものを何というか。	時代物

★★★★★☆☆
21 □□□ 近松門左衛門の脚本の種類で、当時の世相に取材し、心中・殺人・怪談などをテーマとしたものを何というか。 — 世話物

★★★★★★☆
22 □□□ 近松門左衛門の浄瑠璃作品のうち、明の遺臣とその子鄭成功が明の王室を再興する筋書きの時代物を何というか。 — 国性(姓)爺合戦

★★★★★★★
23 □□□ 近松門左衛門の浄瑠璃作品のうち、徳兵衛が遊女お初と心中する義理と人情を描いた世話物の作品を何というか。 — 曽根崎心中

★★★★★☆☆
24 □□□ 出雲お国に始まる女性の舞踊を中心とする歌舞伎を何というか。 — 女歌舞伎

★★★★☆☆☆
25 □□□ 江戸幕府は、風俗を乱すとの理由から女歌舞伎を禁じたため、女性にかわり元服前の少年が演じるようになった。これを何というか。 — 若衆歌舞伎

★★★★☆☆☆
26 □□□ 若衆歌舞伎が江戸幕府によって禁止されたのち、成人男性が演じた歌舞伎を何というか。 — 野郎歌舞伎

★★★★★★☆
27 □□□ 元禄期を中心に活躍した江戸の歌舞伎俳優で、立廻りを主とする荒事を得意芸としたのはだれか。 — 市川団十郎

★★★★☆☆☆
28 □□□ 元禄期を中心に活躍した上方の歌舞伎俳優で、三都随一の名女形と称されたのはだれか。 — 芳沢あやめ

★★★★★☆☆
29 □□□ 元禄期を中心に活躍した上方の歌舞伎俳優で、恋愛を主とする和事の名人といわれたのはだれか。 — 坂田藤十郎

■儒学の興隆

★★★★☆☆☆
1 □□□ 幕命で林羅山・鵞峰父子が編集した、神武天皇から後陽成天皇までの編年体の歴史書を何というか。 — 本朝通鑑

★★★★☆☆☆
2 □□□ 藤原惺窩の弟子松永尺五に師事し、加賀藩主前田綱紀に仕え、のち5代将軍徳川綱吉の侍講(儒学の師)となった朱子学者はだれか。 — 木下順庵

★★★★★★★
3 □□□ 木下順庵の門下からは多くの俊才が輩出したが、6代・7代将軍の侍講となった人物はだれか。 — 新井白石

★★★☆☆☆☆
4 □□□ 木下順庵の門下から出て、8代将軍の侍講となった人物はだれか。 — 室鳩巣

重要度	No.	問題	解答
★★☆☆☆☆☆	5 □□□	戦国時代の儒者南村梅軒が祖とされる、土佐におこった朱子学の一派を何というか。	南学（海南学派）
★★☆☆☆☆☆	6 □□□	学祖とされる南村梅軒に学び、その学風を継承して南学を隆盛に導いた土佐の学者はだれか。	谷時中
★★☆☆☆☆☆	7 □□□	土佐藩の家老として新田開発・殖産興業などの藩政改革を推進した、南学に属する朱子学者はだれか。	野中兼山
★★★★★☆☆	8 □□□	南学の流れをくみ、のちに吉川惟足の影響を受け、独自の神道を創始した朱子学者はだれか。	山崎闇斎
★★★★★☆☆	9 □□□	山崎闇斎が創始した神道を何というか。	垂加神道
★☆☆☆☆☆☆	10 □□□	山崎闇斎の学派を何というか。	崎門学派
★★★★★★★	11 □□□	南宋の陸象山に始まり、明の王陽明により大成された儒学を何というか。	陽明学
★★★★★☆☆	12 □□□	陽明学の主張の要点で、実践を重んじることを何というか。	知行合一
★★★★★★☆	13 □□□	日本で最初に陽明学を説き、「近江聖人」と呼ばれたのはだれか。	中江藤樹
★★★★★★☆	14 □□□	中江藤樹の弟子で、岡山藩主池田光政に招かれ治績をあげた陽明学者はだれか。	熊沢蕃山
★★★★★☆☆	15 □□□	熊沢蕃山は、武士土着論を説いて幕政を批判した書物を著し、江戸幕府によって禁錮にされた。この書物は何か。	大学或問
★★★★★★☆	16 □□□	孔子や孟子の教えを直接学ぶことを主張した儒学の一派を何というか。	古学派
★★★★★☆☆	17 □□□	古学をその著書で主張し、朱子学を批判して、幕府によって赤穂に配流されたのはだれか。	山鹿素行
★★★★☆☆☆	18 □□□	山鹿素行が古学を主張し、朱子学を批判した書物を何というか。	聖教要録
★★★☆☆☆☆	19 □□□	山鹿素行が赤穂配流中に書いたもので、中華であった明が夷である清に滅ぼされたことから、日本を「中朝」「中華」とみなす立場で著した書を何というか。	中朝事実

★★★★★★★
20 □□□ 京都の人で『論語』『孟子』などの原典にあたり、その批判を通じて直接聖人の道を正しく理解すべきであるとして、古義学を提唱したのはだれか。
伊藤仁斎

★★★★★★★
21 □□□ 古義学を提唱した伊藤仁斎の子で、この学問を継承・大成したのはだれか。
伊藤東涯

★★★★★★★
22 □□□ 伊藤仁斎・東涯の学塾を何というか。
古義堂

★★★★★★★
23 □□□ 伊藤仁斎・東涯の学派を何というか。
古義学派(堀川学派)

★★★★★★★
24 □□□ 古義学に対し、古典や聖賢の文辞に直接触れて、治国・礼楽の制を整えることを主張した江戸の学派を何というか。
古文辞学派(蘐園学派)

★★★★★★★
25 □□□ 古文辞学派の創始者はだれか。
荻生徂徠

★★★★★★★
26 □□□ 荻生徂徠は将軍徳川吉宗の諮問に答えて、武士の土着の勧めや参勤交代制の弊害を説いた書物を著したが、これを何というか。
政談

★★★★★★★
27 □□□ 『経済録』を著し、経世済民の問題を考察し、藩専売の必要を説いた古文辞学派の学者はだれか。
太宰春台

■諸学問の発達

★★★★★★★
1 □□□ 新井白石が将軍徳川家宣に進講した日本通史の講義案で、独自の時代区分を行った歴史書を何というか。
読史余論

★★★★★★★
2 □□□ 6代徳川家宣・7代家継時代の幕政を知る上で重要な史料となる、新井白石の自叙伝を何というか。
折たく柴の記

★★★★★★★
3 □□□ 江戸時代に盛んになった、動物・植物・鉱物の薬用について研究する学問を何というか。
本草学

★★★★★★★
4 □□□ 本草学の初期の学者で、朱子学者としても独自の哲学をもち、教育面でも業績を残したのはだれか。
貝原益軒

★★★★★★★
5 □□□ 貝原益軒の本草学に関する著書を何というか。
大和本草

★★★★★★★
6 □□□ 中国伝来の数学から発達した日本独自の数学を何というか。
和算

★★★★★★★
7 □□□ 和算の普及に業績を残した、江戸前期の人はだれか。 | 吉田光由（よしだみつよし）

★★★★★★★
8 □□□ 和算・そろばんの普及に功績のあった吉田光由の著書をあげよ。 | 塵劫記（じんこうき）

★★★★★★★
9 □□□ 和算の大成者で、円周率や円の面積などにすぐれた研究を成しとげた人物をあげよ。 | 関孝和（せきたかかず）

★★★★★★★
10 □□□ 1674（延宝2）年に発刊された関孝和の和算書を何というか。 | 発微算法（はつびさんぽう）

★★★★★★★
11 □□□ 天文（てんもん）・暦学（れきがく）に通じ、5代将軍徳川綱吉の時、幕府の天文方（てんもんかた）に任じられたのはだれか。 | 渋川春海（しぶかわはるみ）（安井算哲（やすいさんてつ））（しゅんかい）

★★★★★★★
12 □□□ 渋川春海はそれまで使用していた暦を修正し、元（げん）の暦をもとに新しい暦を作成したが、これを何というか。 | 貞享暦（じょうきょうれき）

★★★★★★★
13 □□□ 幕府の歌学方（かがくかた）にも任じられ、『源氏物語』や『枕草子』の平明な注釈書を著し、作者の意図のありのままを知ろうとしたのはだれか。 | 北村季吟（きたむらきぎん）

★★★★★★★
14 □□□ 江戸時代、中世以来の古今伝授や制の詞（せいのことば）の無意味さ、和歌に俗語を用いることの正当さを主張して、歌学の革新をはかったのはだれか。 | 戸田茂睡（とだもすい）

★★★★★★★
15 □□□ 『万葉集（まんようしゅう）』の研究に専念し、徳川光圀（みつくに）の依頼で『万葉集』の注釈書を著した僧侶はだれか。 | 契沖（けいちゅう）

★★★★★★★
16 □□□ 契沖が著した『万葉集』の注釈書を何というか。 | 万葉代匠記（まんようだいしょうき）

■元禄美術

★★★★★★★
1 □□□ 室町時代頃から隆盛し、17世紀には朝廷の絵所預（えどころあずかり）として活躍した大和絵（やまとえ）の一派を何というか。 | 土佐派（とさ）

★★★★★★★
2 □□□ 土佐派の絵師で、1654（承応3）年に朝廷の絵所預となり、家を再興したのはだれか。 | 土佐光起（みつおき）

★★★★★★★
3 □□□ 父とともに土佐派に学び、その後幕府の御用絵師になった人物はだれか。 | 住吉具慶（すみよしぐけい）

★★★★★★★
4 □□□ 元禄期に装飾的な画法を取り入れて、独自の構図と色彩をもつ作品を描いた京都の絵師・工芸家をあげよ。 | 尾形光琳(おがたこうりん)

★★★★★★★
5 □□□ 尾形光琳が、水流をともなう2本の梅を画題として描いた作品をあげよ。 | 紅白梅図屛風(こうはくばいずびょうぶ)

★★★★★★★
6 □□□ 尾形光琳が『伊勢物語』に題材を得てアヤメ科の花を描いた作品をあげよ。 | 燕子花図屛風(かきつばたずびょうぶ)

★★★★★★★
7 □□□ 尾形光琳は、俵屋宗達の装飾的な画法を取り入れて新たな装飾画の流派を生み出した。これを何というか。 | 琳派(りんぱ)(光琳派)

★★★★★★★
8 □□□ 元禄期の頃から、美人や役者を題材とする風俗画が庶民の間に愛好され始めたが、この種の絵画を何というか。 | 浮世絵(うきよえ)

★★★★★★★
9 □□□ 浮世絵版画の祖といわれている絵師はだれか。 | 菱川師宣(ひしかわもろのぶ)

★★★★★★★
10 □□□ 菱川師宣の代表的な肉筆美人画をあげよ。 | 見返り美人図

★★★★★★★
11 □□□ 上絵付(うわえつけ)の手法をもとに色絵を完成し、京焼の祖といわれるのはだれか。 | 野々村仁清(ののむらにんせい)

★★★★★★★
12 □□□ 野々村仁清に学び、装飾画的な美しい作品を残した陶工で、兄とともに画家でもあったのはだれか。 | 尾形乾山(けんざん)

★★★★★★★
13 □□□ 元禄の頃、京都の絵師が創始した花鳥山水(かちょうさんすい)模様の染物が大流行したが、この創始者はだれか。 | 宮崎友禅(みやざきゆうぜん)

★★★★★★★
14 □□□ 柳沢吉保(やなぎさわよしやす)が徳川綱吉から与えられた下屋敷に、みずから設計した庭園を何というか。 | 六義園(りくぎえん)

第10章 幕藩体制の動揺

① 幕政の改革

用語集 p.184〜188

18世紀前半、8代将軍徳川吉宗は財政再建・都市政策を柱とする享保の改革を行った。この改革は一定の成果をあげたが、18世紀後半には再び行き詰まった財政を再建するため、田沼意次は商業を重視する改革を行った。この改革は商品経済を発展させたが、幕府役人の間に賄賂が横行するなど、士風の退廃をまねいたとする批判もあった。

■享保の改革

★★★★★★★
1 □□□ 1716(享保元)年に7代将軍徳川家継が8歳で死去したあと、紀州徳川家から迎えられた8代将軍はだれか。
徳川吉宗

★★★★★★★
2 □□□ 将軍徳川吉宗は、財政再建、都市政策、国家制度の充実などの政治改革を将軍主導で実施した。この幕政改革を何というか。
享保の改革

★★★☆☆☆☆
3 □□□ 8代将軍徳川吉宗は5代綱吉以来の側用人による側近政治をやめ、将軍の意思を幕政に反映させるために新設の役職をおいたが、これを何というか。
御用取次

★★★★★★★
4 □□□ 享保の改革で、幕領に対し、期間を定めて税率を一定にして年貢を確保する法を広く採用し、年貢の増徴を目指したが、これを何というか。
定免法

★★★★★★★
5 □□□ 将軍徳川吉宗は、旗本に対して役職の標準石高を定め、それ以下の者が就任する時、在職中のみ不足分を支給する制度を採用し、有能な人材の登用と支出の抑制をはかった。この制度を何というか。
足高の制

★★★★★★★
6 □□□ 将軍徳川吉宗に登用された人物で、山田奉行から江戸町奉行に抜擢され、すぐれた行政手腕を発揮し寺社奉行にまで栄進した人物はだれか。
大岡忠相

★★★★☆☆☆
7 □□□ 川崎宿の名主であったが、将軍徳川吉宗に農政の手腕をかわれ、代官としてすぐれた民政を行ったのはだれか。
田中丘隅

★★★★★★★
8 □□□ 将軍徳川吉宗は、武士・町人間に激増する金銀貸借訴訟に対し、評定所ではいっさい受理せず、すべて当事者間
相対済し令

の和談で解決させる法令を出した。これを何というか。

★★★★★★★
9 □□□ 将軍徳川吉宗は増収策として「御恥辱をも顧みられず」と諸大名に八木(米)の上納を命じたが、この政策を何というか。 — 上げ米

★☆☆☆☆☆☆
10 □□□ 上げ米の幕府への上納の割合はいくらであったか。 — 石高1万石につき100石

★★★★★☆☆
11 □□□ 上げ米の代償として、幕府が諸大名に認めたことは何か。 — 参勤交代の大名の在府期間を半減すること

★★☆☆☆☆☆
12 □□□ 1722(享保7)年に幕府高札を受けて行われた新田開発で、下総国の農民によってつくられたものを何というか。 — 飯沼新田

★★★★★★★
13 □□□ 将軍徳川吉宗は、米価を安定させるため大坂にある卸売市場を公認した。この市場の名前を答えよ。 — 堂島米市場

★★★★★★★
14 □□□ 将軍徳川吉宗が新しい知識を海外に求めるために輸入制限を緩和したものは何か。 — 漢訳洋書

★★★★★★★
15 □□□ 将軍徳川吉宗に蘭学を学ぶことを命じられ、のち『蕃薯考』を著した人物はだれか。 — 青木昆陽

★★★★★★☆
16 □□□ 将軍徳川吉宗が栽培を勧めた救荒作物で、青木昆陽が栽培法を研究したものは何か。 — 甘藷

★★★★★★★
17 □□□ 将軍徳川吉宗が庶民の意見を求めるため、評定所前においた投書箱を何というか。 — 目安箱

★★★★★★★
18 □□□ 目安箱の投書により、幕府の薬園内に医療施設が設けられたが、これを何というか。 — 小石川養生所

★★★★★★★
19 □□□ 将軍徳川吉宗は江戸市街の防火にあたる組織づくりを命じたが、誕生した消防組織を何というか。 — 町火消

★★★★★☆☆
20 □□□ 享保の改革の都市政策として、江戸で繰り返しおこっていた大火の延焼を防ぐために設けられた防火施設を2つあげよ。 — 広小路・火除地

★★☆☆☆☆☆
21 □□□ 三卿のうち、9代将軍徳川家重の次男重好に始まる家を何というか。 — 清水家

★★★★★★★
22
将軍徳川吉宗は、幕府の裁判・行政の基準となる内規集を作成させ、判例にもとづく合理的な司法判断を進めようとした。この法典を何というか。
公事方御定書(くじかたおさだめがき)

★★★★★★
23
将軍徳川吉宗は、1615(元和元)年以降の触れを部門別に編纂し、同時に以後の記録を保存することを命じた。この法令集を何というか。
御触書寛保集成(おふれがきかんぽうしゅうせい)

■社会の変容

★
1
富裕な農民が零細農民を年季奉公人(ねんきぼうこうにん)などとして使役して行う農業経営を何というか。
地主手作(てづくり)

★★★★★★★
2
18世紀半ば以降、農村では農民の階層分化が進んだ。地主経営のみならず商品作物の生産や流通の担い手、そして地域社会の担い手としての側面などをもつ有力百姓(ひゃくしょう)を何というか。
豪農(ごうのう)

★★★★★★
3
村役人を兼ねる豪農の不正を追及し、民主的で公正な村の運営を求めて小百姓がおこした運動を何というか。
村方騒動(むらかたそうどう)

★★
4
18世紀半ば以降、都市でも階層分化が進んだ。町でみられた狭くて劣悪な住居で、棒手振(ぼてふり)や日用(ひよう)などの零細民が暮らした住居を何というか。
棟割長屋(むねわりながや)(裏長屋・裏店(うらだな))

★★★★
5
17世紀前半、幕府は遊女屋を一定の区域に集めてこれを公認した。この区域を何というか。
遊郭(ゆうかく)

■一揆と打ちこわし

★★★★★★★
1
重い年貢や諸役に対し、百姓が領主に対し、様々な要求を掲げておこした直接行動を何というか。
百姓一揆(ひゃくしょういっき)

★★
2
17世紀後半、名主など村役人が代表して幕府や領主に訴え出ることが行われた。この一揆の形態を何というか。
代表越訴(おっそ)型一揆

★★★★★★
3
代表越訴型一揆において、私財・生命を賭して、村のために活躍した一揆の代表者は、のちに伝説化して何と呼ばれたか。
義民(ぎみん)

★★★★★★
4
義民のなかで、下総佐倉(さくら)藩主堀田(ほった)氏の苛政(かせい)を4代将軍徳
佐倉惣五郎(さくらそうごろう)

川家綱に直接訴え、年貢の減免は勝ちえたが死刑になったといわれる人物はだれか。

★★★★

5 17世紀末頃からみられる、広い地域にわたる農民が村々をこえて団結し、要求を掲げた一揆の形態を何というか。 — 惣百姓一揆（そうびゃくしょう）

★★

6 信濃松本藩の嘉助騒動（かすけ）、陸奥磐城平藩（むついわきたいら）の元文一揆のように藩領全域におよぶ一揆を何と呼ぶか。 — 全藩一揆（ぜんはん）

★★★★★★

7 1732（享保17）年、天候不順の西日本一帯でいなご・うんかの大発生による大凶作が、全国におよぶ飢饉（ききん）をおこした。この飢饉を何というか。 — 享保の飢饉（ききん）

★★★★★★★

8 都市の民衆が米屋をはじめ質屋・酒屋などを襲い、家屋などを破壊する行動を何というか。 — 打ちこわし

★★★★★★★

9 1782（天明２）年から1787（天明７）年にかけて、冷害などにより東北地方を中心に全国的な飢饉となり多数の餓死者が出た。この飢饉を何と呼んでいるか。 — 天明の飢饉（てんめい）

★★★★★★★

10 1783（天明３）年に死者2000人、埋没家屋1800戸の被害を出す大噴火をおこした山を何というか。 — 浅間山（あさまやま）

■田沼時代

★★★

1 江戸幕府の９代将軍は生来虚弱（きょじゃく）な体質で、言語も不明瞭であったため、父吉宗の後見を受け、のちに側用人大岡忠光（ただみつ）に施政をまかせた。この将軍はだれか。 — 徳川家重（いえしげ）

★★★★★★★

2 江戸幕府10代将軍はだれか。 — 徳川家治（いえはる）

★★★★★★★

3 10代将軍徳川家治の側用人となり、1772（安永元）年には老中となって幕政の実権を握ったのはだれか。 — 田沼意次（たぬまおきつぐ）

★★★★

4 将軍徳川家治の治世で、老中に昇進した田沼意次のもとで若年寄に任じられた意次の子はだれか。 — 田沼意知（おきとも）

★★

5 私怨（しえん）により田沼意知を江戸城内で刺殺し、「世直し大明神」ともてはやされた旗本はだれか。 — 佐野政言（さのまさこと）

★★★★★★★

6 田沼意次は幕府財政の再建のため、商人や職人の仲間を広く公認し、営業税の増収を目指した。幕府から、営業の独占権を与えられた商工業者の同業組織を何というか。 — 株仲間（かぶなかま）

★★★★★★★

7 □□□ 江戸時代の領主が一定の税率で課した、各種の営業税を何というか。 — 運上（うんじょう）

★★★★★★☆

8 □□□ 株仲間の結成時、領主から独占的な営業権を認められた見返りに納めた税を何というか。 — 冥加（みょうが）

★★★★☆☆☆

9 □□□ 田沼意次が増収策として幕府の直営で設けた、銅・鉄・真鍮（しんちゅう）・朝鮮人参（にんじん）などの専売の施設を何というか。 — 座（ざ）

★★★★★★★

10 □□□ 田沼意次が江戸・大坂商人の資本を利用して、干拓による新田開発を進めたのはどこか。 — 印旛沼（いんばぬま）・手賀沼（てが）

★★★★★★★

11 □□□ 田沼意次は蝦夷地（えぞち）の開発やロシアとの貿易を計画したが、このことを進言した仙台藩医はだれか。 — 工藤平助（くどうへいすけ）

★★★★★★★

12 □□□ 工藤平助が田沼意次に蝦夷地開発やロシアとの貿易を進言した書物を何というか。 — 赤蝦夷風説考（あかえぞふうせつこう）（加模西葛杜加（カムサスカ）国風説考）

★★★★★★★

13 □□□ 田沼意次が蝦夷地の開発とロシア人との交易の可能性を調査させるため、蝦夷地へ派遣した人物はだれか。 — 最上徳内（もがみとくない）

★★★★☆☆☆

14 □□□ 田沼意次が貨幣体系の一元化をはかるために発行した計数貨幣で、二朱金と等価とされた銀貨は何か。 — 南鐐二朱銀（なんりょうにしゅぎん）

★★★★★★★

15 □□□ 田沼意次は長崎貿易の政策も転換し、輸出を拡大することで貨幣鋳造のための金・銀の輸入をはかった。その際輸出品とされた海産物を何というか。 — 俵物（たわらもの）

★★★★★★☆

16 □□□ 中国（清（しん））へ輸出された俵物の海産物で、干し鮑・ふかひれ以外の主要なものは何か。 — いりこ

★★★★★☆☆

17 □□□ 1758（宝暦８）年、垂加神道（すいかしんとう）を学んだ人物が公家（くげ）たちに『日本書紀』を講じて尊王論を説き、追放刑に処せられた。この事件を何というか。 — 宝暦事件（ほうれき）

★★★★★☆☆

18 □□□ 宝暦事件で追放刑に処せられた神道家はだれか。 — 竹内式部（たけのうちしきぶ）

❷ 宝暦・天明期の文化

用語集 p.188〜194

18世紀半ば、商品経済の発展により、裕福な町人や都市生活者となった武士のなかに新たな文化の担い手が生まれた。また、民衆の間にも文字が浸透し、庶民に対する教育も拡大した。民衆に向けた芸能や美術作品が生まれるなどの新たな展開もみられた。一方、幕藩体制の動揺を受けて、幕政や社会を批判的にみる思想が生まれた。

■洋学の始まり

★★★★★★★
1 □□□ 西洋の学術を、その導入された国にちなんで、江戸中期には何と呼んだか。 — 蘭学

★★★★★★
2 □□□ 西洋の学術全般を幕末には何と呼んだか。 — 洋学

★★★★★★
3 □□□ 新井白石の時代に日本への布教を志し、屋久島に潜入して捕らえられたイタリア人宣教師はだれか。 — シドッチ

★★★★
4 □□□ シドッチを尋問した新井白石は、証言をもとに西洋の地理・風俗などに関する2冊の著書を著したが、そのうち地理書ともいうべきものをあげよ。 — 采覧異言

★★★★★
5 □□□ シドッチを尋問した新井白石は、証言をもとに西洋の地理・風俗などに関する2冊の著書を著したが、そのうち西洋研究書ともいうべきものをあげよ。 — 西洋紀聞

★★★★★
6 □□□ 長崎の天文暦学家で地理・経済にも通じ、1719(享保4)年には将軍徳川吉宗に招かれ江戸に下り、諮問に答えた人物はだれか。 — 西川如見

★★★★
7 □□□ 西川如見が、長崎で見聞した海外事情や通商について記述した書物を何というか。 — 華夷通商考

★★★
8 □□□ 徳川吉宗の命でオランダ語を学んだ学者で、『阿蘭陀本草和解』を著したのはだれか。 — 野呂元丈

★★
9 □□□ 元・明代の医学を退け、臨床実験を重んじた漢代の医方に復帰することを説いた、名古屋玄医の医説を何というか。 — 古医方

★★★
10 □□□ 古医方を学んだ医者で、1754(宝暦4)年に死刑囚の人体解剖に立会い、日本ではじめて解剖図録を著した人物はだれか。 — 山脇東洋

★☆☆☆☆☆☆ 11 □□□	山脇東洋が著した解剖図録名をあげよ。	蔵志（ぞうし）
★★★★★★★ 12 □□□	1774(安永3)年に、ドイツ人クルムスの解剖書の蘭訳書が翻訳（ほんやく）・出版されたが、その名称をあげよ。	解体新書（かいたいしんしょ）
★★★☆☆☆☆ 13 □□□	ドイツ人クルムスの解剖書の蘭訳書を何というか。	ターヘル＝アナトミア
★★★★★★★ 14 □□□	『ターヘル＝アナトミア』の翻訳を行った人物のうち、豊前中津藩医（ぶぜんなかつ）はだれか。	前野良沢（まえのりょうたく）
★★★★★★★ 15 □□□	『解体新書』の苦心談を中心として回想録を著した人物はだれか。	杉田玄白（すぎたげんぱく）
★★★☆☆☆☆ 16 □□□	杉田玄白が著した、『解体新書』の苦心談を中心とする回想録を何というか。	蘭学事始（ことはじめ）
★★★★★☆☆ 17 □□□	前野良沢や杉田玄白に洋学を学び、江戸に私塾である芝蘭堂（しらんどう）を開いた洋学者はだれか。	大槻玄沢（おおつきげんたく）
★★★★☆☆☆ 18 □□□	大槻玄沢は蘭学の入門書を著したが、それを何というか。	蘭学階梯（かいてい）
★★★☆☆☆☆ 19 □□□	幕府の奥医師であった桂川甫周（かつらがわほしゅう）に蘭医学を学び、オランダの内科書の翻訳を完成させたのはだれか。	宇田川玄随（うだがわげんずい）
★★★☆☆☆☆ 20 □□□	宇田川玄随が著した翻訳内科書を何というか。	西説内科撰要（せいせつないかせんよう）
★★★★☆☆☆ 21 □□□	大槻玄沢の門人で、オランダ人ハルマの『蘭仏辞典』を翻訳した、日本最初の蘭日辞書を編集した人はだれか。	稲村三伯（いなむらさんぱく）
★★★★☆☆☆ 22 □□□	稲村三伯が編集した日本最初の蘭日辞書を何というか。	ハルマ和解（わげ）
★★★★★☆☆ 23 □□□	18世紀後半に活躍した科学者で、長崎遊学後、江戸で寒暖計やエレキテル(摩擦起電器)を製作し、また西洋画にもすぐれた手腕を発揮した人物はだれか。	平賀源内（ひらがげんない）

■国学の発達と尊王論

★★★★★★★ 1 □□□	江戸時代中期におこった学問で、日本の民族精神の根源を、古典のなかで究明しようとした学問を何というか。	国学（こくがく）
★★★★☆☆☆ 2 □□□	国学は、元禄（げんろく）時代の契沖（けいちゅう）の古典研究から始まったものだ	荷田春満（かだのあずままろ）

が、その弟子で「記紀」を研究して日本固有の道を明らかにしようとした京都伏見神社の神職はだれか。

★★★★★

3 □□□ 荷田春満の門人で、『万葉集』を中心とした古典研究から、外来思想である儒教や仏教の影響を受けない純粋固有の日本古代の精神の復活をはかり、復古主義をとなえた人はだれか。 — 賀茂真淵

★★★

4 □□□ 賀茂真淵は儒教や仏教など外来思想の影響を受ける前の日本固有の純粋な精神を何と表現したか。 — 古道

★★★★★★★

5 □□□ 伊勢松坂の医者で、自宅の鈴屋で国学を講じ、精緻な実証的古典研究法や復古思想を大成した人はだれか。 — 本居宣長

★★★★

6 □□□ 本居宣長の代表作で、精緻で実証的な古典研究を知ることができる古典の注釈書をあげよ。 — 古事記伝

★★★★★

7 □□□ 賀茂真淵に学び、古代から江戸初期にいたる国書を分類・集録して、その後の国文・国史の研究に大きく貢献した盲目の国学者はだれか。 — 塙保己一

★★★★★

8 □□□ 塙保己一が編纂した国書の分類叢書を何というか。 — 群書類従

★★★★

9 □□□ 塙保己一が幕府の許可を得て設立した学問所を何というか。 — 和学講談所

★★★★★

10 □□□ 本居宣長の没後の門人で、古道説を継承し、儒仏を鋭く批判して宗教的国粋主義の傾向を強め、それを神道として大成したのはだれか。 — 平田篤胤

★★★★★

11 □□□ 平田篤胤がとなえた神道を何というか。 — 復古神道

★★★★★

12 □□□ 江戸で兵学塾を開き、幕府の要地攻略を例として説いたため、藤井右門とともに死刑に処せられたのはだれか。 — 山県大弐

★★★★★

13 □□□ 山県大弐が1767(明和４)年に死刑に処せられた事件を何というか。 — 明和事件

■生活から生まれた思想

★★★★★★

1 □□□ 18世紀初め頃、町人道徳として、神・仏・儒の諸説を平易に説明し、倹約・堪忍・正直や知足安分を説く学問を始めたのはだれか。 — 石田梅岩

★★★★★☆☆

2 京都の町人石田梅岩の教えを何というか。 — 心学(石門心学)

★★★☆☆☆☆

3 石田梅岩の教えの普及につとめ、心学を全国に広げた主な弟子を2人あげよ。 — 手島堵庵・中沢道二

★★★★★☆☆

4 18世紀半ばの思想家で、万人が平等に耕す自然の世を理想とし、身分制の世の中を否定した八戸の医者はだれか。 — 安藤昌益

★★★★★☆☆

5 自然世の考え方を展開した安藤昌益の主著を何というか。 — 自然真営道

★★☆☆☆☆☆

6 工藤平助の娘で、国学の儒学批判にも学びながら、男女の才知の平等を主張した人物はだれか。 — 只野真葛

■儒学教育と学校

★★☆☆☆☆☆

1 江戸中期の儒学の一派で、儒学諸説を取捨選択して穏当な学説を立てようとした学派を何というか。 — 折衷学派

★☆☆☆☆☆☆

2 江戸後期の儒学の一派で、日本・中国の古典を収集し、その解釈を確実な典拠にもとづいて理解しようとする実証的学派を何というか。 — 考証学派

★★★★★★☆

3 江戸時代に諸藩が藩士の教育のため設立した学校を何というか。 — 藩校(藩学)

★★★★★★☆

4 藩士子弟や庶民の教育のため、藩の援助を受けるなどして設けられた学校を何というか。 — 郷校(郷学)

★★★★★☆☆

5 庶民教育のための学校としては、1670(寛文10)年に岡山藩主池田光政が設けた郷学がその早い例であった。その名称をあげよ。 — 閑谷学校

★★★★★★☆

6 牢人・神職・医師・町人らが、一般庶民に読み・書き・そろばんを教えた教育施設を何というか。 — 寺子屋

★★★★★★☆

7 享保期に三宅石庵を学主として大坂町人たちの出資で設立され、幕府も準官学として援助を与え、おおいに発展した大坂の学塾を何というか。 — 懐徳堂

★★☆☆☆☆☆

8 懐徳堂の学主で、松平定信の諮問に答えた『草茅危言』を著し、この学塾の全盛期を現出させたのはだれか。 — 中井竹山

★★★★★★
9 □□□ 懐徳堂出身の町人学者で、『翁の文』や『出定後語』などで、儒教・仏教を否定したのはだれか。
富永仲基

★★★★★★
10 □□□ 懐徳堂出身の町人学者で、唯物論・無神(無鬼)論を説いたのはだれか。
山片蟠桃

★★★★
11 □□□ 山片蟠桃の主著で、地動説をとり、国学の神道説や仏教の須弥山説、朱子学の鬼神論を否定し、無神(無鬼)論を説いた著書をあげよ。
夢の代

★★★★★
12 □□□ 18世紀前半に荻生徂徠が江戸で始めた私塾は何か。
蘐園塾

★★★★★
13 □□□ 18世紀後半に大槻玄沢が江戸に開いた蘭学塾は何か。
芝蘭堂

★
14 □□□ 18世紀後半に本居宣長が国学を講じた私塾は何か。
鈴屋

★★★
15 □□□ 江戸時代中期に出版され、良妻賢母主義教育の聖典とされた、女子教育書をあげよ。
女大学

■文学と芸能

★
1 □□□ 17世紀後半に、挿絵入りの小説が登場し、内容によって表紙の色が違い、子ども向けの赤本、大人向けの青本などがあった。これらの小説を総称して何というか。
草双紙

★★★★★
2 □□□ 元禄期から発生した、見料という料金をとって本を貸す商人を何というか。
貸本屋

★★★★★★★
3 □□□ 18世紀半ば頃から流行した短編小説で、遊里を舞台に、日常会話を主体として町人の遊興や「通」の姿を、滑稽・軽妙に描いたものを何というか。
洒落本

★★★★★★
4 □□□ 洒落本の短編小説の代表的作家で、風俗を乱したとして寛政の改革で手鎖50日の処罰を受けたのはだれか。
山東京伝

★★★
5 □□□ 山東京伝の代表作で、題材を曽我兄弟にとった深川遊女の物語は何か。
仕懸文庫

★★★★★★★
6 □□□ 草双紙は青本から大人の読み物になり、田沼時代には表紙の色も改まり、風俗・芝居・見世物など江戸市中の話題を取り上げる時事性をもったものになった。これを何というか。
黄表紙

★★★★☆☆☆

7 □□□ 寛政の改革を風刺した小説を著して幕府に処罰された黄表紙作家はだれか。

恋川春町

★★★★★☆☆

8 □□□ 江戸新吉原に本屋耕書堂を開業し、作家に原稿料を支払い、洒落本や黄表紙、錦絵などを版元として刊行した出版業者を何というか。

蔦屋(重三郎)

★★★★★★★

9 □□□ 仮名草子の流れをくみ、初期には歴史的伝奇が多く、のちには勧善懲悪を説くようになった小説を何というか。

読本

★★★★★★☆

10 □□□ 日本・中国の古典からとった怪談を取り扱った読本の代表作『雨月物語』の作者はだれか。

上田秋成

★★★★★★☆

11 □□□ 18世紀半ばの俳人・文人画家で、蕉風への復帰をとなえ、絵画的な俳諧で天明調と称されたのはだれか。

与謝蕪村

★★★★★★★

12 □□□ 遊戯文芸のうち、俳句の形式を借りて世相や風俗を風刺したものを何というか。

川柳

★★★★★☆☆

13 □□□ 『誹風柳多留』を出版し、川柳を文学の一分野として定着させたのはだれか。

柄井川柳

★★★★★★★

14 □□□ 遊戯文芸のうち、和歌の形式を借りて政治・世相を皮肉ったものを何というか。

狂歌

★★★★★☆☆

15 □□□ 狂歌の代表的作家で、四方赤良や寝惚先生などの戯号をもった幕臣はだれか。

大田南畝(蜀山人)

★★★★★☆☆

16 □□□ 大田南畝(蜀山人)に学んだ国文学者・狂歌師で、宿屋を営んでいたのはだれか。

石川雅望(宿屋飯盛)

★★★★★☆☆

17 □□□ 近松門左衛門の指導を受け、18世紀前半に活躍した浄瑠璃作家で座元でもあった人はだれか。

竹田出雲(2世)

★★★☆☆☆☆

18 □□□ 竹田出雲らの作品で、赤穂事件を室町期に擬して描いた戯曲を何というか。

仮名手本忠臣蔵

★☆☆☆☆☆☆

19 □□□ 江戸幕府から興行が公認された歌舞伎劇場で、寛政期に栄えた江戸三座をすべてあげよ。

中村座・市村座・森田(守田)座

★☆☆☆☆☆☆

20 □□□ 浄瑠璃のなかで、人形操りと離れて音曲として発展したものがあるが、これを何というか。

唄浄瑠璃(座敷浄瑠璃)

★★

21 唄浄瑠璃で、常磐津文字太夫が創始した18世紀に人気を集めた流派を何というか。 | 常磐津節

■絵画

★★★★★★★

1 18世紀半ば頃、多色刷の技法による浮世絵版画が創始されたがこれを何というか。 | 錦絵

★★★★★★

2 錦絵の技法を創始したのはだれか。 | 鈴木春信

★★★★★

3 美人画の大家で、特に人物の上半身を画面いっぱいの構図で描く様式で名声を博した浮世絵師はだれか。 | 喜多川歌麿

★★★★★★★

4 18世紀末の浮世絵師で、１年足らずの間に140枚もの個性的な役者絵と相撲絵を残したのはだれか。 | 東洲斎写楽

★★

5 浮世絵版画のうち、人物の上半身や顔のみを大写しに描いたものを何というか。 | 大首絵

★★★★★

6 享保年間に来日した清の画家沈南蘋が伝えた写実法と洋画の遠近法を取り入れ、写生画を大成した人物はだれか。 | 円山応挙

★★★

7 円山応挙の画派を何というか。 | 円山派

★★★

8 円山応挙が描いた雪に松を画題とした六曲一双の屏風を何というか。 | 雪松図屏風

★★★★★★

9 中国から伝わった南画（南宋画）の画法は、学者や文人たちによって盛んに行われるようになったが、彼らによって描かれた絵を何というか。 | 文人画

★★★★★

10 京都の人で、明・清の絵に学びながら、日本的な文人画の画法を大成した人はだれか。 | 池大雅

★★★★

11 池大雅が中国清代の文人の詩にもとづいて与謝蕪村と合作した作品をあげよ。 | 十便十宜図

★★★★★

12 桃山時代に南蛮人がもたらしたのち途絶えていたが、蘭学の興隆とともに再び盛んになった絵画は何か。 | 西洋画（洋画）

★★★★

13 絵画を銅板に刻んで印刷したものを何というか。 | 銅版画

★★★★★★★
14 □□□ 長崎におもむき洋画を研究し、平賀源内に学んで日本最初の銅版画に成功したのはだれか。

司馬江漢(しばこうかん)

★★★★★★★
15 □□□ 陸奥須賀川の人で、絵を谷文晁(たにぶんちょう)に学んだが、のちオランダ人に銅版画や洋画を学び、『浅間山図屛風』を残したのはだれか。

亜欧堂田善(あおうどうでんぜん)

★★★★★★★
16 □□□ 平賀源内を招いた秋田藩で、源内の教えを受けた小田野直武(おだのなおたけ)らによって生み出された和洋折衷(わようせっちゅう)の独自の絵画を何というか。

秋田蘭画(らんが)

③ 幕府の衰退と近代への道

用語集 p.194〜202

松平定信による寛政の改革の頃から、外国船が次々に来航して鎖国体制が動揺するとともに、大塩の乱や百姓一揆(いっき)なども相次ぎ、内憂外患の状態となった。これに対応するため、水野忠邦による天保(てんぽう)の改革が行われるものの改革は失敗に終わり、幕府にかわる上位の権威として天皇・朝廷が求められ始めた。

■寛政の改革

★★★★★★★
1 □□□ 11代将軍として一橋家(ひとつばしけ)から迎えられたのはだれか。

徳川家斉(とくがわいえなり)

★★★★★★★
2 □□□ 田沼意次(たぬまおきつぐ)が退いたのち、江戸・大坂など全国30余りの主要都市で相次いでおこった打ちこわしを何というか。

天明(てんめい)の打ちこわし

★★★★★★★
3 □□□ 11代将軍の初期に、老中として幕政を担当したのはだれか。

松平定信(まつだいらさだのぶ)

★★★★★★★
4 □□□ 松平定信は、徳川吉宗(よしむね)の孫にあたるが、どこの藩主であったか。

白河藩(しらかわはん)

★★★★★★★
5 □□□ 松平定信による幕政改革を何と呼んでいるか。

寛政(かんせい)の改革

★★★★★★★
6 □□□ 寛政の改革では、天明の飢饉(ききん)の教訓を活かし、諸藩に対し1万石につき50石の貯蔵を命じたが、これを何というか。

囲米(かこいまい)

★★★★★★★
7 □□□ 寛政の改革では、各地に倉を設けて米穀をたくわえるように命じたが、この倉を何というか、2つあげよ。

社倉(しゃそう)・義倉(ぎそう)

★★★★★★★
8 □□□ 寛政の改革では、江戸の町人に町費を節約させ、飢饉や災害に備えてその7割を積み立てさせたが、これを何と

七分積金(しちぶつみきん)(七分金積立)

いうか。

★★★★★★★
9 □□□ 江戸時代の町費のことを何というか。 — 町入用(ちょうにゅうよう)

★★★★★★★
10 □□□ 七分積金では、節約させた7割をどこに運用させたか。 — 江戸町会所(えどまちかいしょ)

★★★★★★★
11 □□□ 寛政の改革で、旗本・御家人を救済するために、札差(ふださし)らに6年以前の債権を破棄させ、以後のものも返済利率を下げるよう命じた法令を何というか。 — 棄捐令(きえんれい)

★★★★★★★
12 □□□ 江戸時代に、都市で定職・住居をもたない人々は何と呼ばれたか。 — 無宿人(むしゅくにん)

★★★★★★★
13 □□□ 寛政の改革で、無宿人や再犯のおそれのある罪人などを収容して職業技術を習得させる施設を江戸に設けた。これを何というか。 — 人足寄場(にんそくよせば)

★★★★★★★
14 □□□ 人足寄場は江戸のどこに設けられたか。 — 石川島(いしかわじま)

★★★★★★★
15 □□□ 寛政の改革で、百姓の出稼ぎを制限し、正業をもたない者に対し資金を与えて農村へ帰ることを奨励した政策を何というか。 — 旧里帰農令(きゅうりきのうれい)

★★★★★★★
16 □□□ 1790(寛政2)年、松平定信は柴野栗山(しばのりつざん)の建言をいれて、湯島聖堂の学問所で朱子学以外の学問を教授することを禁止した。これを何というか。 — 寛政異学(いがく)の禁

★★★★★★★
17 □□□ 松平定信が老中を退いた後も、幕府は朱子学を奨励し、1797(寛政9)年に幕府が援助を与えていた林家の私塾を正式に幕府の統制下におき、名称も改めた。その名称をあげよ。 — 昌平坂学問所(しょうへいざかがくもんじょ)(昌平黌(こう))

★★★★★★★
18 □□□ 朱子学の振興につとめた昌平坂学問所の3人の教官を何と呼ぶか。 — 寛政の三博士

★★★★★★★
19 □□□ 寛政の三博士のなかで、最後に学問所に登用されたのはだれか。 — 古賀精里(こがせいり)

★★★★★★★
20 □□□ 寛政の改革では、民間に対してきびしい出版統制令が出されたが、風俗を乱すとの理由で処罰を受けた洒落本(しゃれぼん)作家と黄表紙(きびょうし)作家をそれぞれあげよ。 — 山東京伝(さんとうきょうでん)・恋川春町(こいかわはるまち)

★★★★★★★

21 □□□ 松平定信は、1792(寛政4)年に、ロシアに備えて海防の必要を説いた人物を禁錮(きんこ)刑に処し、著書を絶版・発売禁止にした。この弾圧された人物はだれか。

林子平(はやししへい)

★★★★★★

22 □□□ 林子平がロシアに備える海防の必要を説いて絶版・発売禁止となった著書を何というか。

海国兵談(かいこくへいだん)

★★★★★

23 □□□ 蝦夷地(えぞち)・朝鮮・琉球(りゅうきゅう)を図示・解説した林子平の著書を何というか。

三国通覧図説(さんごくつうらんずせつ)

★★★★★★

24 □□□ 1789(寛政元)年に朝廷は、光格天皇(こうかく)の実父閑院宮典仁親王(かんいんのみやすけひと)に太上天皇の称号を宣下したいと幕府に同意を求めたが、松平定信はこれを拒否し、さらに武家伝奏(ぶけてんそう)らを処罰した。この事件を何というか。

尊号一件(そんごういっけん)

★★★★★★★

25 □□□ 18世紀に入ると、諸藩は利潤を目的に自領の産物の生産・販売を独占する体制をつくり出したが、これを何というか。

専売制(せんばいせい)

★★★★★★★

26 □□□ 米沢(よねざわ)藩主で鷹山(ようざん)と号し、財政を再建して殖産興業につとめたり、藩校興譲館(こうじょうかん)を再興して学問を奨励したりして、名君と呼ばれたのはだれか。

上杉治憲(うえすぎはるのり)

★★★★★★★

27 □□□ 熊本藩主で、殖産興業や治水につとめ、税の軽減を行い、また時習館(じしゅうかん)を設立して文武を奨励したのはだれか。

細川重賢(ほそかわしげかた)

★★★★

28 □□□ 秋田藩主で、天明の飢饉ののちに、農・鉱・林業を奨励し、織物・製紙・醸造業などを育成して藩政を立て直したのはだれか。

佐竹義和(さたけよしまさ)

■鎖国の動揺

★★★★★★★

1 □□□ エカチェリーナ2世の命を受け、日本人漂流民の引渡しと通商を求めて来航したロシア使節はだれか。

ラクスマン

★★★★★★

2 □□□ ラクスマンら使節は1792(寛政4)年に、どこに来航したか。

根室(ねむろ)

★★★★★★★

3 □□□ ラクスマンら使節が来航した時、幕政を担当していたのはだれか。

松平定信

★★★★★★

4 □□□ ラクスマンら使節が幕府に引渡した漂流民(伊勢(いせ)の船頭(せんどう))

大黒屋光太夫(だいこくやこうだゆう)

はだれか。

★★★★★☆☆ 5 □□□	大黒屋光太夫の体験を幕府の官医である桂川甫周が聞きとり、まとめた書物は何か。	北槎聞略
★★★★★★★ 6 □□□	幕府の松前蝦夷地御用として、1798(寛政10)年以降、数回にわたり千島方面の探査を行った人はだれか。	近藤重蔵
★★★★★★★ 7 □□□	近藤重蔵の探査した千島列島のうち、「大日本恵登呂府」の標柱を立てた島名をあげよ。	択捉島
★★★★★★★ 8 □□□	1808(文化5)年、幕命により樺太を探査し、島であることを確認した人はだれか。	間宮林蔵
★★★★☆☆☆ 9 □□□	間宮林蔵が発見した海峡を何というか。	間宮海峡
★★★★★★★ 10 □□□	1804(文化元)年、アレクサンドル1世の命により、通商を求めて長崎に来航したロシアの使節はだれか。	レザノフ
★★★★☆☆☆ 11 □□□	1811(文化8)年、千島測量中に国後島で松前藩の役人に捕らえられ、箱館・松前に監禁されたロシアの軍人はだれか。	ゴローウニン
★★★★★★☆ 12 □□□	1812(文化9)年にロシアに捕らえられ翌年に送還されたのち、ゴローウニンの監禁事件の解決に尽力した、淡路出身の蝦夷地産物売捌方商人はだれか。	高田屋嘉兵衛
★★★★★☆☆ 13 □□□	ロシアの接近にともない、江戸幕府が1802(享和2)年に直轄とした地域はどこか。	東蝦夷地
★★★☆☆☆☆ 14 □□□	ロシアの接近にともない、江戸幕府が1807(文化4)年に直轄とした地域を何というか。	西蝦夷地
★★★★☆☆☆ 15 □□□	1807年に江戸幕府の直轄地となった全蝦夷地を支配した役職を何というか。	松前奉行
★★★★★★★ 16 □□□	ナポレオン戦争の余波で、オランダ船捕獲のため長崎に侵入し、薪水・食料を強奪して退去した外国船を何というか。	フェートン号
★☆☆☆☆☆☆ 17 □□□	フェートン号による事件は西暦何年におこったか。	1808年
★★★☆☆☆☆ 18 □□□	長崎に侵入したフェートン号はどこの国の船か。	イギリス

★★★★★★★
19 □□□ フェートン号を砲撃・拿捕できなかったため、責任をとり自殺した長崎奉行はだれか。
松平康英

★★★★★★★
20 □□□ 幕府は1806(文化3)年の文化の撫恤令で外国船に薪水を与えて退去させるように命じていたが、1825(文政8)年に方針を変更して、外国船を撃退することを命じた。この命令を何と呼ぶか。
異国船打払令(無二念打払令)

■文化・文政時代

★★★★★★★
1 □□□ 11代将軍徳川家斉は、将軍職を退いたのちも実権を握り続けた。この政治を何というか。
大御所政治

★★★★★★★
2 □□□ 18世紀後半から、関東の在郷町で酒・味噌・醬油などが生産されて江戸に売り出される経済圏がつくられたが、これを何というか。
江戸地廻り経済圏

★★★★★★★
3 □□□ 関東の農村で無宿人や博徒による治安の乱れが生じたため、関東の治安維持強化を目的に、1805(文化2)年に創設された役職で、俗に八州廻りと呼ばれたものは何か。
関東取締出役

★★★★★★★
4 □□□ 1827(文政10)年に、農村秩序を維持するため、関東において幕領・私領を問わず40〜50カ村をあわせて設定された組織は何か。
寄場組合(改革組合村)

■大塩の乱

★★★★★★★
1 □□□ 大御所時代の末期に洪水・冷害などにより東北地方を中心に全国的な飢饉がおこったが、この飢饉を何というか。
天保の飢饉

★★★★★★★
2 □□□ 天保の飢饉に際し、窮民の救済のために、門弟や同志とともに大坂市中で蜂起し、鎮圧された大坂町奉行元与力はだれか。
大塩平八郎

★★★★★★★
3 □□□ 大塩平八郎は私塾を開いて子弟の教育にあたっていたが、どのような学問を教授していたか。
陽明学

★★★★★★★
4 □□□ 大塩平八郎の私塾を何というか。
洗心洞

★★★★★★★
5 □□□ 大塩の乱の影響を受けて越後柏崎でも国学者が蜂起したが、この人物はだれか。
生田万

★☆☆☆☆☆☆
6 □□□ 大塩の乱・生田万の乱は、西暦何年におこったか。 — 1837年

★★★★★★★
7 □□□ 異国船打払令(無二念打払令)によって、日本人漂流民を引渡すため来航したアメリカ商船が、相模(さがみ)の浦賀(うらが)や薩摩(さつま)の山川で砲撃された。この船を何というか。 — モリソン号

★☆☆☆☆☆☆
8 □□□ モリソン号による事件は西暦何年におこったか。 — 1837年

★★★★★★★
9 □□□ モリソン号による事件を知り、幕府の方針を批判した江戸の蘭学者のグループが処罰される事件がおこったが、この事件を何というか。 — 蛮社の獄(ばんしゃのごく)

★★★☆☆☆☆
10 □□□ 蛮社の獄で処罰された蘭学者が参加していた江戸の知識人の勉強会を何というか。 — 尚歯会(しょうしかい)

★★★★★★★
11 □□□ 蛮社の獄で処罰された人物で、三河田原(みかわたはら)藩家老で、文人画家としても著名であったのはだれか。 — 渡辺崋山(わたなべかざん)

★★★★☆☆☆
12 □□□ 渡辺崋山がモリソン号事件を批判した著書名をあげよ。 — 慎機論(しんきろん)

★★★★★★★
13 □□□ 蛮社の獄で処罰された陸奥(むつ)水沢(みずさわ)出身の人物で、医学をシーボルトに学んだのはだれか。 — 高野長英(たかのちょうえい)

★★★★☆☆☆
14 □□□ 高野長英がモリソン号事件を批判した著書名をあげよ。 — 戊戌夢物語(ぼじゅつ)

■天保の改革

★★★★★★★
1 □□□ 19世紀前半の幕藩体制をゆるがす内憂外患(ないゆうがいかん)に対処するために行われた幕政改革を何というか。 — 天保の改革

★★★★★★★
2 □□□ 天保の改革を推進した老中はだれか。 — 水野忠邦(みずのただくに)

★☆☆☆☆☆☆
3 □□□ 天保の改革は西暦何年に始まったか。 — 1841年

★★★★★★☆
4 □□□ 天保の改革の時の将軍はだれか。 — 徳川家慶(いえよし)

★★★★★★☆
5 □□□ 水野忠邦は、農村の荒廃を防ぐため、百姓に出稼ぎを禁じ、江戸に住む窮民を強制的に農村に返したが、この命令を何というか。 — 人返しの法(ひとがえし)

★★★★★★★
6 □□□ 天保の改革で、高騰(こうとう)した江戸の物価を抑制するために、商工業者に対してとった政策は何か。 — 株仲間(かぶなかま)の解散

★★★★★★☆
7
□□□
水野忠邦は幕府権力の強化のため、江戸・大坂周辺の大名・旗本領を直轄領にする命令を出して失敗した。この命令を何というか。

上知令（あげち）

★★★★★★☆
8
□□□
江戸時代中期以降に、農村で成長してきた商人を何というか。

在郷商人（在方商人）

■経済の変化

★★★★☆☆☆
1
□□□
19世紀初めにみられた、参加の範囲が郡や国にまで拡大した合法的な農民闘争で、在郷商人と結びついた一般百姓が、領主や特権商人の流通独占に反対しておこしたものは何か。

国訴（くにそ）

★★★★★★☆
2
□□□
幕末の相模の農政家で、没落した一家を再興し、節約・貯蓄を説く報徳仕法で各地の農村の復興に尽力したのはだれか。

二宮尊徳（金次郎）

★★★★★★☆
3
□□□
幕末の農民指導者で性学をとなえ、下総国に土着して農村復興や農業生産の合理化を説いたのはだれか。

大原幽学

★★★★★★★
4
□□□
工場を設立して賃労働者を集め、分業による協同作業を行う生産様式を何というか。

工場制手工業（マニュファクチュア）

★★★★☆☆☆
5
□□□
工場制手工業は、天保期には桐生・足利などで行われるようになったが、どのような業種で行われたか。

絹織物業

★★★☆☆☆☆
6
□□□
19世紀前半から、尾張西部で生産が盛んになった綿糸と絹糸が交織された上級品の織物を何というか。

結城縞

★★☆☆☆☆☆
7
□□□
江戸時代中期以降、藩専売制実施の過程で設置された藩営の工場による生産様式を何というか。

藩営工業

■朝廷と雄藩の浮上

★★★★★★★
1
□□□
江戸時代後期に藩政改革を行い、財政を好転させ、軍事力を強化して幕政に大きな影響力をもった諸藩があった。これらを何と呼ぶか。

雄藩

★★★★★☆☆
2
□□□
江戸時代後期、薩摩藩ではばく大な借財を解消して藩財政の再建に成功したが、この藩政改革を担当した家老は

調所広郷

だれか。

★★★ 3 □□□	調所広郷による薩摩藩の改革で強化された専売品目をあげよ。	黒砂糖
★★★★★★★ 4 □□□	調所広郷による薩摩藩の改革で、拡大されたのは、どことの貿易か。	琉球王国(りゅうきゅう)
★★★★★★ 5 □□□	将軍継嗣(けいし)問題で徳川慶喜(よしのぶ)を推すなど、中央政界でも活躍しながら、鹿児島に反射炉(はんしゃろ)やガラス製造工場などを設けた薩摩藩主はだれか。	島津斉彬(しまづなりあきら)
★ 6 □□□	薩摩藩が鹿児島に設けた洋式工場群を総称して何というか。	集成館(しゅうせいかん)
★★★★★ 7 □□□	長州藩主毛利敬親(もうりたかちか)が登用した人物で、負債の整理や専売制の改正など、藩政改革を担当したのはだれか。	村田清風(むらたせいふう)
★★★ 8 □□□	長州藩が専売品としていた品目で、灯明(とうみょう)に使用するものは何か。	蠟(ろう)
★★★★★★ 9 □□□	長州藩では他国の廻船(かいせん)に対して積荷を抵当にした資金の貸付や、積荷の委託販売を行い利益を得た。このために下関に設けられた役所を何というか。	越荷方(こしにかた)
★★★★★★★ 10 □□□	幕末に本百姓体制の再建など農村の復興につとめ、陶磁器の専売など殖産興業につとめた藩はどこか。	肥前(ひぜん)(佐賀)藩
★★★ 11 □□□	肥前藩の改革を進めた藩主名をあげよ。	鍋島直正(なべしまなおまさ)
★★★★ 12 □□□	肥前藩では小作地を収公し、一部を地主に再給付し、残りは小作人に分けて本百姓にした。この土地制度を何というか。	均田制(きんでんせい)
★★★ 13 □□□	肥前藩で、洋式軍事工業の導入のため1850(嘉永3)年に設立された施設では、何を製作したか。	大砲
★★★★★★ 14 □□□	大砲の鋳造のためにオランダから学んでつくられたもので、炉内で火炎を反射させて鉱石や金属を熱する炉を何というか。	反射炉(はんしゃろ)
★★★★★★ 15 □□□	おこぜ組と呼ばれる改革派を登用して、財政の緊縮を行い、藩権力の強化をはかった雄藩をあげよ。	土佐(とさ)(高知)藩

★★★★★★☆

16 □□□ 藩主徳川斉昭(なりあき)のもとで改革政治が推進されたが、藩内保守派の反対で藩論を統一できず、改革が成功しなかった藩はどこか。 — 水戸藩(みと)

★★★☆☆☆☆

17 □□□ 長崎の町年寄で、オランダ人に砲術を学び、幕府にその採用を建議して水野忠邦に認められ、のち講武所砲術師範になった人物はだれか。 — 高島秋帆(たかしましゅうはん)

★★★★★☆☆

18 □□□ 伊豆韮山(いずにらやま)の代官で、高島秋帆に砲術を学び、韮山に反射炉を築いたのはだれか。 — 江川太郎左衛門(えがわたろうざえもん)(坦庵(たんあん)・英竜(ひでたつ))

★★☆☆☆☆☆

19 □□□ 水戸藩は幕命により、江戸のどこに造船所を設立したか。 — 石川島(いしかわじま)

④ 化政文化

用語集 p.202～208

宝暦・天明期に発展した文化は、寛政の改革により停滞したものの、19世紀に入り再び息を吹き返した。文化・文政期から天保(てんぽう)の改革期におこった化政文化は、民衆を基盤とし、都市の繁栄、商人や身分をこえた文人らの全国的な交流、出版・教育の普及、交通網の発達などによって、様々な情報とともに全国各地に伝えられた。

■化政文化

★★★★★☆☆

1 □□□ 文化・文政時代を中心に、三都の繁栄を背景に文学と美術を主として発達した町人文化を何というか。 — 化政文化(かせい)

■学問・思想の動き

★★★★★☆☆

1 □□□ 丹後(たんご)宮津出身の経世家で、商品経済・貨幣経済への蔑視(べっし)は誤りであると指摘し、専売制度などによる富国強兵、封建制の再建を主張したのはだれか。 — 海保青陵(かいほせいりょう)

★★★★☆☆☆

2 □□□ 海保青陵の主著をあげよ。 — 稽古談(けいこだん)

★★★★★★☆

3 □□□ 越後(えちご)出身の経世家で、開国の必要と貿易振興、蝦夷地開発による富国策を主張したのはだれか。 — 本多利明(ほんだとしあき)

★★★☆☆☆☆

4 □□□ 本多利明の著書で、西洋諸国の国勢・風俗を記し、航海・貿易の必要を人口論とあわせて説いているものをあげよ。 — 西域物語(せいいき)

番号	重要度	問題	解答
5	★★★★★☆☆	本多利明の著書で、国内開発・金銀採掘・商業貿易の掌握・属島の開発など四大急務・三慮策による富国策を説いているものをあげよ。	経世秘策（けいせいひさく）
6	★★★★★★☆	出羽（でわ）出身の経世家で、諸学を修め、産業の国営化や、貿易振興のための海外経略論を展開したのはだれか。	佐藤信淵（さとうのぶひろ）
7	★☆☆☆☆☆☆	佐藤信淵の著書で、農政の沿革や農事を詳述したものを何というか。	農政本論（のうせいほんろん）
8	★★★★☆☆☆	佐藤信淵の著書で、産業の振興・官営商業・貿易展開などを主張したものを何というか。	経済要録（ようろく）
9	★★★★☆☆☆	水戸（みと）藩で『大日本史』の編纂事業を中心にして形成された学風を何というか。	水戸学（みとがく）
10	★★★★★☆☆	尊王論は、幕末の水戸藩主徳川斉昭（なりあき）の頃には、内外情勢の緊迫化のなかでどのような考え方に発展したか。	尊王攘夷論（そんのうじょういろん）
11	★★★☆☆☆☆	水戸藩の藩校（藩学）弘道館（こうどうかん）の設立に尽力し、『弘道館記述義』で新しい考え方を主張して水戸学の中心となったのはだれか。	藤田東湖（ふじたとうこ）
12	★★★☆☆☆☆	『大日本史』の編纂事業推進の機関である水戸藩の彰考館（しょうこうかん）の総裁で、天皇を頂点に位置づける国体論を提示した『新論（しんろん）』を著したのはだれか。	会沢安（正志斎）（あいざわやすし（せいしさい））
13	★★★★★☆☆	幕府の天文方（てんもんかた）となり、間重富（はざましげとみ）らとともに西洋暦法を取り入れた暦をつくったのはだれか。	高橋至時（たかはしよしとき）
14	★★★☆☆☆☆	高橋至時らがつくった暦を何というか。	寛政暦（かんせいれき）
15	★★★★★★★	下総佐原（しもうささわら）の酒造家で、50歳で江戸に出て高橋至時に測地・暦法を学び、幕命で蝦夷地（えぞち）をはじめ全国を測量したのはだれか。	伊能忠敬（いのうただたか）
16	★★★★★★☆	伊能忠敬の死後に完成された日本の実測図を何というか。	大日本沿海輿地（よち）全図
17	★★★★★★★	1811（文化８）年に、幕府の天文方に蘭書の翻訳局が設置されたが、これを何というか。	蛮書和解御用（ばんしょわげごよう）
18	★★★★★★☆	蛮書和解御用の設置を建言したのはだれか。	高橋景保（かげやす）

第10章 幕藩体制の動揺

★★★★★★★

19 □□□ 本木良永に学び、天文・物理学の入門書を翻訳し、地動説を紹介した蘭学者で、長崎のオランダ通詞でもあった人物はだれか。 ― 志筑忠雄

★★★★★★★

20 □□□ ニュートンの万有引力説やコペルニクスの地動説を紹介した志筑忠雄の著書名をあげよ。 ― 暦象新書

★★★★★★★

21 □□□ 鳴滝塾を開いた商館医が帰国の時、国外へのもち出しが禁じられていた日本地図をもっていたため国外追放となった。この事件を何というか。 ― シーボルト事件

★★★★★★★

22 □□□ シーボルト事件は西暦何年のことか。 ― 1828年

★★★★★★★

23 □□□ シーボルト事件で、日本地図を贈ったことで罪に問われ、牢死した幕府の天文方はだれか。 ― 高橋景保

★★★★★★★

24 □□□ 信濃松代の出身の洋学者・兵学家で、「東洋道徳・西洋芸術(技術)」と和魂洋才を説き、開国論をとなえて暗殺されたのはだれか。 ― 佐久間象山(ぞうざん)

■教育

★★★★★★★

1 □□□ 豊後日田の商家に生まれ、家業を弟に譲り、みずからは教育に専念した折衷学派の儒者はだれか。 ― 広瀬淡窓

★★★★★★★

2 □□□ 広瀬淡窓の私塾には高野長英や大村益次郎も学んだが、この塾の名をあげよ。 ― 咸宜園

★★★★★★★

3 □□□ 江戸で宇田川玄真に、また長崎でオランダ商館医に学び、のちに大坂で蘭学塾を開いて青年の教育、種痘の普及に尽した人物はだれか。 ― 緒方洪庵

★★★★★★★

4 □□□ 緒方洪庵の大坂の蘭学塾を何というか。 ― 適々斎塾(適塾)

★★★★★★★

5 □□□ 長州藩士で江戸に出て佐久間象山に師事し、叔父が開いた学塾で久坂玄瑞や高杉晋作ら幕末の尊攘倒幕派の人材を育てたのはだれか。 ― 吉田松陰

★★★★★★★

6 □□□ 吉田松陰の叔父が長門萩で設立した塾を何というか。 ― 松下村塾

★★★★★★★

7 □□□ オランダ商館の医師として来日したドイツ人で、長崎郊外に診療所兼学塾を設けた人物はだれか。 ― シーボルト

★★★★★★

8 □□□ シーボルトが長崎郊外に設けた診療所兼学塾を何というか。

鳴滝塾（なるたきじゅく）

■文学

★★★★★★★

1 □□□ 洒落本（しゃれぼん）が禁止されたあと、その滑稽味（こっけいみ）を受け継いで、庶民の生活を会話中心に写実的に描写した小説を何というか。

滑稽本（こっけいぼん）

★★★★

2 □□□ 滑稽本の代表的作品に、江戸の弥次郎兵衛（やじろべえ）と喜多八（きたはち）の旅行記があるが、この作品を何というか。

東海道中膝栗毛（とうかいどうちゅうひざくりげ）

★★★★★

3 □□□ 『東海道中膝栗毛』の作者はだれか。

十返舎一九（じっぺんしゃいっく）

★★★★★

4 □□□ 江戸時代の社交場ともいうべき湯屋や髪結床（かみゆいどこ）を舞台に、庶民の様々な様子を描いたのはだれか。

式亭三馬（しきていさんば）

★★★★

5 □□□ 式亭三馬が著した湯屋を舞台とする滑稽本を何というか。

浮世風呂（うきよぶろ）

★★★★★★★

6 □□□ 文政期以後、洒落本にかわって流行した、江戸町人の恋愛や愛欲を主題とした絵入り小説を何というか。

人情本（にんじょうぼん）

★★★★★

7 □□□ 人情本の代表的作家で、天保の改革で処罰されたのはだれか。

為永春水（ためながしゅんすい）

★★★

8 □□□ 為永春水の代表作をあげよ。

春色梅児誉美（しゅんしょくうめごよみ）

★★★★★★

9 □□□ 19世紀初期の読本（よみほん）の作家で、雄大な構想と複雑な事件を整然と脚色したのはだれか。

曲亭馬琴（きょくていばきん）

★★★★★★

10 □□□ 曲亭馬琴の代表作で、安房（あわ）の里見家再興を取り扱った読本を何というか。

南総里見八犬伝（なんそうさとみはっけんでん）

★★★★★★

11 □□□ 化政期に出た信濃（しなの）出身の俳人で、民衆の生活をよみ、人間味豊かな俳諧を残したのはだれか。

小林一茶（こばやしいっさ）

★★★

12 □□□ 小林一茶が日記風に著した随筆と発句（ほっく）からなる俳書を何というか。

おらが春

★★★★

13 □□□ 19世紀前半にかけて活躍した越後（えちご）出身の歌人・禅僧で、万葉調の歌風で童心にあふれた歌を詠（よ）んだのはだれか。

良寛（りょうかん）

第10章 幕藩体制の動揺

★★★★★☆☆

14	越後の縮商人で、山東京伝・曲亭馬琴らとも交遊し、地方色の濃い作品を残した文人はだれか。	鈴木牧之

★★★★★☆☆

15	鈴木牧之の随筆集で、雪国のきびしい自然や百姓の生活・風俗を実証的に描き、雪の観察と奇聞珍話で有名な作品を何というか。	北越雪譜

■美術

No.	重要度	問題	解答
1	★★★★★★★	風景版画の大成者の1人で、和漢洋諸派の画法を学び独自の画風を開き、富士山を大胆な構図と剛健な筆致で描いたのはだれか。	葛飾北斎
2	★★★★★★☆	葛飾北斎の代表作で、富士を各地から眺めた46枚の風景版画を何というか。	富嶽三十六景
3	★★★★★★☆	風景版画の大成者の1人で、歌川派の画法を学び、1833(天保4)年に代表作となる東海道の宿場の風景と風俗の版画を刊行して名声を得たのはだれか。	歌川(安藤)広重
4	★★★★★★★	歌川広重の代表作で、55枚からなる東海道の宿場の様子を描いた風景版画を何というか。	東海道五十三次
5	★★★★★☆☆	「朝比奈小人嶋遊」をはじめ、世相や政治を批判する錦絵を制作したのだれか。	歌川国芳
6	★★★★★☆☆	江戸の文人画家として、「公余探勝図」を描いたのはだれか。	谷文晁
7	★★★★☆☆☆	豊後竹田の出身で、「亦復一楽帖」を描いた文人画家はだれか。	田能村竹田
8	★★★☆☆☆☆	円山派に学び、与謝蕪村の画法を取り入れて一派をなした人物はだれか。	呉春(松村月溪)
9	★★★☆☆☆☆	呉春(松村月溪)の一派を京都での居所にちなんで何というか。	四条派
10	★☆☆☆☆☆☆	美濃大垣藩医の娘で文人画家であるのはだれか。	江馬細香

■民衆文化の成熟

1 ★★★★★★★	18世紀中頃、桟敷席の間の花道や付舞台が設けられた歌舞伎の劇場のことを何というか。	芝居小屋
2 ★★★★★★	見世物興行のためにつくられた軽便な施設を何というか。	見世物小屋
3 ★★★★★★★	「人寄せ席」の意味で、元禄期に江戸に始まった大衆芸能の興行場所を何というか。	寄席
4 ★★★★★	軍談や実録などを、抑揚をつけて口演する寄席演芸の一種を何というか。	講談
5 ★★★★★★	18世紀後半から19世紀前半にかけての歌舞伎狂言作者で、怪談物を得意としたのはだれか。	鶴屋南北(4世)
6 ★★★★	鶴屋南北の代表的な作品を1つあげよ。	東海道四谷怪談
7 ★★★★	江戸末期から明治期にかけて活躍した歌舞伎狂言作者で、盗賊をテーマとする白浪物などの脚本で大当りしたのはだれか。	河竹黙阿弥
8 ★★★★	寺院が特定の日に秘仏の公開を行うことを何というか。	開帳
9 ★★	寺院が秘仏の公開を他の場所に出張して行うことを何というか。	出開帳
10 ★★★★	箱のなかの木札を小さな穴から錐で突き、突いた木札の番号を当りくじとして、ばく大な賞金を払った興行を何といったか。	富突(富くじ)
11 ★★★★★	東北各地を巡歴し、貴重な民俗資料を残した三河出身の国学者はだれか。	菅江真澄
12 ★★★★	菅江真澄の代表的な紀行日記を何というか。	菅江真澄遊覧記
13 ★★★★★	お札が降ったという噂などで、特定の年に日本全国から熱狂的に群衆が参詣におとずれたのはどこか。	伊勢神宮
14 ★★★★★	伊勢神宮への集団参拝が流行し、特定の年に群衆が熱狂的に参詣したが、これを何というか。	御蔭参り

★★★★★★★
15 □□□ 江戸時代には団体をつくって寺社へ参詣することが盛んであったが、特に長野にある寺院への参詣が流行した。これを何というか。
善光寺詣

★★★★★★★
16 □□□ 海上の守護神として信仰された讃岐の神社を何というか。
金毘羅宮(金刀比羅宮)

★★★★★★★
17 □□□ 庶民の間に観音信仰や弘法大師信仰が広まり、各地の聖地や霊場をめぐることが盛んに行われた。これを何というか。
巡礼

★★★★★★★
18 □□□ 幕府は季節の変り目などの日を式日として祝った。1月7日の人日、3月3日の上巳、5月5日の端午、7月7日の七夕、9月9日の重陽の節句を総称して何というか。
五節句

★★★★★★★
19 □□□ 旧暦の7月15日に祖先の霊をまつる供養を何というか。
盂蘭盆会

★★★★★★★
20 □□□ 同じ信仰をもつ者が、特定の日に集まって神をまつり、飲食をともにしたり、また特定の神社への参詣を目的に組織する集まりを何というか。
講

★★★★★★★
21 □□□ 庚申の夜に眠ると命が縮み、眠らずに身を慎めば災難が除かれるとの信仰から、眠らずに夜を明かす集まりを何というか。
庚申講

★★★★★★★
22 □□□ 前夜から潔斎(汚れを除き心身を清潔にする)して、寝ないで日の出を待って拝む集まりを何というか。
日待

★★★★★★★
23 □□□ 十五夜や二十三夜など特定の月齢の日に集まり、月の出を拝む集まりを何というか。
月待

第11章 近世から近代へ

❶ 開国と幕末の動乱

用語集 p.210〜218

ペリーの来航は幕府を大きく動揺させることになった。開国が政治や経済、庶民の生活にも大きな影響をおよぼす一方、尊王攘夷運動が高まった。これに対し、幕府は公武合体の政策をとるが、薩摩・長州藩により倒幕の動きが高まった。

■ペリー来航と対外方針の模索

重要度	番号	問題	解答
★★★★★★★	1	幕府が異国船打払令を緩和して出した法令を何というか。	天保の薪水給与令
★★★	2	天保の薪水給与令は西暦何年に発令されたか。	1842年
★★★★★★★	3	天保の薪水給与令の発令の要因となった中国での戦争をあげよ。	アヘン戦争
★★★★★★	4	アヘン戦争で敗れた清とイギリスが結んだ条約を何というか。	南京条約
★★★★★★★	5	1844(弘化元)年には、ある国の国王が12代将軍徳川家慶に親書をもたらし、幕府に開国を勧めた。ある国とはどこか。	オランダ
★★	6	1845(弘化2)年に幕府が対外政策について検討をするために設置した役職を何というか。	海防掛
★★★★★★	7	1846(弘化3)年に浦賀に来航し、開国を求めたアメリカ東インド艦隊司令長官はだれか。	ビッドル
★★★★★★★	8	日本を開国させた、アメリカ東インド艦隊司令長官はだれか。	ペリー
★★★	9	ペリーが軍艦4隻を率いて日本に来航したのは西暦何年のことか。	1853年
★★★★★★★	10	ペリーは1853(嘉永6)年6月に日本のどこに来航したか。	浦賀
★★★★★★	11	ペリーはアメリカ大統領の国書を強い態度で幕府に受理させたが、この時の大統領名をあげよ。	フィルモア
★★★★★★★	12	ペリーが来航した時の、幕府の老中首座はだれか。	阿部正弘

No.	頻出度	問題	解答
13	★★★★★★★	ペリーに続いて来日し、開国を要求したロシアの使節はだれか。	プチャーチン
14	★★★★★★★	1853年にプチャーチンはどこに来航したか。	長崎
15	★★★★★★★	7隻の艦隊を率いてペリーが再来日し、江戸幕府と締結した条約を何というか。	日米和親条約(神奈川条約)
16	★★★★★☆☆	日米和親条約が締結されたのは西暦何年のことか。	1854年
17	★★★★★☆☆	日米和親条約はどこで締結されたか、当時の宿駅名をあげよ。	神奈川
18	★★★★★★★	日米和親条約で開かれた港を2つあげよ。	下田・箱館
19	★★★☆☆☆☆	日米和親条約にもとづき、開港地でアメリカ船に供給されたものをあげよ。	燃料・食料
20	★★★★★★☆	日米和親条約で日本は、より恩恵的な条件を第三国に与えた場合、アメリカにも同様にすることを一方的に認めた。この待遇を何というか。	片務的最恵国待遇
21	★★★★★★★	日米和親条約締結後、プチャーチンと幕府との間で締結された条約を何というか。	日露和親条約
22	★★★☆☆☆☆	日露和親条約は西暦何年に締結されたか。	1854年
23	★★★☆☆☆☆	日露和親条約で開かれた下田・箱館以外の港をあげよ。	長崎
24	★★★★★★★	日露和親条約では国境についても取り決めがなされたが、現在の北方領土でもある日本領のうち、最も北の島は何か。	択捉島
25	★★★★★★★	日露和親条約で、従来通り境界を定めないとされたのはどこか。	樺太(サハリン)
26	★★★★★★★	アメリカ・ロシア以外に和親条約を結んだ国を2つあげよ。	イギリス・オランダ
27	★★★★★☆☆	ペリー来航を機に、幕府が江戸湾防衛のために築いた砲台を何というか。	台場
28	★★★☆☆☆☆	ペリー来航後、老中阿部正弘を中心に行われた台場の建	安政の改革

設や大船建造の禁の解除など、一連の改革を何というか。

★★★★★★★

29 □□□ 安政の改革で幕政に参画した前水戸(みと)藩主はだれか。 — 徳川斉昭(とくがわなりあき)

■開港とその影響

	問題	解答
★★★★★★★ 1 □□□	1856(安政3)年にイギリス船が広東(カントン)港で清(しん)の官憲に臨検を受けたことを口実に、翌年、イギリス・フランスの軍が天津(てんしん)に侵入した事件を何というか。	第2次アヘン戦争(アロー戦争)
★★★ 2 □□□	第2次アヘン戦争で劣勢になった清が、イギリス・フランス・ロシア・アメリカの4カ国と結んだ条約を何というか。	天津(てんしん)条約
★★★★★★★ 3 □□□	日米和親条約の規定により、アメリカから日本に着任したのはだれか。	ハリス
★★★★★★ 4 □□□	江戸時代末期に来日したハリスの役職は何か。	総領事(そうりょうじ)
★ 5 □□□	ハリスは西暦何年に来日したか。	1856年
★★★★★ 6 □□□	ハリスが最初に着任したのはどこか。	下田
★★★★★ 7 □□□	ハリスが着任した当時、老中首座として外交事務にあたっていた人物はだれか。	堀田正睦(ほったまさよし)
★★★★★★★ 8 □□□	第2次アヘン戦争で天津条約が結ばれたことを利用して、ハリスは新たな条約の調印を幕府に迫ったが、この条約を何というか。	日米修好通商条約(にちべいしゅうこうつうしょう)
★★★★★ 9 □□□	日米修好通商条約は西暦何年に締結されたか。	1858年
★★★★★★★ 10 □□□	日米修好通商条約は勅許(ちょっきょ)を得られないまま調印されたが、これを指示した大老(たいろう)はだれか。	井伊直弼(いいなおすけ)
★★★★★★★ 11 □□□	日米修好通商条約の調印に際して勅許を与えなかった天皇はだれか。	孝明天皇(こうめい)
★★★★★ 12 □□□	日米修好通商条約で、幕府は和親条約の開港地のほかに、4港を開くことと江戸・大坂の開市を約束したが、翌1859(安政6)年に開港することを約束した地を2つあげよ。	神奈川・長崎

重要度	No.	問題	解答
★★★★★★★	13 □□□	日米修好通商条約の開港地のうち神奈川は東海道の宿場町であったため、混乱を避けるために近接した漁村が開港された。それはどこか。	横浜
★★★★★☆☆	14 □□□	横浜が開港されたため、半年後に閉鎖された港はどこか。	下田
★★★★★☆☆	15 □□□	日米修好通商条約で、1860(万延元)年と1863(文久３)年に開港を約した港をそれぞれあげよ。	新潟・兵庫
★★★★★★★	16 □□□	修好通商条約はアメリカについで、オランダ・ロシア・イギリス・フランスとも締結されたが、これらを総称して何というか。	安政の五カ国条約
★★★★★★★	17 □□□	安政の五カ国条約は、日本にとって不利な不平等条約だが、不平等な点を２つあげよ。	日本における領事裁判権(治外法権)を認めたこと・日本の関税自主権の欠如(協定関税)
★★★☆☆☆☆	18 □□□	安政の五カ国条約の関税について定めた規定を何というか。	貿易章程
★★★★★★★	19 □□□	安政の五カ国条約により神奈川(横浜)・長崎などの開港地に、外国人が居住し貿易を許された地域が設けられたが、これを何というか。	居留地
★☆☆☆☆☆☆	20 □□□	幕末、修好通商条約の締結による貿易は、西暦何年から開始されたか。	1859年
★★★★★★★	21 □□□	幕末に、貿易の中心地になった開港地はどこか。	横浜
★★★★★★★	22 □□□	幕末の貿易における取引相手国で中心になったのはどこか。	イギリス
★★★★★★★	23 □□□	幕末の貿易における輸出品の上位２品目を取引量の多い順にあげよ。	生糸・茶
★★★☆☆☆☆	24 □□□	幕末の貿易における輸入品の上位２品目を取引量の多い順にあげよ。	毛織物・綿織物
★★★★★★★	25 □□□	幕末の貿易の開始にともない、多量の金貨が海外に流出した原因は何か。	金銀比価の相違

★★★★★★★
26 □□□ 金貨の海外多量流出への対策として、幕府は重量を大幅に減らした小判を鋳造したが、これを何というか。
万延小判（まんえんこばん）

★★★★★★
27 □□□ 貿易の開始により生じた市場の混乱に対し、幕府が江戸問屋の保護と流通経済を統制するために出した命令を何というか。
五品江戸廻送令（ごひんえどかいそうれい）

★
28 □□□ 五品江戸廻送令は西暦何年に出されたか。
1860年

★★★★★
29 □□□ 五品江戸廻送令で、開港場への直送が禁じられた5品目のうち、雑穀・蠟（ろう）・呉服以外の2つをあげよ。
生糸・水油（みずあぶら）

★★★★
30 □□□ 幕末の尊攘（そんじょう）事件として、1860(万延元)年に駐日アメリカ総領事ハリスの通訳であったオランダ人が江戸赤羽（あかばね）橋で薩摩藩の浪士に殺される事件が発生した。このオランダ人はだれか。
ヒュースケン

★★★★
31 □□□ 水戸藩の浪士が1861(文久元)年に、江戸高輪（たかなわ）のイギリス仮公使館である寺院を襲撃した。この事件を何というか。
東禅寺事件（とうぜんじ）

★★★★★★★
32 □□□ 1862(文久2)年には、江戸から帰る途中の島津久光の行列を横切ったイギリス人が殺傷された。この事件を何というか。
生麦事件（なまむぎ）

★★
33 □□□ 1862年に、品川御殿山（しながわごてんやま）に建築中のイギリス公使館が長州（ちょうしゅう）藩の高杉晋作（たかすぎしんさく）らによって襲撃され全焼した。この事件を何というか。
イギリス公使館焼打ち事件

■公武合体と尊攘運動

★★★★★★★
1 □□□ 1853(嘉永6)年のペリー来航直後に13代将軍になったのはだれか。
徳川家定（いえさだ）

★★★★★★★
2 □□□ 徳川家定は生来病弱で嗣子（しし）もなかったため、次期将軍の問題が1857(安政4)年から公然化したが、これを何というか。
将軍継嗣問題（しょうぐんけいし）

★★★★★★★
3 □□□ 14代将軍に賢明な人物を迎え、幕政改革を行って難局を乗り切ろうと考えた人たちが推したのはだれか。
徳川(一橋)慶喜（ひとつばし よしのぶ）

★★★★★★★
4 □□□ 14代将軍に徳川慶喜を推した人たちは何派と呼ばれたか。
一橋派

	問題	解答
★★★★★★★ 5 □□□	譜代大名らは血筋を重んじて、14代将軍に幼少の紀伊藩主を推したが、この紀伊藩主とはだれか。	徳川慶福
★★★★★★★ 6 □□□	14代将軍に徳川慶福を推した譜代大名らは何派と呼ばれたか。	南紀派
★★★★★★ 7 □□□	薩摩藩主で、一橋派の中心人物の1人はだれか。	島津斉彬
★★★★★★★ 8 □□□	越前藩主で、一橋派の中心人物の1人はだれか。	松平慶永(春嶽)
★★★★★★★ 9 □□□	南紀派と呼ばれた譜代大名らの中心となっていたのはだれか。また、その人物はどこの藩主であったか。	井伊直弼・彦根藩
★★★★★★★ 10 □□□	1858(安政5)年に井伊直弼は大老に就任し、将軍継嗣をだれと定めたか。	徳川慶福(家茂)
★★★★★★★ 11 □□□	井伊直弼は批判勢力に対して徹底的に弾圧を加え、処罰したが、これを何と呼んでいるか。	安政の大獄
★★★★★★★ 12 □□□	安政の大獄で蟄居を命じられた前水戸藩主はだれか。	徳川斉昭
★★★★★ 13 □□□	安政の大獄で処刑された越前藩士で、緒方洪庵の適々斎塾に学び、藩主松平慶永を助けて活躍していたのはだれか。	橋本左内
★★★★★★★ 14 □□□	安政の大獄に反発した志士たちが、大老井伊直弼を登城途中に暗殺した事件を何というか。	桜田門外の変
★★★ 15 □□□	桜田門外の変は西暦何年におこったか。	1860年
★★★★★ 16 □□□	桜田門外の変をおこしたのは、主に何藩の脱藩志士たちであったか。	水戸藩
★★★★★ 17 □□□	天皇を尊ぶべきであるという主張と、ペリー以来の外圧によりおこってきた外国人排斥思想とが結合して、反幕政治運動の潮流となった。この思想を何というか。	尊王攘夷論
★★★★★★★ 18 □□□	井伊直弼の独裁政治が否定されたことから、幕府では朝廷の伝統的権威と結びつくことで幕政を維持しようとする考えがおこった。この考え方を何というか。	公武合体論
★★★★★ 19 □□□	公武合体論を推進した老中はだれか。	安藤信正

★★★★★★★
20 □□□ 安藤信正が、公武合体の政策を進めるために、朝廷に申し入れたことは何か。
和宮の将軍家茂への降嫁

★★★★★★★
21 □□□ 和宮の将軍家茂への降嫁の申し入れを受け入れた天皇はだれか。
孝明天皇

★★★★★★★
22 □□□ 和宮の将軍家茂への降嫁に憤激した尊攘派の志士たちにより、老中安藤信正が傷つけられる事件がおこった。この事件を何というか。
坂下門外の変

★★★★★★★
23 □□□ 坂下門外の変は西暦何年におこったか。
1862年

★★★★★★★
24 □□□ 独自の公武合体論をもって幕政改革にのり出し、国父と称された薩摩藩の実力者(藩主の実父)はだれか。
島津久光

★★★★★★★
25 □□□ 島津久光は藩兵を率いて上京した折、倒幕挙兵を計画していた薩摩藩士の有馬新七らを斬り殺す事件をおこした。この事件を何というか。
寺田屋事件

★★★★★★★
26 □□□ 島津久光は勅使大原重徳とともに江戸に下り、幕政改革を要求したが、この時に幕府が行った改革を何というか。
文久の改革

★★★★★★★
27 □□□ 文久の改革で新設された将軍を補佐する役職を何というか。また、だれが任命されたか。
将軍後見職・徳川(一橋)慶喜

★★★★★★★
28 □□□ 文久の改革で新設された幕政を統轄する職を何というか。また、だれが任命されたか。
政事総裁職・松平慶永(春嶽)

★★★★★★★
29 □□□ 文久の改革で京都所司代の上に、京都の治安を維持するための職を設けたが、これを何というか。また、だれが任命されたか。
京都守護職・松平容保

★★★★★★★
30 □□□ 文久の改革で大名に対し緩和された制度とは何か。
参勤交代

★★★★★★★
31 □□□ 生麦事件が原因となっておこった戦いを何というか。また、それは西暦何年におこったか。
薩英戦争・1863年

★★★★★★★
32 □□□ 1862年の後半になると、長州藩を中心とする尊攘派の志士と尊攘派の公卿が結びついて朝廷を動かすようになった。同年末に、朝廷は幕府に対して攘夷の実行を命ずる勅使を派遣したが、この時の勅使はだれか。
三条実美

	問題	解答
★★★★★★★ 33 □□□	攘夷が不可能なことを知りながら幕府は勅命を受け、1863(文久3)年3月に将軍が上洛(じょうらく)したが、この将軍はだれか。	徳川家茂
★★★★★★★ 34 □□□	幕府は1863年5月10日を攘夷決行の日と定めて、諸藩にその実行を命じたが、これに応じて攘夷を実行した藩はどこか。	長州藩(ちょうしゅう)
★★★★★★★ 35 □□□	1863年に長州藩が実行した攘夷事件を何というか。	長州藩外国船砲撃事件
★★★★★★☆ 36 □□□	1863年8月、公武合体派が朝廷から尊攘派を一掃し、京都から追放する政変がおこったが、これを何というか。	八月十八日の政変
★★★★★☆☆ 37 □□□	八月十八日の政変で公武合体派の中心になった藩を2つあげよ。	薩摩藩(さつま)・会津藩(あいづ)
★★★★☆☆☆ 38 □□□	八月十八日の政変で、急進派公卿の参内(さんだい)が禁止されたため、7人の公卿が長州に逃れた(七卿落ち)。その中心人物で、のちに明治政府の太政大臣(だじょう)に就任したのはだれか。	三条実美
★★☆☆☆☆☆ 39 □□□	八月十八日の政変の前後に尊攘派が挙兵し、大和(やまと)五条の代官所を襲撃した事件を何というか。	天誅組(てんちゅうぐみ)の変
★☆☆☆☆☆☆ 40 □□□	天誅組の変の中心となった尊攘派の公卿はだれか。	中山忠光(なかやまただみつ)
★★☆☆☆☆☆ 41 □□□	中山忠光とともに、天誅組の変の中心となった土佐藩出身の浪士はだれか。	吉村虎太郎(よしむらとらたろう)
★★☆☆☆☆☆ 42 □□□	尊攘派が公卿の沢宣嘉(さわのぶよし)を擁して、但馬(たじま)の百姓とともに代官所を襲撃した事件を何というか。	生野(いくの)の変
★★☆☆☆☆☆ 43 □□□	生野の変の中心人物で、福岡藩出身の浪士はだれか。	平野国臣(ひらのくにおみ)
★☆☆☆☆☆☆ 44 □□□	八月十八日の政変後に、朝廷がその後の政治体制を話し合うために徳川慶喜・松平容保・松平慶永らを任命した役職を何というか。	朝議参予(ちょうぎさんよ)
★★★★☆☆☆ 45 □□□	1863年に幕府の浪士政策で結成され、京都守護職の指揮下で尊攘派を弾圧した組織を何というか。	新選組(しんせんぐみ)
★★★★☆☆☆ 46 □□□	新選組の隊長として尊攘派の取締りに活躍した人物はだれか。	近藤勇(こんどういさみ)

	問題	解答
★★★★ 47 □□□	勢力挽回をはかった尊攘派の志士たちが、京都三条の旅籠屋で新選組に襲撃され、斬殺・逮捕された事件を何というか。	池田屋事件
★★★★★★★ 48 □□□	池田屋事件ののち、長州藩は、その勢力回復のため藩兵や各地の志士を率いて京都に攻め上り、御所を中心に公武合体派と激しく戦って敗れた。この戦いを何というか。	禁門の変(蛤御門の変)
★★★ 49 □□□	禁門の変(蛤御門の変)は西暦何年のことか。	1864年
★★★★★★★ 50 □□□	禁門の変(蛤御門の変)の罪を問うため、幕府は尾張藩主の徳川慶勝を総督にして長州藩を包囲して屈服させたが、これを何というか。	(第1次)長州征討
★★★★★★★ 51 □□□	第1次長州征討で、長州藩が恭順の意を表したのは、長州藩が外国勢力により砲撃を受けたことが影響している。この外国勢力の砲撃事件を何と呼ぶか。またそれは何年のことか。	四国艦隊下関砲撃事件・1864年
★★★★★ 52 □□□	通商条約勅許後も兵庫開港については承認を得ることができなかった幕府は、列強の圧力をかわすために、輸入税を一律に5%に引き下げた。この時に列強と締結した協約を何というか。	改税約書
★★★★★★★ 53 □□□	薩英戦争後の薩摩藩で、西郷隆盛とともに藩政を掌握した改革派の下級藩士はだれか。	大久保利通
★★★★★★★ 54 □□□	第1次長州征討の結果、長州藩では保守政権が成立したが、1864(元治元)年12月の下関挙兵により倒幕派が政権を掌握した。この中心となったのはだれか。	高杉晋作
★★★★★★★ 55 □□□	長州藩では、1863(文久3)年から正規兵以外に、農工商その他の人々で諸隊が編成されたが、高杉晋作が中心になって組織したこの軍隊は何か。	奇兵隊
★★★★★★★ 56 □□□	対立していた薩摩藩・長州藩が提携し、倒幕で一致したが、この提携を何と呼んでいるか。	薩長連合(薩長同盟)
★★★ 57 □□□	薩長連合は西暦何年に成立したか。	1866年
★★★★★ 58 □□□	薩長連合を仲立ちした土佐藩出身の人物を2人あげよ。	坂本龍馬・中岡慎太郎

★★★★★★★
59 □□□ 薩長連合は京都で成立したが、薩摩藩・長州藩の代表者を1人ずつあげよ。
西郷隆盛・桂小五郎(木戸孝允)

★★★★★★★
60 □□□ 長州藩で倒幕派が権力を握ったことに対し、幕府は武力討伐を行うことにしたが、これを何というか。
第2次長州征討

★★★★★★★
61 □□□ 第2次長州征討で、幕府軍は各地で敗れ、将軍徳川家茂の死を機に戦いを中止したが、これは西暦何年のことか。
1866年

★★★★★★★
62 □□□ 1865(慶応元)年に駐日イギリス公使になり、薩長倒幕派に接近した人物はだれか。
パークス

★★★★★★★
63 □□□ 幕府支持の立場をとり、財政的・軍事的支援を続けたフランスの駐日公使はだれか。
ロッシュ

❷ 幕府の滅亡と新政府の発足 用語集 p.218～223

15代将軍となった徳川慶喜は大政奉還の上表文を朝廷に提出し、江戸幕府は終わりを迎えた。さらに小御所会議での慶喜に対する処分は、鳥羽・伏見の戦いに始まる戊辰戦争へと発展した。一方で新政府は五箇条の誓文をはじめとする政治の刷新を進めた。

■幕府の滅亡

★★★★★★★
1 □□□ 徳川家茂にかわって15代将軍に就任したのはだれか。
徳川慶喜

★★★★★★★
2 □□□ 武力倒幕を目指す薩長連合に対し、土佐藩はあくまで公武合体の立場をとり、将軍に大政奉還を勧めた。これを勧めた前土佐藩主はだれか。
山内豊信(容堂)

★★★★★★★
3 □□□ 土佐藩が主唱した、衆議による政治を主張する考え方を何というか。
公議政体論

★★★★★★★
4 □□□ 土佐藩の勧めに従い、将軍徳川慶喜は朝廷に政権返上の上表を提出した。これを何というか。
大政奉還

★★★★★★★
5 □□□ 大政奉還の上表提出は、西暦何年何月何日のことか。
1867年10月14日

★★★★★★★
6 □□□ 大政奉還の上表提出と同じ日に、朝廷から武力倒幕の命令が薩長両藩に出されたが、これを何と呼んでいるか。
討幕の密勅

★★★★★★★
7 □□□ 討幕の密勅の命令発布に尽力した公家はだれか。
岩倉具視

★★★★★★★
8 □□□ 大政奉還の上表で一時後退を余儀なくされた倒幕派は、1867(慶応3)年12月9日に将軍や摂政(せっしょう)・関白(かんぱく)の廃止などを定めた宣言を発した。これを何というか。
王政復古(おうせいふっこ)の大号令

★★★★★
9 □□□ 王政復古の大号令で新しい政府の役職が設けられたが、その総称を何というか。
三職(さんしょく)

★★★★★
10 □□□ 三職のうち、最高の官職で有栖川宮熾仁(ありすがわのみやたるひと)親王が任命されたのは何か。
総裁(そうさい)

★★★★★
11 □□□ 三職のうち、皇族・公卿(くぎょう)・諸侯が任命されたのは何か。
議定(ぎじょう)

★★★★★
12 □□□ 三職のうち、倒幕勢力の藩士らが任命され、実質的な権力を握ったのは何か。
参与(さんよ)

★★★★★★
13 □□□ 王政復古の大号令が発せられた日の夜に、三職による最初の会議が開かれた。この会議を何というか。
小御所会議(こごしょかいぎ)

★★★★★
14 □□□ 小御所会議では徳川慶喜の扱いをめぐって、倒幕派と公武合体派の間で激論がたたかわされたが、その結果、徳川慶喜に命じられたこととは何か。
辞官納地(じかんのうち)

戊辰戦争と新政府の発足

★★★★★★★
1 □□□ 徳川慶喜に対して出された辞官納地の命令に刺激された旧幕府側は、1868(明治元)年1月に京都で薩長両藩と戦ったが、この戦いを何というか。
鳥羽(とば)・伏見(ふしみ)の戦い

★★★★★★★
2 □□□ 鳥羽・伏見の戦いに敗れた徳川慶喜は江戸に逃れ、新政府はただちに東征軍(とうせいぐん)を発し、4月には戦うことなく江戸城が開け渡された。これを何と呼んでいるか。
無血開城(むけつ)

★★★★★★★
3 □□□ 江戸城の無血開城は、東征軍参謀(さんぼう)と旧幕臣との会談の成果であったが、東征軍参謀とはだれか。
西郷隆盛(さいごうたかもり)

★★★★
4 □□□ 江戸城の無血開城は、東征軍参謀と旧幕臣との会談の成果であったが、旧幕臣とはだれか。
勝海舟(かつかいしゅう)(義邦(よしくに))

★★★★
5 □□□ 倒幕のため、脱藩士や豪農商を組織し、年貢半減を布告しながら進撃した草莽(そうもう)の志士はだれか。
相楽総三(さがらそうぞう)

★★★★
6 □□□ 相楽総三が組織した草莽隊(義勇軍)を何というか。
赤報隊(せきほう)

★★★★★★★

7 □□□ 赤報隊は政府軍の先鋒と称して進撃したものの、途中で解散させられたが、政府軍からはどのように扱われたか。

偽官軍

★★★★★★★

8 □□□ 仙台・米沢両藩の提唱で、東北25藩と越後6藩とが会津藩を救済するため同盟を結んだが、この同盟を何というか。

奥羽越列藩同盟

★★★★★★★

9 □□□ 旧幕府海軍副総裁が、軍艦を率い蝦夷地で抗戦した戦いを何というか。

五稜郭の戦い（箱館戦争）

★★★★★★★

10 □□□ 五稜郭の戦いで降伏した旧幕府海軍副総裁はだれか。

榎本武揚

★★★★★★★

11 □□□ 鳥羽・伏見の戦いから五稜郭の戦いまでを、総称して何というか。

戊辰戦争

★★★★★★★

12 □□□ 薩摩・長州など西南雄藩の下級武士たちが中心となって進めたもので、幕府体制を崩壊させ、近代天皇制国家を創出していく一連の大改革を総称して何というか。

明治維新

★★★★★★★

13 □□□ 明治新政府の基本方針は天皇が天地神明に誓うという形式で発表されたが、これを何というか。

五箇条の誓文

★★★★★★★

14 □□□ 五箇条の誓文は西暦何年の何月に発布されたか。

1868年3月

★★★★★★★

15 □□□ 五箇条の誓文の要点を2つあげよ。

公議世論の尊重・開国和親

★★★★★★★

16 □□□ 五箇条の誓文の草案を起草した参与を2人あげよ。

由利公正・福岡孝弟

★★★★★★★

17 □□□ 五箇条の誓文の草案を国として進むべき基本方針を示す条文につくりかえたのはだれか。

木戸孝允

★★★★★★★

18 □□□ 1868年閏4月に、新政府の基本的政治組織を定めた法令が発表されたが、これを何というか。

政体書

★★★★★★★

19 □□□ 政体書に示された三権分立制はどこの国のものをモデルとしているか。

アメリカ

★★★★★★★

20 □□□ 政体書で示された政治制度で、古代の律令において採用されていたものは何か。

太政官制

★★★★★★★

21 □□□ 新政府が五箇条の誓文公布の翌日に出した、民衆統制のための高札を何というか。

五榜の掲示

★★★★★★☆

22 □□□ 五榜の掲示で永世の定法とされたのは、五倫の道の遵守、徒党・強訴・逃散の禁止のほかに何があったか。 — キリスト教の禁止

★★★★★★★

23 □□□ 1868年7月、新政府は江戸を東京と改め、翌年3月に天皇も行幸し、東京に首都を移した。これを何というか。 — 東京遷都

★★★★★★★

24 □□□ 1868年9月、新政府は年号を明治と改め、天皇一代の元号を1つと定めたが、この制度を何というか。 — 一世一元の制

■幕末社会の動揺と変革

★★★★★★★

1 □□□ 幕末に頻発した一揆のなかには、貧農らが中心となって村役人や地主・特権商人を攻撃して社会革新を求めたものもあった。このような一揆を何というか。 — 世直し一揆

★★★★★★★

2 □□□ 1867(慶応3)年8月頃から翌年にかけて、京坂地方を中心に伊勢神宮その他諸宮の御札が降ったとして、大衆の乱舞がおこり、倒幕派もこれを利用したといわれている。この現象を何と呼んでいるか。 — ええじゃないか

★★★☆☆☆☆

3 □□□ 幕末から明治時代初期に創始された民衆宗教で、のちに明治政府により公認された13派の神道を何というか。 — 教派神道

★★★★★★★

4 □□□ 教派神道のうち、大和で創始されたものを何というか。 — 天理教

★★★☆☆☆☆

5 □□□ 天理教の創始者はだれか。 — 中山みき

★★★★★★★

6 □□□ 教派神道のうち、備中で創始され、天地金乃神を尊信するものを何というか。 — 金光教

★★★★★★☆

7 □□□ 教派神道のうち、備前で創始され、天照大神信仰を中心とし、神人合一の境地を目指したものを何というか。 — 黒住教

★★★★★★☆

8 □□□ 開国後に、洋書の翻訳を中心としていた蛮書和解御用を拡充し、洋学の教授と外交文書の翻訳などのために設置された機関を何というか。 — 蕃書調所

★★★★★☆☆

9 □□□ 蕃書調所はのち洋書調所となり、その後この機関は何と改称されたか。 — 開成所

★★★★★★★

10 □□□ 国防強化のため幕府は1854(安政元)年に講武場を設け、砲術・洋式軍事訓練を行ったが、この訓練所は1856(安政3)年に何と改称されたか。

講武所(こうぶしょ)

★★★★★★★

11 □□□ 1855(安政2)年、オランダから軍艦が贈られたのを機に、幕府は長崎に海軍の教育・訓練の機関を設けたが、これを何というか。

海軍伝習所(かいぐんでんしゅうじょ)

★★★★★★★

12 □□□ 日米修好通商条約の批准書(ひじゅんしょ)交換の使節に随行し、太平洋横断を成しとげた幕府の木造軍艦を何というか。

咸臨丸(かんりんまる)

★★★★★★★

13 □□□ 海軍伝習所で学び、咸臨丸の艦長として遣米使節に随行したのはだれか。

勝海舟(義邦)

★★★★★★★

14 □□□ 1859(安政6)年に来日し、医療・伝道に従事し、ローマ字を考案して聖書の和訳を完成させたアメリカ人宣教師はだれか。

ヘボン

★★★★★★★

15 □□□ 1859(安政6)年にアメリカから来日し、長崎などで英語や政治・経済を教え、のちに新政府の開成学校教頭にもなった宣教師はだれか。

フルベッキ

第12章 近代国家の成立

① 明治維新と富国強兵

用語集 p.224〜237

明治新政府は欧米をモデルとした近代国家建設を進め、中央集権的な国家体制の整備、「国民」の創出などを通じて、「殖産興業」「富国強兵」の実現を目指した。

■廃藩置県

問題	解答
★★★★★★★ 1 □□□ 木戸孝允・大久保利通らの画策で、4藩主が連名で領地や領民を朝廷に奉還する上表を提出し、その後、他藩も奉還した。これを何と呼んでいるか。	版籍奉還
★★★★★★★ 2 □□□ 版籍奉還は西暦何年のことか。	1869年
★★★★★★★ 3 □□□ 最初に版籍奉還の上表を提出した4藩とはどこか。	薩摩・長州・土佐・肥前
★★★★★★★ 4 □□□ 版籍奉還により、旧藩主は明治政府から改めて地方官に任命されたが、その地方官名をあげよ。	知藩事
★★★★★★★ 5 □□□ 政府は中央集権体制を確立するため、薩長土3藩から募集した兵力を背景にして、政体書にもとづく府・藩・県の三治体制を改める改革を断行したが、この改革を何というか。	廃藩置県
★★★★★★★ 6 □□□ 廃藩置県は西暦何年に行われたか。	1871年
★★★★★★★ 7 □□□ 廃藩置県により知藩事が廃され、新たに中央から官僚が地方官に任じられた。この地方官を2つあげよ。	府知事・県令
★★★★★★★ 8 □□□ 廃藩置県実施に備え、政府が薩長土3藩から募集して編成した兵力を何というか。	御親兵
★★★★★★★ 9 □□□ 廃藩置県実施の直前に編成された御親兵は、翌1872(明治5)年に何と改称されたか。	近衛兵
★★★★★★★ 10 □□□ 政体書にもとづいて、太政官は七官から構成されていたが、このうち行政機関を何というか。	行政官
★★★★★★★ 11 □□□ 太政官七官制で、司法機関を何というか。	刑法官

	問題	解答
★★★★ 12	太政官七官制で、立法機関である議政官のうち議定・参与から構成され、重要国政を議決するものを何というか。	上局
★★★★ 13	太政官七官制で、議政官のうち諸藩の代表で組織され、公議世論の実現をはかったものを何というか。	下局
★★★★ 14	下局の構成員である諸藩の代表を何というか。	貢士
★★★★★ 15	1869年の版籍奉還後の二官六省制で太政官の外におかれた、祭祀をつかさどる機関を何というか。	神祇官
★★★ 16	二官六省制で、民政関係の官庁を何というか。	民部省
★★★★★★★ 17	二官六省制で、国家財政関係の官庁を何というか。	大蔵省
★★★★★ 18	二官六省制で、皇室関係の官庁を何というか。	宮内省
★★★★★★ 19	1871年の廃藩置県後の官制改革で、太政官の構成はどのようになったか。	三院制
★★★★★★ 20	三院制のなかで、内閣にあたる最高政治機関を何というか。	正院
★★★★★★ 21	正院を構成する4役は、太政大臣・左大臣・右大臣と何か。	参議
★★★★★★ 22	三院制のなかで、立法の諮問機関とされたものを何というか。	左院
★★★★★★ 23	三院制のなかで、各省の長官・次官で構成され、法案の起草や行政に関する実務を審議した機関を何というか。	右院
★★★★★★ 24	1871年の廃藩置県後の官制改革で創設された、教育・学術・文化などの行政を担った中央官庁を何というか。	文部省
★★★★★★ 25	官営事業を統轄し、産業の近代化を推進するため、1870年に設置された中央官庁を何というか。	工部省
★★★ 26	工部省の初代長官はだれか。	伊藤博文
★★★★★★ 27	地方行政・警察などの民衆行政や勧業を行うために、1873年に設置された中央官庁を何というか。	内務省
★★★★★ 28	内務省の初代長官はだれか。	大久保利通

★★★★★☆☆
29 □□□ 農業・商業・鉱工業などの事務をつかさどり、また工場の払下げなどにかかわった1881年設置の中央官庁を何というか。
農商務省

★★★★★☆☆
30 □□□ 1871年に神祇官の後身として太政官の下に配置された中央官庁は何か。
神祇省

★★★★★☆☆
31 □□□ 神祇省は1872年に廃止となり、その後身として国民教化関係の官庁が設置されたが、これを何というか。
教部省

★★★★★☆☆
32 □□□ 1871年に刑部省と弾正台を合わせて新設された中央官庁は何か。
司法省

★★★★☆☆☆
33 □□□ 1885年の内閣制度創設時に工部省を廃して設置された、電信・鉄道関係の中央官庁は何か。
逓信省

★☆☆☆☆☆☆
34 □□□ 肥前藩出身の政治家で、民部卿・文部卿を経て司法卿となり、敬神党の乱・萩の乱・西南戦争などの判決、処刑にあたった人物はだれか。
大木喬任

★★★★★☆☆
35 □□□ 明治新政府の樹立に貢献した薩長土肥、特に薩長出身の指導者が大きな勢力をつくり要職を独占した。こうした勢力を漢字2文字で何というか。
藩閥

★★★★★★☆
36 □□□ 明治新政府は強力な近代的兵制を樹立するため、国民皆兵主義にもとづく太政官布告を出したが、これを何というか。
徴兵告諭

★★★★★☆☆
37 □□□ 徴兵制度の構想を立てた長州藩出身の人物はだれか。
大村益次郎

★★★★★★☆
38 □□□ 徴兵制度を実現させた長州藩出身の人物はだれか。
山県有朋

★★★★★☆☆
39 □□□ 徴兵告諭は西暦何年に出されたか。
1872年

★★★★★★★
40 □□□ 徴兵告諭にもとづき、満20歳以上の男性を兵籍に編入し、3カ年の軍役に服させる法令が出されたが、これを何というか。
徴兵令

★★★☆☆☆☆
41 □□□ 徴兵令は西暦何年に制定されたか。
1873年

★★★☆☆☆☆
42 □□□ 徴兵令で整備された政府の常備軍は重要地に配備されたが、この軍団を何というか。
鎮台

★★★★★★★

43 □□□ 1874年に警察制度の整備・拡充策の一環として、東京の警察行政を担うために新設された官庁を何というか。

警視庁(けいしちょう)

■四民平等

★★★★★★★

1 □□□ 1869(明治2)年に明治新政府は封建的身分制度を撤廃したが、これを何というか。

四民平等(しみんびょうどう)

★★★★★★★

2 □□□ 四民平等にともない公家(くげ)・大名は何と呼ばれるようになったか。

華族(かぞく)

★★★★★★★

3 □□□ 四民平等にともない旧幕臣・旧藩士は何と呼ばれるようになったか。

士族(しぞく)

★★★★★★★

4 □□□ 四民平等にともない農工商などに属する庶民は何と呼ばれるようになったか。

平民(へいみん)

★★★★★★★

5 □□□ 四民平等にともない足軽など最下層の武士は何と呼ばれるようになったか。

卒(そつ)(卒族)

★★★★★★★

6 □□□ 1871年に制定された戸籍法(こせきほう)にもとづき、翌年に最初の近代的戸籍がつくられたが、これを何というか。

壬申戸籍(じんしん)

★★★★★★★

7 □□□ 1871年にえた・非人(ひにん)の称を廃し、身分・職業とも平民同様とする太政官布告(ふこく)が出されたが、これを何というか。

解放令

★★★★★★★

8 □□□ 1870年から1875年にかけて出された平民の身分にかかわる諸法令によって、全国民が名乗ることになったものは何か。

苗字(みょうじ)

★★★★★★★

9 □□□ 1876年に出された、軍人・警官以外が帯刀(たいとう)することを禁止した法令を何というか。

廃刀令(はいとうれい)

★★★★★★★

10 □□□ 華士族への秩禄(ちつろく)の支給は、国家財政上大きな負担であったため、その支給を打ち切ることにしたが、秩禄とは具体的に何と何であったか。

家禄(かろく)・賞典禄(しょうてんろく)

★★★★★★★

11 □□□ 1873年に秩禄奉還の法によって、公債(こうさい)と現金を一括支給することにより秩禄の一部を整理したが、ついに1876年に公債のみを与えて、その支給を打ち切った。この公債の証書を何というか。

金禄公債証書(きんろくこうさいしょうしょ)

★★★★★★★

12 □□□ 明治新政府の一連の秩禄支給制度の廃止を、何と呼んでいるか。

秩禄処分（ちつろくしょぶん）

★★★★

13 □□□ 秩禄処分により収入を失った士族たちのなかには、没落する者も多かった。そこで、政府は士族救済のために農工商への就業奨励を行ったが、この方策を何というか。

士族授産（じゅさん）

★★★★

14 □□□ 秩禄処分後、公債を元手に、なれない商業に手を出して、失敗する士族が多かった。これを何と呼んだか。

士族の商法

■地租改正

★★

1 □□□ 明治新政府は1871（明治４）年に田畑に自由に作物をつくることを認めたが、江戸時代の作付制限令を何といったか。

田畑勝手作りの禁（でんぱたかってづく）

★★★★★★

2 □□□ 1872年に明治新政府は地価を定めるため、土地の売買の禁を解いたが、これを何というか。

田畑永代売買解禁（えいたいばいばい）

★★★★★★★

3 □□□ 明治新政府の財源は当初、旧幕府時代と同様に貢租（こうそ）収入を基本としたためきわめて不安定であった。そのため、1873年に条例を公布して改革にのり出したが、この改革を何というか。

地租改正（ちそかいせい）

★★★★★★

4 □□□ 1873年に公布された税制度に関する条例を何というか。

地租改正条例（じょうれい）

★★★★★★★

5 □□□ 地租改正条例公布の前年に、土地所有者に対し所有権を確認する権利証が発行されたが、これを何というか。

地券（ちけん）

★★★★★★★

6 □□□ 地租改正の実施にあたり、田畑面積・収穫高・平均米価などにもとづいて、貢租額を定める基準が算出されたが、これを何というか。

地価（ちか）

★★★★★★★

7 □□□ 1873年に出された地租改正条例では、地租は地価の何％とされたか。

３％

★★★

8 □□□ 地租改正後も小作人が小作料を地主に納める方法はかわらなかった。どのような方法で納められたか。

現物納（げんぶつのう）

★★★★★★★

9 □□□ 1873年の税制度の改革で、負担の軽減を期待した農民は、それが実現されないことを知り、1876年には各地で反対運動が高まった。これを何というか。

地租改正反対一揆（いっき）

★★★★★★★

10 □□□ 地租改正反対一揆が不平士族の反乱と結びつくことをおそれた政府は、1877年に地租の軽減を実施したが、税率は何％になったか。 | 2.5%

■殖産興業

★★★★★★★

1 □□□ 工部省や内務省を中心に、明治新政府は近代産業の育成政策を進めたが、この政策を何というか。 | 殖産興業

★★★★★★★

2 □□□ 殖産興業推進のため、各地に政府経営の工場が設立されたが、これを何と呼んでいるか。 | 官営模範工場

★★★★★★★

3 □□□ 江戸時代に肥前藩が経営し、一時官営となり、のちに後藤象二郎を経て三菱の経営となった長崎県の炭鉱名をあげよ。 | 高島炭鉱

★★★★★★★

4 □□□ 1873(明治6)年に官営となった福岡県の炭鉱で、佐々木八郎に払い下げられ、のち三井の経営下に入った炭鉱名をあげよ。 | 三池炭鉱

★★★★★★★

5 □□□ 秋田藩直営であった銀山・銅山で、官営となったあと、古河市兵衛に払い下げられた銀山・銅山名をそれぞれあげよ。 | 院内銀山・阿仁銅山

★★★★★★★

6 □□□ 明治新政府は旧幕府や諸藩の洋式工場などを接収して官営工場としたが、幕府の江戸関口大砲製作所を受け継いだ兵器製造工場を何というか。 | 東京砲兵工廠

★★★★★★★

7 □□□ 幕府の長崎製鉄所の主要機械類を移して大阪城内に設立された、官営の大砲製造所を何というか。 | 大阪砲兵工廠

★★★★★★★

8 □□□ 幕府の長崎製鉄所を受け継いだ官営工場を何というか。 | 長崎造船所

★★★★★★★

9 □□□ 幕府の横須賀製鉄所を受け継いだ官営工場を何というか。 | 横須賀造船所

★★★★★★★

10 □□□ 明治新政府は重要輸出品である生糸生産のため、外国の機械・技術を導入して、群馬県に官営模範工場を設立したが、これを何というか。 | 富岡製糸場

★★★★★★★

11 □□□ 富岡製糸場には、どこの国の機械・技術が導入されたか。 | フランス

★★★★★★★

12 □□□ 富岡製糸場は、西暦何年に操業を開始したか。 | 1872年

	問題	解答
★★★★★★☆ 13 □□□	大久保利通(おおくぼとしみち)の主唱で、1877年に東京ではじめて開催された機械・美術工芸品の展示・即売の会を何というか。	内国勧業博覧会(ないこくかんぎょうはくらんかい)
★★★★★★★ 14 □□□	江戸時代の飛脚(ひきゃく)にかわり整備された、手紙・小荷物などを輸送する近代的官営事業制度を何というか。	郵便制度
★★★★★★☆ 15 □□□	駅逓頭(えきていのかみ)として郵便制度確立に貢献したのはだれか。	前島密(まえじまひそか)
★★☆☆☆☆☆ 16 □□□	1877年に、日本は郵便事業上の国際協力を定めた条約に加盟したが、この条約を何というか。	万国(ばんこく)郵便連合条約
★★★★★★★ 17 □□□	日本ではじめて敷設(ふせつ)された鉄道は、どことどこを結んだか。	新橋(しんばし)・横浜
★★★☆☆☆☆ 18 □□□	日本ではじめて鉄道が開通したのは、西暦何年のことか。	1872年
★★★★★★★ 19 □□□	日本ではじめて敷設された鉄道には、どこの国の資金と技術が導入されたか。	イギリス
★★★★★★☆ 20 □□□	土佐藩の名義と船を借り受けて海運業を営み、九十九(つくも)商会・三菱商会と事業を拡大し、のちに日本の海運業を独占する政商に成長したのはだれか。	岩崎弥太郎(いわさきやたろう)
★★★★★★★ 21 □□□	1869年に、政府は蝦夷地(えぞち)を何と改称したか。	北海道
★★★★★★★ 22 □□□	北海道の開発のため、1869年に東京に設置された官庁を何というか。	開拓使(かいたくし)
★★★★★★★ 23 □□□	北海道の開拓と警備のためにおかれた農兵を何というか。	屯田兵(とんでんへい)
★★★☆☆☆☆ 24 □□□	屯田兵の制度を建議した開拓次官はだれか。	黒田清隆(くろだきよたか)
★★★★★★☆ 25 □□□	黒田清隆によって、開拓使付属の学校が創設されたが、その学校名をあげよ。	札幌農学校(さっぽろのうがっこう)
★★★★★☆☆ 26 □□□	1876年に札幌農学校に招かれたアメリカ人教師で、キリスト教にもとづく人格教育を行ったのはだれか。	クラーク
★★☆☆☆☆☆ 27 □□□	近代的農事教育機関として1874年に設立された農事修学場は、1877年に駒場(こまば)に移転したが、この東京大学農学部の前身である学校を何というか。	駒場(こまば)農学校

★★★★★★★
28
□□□
北海道におかれた札幌・函館（はこだて）・根室（ねむろ）の3県は1886年に廃され、全道を管轄する官庁が設けられたが、この官庁を何というか。

北海道庁

★★★★★★★
29
□□□
アイヌ民族の保護を名目にしながらも、実際には同化政策の延長線上にある法律が1899年に出されたが、これを何というか。

北海道旧土人（きゅうどじん）保護法

★★★★★★★
30
□□□
1997(平成9)年、北海道旧土人保護法を廃止するとともにアイヌ民族の自立と人権保護を目的とした新しい法律が制定された。これを何というか。

アイヌ文化振興（しんこう）法

★★★★★★★
31
□□□
2019(令和元)年、アイヌを先住民族と明記した、新たなアイヌに関する法が制定された。これを何というか。

アイヌ施策推進（しさくすいしん）法

★★★★★★★
32
□□□
1868年に戊辰（ぼしん）戦争がおこると、財政基盤を強化するため政府は由利公正の建議を受け入れて、紙幣を発行したが、この最初の政府紙幣を何というか。

太政官札（だじょうかんさつ）

★★★★★★★
33
□□□
1869年に小額紙幣の不足を解消するため発行された政府紙幣を何というか。

民部省札（みんぶしょうさつ）

★★★★★★★
34
□□□
貨幣制度の混乱を是正し、統一的貨幣制度樹立のために1871年に制定された条例を何というか。

新貨（しんか）条例

★★★★★★★
35
□□□
新貨条例で定められた新しい貨幣の単位をあげよ。

円（えん）・銭（せん）・厘（りん）

★★★★★★★
36
□□□
明治政府と結び、多くの特権を与えられ、莫大な利益を得た民間の事業家を何と呼んでいるか。

政商（せいしょう）

★★★★★★★
37
□□□
政商のうち、明治新政府の為替方（かわせかた）となり、その後、日本で最初の民間普通銀行を設立し、のちに日本を代表する大財閥に発展したものを何というか。

三井組（みついぐみ）

■文明開化

★★★★★★★
1
□□□
明治時代初期に旧習を打破し、盛んに西洋の文物の移植が行われたが、この風潮を何といったか。

文明開化（ぶんめいかいか）

★★★★★★★
2
□□□
幕末から明治時代にかけて流行した、文明開化のシンボルともされた髪形を何といったか。

ざんぎり頭（あたま）

★★★★★★
3 □□□ 明治時代の初め、和泉要助らが考案した乗り物で、文明開化のシンボルともなったものは何か。 — 人力車

★★★★★
4 □□□ 1872(明治5)年に横浜外国人居留地で点灯され、ついで銀座通りに点灯されて名物となったものは何か。 — ガス灯

★★
5 □□□ 1882年、日本橋・新橋間ではじめてレール上を走る馬車が現れたが、これを何というか。 — 鉄道馬車

★★★★
6 □□□ オランダ通詞出身で、鉛製活版印刷を始めたのはだれか。 — 本木昌造

★★★★★
7 □□□ 神奈川県令の尽力により、1870年11月に発刊された日本最初の日刊新聞は何か。 — 横浜毎日新聞

★★
8 □□□ 1872年に前島密の企画によって創刊され、1882年に立憲改進党の結成とともにその機関紙となった日刊新聞は何か。 — 郵便報知新聞

★★★★★★
9 □□□ 1873年にアメリカから帰国した人物が中心となって文化団体を結成し、啓蒙雑誌を発行したが、この人物とはだれか。 — 森有礼

★★★★★★★
10 □□□ 1873年に森有礼を中心に結成された文化啓蒙の団体を何というか。 — 明六社

★★★★★★
11 □□□ 明六社が発行した雑誌を何というか。 — 明六雑誌

★★★★★★★
12 □□□ 豊前中津藩士で、欧米を3回にわたって巡歴し、欧米諸国の実情を日本に紹介し、慶応義塾を開いた啓蒙思想家はだれか。 — 福沢諭吉

★★★★
13 □□□ 福沢諭吉の著書のうち、欧米諸国の実情を紹介した著書をあげよ。 — 西洋事情

★★★★★★★
14 □□□ 福沢諭吉の著書のうち、実学を勧め、個人の幸福や国家の隆盛は学問によって生まれると説いた著書をあげよ。 — 学問のすゝめ

★★★★
15 □□□ 福沢諭吉の著書のうち、古今東西の文明発達の例をあげ、西洋文明摂取が急務であることを説いた著書をあげよ。 — 文明論之概略

★★★★★
16 □□□ 1862(文久2)年に幕府の留学生としてオランダに留学し、政治・法律を研究し、西洋哲学の紹介者として著名な啓蒙思想家はだれか。 — 西周

★★★★★☆☆
17 □□□ 1866(慶応2)年にイギリスに留学し、維新後にイギリス人スマイルズの『自助論』、ミルの『自由論』を翻訳・出版した啓蒙思想家はだれか。 — 中村正直

★★★★☆☆☆
18 □□□ 中村正直によるスマイルズの『自助論』、ミルの『自由論』の翻訳書を、それぞれ何というか。 — 西国立志編・自由之理

★★★☆☆☆☆
19 □□□ はじめ天賦人権論を主張していたが、進化論に接して国家主義思想へと移行した啓蒙思想家はだれか。 — 加藤弘之

★★☆☆☆☆☆
20 □□□ 加藤弘之が天賦人権論を否認し、既刊の著書を絶版にし、新たに国家の利益を優先する国権論を説いた代表的著書をあげよ。 — 人権新説

★★☆☆☆☆☆
21 □□□ 明六社同人として啓蒙運動に尽力し、日本最初の西洋法学書『泰西国法論』を出版するとともに、新政府で新律綱領をはじめとする諸法典の編纂に従事したのはだれか。 — 津田真道

★★☆☆☆☆☆
22 □□□ 明六社に参加し、1887年に日本弘道会を設立して、皇室中心主義の国民道徳の普及・確立に尽力したのはだれか。 — 西村茂樹

★★★★★★★
23 □□□ ルソーの『社会契約論』を抄訳し、『東洋自由新聞』の主筆としてフランス流自由民権論を説き、東洋のルソーとも呼ばれた思想家はだれか。 — 中江兆民

★★☆☆☆☆☆
24 □□□ 中江兆民はルソーの『社会契約論』を抄訳して、何という書物を著したか。 — 民約訳解

★★★☆☆☆☆
25 □□□ 明治新政府は国民皆学と教育の機会均等を目指し、「学事奨励ニ関スル太政官布告」を出したが、この布告は西暦何年に出されたか。 — 1872年

★★★★★★★
26 □□□ 「学事奨励ニ関スル太政官布告」と同時に、布告の精神にもとづき全国を大学区・中学区・小学区に分ける近代的学校制度の基本法が公布された。これを何というか。 — 学制

★★★★★☆☆
27 □□□ 学制は、どこの国の制度を取り入れたものか。 — フランス

★★★★★★☆
28 □□□ 学制により創設された初等教育機関を何というか。 — 小学校

★★★☆☆☆☆
29 □□□ 明治以降の中等普通教育機関の一般的名称は何か。 — 中学校

重要度	No.	問題	解答
★★★★★☆☆	30 □□□	旧幕府の**開成所**(かいせいじょ)・**医学所**を起源とする東京開成学校と東京医学校とが合併して、最初の官立大学が設立されたが、これを何というか。	東京大学
★☆☆☆☆☆☆	31 □□□	**東京大学**は西暦何年に設立されたか。	1877年
★★★★☆☆☆	32 □□□	1872年の**学制**発布と同時に教員養成のための学校が設立されたが、これを何というか。	師範(しはん)学校
★★★★★★☆	33 □□□	明治新政府は、**神武**(じんむ)創業への復古、祭政一致の実現のため、**神仏習合**(しゅうごう)を禁止する法令を出したが、これを何というか。	神仏(しんぶつ)分離令
★★★☆☆☆☆	34 □□□	**神仏分離令**は西暦何年に出されたか。	1868年
★★★★★★★	35 □□□	**神仏分離令**が出されたため、全国的に**寺院や仏像**を破壊する風潮がおこったが、これを何というか。	廃仏毀釈(はいぶつきしゃく)
★★★★☆☆☆	36 □□□	1870年に**神道**(しんとう)による国民思想の統一と国家意識の高揚をはかる詔書(しょうしょ)が出されたが、これを何というか。	大教宣布(たいきょうせんぷ)の詔(みことのり)
★★★★★★★	37 □□□	**文明開化**の風潮の一環として、政府は西洋の暦法を採用して、**明治5年**12月3日を**明治6年**1月1日とした。この新しい暦法を何というか。	太陽暦(たいようれき)
★★★★★★☆	38 □□□	**太陽暦**に対し、明治以前に用いられていた暦を何というか。	太陰(たいいん)太陽暦
★★★★★★☆	39 □□□	明治以後、国家が定めた**紀元節**(きげんせつ)や**皇霊祭**(こうれいさい)などの特別な日をまとめて何というか。	祝祭日(しゅくさいじつ)
★★★★★★☆	40 □□□	祝祭日のうち、**神武天皇**即位日とされる**2月11日**を何というか。	紀元節(きげんせつ)
★★★★★★☆	41 □□□	祝祭日のうち、**明治天皇**誕生日である**11月3日**を何というか。	天長節(てんちょうせつ)
★★★☆☆☆☆	42 □□□	1868年以降、政府は**長崎のキリシタン**を捕らえ弾圧したが、この事件を何というか。	浦上教徒(うらかみきょうと)弾圧事件
★★★☆☆☆☆	43 □□□	**浦上教徒弾圧事件**で政府は列国の抗議を受け、**キリスト教禁止**の高札(こうさつ)を撤廃したが、これは西暦何年のことか。	1873年

■明治初期の対外関係

No.	重要度	問題	解答
1	★★★★★★	明治新政府が直面した、欧米との外交上の最大懸案問題は何か。	条約改正
2	★★★★★★★	幕末に結ばれた欧米列強との不平等条約の問題点を2つあげよ。	日本における領事裁判権(治外法権)を認めたこと・関税自主権の欠如(協定関税)
3	★★★★★★★	明治新政府が条約改正の予備交渉などのために、1871(明治4)年に欧米に派遣した使節団を何と呼んでいるか。	岩倉使節団(岩倉遣外使節団)
4	★★★★★★★	岩倉使節団の特命全権大使はだれか。	岩倉具視
5	★★★★★	岩倉使節団の副使で、旧長州藩出身者は木戸孝允とだれか。	伊藤博文
6	★★★★★★★	関税自主権の回復を目的とした交渉の結果、1878年にアメリカは新条約に調印したものの、イギリス・ドイツなどの反対で不成功に終わった。この時の外務卿はだれか。	寺島宗則
7	★★★★★★★	日本と清とのはじめての条約は、日本代表伊達宗城と清代表李鴻章との間で、対等なかたちで締結されたが、これを何というか。	日清修好条規
8	★★★	日清修好条規は西暦何年に調印されたか。	1871年
9	★★★★★★★	1873年に朝鮮の鎖国排外政策を武力で打破し、国交を開こうとする主張がおこったが、この主張を何というか。	征韓論
10	★★★★★★★	日本の軍艦雲揚が、朝鮮の漢江河口付近で示威行動中に砲撃を受け、応戦した。この挑発事件を何というか。	江華島事件(カンファド)
11	★★★	江華島事件がおこったのは、西暦何年のことか。	1875年
12	★★★★★★★	江華島事件で、日本政府は朝鮮に圧力をかけ、条約を締結したが、この条約を何というか。	日朝修好条規(江華条約)
13	★★★★★	日朝修好条規によって開港された3港のうち、日本に最も近いのはどこか。	釜山(プサン)
14	★★★★★★★	1871年に琉球の漂流民が台湾に漂着して現地住民に殺害	琉球漂流民殺害事件

される事件がおきたが、この事件を何というか。

★★★★★★★

15 □□□ 琉球漂流民殺害事件の責任問題をめぐり、日清間の対立がおこり、日本が武力行使を行った。これを何というか。
台湾出兵(征台の役)

★★★

16 □□□ 台湾出兵の時、日本軍を率いたのはだれか。
西郷従道

★

17 □□□ 台湾出兵が行われたのは西暦何年か。
1874年

★★★★

18 □□□ 日本政府は日清両属関係にあった琉球を日本領とする方針をとり、琉球藩王を華族としたが、その藩王はだれか。
尚泰

★★★★★★★

19 □□□ 1879年に日本政府は琉球に対して何を行ったか。
沖縄県の設置

★★★★★★★

20 □□□ 琉球が日本に統合される過程を何というか、漢字4字で示せ。
琉球処分

★★★

21 □□□ 沖縄は日本領となったのち、差別的政策がとられることが多く、そのため沖縄倶楽部が組織され、参政権獲得運動を展開した。その中心人物はだれか。
謝花昇

★★★★★★★

22 □□□ 開拓長官黒田清隆の建議により、ロシアとの国境を確定する条約が締結されたが、この条約を何というか。
樺太・千島交換条約

★★★

23 □□□ 樺太・千島交換条約は西暦何年に締結されたか。
1875年

★★★★★★★

24 □□□ 樺太・千島交換条約の全権で、駐露公使はだれか。
榎本武揚

★★★★★★★

25 □□□ 文禄年間に小笠原貞頼が発見したといわれ、その後幕末にはイギリス・アメリカが領有を主張したこともあったが、1876年に明治新政府がイギリス・アメリカに通告し、正式に日本領とした諸島を何というか。
小笠原諸島

■政府への反抗

★★★★★★★

1 □□□ 征韓論争に敗れ、下野した旧薩摩藩出身の政府要人はだれか。
西郷隆盛

★★★★★★★

2 □□□ 征韓論に対し、内治優先を説いた旧薩摩出身の政府要人はだれか。
大久保利通

★★★★★

3 □□□ 征韓論争に敗れて政府を去った参議は、西郷隆盛・江藤新平・板垣退助・後藤象二郎とだれか。
副島種臣

番号	重要度	問題	解答
4	★★★★★★★	征韓論争をきっかけに発生した政変を何というか。	明治六年の政変
5	★★★	明治六年の政変で下野した前参議のうち西郷隆盛を除く4人は、岡本健三郎・古沢滋らと政治結社を組織したが、これを何というか。	愛国公党
6	★★★★★★★	愛国公党を組織した前参議4人のうち、のちに自由民権運動の中心的存在として活躍する旧土佐藩出身の人物はだれか。	板垣退助
7	★★★★★★★	愛国公党は政府を非難し、また国会の開設を要求する意見書を政府に提出したが、この意見書を何と呼んでいるか。	民撰議院設立の建白書
8	★★★	民撰議院設立の建白書が政府に提出されたのは西暦何年か。	1874年
9	★★★★★	民撰議院設立の建白書はどこに提出されたか、政府機関名をあげよ。	左院
10	★★★★★★	1872(明治5)年に創刊された、イギリス人ブラックが創刊した邦字新聞で、民撰議院設立の建白書を掲載して反響を呼んだ新聞は何か。	日新真事誌
11	★★★★★	没落した士族たちは廃刀令や秩禄処分などの明治新政府の政策に不満をいだいたが、このような士族を何と呼ぶか。	不平士族
12	★★★★★★★	征韓論を主張し敗れて参議の職を辞し、郷里の征韓党に迎えられ、島義勇らとともに反政府の兵をあげたのはだれか。	江藤新平
13	★★★★★★★	江藤新平を中心とする士族の反乱を何というか。	佐賀の乱
14	★	佐賀の乱は西暦何年におこったか。	1874年
15	★★★★★	1876年に熊本県でおこった士族の反乱名をあげよ。	敬神党(神風連)の乱
16	★★★★★	1876年に福岡県でおこった士族の反乱名をあげよ。	秋月の乱
17	★★★★★	1876年に山口県でおこった士族の反乱名をあげよ。	萩の乱
18	★★★★★★★	徴兵令に対して西日本を中心に反対の一揆がおこったが、	血税一揆(血税騒動)

これを何というか。

★★★★★★★

19 □□□	征韓論を強硬に主張して敗れ、政府を辞し、郷里の鹿児島で私学校(しがっこう)を経営したのはだれか。	西郷隆盛
★★★★★★★ 20 □□□	西郷隆盛は私学校の生徒たちに擁立されて、武力蜂起に踏みきったが、これを何というか。	西南(せいなん)戦争
★★★★★★★ 21 □□□	西南戦争は西暦何年におこったか。	1877年

❷ 立憲国家の成立

用語集 p.237～248

近代国家の建設を進める日本国内では、立憲体制樹立を求める機運が生まれ、自由民権運動が高まりをみせた。政府は、欧米に学んで憲法を制定し、議会政治が始まった。政党と政府は対立を繰り返しながら立憲体制を定着させていった。

■自由民権運動

★★★★★★★ 1 □□□	明治政府に対して、藩閥(はんばつ)政治打破や憲法制定、国会開設などを要求した、民主主義的政治運動を何というか。	自由民権運動(じゆうみんけんうんどう)
★★★★★★★ 2 □□□	政治活動を目的として結成された結社(けっしゃ)を何というか。	政社(せいしゃ)
★★★★★★★ 3 □□□	民撰議院(みんせんぎいん)設立の建白書(けんぱくしょ)を政府に提出後、郷里の土佐(とさ)に帰った板垣退助(いたがきたいすけ)が民権思想普及のために設立し、自由民権運動の中心となった政社を何というか。	立志社(りっししゃ)
★★★★★★★ 4 □□□	立志社の社長で、板垣退助を助け、のちに衆議院議長にもなったのはだれか。	片岡健吉(かたおかけんきち)
★★★★★★★ 5 □□□	1875(明治８)年に板垣退助は、全国の有志とともに大阪で政治結社を組織したが、これを何というか。	愛国社(あいこくしゃ)
★★★★★★★ 6 □□□	高揚してきた自由民権運動に対し、政府の中心人物である大久保利通(おおくぼとしみち)は、1875年に民権側の板垣退助らと会談した。この会談を何というか。	大阪会議
★★★★★★★ 7 □□□	大阪会議には板垣退助のほかに、台湾出兵に反対して下野(げや)した人物も参加したが、だれか。	木戸孝允(きどたかよし)
★★★★★★★ 8 □□□	大阪会議の結果、徐々に立憲政治に進む方針が決定され、詔(みことのり)として公表されたが、これを何というか。	漸次立憲政体樹立の詔(ぜんじりっけんせいたいじゅりつのみことのり)

★★★★★★

9 □□□ 漸次立憲政体樹立の詔で新設されることになった諸機関のうち、立法諮問機関名をあげよ。

元老院(げんろういん)

★★★★★★★

10 □□□ 漸次立憲政体樹立の詔で新設されることになった諸機関のうち、司法機関名をあげよ。

大審院(だいしんいん)

★★★★★

11 □□□ 漸次立憲政体樹立の詔で開催されることになった府知事・県令の会議を何というか。

地方官会議

★★★★★★

12 □□□ 1875年、自由民権運動を取り締まるために新たに定められた法令を2つあげよ。

讒謗律(ざんぼうりつ)・新聞紙条例

★★

13 □□□ 政府は1875年に言論・著作の取締りを強化する法令を定めたが、1869年に公布され、この年に改正された条例は何か。

出版条例(じょうれい)

★★★★

14 □□□ 1878年に統一的地方制度の確立を意図した3つの法令が公布されたが、これらを総称して何というか。

地方三新法(さんしんぽう)

★★★

15 □□□ 地方三新法のうち、府県の下部にあたる地方単位を定めた法令を何というか。

郡区町村編制法(ぐんくちょうそん)

★★★

16 □□□ 地方三新法のうち、府県など地方における議会制度を全国的な制度として法制化したものを何というか。

府県会規則(ふけんかい)

★★★★★★

17 □□□ 府県会規則にもとづいて設けられた地方議会を何というか。

府県会

★★★

18 □□□ 地方三新法のうち、従来の府県税・民費などを地方税に統合して徴収するよう定めた法令を何というか。

地方税規則

★★★

19 □□□ 立志社は、西南(せいなん)戦争中に8カ条にわたって政府の失政を掲げ、民撰議院の設立を要求する文書を天皇に提出したが、政府に却下された。この文章を何というか。

立志社建白(けんぱく)

★★★★★★★

20 □□□ 1878年に再興された愛国社は、1880年の第4回大会で組織を拡張し、名称を何と改めたか。

国会期成(きせい)同盟

★★★★★★

21 □□□ 国会期成同盟が集めた2府22県8万7000人の署名は何を要求したものであるか。

国会開設

★★★★★★★

22 □□□ 国会期成同盟は国会開設請願書を政府に提出したが、政府はこれを拒絶し、言論・集会・結社をきびしく取り締

集会条例・1880年

まる法令を定め、運動を弾圧した。この法令名をあげよ。またこれは西暦何年のことか。

★★★★★★★

23 □□□ 国会開設要求の高まりのなかで、政府内でも意見がわかれたが、国会の即時開設を主張した参議はだれか。

大隈重信（おおくましげのぶ）

★★★★★★★

24 □□□ 1881年に政府物件が不当に安く払い下げられることが報じられ、民権派は激しく政府を攻撃した。この事件を何というか。

開拓使官有物払下げ事件（かいたくしかんゆうぶつはらいさげじけん）

★★★★★★★

25 □□□ 開拓使官有物払下げ事件で、払下げを行おうとした人物とその役職名をあげよ。

黒田清隆（くろだきよたか）・開拓長官

★★★★★

26 □□□ 開拓使官有物払下げ事件で、払下げ先と報じられた政商はだれか。

五代友厚（ごだいともあつ）

★★

27 □□□ 開拓使官有物払下げ事件で、払下げ先と報じられた政商が経営していた会社を何というか。

関西貿易社（かんさい）

★★★★★★★

28 □□□ 1881年に、政府は世論の動きに関係しているとして大隈重信を罷免（ひめん）し、勅諭（ちょくゆ）で10年後に国会を開設することを公約したが、この勅諭を何というか。

国会開設の勅諭（ちょくゆ）

★★★★★★★

29 □□□ 開拓使官有物払下げ事件から大隈重信の罷免、国会開設の勅諭までの一連の事件を何というか。

明治十四年の政変

★★★★★★★

30 □□□ 国会開設の時期が決まると、自由民権運動は政党の結成へと動き出し、まずフランスの影響を受けた急進的自由主義の主張をもつ政党が結成された。この政党を何というか。

自由党

★★★

31 □□□ 自由党は西暦何年に結成されたか。

1881年

★★★★★★★

32 □□□ 自由党の総理（党首）はだれであったか。

板垣退助（いたがきたいすけ）

★★★★★

33 □□□ 自由党は主権はどこに存在するとしたか。それを表す言葉をあげよ。

主権在民（しゅけんざいみん）

★★★★★★

34 □□□ 板垣退助に従い活躍した土佐出身の自由党の理論的指導者で、多数の著書を残すとともに「東洋大日本国国憲按（こっけんあん）」を起草した人物はだれか。

植木枝盛（うえきえもり）

★☆☆☆☆☆☆

No.	問題	解答
35	加藤弘之が『人権新説』のなかで民権派の天賦人権説に批判を加えたことに対して、植木枝盛は著作のなかで反論を展開した。この著作名をあげよ。	天賦人権弁
36	自由民権運動に加わり、民権論とともに男女同権を説き、自由党副総理と結婚した女性解放運動の先駆者はだれか。	岸田(中島)俊子
37	明治十四年の政変で下野した人々を中心にして結成され、イギリス流の漸進的立憲論を説いた政党を何というか。	立憲改進党
38	立憲改進党の総理(党首)はだれであったか。	大隈重信
39	立憲改進党は西暦何年に結成されたか。	1882年
40	立憲改進党は、主権はどこに存在するとしたか。それを表す言葉をあげよ。	君民同治
41	福沢諭吉と親しい実業家を会員とする、改進党系の民間団体を何というか。	交詢社
42	自由民権派の政党結成をみて、『東京日日新聞』の社長らが政府擁護のために政党を結成したが、これを何というか。	立憲帝政党
43	立憲帝政党の党首はだれであったか。	福地源一郎
44	立憲帝政党は、主権はどこに存在するとしたか。それを表す言葉をあげよ。	主権在君
45	民権派は、その主張や政策を表すため、理想とする憲法の私案を作成したが、これを総称して何と呼んでいるか。	私擬憲法
46	自由党系の立志社が作成・発表した私擬憲法を何というか。	日本憲法見込案
47	植木枝盛が起草したという主権在民・一院制・抵抗権・革命権などを規定した私擬憲法を何というか。	東洋大日本国国憲按(大日本国国憲按)
48	立憲改進党系の民間団体の交詢社が作成・発表した私擬憲法を何というか。	私擬憲法案
49	東京府下の千葉卓三郎が起草した、国民の権利の保障に力点をおいた私擬憲法をあげよ。	五日市憲法草案(日本帝国憲法)

■自由民権運動の再編

★★★★★★★

1 □□□ 1882(明治15)年に福島県令の土木工事強行案に、県会議長ら自由党員が中心となって反対運動を展開したため、多数の自由党員・農民が逮捕・処罰された。この事件を何というか。

福島事件

★★★★★★★

2 □□□ 福島事件の時の福島県令はだれであったか。

三島通庸(みしまみちつね)

★★★★★★★

3 □□□ 福島事件の時の福島県会議長はだれであったか。

河野広中(こうのひろなか)

★★★★★★★

4 □□□ 1882年に遊説(ゆうぜい)中の自由党総理板垣退助が暴漢に襲われて負傷した。「板垣死すとも自由は死せず」と喧伝(けんでん)されたこの事件がおきたのは何県か。

岐阜県

★★★★★★★

5 □□□ 1883年に新潟県で政府高官の暗殺を計画したとして、自由党員が捕らえられ処罰された事件を何というか。

高田(たかだ)事件

★★★★★★★

6 □□□ 1884年に自由党急進派が妙義山麓(みょうぎさんろく)で蜂起した事件を何というか。

群馬事件

★★★★★★★

7 □□□ 1884年に栃木県令三島通庸の圧政に対し、茨城・福島・栃木県の自由党員が、県令の暗殺を計画したが失敗し、茨城県加波山で蜂起したが、鎮圧・処罰された。この事件を何というか。

加波山(かばさん)事件

★★★★★★★

8 □□□ 1884年に不況にあえぐ埼玉県の農民が武力蜂起し、政府は軍隊を出動させて鎮圧した。この事件を何というか。

秩父(ちちぶ)事件

★★★★★★★

9 □□□ 秩父事件で農民たちは、自由党員に指導され、借金の返済延期、村費や雑収税の減免を求めて党を結成したが、これを何というか。

困民党(こんみんとう)

★★★★★★★

10 □□□ 秩父事件に呼応するため、長野県・愛知県の自由党員が政府打倒の挙兵計画を立てたが、事前に発覚し処罰された。これらの事件をそれぞれ何というか。

飯田(いいだ)事件・名古屋事件

★★★★★★★

11 □□□ 1886年に自由党左派が政府高官の暗殺を計画したが、未然に発覚し処罰された。自由党による激化事件の最後となったこの事件を何というか。

静岡事件

★★★★★★☆
12 □□□ 1885年に自由党左派は、朝鮮に武力で独立党政権を樹立し、日本の自由民権運動の再興を促進しようと計画したが、発覚し逮捕された。この事件を何というか。
大阪事件

★★★★★☆☆
13 □□□ 大阪事件の中心人物はだれか。
大井憲太郎(おおいけんたろう)

★★★★☆☆☆
14 □□□ 大阪事件にはのちに『妾(わらわ)の半生涯』という自叙伝を著した女性運動家が関係したが、それはだれか。
景山(福田)英子(かげやま(ふくだ)ひでこ)

★★★★★☆☆
15 □□□ 激化事件に対処し切れず、自由党は解党を決定したが、それは何事件の直後か。
加波山事件

★★★★★★★
16 □□□ 自由党解党後、衰退していた自由民権運動は、1886年末に、連合論が提唱されて、復活のきざしをみせた。この連合論を何というか。
大同団結(だいどうだんけつ)

★★★★★★☆
17 □□□ 国会開設を前に、自由民権運動の大同団結を提唱したのはだれか。
星亨(ほしとおる)

★★★★★★★
18 □□□ 大同団結の運動を引き継ぎ、1887年に丁亥倶楽部(ていがいくらぶ)を結成して旧自由・改進両党幹部の結集をはかったのはだれか。
後藤象二郎(ごとうしょうじろう)

★★★★★★★
19 □□□ 1887年に井上馨(いのうえかおる)外相の条約改正交渉を契機として、民権派ばかりでなく国粋(こくすい)主義者も参加して反政府運動がおこった。この運動を何というか。
三大事件建白(けんぱく)運動

★★★★☆☆☆
20 □□□ 三大事件建白運動が掲げた3つのうち、地租の軽減、言論・集会の自由以外のものは何か。
外交失策の回復(対等条約の締結)

★★★★★★☆
21 □□□ 三大事件建白運動の高揚に際して、政府は、1887年12月に突如弾圧法規を公布し、即日施行して民権派多数を皇居外3里(り)の地に追放した。この法規を何というか。
保安条例(ほあんじょうれい)

★★★★★★★
22 □□□ 保安条例で東京から追放された人物のうち、のちに護憲運動の指導者となるのはだれか。
尾崎行雄(おざきゆきお)

★★★☆☆☆☆
23 □□□ 自由民権運動やアジア情勢・条約改正をめぐって世論が高まるなか、政治評論中心の新聞が相次いで創刊された。これらの新聞を何と呼ぶか。
大(おお)新聞

★★★☆☆☆☆
24 □□□ 江戸時代の伝統を継ぎ、娯楽面を重視しながら、社会の事件を庶民に伝えた新聞を一般に何と呼んだか。
小(こ)新聞

★☆☆☆☆☆☆
25 □□□ 国民の権利を伸張し、生活を向上させることこそ国家・社会発展の基礎であるとする、1870年代から始まった運動とともに発展した思想を何というか。
民権論(みんけんろん)

★★★☆☆☆☆
26 □□□ 独立国家として諸外国と対等の関係を保ち、さらに国家の権利や国力の充実・発展を目指す思想を何というか。
国権論(こっけんろん)

★★★★★☆☆
27 □□□ 政府の欧化主義に反対し、日本的な真善美を強調することによって国力の発展を目指す近代的民族主義思想を何というか。
国粋(こくすい)主義(国粋保存主義)

★★★★★★★
28 □□□ 国粋保存主義思想の中心になった人物はだれか、2人あげよ。
三宅雪嶺(みやけせつれい)・志賀重昂(しがしげたか)

★★★★★★☆
29 □□□ 三宅雪嶺・志賀重昂らが、1888年に組織した結社(けっしゃ)を何というか。
政教社(せいきょうしゃ)

★★★★★★☆
30 □□□ 政教社の機関誌を何というか。
日本人(にほんじん)

★★★☆☆☆☆
31 □□□ 政府の欧化政策と条約改正案に反対して太政官(だじょうかん)を辞し、1889年に日刊新聞を発行して近代的民族主義思想としての国民主義を説いたのはだれか。
陸羯南(くがかつなん)

★★★☆☆☆☆
32 □□□ 陸羯南が発行した日刊新聞を何というか。
日本(にほん)

★★★★★★★
33 □□□ 熊本洋学校や同志社(どうししゃ)に学び、政府の欧化主義に反対して下からの近代化と民主主義の徹底を主張したのはだれか。またこの考え方を何と呼んでいるか。
徳富蘇峰(とくとみそほう)・平民的欧化(おうか)主義(平民主義)

★★★★★★★
34 □□□ 徳富蘇峰は、1887年に出版社を創立し、本格的総合雑誌を発行して彼の考えを主張し、欧米の社会問題や社会主義を紹介するなど幅広く活躍した。この雑誌を何というか。
国民之友(こくみんのとも)

★★★★★★☆
35 □□□ 『国民之友』を発行した出版社を何というか。
民友社(みんゆうしゃ)

■憲法の制定

★★★★★★★
1 □□□ 長州出身の政治家で、大久保利通の死後、明治政府の最高指導者となり、大日本帝国憲法の制定などに貢献したのはだれか。
伊藤博文(いとうひろぶみ)

★★★★

2 □□□ 憲法調査のため渡欧した伊藤博文に、プロイセン憲法を講義したウィーン大学の教授とベルリン大学の教授の名をあげよ。 — シュタイン・グナイスト

★★★★★★★

3 □□□ 1878(明治11)年に外務省法律顧問として来日し、憲法・商法の制定に尽力したドイツ人はだれか。 — ロエスレル

★★★★★

4 □□□ 1886年に内閣および内務省法律顧問として来日し、憲法制定の助言や市制・町村制の原案作成に尽力したドイツ人はだれか。 — モッセ

★★★

5 □□□ 1884年に宮中に設置された、憲法および諸制度の調査のための機関名をあげよ。 — 制度取調局（とりしらべ）

★★★★★★★

6 □□□ 伊藤博文のもとで憲法の起草にあたった人物を、3人あげよ。 — 井上毅（いのうえこわし）・伊東巳代治（いとうみよじ）・金子堅太郎（かねこけんたろう）

★★★★★★★

7 □□□ 1884年、将来の上院議員選出の基盤とするため、旧公卿・旧大名・維新の功臣に、家柄その他で爵位（しゃくい）を与える法令を公布したが、これを何というか。 — 華族令（かぞくれい）

★★★★★★

8 □□□ 華族令で爵位は5等にわかれた。上から順にすべてあげよ。 — 公爵・侯爵・伯爵・子爵（ししゃく）・男爵

★★★★★★

9 □□□ 憲法制定作業が進むなか、最高行政機関として新しい制度が創設されたが、これを何というか。 — 内閣制度（ないかく）

★★★★★

10 □□□ 内閣制度が創設されたのは西暦何年か。 — 1885年

★★★★★★

11 □□□ 内閣制度の首班となる大臣を何というか。 — 内閣総理大臣（そうり）

★★★★★★★

12 □□□ 初代の内閣総理大臣はだれか。 — 伊藤博文

★★★★

13 □□□ 内閣を構成する各省の長官を総称して何というか。 — 国務大臣（こくむ）

★

14 □□□ 初代農商務大臣、西南（せいなん）戦争の際、熊本鎮台（ちんだい）を死守した人物が任じられたが、だれか。 — 谷干城（たにたてき）

★★★★

15 □□□ 初代陸軍大臣、また最初の元帥（げんすい）で、日清（にっしん）・日露（にちろ）戦争に活躍した薩摩（さつま）出身の軍人・政治家はだれか。 — 大山巌（おおやまいわお）

★★★★★★★

16 □□□ 内閣制度の創設により、宮中（きゅうちゅう）・府中（ふちゅう）の別が確立し、天皇を補佐する宮中官が設けられたが、これを何というか。 — 内大臣（ない）

★★★★★★★ 17 □□□	憲法の草案を審議する機関として設置され、のちに天皇の重要政務に関する諮問(しもん)機関とされたのは何か。	枢密院(すうみついん)
★☆☆☆☆☆☆ 18 □□□	枢密院は西暦何年に設けられたか。	1888年
★★★★★★★ 19 □□□	プロイセン憲法を参考にし、伊藤博文らの起草により発布された憲法の正式名を答えよ。	大日本帝国憲法
★★★☆☆☆☆ 20 □□□	大日本帝国憲法は西暦何年何月何日に発布されたか。	1889年2月11日
★★★★★★★ 21 □□□	大日本帝国憲法は、天皇が定め国民に与える形式をとったが、このような形式の憲法を何と呼ぶか。	欽定(きんてい)憲法
★★★★★★★ 22 □□□	大日本帝国憲法とともに、皇位継承・即位などを定めた皇室関係の法規も制定されたが、これを何というか。	皇室典範(こうしつてんぱん)
★★★★★☆☆ 23 □□□	大日本帝国憲法では国民はどのように位置づけられたか。	臣民(しんみん)
★★★★★★★ 24 □□□	統治権の総攬(そうらん)者としての天皇が、議会の協賛なしに行使できる権能を何というか。	天皇大権(たいけん)
★★★★★★★ 25 □□□	大日本帝国憲法では天皇の権限であった、軍隊の最高指揮権を何というか。	統帥権(とうすいけん)
★★★☆☆☆☆ 26 □□□	大日本帝国憲法では、議会閉会中に緊急の必要により天皇が法律にかわる命令を発布することができたが、これを何というか。	緊急勅令(きんきゅうちょくれい)
★★★★★★★ 27 □□□	大日本帝国憲法下における最高立法機関を何というか。	帝国議会
★★★★★★★ 28 □□□	帝国議会のうち、皇族・華族議員などによって構成された立法機関を何というか。	貴族院(きぞくいん)
★★★★★★★ 29 □□□	帝国議会のうち、選挙によって選出された議員により構成され、予算の先議権を有した立法機関を何というか。	衆議院(しゅうぎいん)
★★★★★★☆ 30 □□□	郡区町村編制法では、人口稠密(ちゅうみつ)の地を区としたが、1888年の新制度で改められ市となり、また町村の合併もこの時に並行して行われた。この新制度を何というか。	市制・町村制
★★★★★★☆ 31 □□□	1890年には、ドイツの中央集権的・官僚制的な自治制にならい、府・県・郡が整備されて、地方行政制度が確立した。この制度を何というか。	府県制・郡制

★★★★★★★
32 □□□ 地方自治制整備の中心となった当時の**内務大臣**はだれか。 — 山県有朋（やまがたありとも）

★★★★★★★
33 □□□ **山県有朋**を補佐し、地方自治制の制定に尽力した**ドイツ人**顧問はだれか。 — モッセ

■諸法典の編纂

★★★★★★★
1 □□□ 近代的諸法典の編纂が進められるなか、1873(明治6)年に制定された**改定律例**（りつれい）にかわって、1880年に公布された犯罪と刑罰に関する法典を何というか。 — 刑法（けいほう）

★★★★★★★
2 □□□ フランス法に範をとり、フランス人法学者**ボアソナード**が起草し、1880年に公布された刑事手続に関する法典を何というか。 — 治罪法（ちざいほう）

★★★★★★★
3 □□□ **治罪法**を改定して、1890年に公布された刑事手続に関する法典を何というか。 — 刑事訴訟法（けいじそしょうほう）

★★★★★★★
4 □□□ ドイツ人**ロエスレル**が起草し、1890年に公布されたが、修正が加えられ1899年に施行された法典を何というか。 — 商法

★★★★★★★
5 □□□ 1890年に**ドイツ法**に範をとり公布された法律で、**民事上**の紛争を解決するための手続法を何というか。 — 民事訴訟法（みんじ）

★★★★★★★
6 □□□ **フランス人**法学者が草案を起草し、1890年に公布された法律が「**民情風俗に適せず**」の批判を受け、施行が無期延期となった。この法典を何というか。 — 民法（みんぽう）

★★★★★★★
7 □□□ 1890年に公布された**民法**を起草した**フランス人**法学者はだれか。 — ボアソナード

★★★★★★★
8 □□□ 1890年に公布された**民法**をめぐって反対・賛成の意見がたたかわされたが、これを何と呼んでいるか。 — 民法典論争（みんぽうてん）

★★★★★★★
9 □□□ 「**民法出デヽ忠孝亡ブ**」という論文で、**ボアソナード民法**の施行に反対した法学者はだれか。 — 穂積八束（ほづみやつか）

★★★★★★★
10 □□□ 「**家長権**は封建（ほうけん）の遺物」とし、**ボアソナード民法**の施行を主張した法学者はだれか。 — 梅謙次郎（うめけんじろう）

★★★★★★★
11 □□□ 1896～98年に修正されたいわゆる明治民法のもとで、絶対的な権限を与えられた**家族の統率者**を何というか。 — 戸主（こしゅ）

★★★★★★★
12 □□□ 明治民法のもとで、家族の統率者の権限は何と呼ばれたか。 — 戸主権

■初期議会

★★★★★★★
1 □□□ 大日本帝国憲法の定める衆議院議員の任期・定員・選挙などについて定めた法令が、憲法と同時に公布されたが、これを何というか。 — 衆議院議員選挙法

★★★★★★★
2 □□□ 1889(明治22)年に公布された衆議院議員選挙法では、直接国税を何円以上納入する者に選挙権が与えられたか。 — 15円

★★★★★★★
3 □□□ 1889年に公布された衆議院議員選挙法では、何歳以上の男性に選挙権が与えられたか。 — 25歳

★★★★★★★
4 □□□ 第１回総選挙の時、選挙権を与えられていた人は、全人口の約何％であったか。 — 1.1%

★★★★★★★
5 □□□ 1900年と1919(大正８)年に選挙法が改正され、選挙権の納税資格が緩和されたが、それぞれどのように改められたか。 — 1900年に10円以上、1919年に３円以上

★★★★★★★
6 □□□ 選挙権の納税資格が撤廃されたのは西暦何年か。 — 1925年

★★★★★★★
7 □□□ 大日本帝国憲法発布の翌日、内閣総理大臣は地方長官を鹿鳴館(ろくめいかん)に集めて、政府は政党の動向に左右されず公正の道をとるべきことを訓示した。この考え方を何というか。 — 超然主義(ちょうぜんしゅぎ)

★★★★★★★
8 □□□ 大日本帝国憲法発布の翌日、超然主義の演説を行った内閣総理大臣はだれか。 — 黒田清隆(くろだきよたか)

★★★★★★★
9 □□□ 1890(明治23)年に最初の衆議院議員選挙が行われ、議会が召集されたが、この最初の議会を何というか。 — 第一議会(第１回帝国議会)

★★★★★★★
10 □□□ 第一議会(第１回帝国議会)の内閣総理大臣はだれであったか。 — 山県有朋

★★★★★★★
11 □□□ 最初の議会から日清(にっしん)戦争勃発直前の議会までは、負担軽減を求める勢力が政府と対立し、議会は混乱した。この時期の議会を何と呼んでいるか。 — 初期議会

★★★★★★★
12 □□□ 初期議会では、反政府勢力が衆議院で過半数を占めたが、この反政府勢力を何というか。また、政府側の勢力を何といったか。
民党・吏党

★★★★★★★
13 □□□ 第一議会で、民党はスローガンを掲げて政府の提出した予算案の削減を求めたが、このスローガンを2つあげよ。
政費節減・民力休養

★★★★★★★
14 □□□ 第一議会召集に際し、大井憲太郎らが中心となって自由党が再建されたが、この再建自由党の名称をあげよ。
立憲自由党

★★★★★★★
15 □□□ 第一議会で山県有朋首相が陸海軍経費増強の必要性を強調した際に用いた言葉で、国家主権の範囲(固有の領土)を指した用語は何か。また、国家の安全独立を保障する勢力範囲として、朝鮮半島を指した用語は何か。
主権線・利益線

★★★★★★★
16 □□□ 第二議会で、政府が提出した軍艦建造費を含む予算案は民党により大幅に削減され、政府は議会を解散した。この時の内閣総理大臣はだれか。
松方正義

★★★★★★★
17 □□□ 第二議会で、政府を擁護する蛮勇演説を行って民党を批判した海軍大臣はだれか。
樺山資紀

★★★★★★★
18 □□□ はじめての衆議院の解散後の1892年の総選挙では、民党に対する大規模な圧迫が行われた。これを行った内務大臣はだれか。
品川弥二郎

★★★★★★★
19 □□□ 1892年の総選挙では、政府の圧迫で多数の死傷者が出るにいたったが、その一連の圧迫を何というか。
選挙干渉

★★★★★★★
20 □□□ 第1次松方正義内閣は、第三議会をのり切れずに総辞職し、山県有朋・黒田清隆・井上馨ら実力者を閣僚とする内閣が成立した。この内閣を何というか。
第2次伊藤博文内閣

★★★★★★★
21 □□□ 第2次伊藤博文内閣は明治維新以来の実力者を擁したところから何内閣と呼ばれたか。
元勲内閣

★★★★★★★
22 □□□ 第2次伊藤博文内閣の軍事予算を民党が削減した際、天皇は宮廷費を節減して軍艦建造費にあてるから、議会も政府に協力してほしいという詔書を出した。この詔書を何というか。
和衷協同の詔書

第13章

近代国家の展開

1 日清・日露戦争と国際関係

用語集 p.249～261

立憲体制が確立していくなか、明治政府は幕末に結ばれた不平等条約の改正を実現していった。対外的には、日清・日露戦争を経て韓国併合や満洲へ勢力を拡大していった。国内では立憲政友会が結成され、明治末から大正期にかけて桂園時代を迎えた。

■条約改正

★★★★★★★
1 □□□ 1870年代の**岩倉具視**・**寺島宗則**の外交交渉の失敗を受けた1880年代、**欧化政策**を進めて外交上の懸案事項を解決しようとした外務卿(のち外務大臣)はだれか。 — 井上馨

★★★★★★★
2 □□□ **井上馨**の条約改正交渉が行われていた頃、イギリス人**コンドル**の設計した社交場で、音楽会や舞踏会が盛んに催された。この社交場を何と呼ぶか。 — 鹿鳴館

★★★★★★★
3 □□□ **井上馨**の条約改正案は、内容的にも問題があったため、政府内外から反対の声があがった。**領事裁判権**撤廃の代償として批判された点は何か。 — 外国人判事の任用

★★★★★★★
4 □□□ **井上馨**の条約改正案に反対した、政府の外国人法律顧問はだれか。 — ボアソナード

★★★★★★★
5 □□□ **井上馨**の条約改正案に反対をとなえて、農商務大臣を辞任したのはだれか。 — 谷干城

★★★★★★★
6 □□□ 1886(明治19)年にイギリスの貨物船が紀州沖で難破した際、日本人乗客が犠牲となる事件がおこり、国民は**領事裁判権**撤廃の必要を痛感したが、このイギリス船を何というか。 — ノルマントン号

★★★★★★★
7 □□□ 井上馨の**条約改正交渉**の失敗を機に、民権派が展開した運動を何というか。 — 三大事件建白運動

★★★★★★★
8 □□□ 1889年に秘密のうちに、各国との条約改正に向けた個別交渉を進めたが、**ロンドン＝タイムズ**に条約案が掲載され、その改正案を攻撃された外務大臣はだれか。 — 大隈重信

★★★★★★★
9 □□□ 1889年に**大隈重信**は、右翼団体の一青年によって爆弾を — 玄洋社

投げつけられ、重傷を負い外務大臣を辞任した。この右翼の団体を何というか。

★★★★★★★

10 □□□ 1890年代から、政府は、シベリア鉄道着工などロシアの南下を警戒して条約改正に好意的になったイギリスと交渉を再開したが、来日中のロシア皇太子が傷つけられ、その事件の責任をとり外務大臣が辞任した。この外務大臣はだれか。

青木周蔵（あおきしゅうぞう）

★★★★★★★

11 □□□ 1891年、来日中のロシア皇太子が傷つけられた事件を何というか。

大津事件（おおつ）

★★★★★

12 □□□ 大津事件でロシア皇太子を傷つけた巡査はだれか。

津田三蔵（つださんぞう）

★★★★★

13 □□□ 大津事件による日露関係の悪化をおそれた政府は、犯人を大逆罪（たいぎゃくざい）で死刑にしようとしたが、大審院（だいしんいん）特別法廷は無期徒刑の判決を下して司法権の独立を守った。この時の大審院長はだれか。

児島惟謙（こじまこれかた）（いけん）

★★★★★★★

14 □□□ 政府はイギリスとの間で、日清（にっしん）戦争勃発直前に、領事裁判権の撤廃と関税自主権の一部回復を内容とする条約を締結したが、その条約を何というか。

日英通商航海条約（にちえい）

★★★★★★★

15 □□□ 日英通商航海条約締結の時の外務大臣はだれか。

陸奥宗光（むつむねみつ）

★★★

16 □□□ 日英通商航海条約が締結されたのは西暦何年か。

1894年

★★★

17 □□□ 関税自主権が完全に回復されるのは西暦何年か。

1911年

★★★★★★★

18 □□□ 関税自主権が回復された時の外務大臣はだれか。

小村寿太郎（こむらじゅたろう）

■朝鮮問題

★★★★★★★

1 □□□ 朝鮮政府内には保守派と改革派との対立があったが、1882（明治15）年に保守派がクーデタを決行し、日本公使館も襲撃された。この事件を何と呼ぶか。

壬午軍乱（事変）（じんごぐんらん（じへん））

★★★★★

2 □□□ 壬午軍乱の頃、朝鮮政府内の保守派の中心人物は国王の父であった。この人物はだれか。

大院君（たいいんくん）（テウォングン）

★★★★★

3 □□□ 壬午軍乱の頃、朝鮮政府内の改革派の中心人物は国王の王妃であった。この人物はだれか。

閔妃（びんひ）（ミンビ）

★★★★★★★
4
□□□
朝鮮で近代化を進めようとした親日の改革派を何というか。

独立党

★★★★★★★
5
□□□
朝鮮の近代化を進めようとした独立党の中心人物を2人あげよ。

金玉均(キムオッキュン)・朴泳孝(パクヨンヒョ)

★★★★★★★
6
□□□
1884年に清がヨーロッパのある国との戦争に敗れたのを機に、朝鮮で独立党が日本公使と結んでクーデタをおこしたが、清軍の来援で失敗した。この事件を何というか。

甲申(こうしん)事変(政変)

★★★★★★★
7
□□□
1884年に、清がヨーロッパのある国に敗れた戦争とは何か。

清仏(しんふつ)戦争

★★★★★★★
8
□□□
甲申事変の結果、日本と清の対立が深まり、その解消のために、日清両軍が朝鮮から撤兵する内容の条約が結ばれた。この条約を何というか。

天津(てんしん)条約

★★★★★★★
9
□□□
天津条約の日本側の全権はだれか。

伊藤博文(いとうひろぶみ)

★★★★★★★
10
□□□
天津条約の清側の全権はだれか。

李鴻章(りこうしょう)

★★★★★★★
11
□□□
福沢諭吉(ふくざわゆきち)が創刊した『時事新報』は1885年に発表した論説のなかで、日本は清・朝鮮との連帯を強めるよりは、アジアを捨てて欧米列強側に立つべきと説いた。これを何というか。

脱亜論(だつあろん)

日清戦争と三国干渉

★★★★★★★
1
□□□
1882(明治15)年に発布された、「大元帥」である天皇への軍人の忠節を強調し、軍人の政治不関与を説いたものを何というか。

軍人勅諭(ちょくゆ)

★★★★★★★
2
□□□
1889年に朝鮮の地方官が凶作を理由に大豆などの穀物の対日輸出を禁止したが、これを何というか。

防穀令(ぼうこくれい)

★★★★★★★
3
□□□
1894年に朝鮮半島南部の全羅道(ぜんらどう)で農民反乱がおこり、これが崔済愚(さいせいぐ)の創始した排外的な民族宗教団体と結びつき、各地に波及した。これを何というか。

甲午(こうご)農民戦争(東学(とうがく)の乱)

★★★★★★★
4
□□□
甲午農民戦争によって清軍と日本軍が朝鮮に出兵し、両国間の戦いが勃発したが、これを何というか。

日清(にっしん)戦争

★★★★★★★ 5 日清戦争で、仁川(じんせん)港外でおこった日清両海軍による最初の戦いを何というか。	豊島沖海戦(ほうとうおき)
★★★★★★★ 6 日清戦争で、清が誇った北洋艦隊が、日本海軍によって撃破された戦いを何というか。	黄海海戦(こうかい)
★★★★★★★ 7 日本は1895年に北洋艦隊の基地である山東半島(さんとう)北端の港を陥落させ、賠償金支払いの保証とするためその地を占領した。その港はどこか。	威海衛(いかいえい)
★★★★★★★ 8 日清戦争は、軍隊の近代化を進めていた日本が勝利したが、この戦争の講和条約を何というか。	下関条約(しものせき)
★★★★★★★ 9 日清講和会議の日本の全権は伊藤博文とだれか。	陸奥宗光
★★★★★★★ 10 日清講和会議の清の全権はだれか。	李鴻章(りこうしょう)
★★★★★★★ 11 下関条約で清は朝鮮について何を認めたか。	独立国であること（属国でないこと）
★★★★★★★ 12 下関条約で清は日本に対して領土の割譲を認めたが、このうち、ロシアなどの圧力で返還したのはどこか。	遼東半島(りょうとう)
★★★★★★★ 13 下関条約で日本が清から割譲され、台北(たいほく)を中心に植民地支配したのはどこか。	台湾(たいわん)
★★★★★★★ 14 下関条約で日本が清から割譲された台湾西部の小島群はどこか。	澎湖諸島(ほうこ)
★★★★★★★ 15 下関条約で清は日本に対して賠償金の支払いを認めたが、その額はいくらか。	2億両(テール)
★★★★★★★ 16 下関条約で清は新たに4港の開港を認めたが、それは沙市(さし)・重慶(じゅうけい)とどこか。	蘇州(そしゅう)・杭州(こうしゅう)
★★★★★★★ 17 下関条約調印の6日後、ヨーロッパのある国々が、「極東ノ永久ノ平和ニ対シ障害ヲ与フル」ものとして、日本の獲得地の一部返還を勧告してきた。このことを何というか。	三国干渉(さんごくかんしょう)
★★★★★★★ 18 三国干渉を行った3国は、ロシアとどこか。	ドイツ・フランス
★★★★★★★ 19 三国干渉で日本に返還が要求された地域はどこか。	遼東半島

★★★★★★

20 三国干渉に際し、日本は遼東半島の返還要求に応じたが、国民はこれを屈辱と感じ、中国の故事を合言葉にしてロシアへの敵愾心(てきがいしん)を高めた。その言葉は何か。

臥薪嘗胆(がしんしょうたん)

★★★★

21 下関条約で日本領となった台湾を支配するために設置された統治機関を何というか。

台湾総督府(そうとくふ)

★★★★

22 台湾総督府の初代の総督には、当時の海軍軍令部長が任命されたが、この人物はだれか。

樺山資紀(かばやますけのり)

★★★★★★★

23 朝鮮は1897年に国号を改めたが、その正式名をあげよ。

大韓帝国(だいかんていこく)

★★★★

24 三国干渉以後、親露反日政策をとる閔妃(びんひ)を殺害する事件をおこした駐朝公使はだれか。

三浦梧楼(みうらごろう)

■立憲政友会の成立

★★★★★★★

1 明治20年代より高まってきた、個人の利益よりも国家の利益を優先させる思想を何というか。

国家主義

★★★★★★★

2 徳富蘇峰(とくとみそほう)はある事件をきっかけに、従来の主張を捨てて国家主義を主張するようになったが、ある事件とは何か。

日清戦争

★★★★

3 1897(明治30)年に東京博文館(はくぶんかん)発行の雑誌に、「君民一体、忠君愛国」など、国民精神の発揚を説いてキリスト教を排撃し、日本の大陸進出を肯定する論文が掲載されたが、その著者はだれか。

高山樗牛(たかやまちょぎゅう)

★★★

4 高山樗牛がとなえた思想を何というか。

日本(にほん)主義

★★★★

5 歴史小説『滝口入道(たきぐちにゅうどう)』の著者としても有名な高山樗牛が主幹をつとめた東京博文館発行の雑誌は何か。

太陽

★★★★

6 1896(明治29)年に進歩党の大隈重信(おおくましげのぶ)を外務大臣に迎えて組閣し、松隈(しょうわい)内閣と呼ばれた内閣名をあげよ。

第2次松方正義(まつかたまさよし)内閣

★★★★★★

7 松隈内閣の総辞職後、1898年に成立した内閣で、軍備拡張のため増税案を議会に提出したところ否決され、総辞職した内閣名をあげよ。

第3次伊藤博文内閣

★★★★★★

8 第3次伊藤博文内閣が否決されたのは何の増徴案か。

地租(ちそ)

第13章 近代国家の展開

★★★★★★☆
9 □□□ 1898年に最初の政党内閣が成立したが、この内閣を首相と内務大臣の名前から何と呼んでいるか。 — 隈板(わいはん)内閣

★★★★★★★
10 □□□ 隈板内閣の与党名をあげよ。 — 憲政党(けんせいとう)

★★★★★★☆
11 □□□ 憲政党は、2つの政党が合併して成立した。その2つの政党名をあげよ。 — 自由党・進歩党

★★★★☆☆☆
12 □□□ 隈板内閣の文部大臣尾崎行雄が辞職する原因となった事件を何というか。 — 共和(きょうわ)演説事件

★★★★★☆☆
13 □□□ 隈板内閣は党の分裂で、わずか4カ月で崩壊したが、この時に総理大臣であった大隈重信が党首となった政党名をあげよ。 — 憲政本党(ほんとう)

★★★★★★☆
14 □□□ 最初の政党内閣である隈板内閣が崩壊したあとを受けて成立した内閣は、官僚勢力の確立をはかり、種々の施策を実施した。この内閣名をあげよ。 — 第2次山県有朋(やまがたありとも)内閣

★★★★★★★
15 □□□ 第2次山県有朋内閣により、陸・海軍大臣は現役の大将・中将に限られることになったが、この制度を何というか。 — 軍部大臣現役武官制(ぐんぶだいじんげんえきぶかんせい)

★★★★★☆☆
16 □□□ 第2次山県有朋内閣は政党員が官界に進出するのを防ぐため、試験任用を拡大して、自由任用を制限する法改正を行った。この時に改正された法令を何というか。 — 文官任用令(ぶんかんにんようれい)

★★★★★★★
17 □□□ 第2次山県有朋内閣は労働運動の高揚に対し、従来の治(ち)安(あん)立法を集大成した法令を制定したが、これを何というか。 — 治安警察法(ちあんけいさつほう)

★★★☆☆☆☆
18 □□□ 治安警察法は西暦何年に制定されたか。 — 1900年

★★★★★★★
19 □□□ 議会を円滑(えんかつ)に運営するためには、与党となる政党が必要であると考えた維新の元勲(げんくん)出身の政治家はだれか。 — 伊藤博文

★★★★★★★
20 □□□ 伊藤博文を中心に組織された政党を何というか。 — 立憲政友会(りっけんせいゆうかい)

★★★☆☆☆☆
21 □□□ 立憲政友会は西暦何年に結成されたか。 — 1900年

★★★★★★☆
22 □□□ 立憲政友会を基礎として1900年に成立した内閣名をあげよ。 — 第4次伊藤博文内閣

★★★★★★★

23 □□□ 明治政府の功労者で、第一線を退いたあと、天皇を助け重要政策の決定や首相の推薦などにあたった人々を何と呼んだか。

元老（げんろう）

■列強の中国進出と日英同盟

★★★★★★★

1 □□□ 先進資本主義国家の他国への政治的・経済的侵略政策を何と呼んでいるか。

帝国主義

★★★★★★★

2 □□□ 帝国主義の動きは、世界的にはいつ頃から始まったか。

19世紀末〜20世紀初め

★★★★★★★

3 □□□ 帝国主義政策により、中国などは列強による領土の期限付き借用というかたちで侵略された。このような土地を何と呼んでいるか。

租借地（そしゃくち）

★★★★★★★

4 □□□ 列強は相次いで中国に進出したが、イギリスが清から租借した山東（さんとう）半島北岸の港湾名を何というか。

威海衛（いかいえい）

★★★★★★★

5 □□□ イギリスが清から租借した広東（カントン）省南部の地で、香港（ホンコン）の対岸の半島名をあげよ。

九竜半島（きゅうりゅう）

★★★★★★★

6 □□□ フランスが清から租借した広東省西南部の港湾はどこか。

広州湾（こうしゅう）

★★★★★★★

7 □□□ ドイツが清から租借した山東省西南部の港湾はどこか。

膠州湾（こうしゅう）

★★★★★★★

8 □□□ 1898(明治31)年にロシアは清からどこの半島の一部(先端部分)を租借したか。

遼東半島（りょうとう）

★★★★★★★

9 □□□ ロシアが清から租借した遼東半島の主要都市を2つあげよ。

旅順（りょじゅん）・大連（だいれん）

★★★★★★★

10 □□□ 列強の中国進出に対して、アメリカの国務長官は3原則を提唱したが、この国務長官名をあげよ。

ジョン＝ヘイ

★★★★★★★

11 □□□ ジョン＝ヘイが、列強の中国進出に対して提唱した3原則のうち、中国(清)の領土保全以外の2つをあげよ。

門戸開放（もんこかいほう）・機会均等（きかいきんとう）

★★★★★★★

12 □□□ 列強の中国進出に対し、山東半島では外国人排斥運動を行う白蓮教（びゃくれんきょう）系の民間宗教団体が現れたが、これを何というか。

義和団（ぎわだん）

第13章 近代国家の展開

★★★★★★
13 □□□ 義和団が外国人排斥運動を進める上で、スローガンとしたのは何か。
扶清滅洋

★★★★★★★
14 □□□ 義和団の外国人排斥運動はやがて北京(ペキン)にもおよび、列国公使館を襲撃し、さらに清は列国に宣戦布告したが、列国は日本を中心に連合軍を組織して鎮圧した。この事件を何というか。
北清事変(義和団戦争)

★★★★★★
15 □□□ 北清事変で敗北した清は、賠償金の支払いと北京公使館守備兵の駐留権を認める条約を列国と結んだが、これを何というか。
北京議定書

★★★
16 □□□ 北清事変の鎮圧の際、ロシアは鉄道守備を名目として満洲を占領した。これに対し日本政府の伊藤博文や井上馨らは、満韓(まんかん)交換を行う協定をロシアと結ぶべきと主張したが、この立場を何というか。
日露協商論(満韓交換論)

★★★
17 □□□ 北清事変の鎮圧後に、世界に数多くの利権を有するイギリスと提携すべきであるという主張が桂太郎(かつらたろう)・小村寿太郎らによってなされ、その結果、調印された条約を何というか。
日英同盟協約

★
18 □□□ 日英同盟協約は西暦何年に締結されたか。
1902年

★★★
19 □□□ 日本とロシアの対立が激しくなると、対露同志会がとなえたような対露強硬論が展開されたが、こうした強硬論を何というか。
主戦論(開戦論)

★
20 □□□ 1903年に戸水寛人(とみずひろんど)博士らが、桂太郎首相に提出した対露強硬主張の意見書を何というか。
七博士意見書

★★★★★
21 □□□ 人道主義の立場や社会主義の立場で、日露戦争に反対する人々もいたが、これらの人々の主張を何というか。
非戦論(反戦論)

★★★★★
22 □□□ はじめは日露開戦に反対の論説を掲げたが、まもなく開戦賛成の立場に転じた有力新聞は何か。
万朝報

★★★★★★★
23 □□□ 『万朝報』が開戦論に転じたため退社し、平和主義・社会主義の立場で新聞を発行して反戦論をとなえた人物を2人あげよ。
堺利彦・幸徳秋水

★★★★
24 □□□ 堺利彦・幸徳秋水らが中心となって組織した結社(けっしゃ)を何と
平民社

いうか。

★★★★★☆☆

25 □□□ 平民社が発行し、日露戦争で反戦論を展開した新聞名をあげよ。 — 平民新聞

★★★★★★★

26 □□□ 日露戦争に際して、人道主義の立場から、いかなる戦争にも反対する主張をしたキリスト教徒はだれか。 — 内村鑑三（うちむらかんぞう）

★★★★☆☆☆

27 □□□ 反戦運動を行い、日露戦争勃発前から『東京毎日新聞』に反戦小説『火の柱（ひのはしら）』を連載した人物はだれか。 — 木下尚江（きのしたなおえ）

★★★★★★★

28 □□□ 日露戦争のさなか、反戦詩「君（きみ）死にたまふこと勿（なか）れ」を『明星（みょうじょう）』に発表した女流詩人はだれか。 — 与謝野晶子（よさのあきこ）

★☆☆☆☆☆☆

29 □□□ 日露戦争のさなか、反戦詩「お百度詣（ひゃくどもうで）」を『太陽』に発表した女流詩人はだれか。 — 大塚楠緒子（おおつかくすおこ）（なおこ）

■日露戦争

★★★★★★★

1 □□□ 満洲（まんしゅう）をめぐる日本とロシアとの交渉が決裂して始まった戦争を何というか。 — 日露（にちろ）戦争

★★★★★☆☆

2 □□□ 日露戦争は西暦何年に勃発したか。 — 1904年

★★★★★☆☆

3 □□□ ロシア艦隊の遼東半島の基地を奪取するため、乃木希典（のぎまれすけ）の率いる軍が攻撃した戦いを何というか。 — 旅順（りょじゅん）包囲戦

★★★★★★☆

4 □□□ 1905（明治38）年3月、南満洲の要地で日露両国軍が死力を尽して戦った。この戦いを何というか。 — 奉天会戦（ほうてんかいせん）

★★★★★★★

5 □□□ 日本の連合艦隊が総力をあげて戦い、ロシアの主力艦隊に大勝利をおさめた戦いを何というか。 — 日本海海戦

★★★★★★★

6 □□□ 日本海海戦で敗れたロシアの主力艦隊を何というか。 — バルチック艦隊

★★★★★☆☆

7 □□□ 日露戦争は、アメリカ大統領の斡旋（あっせん）を受け入れて終結したが、この大統領とはだれか。 — セオドア＝ローズヴェルト

★★★★★★★

8 □□□ 日露戦争の講和条約を何というか。 — ポーツマス条約

★★★★★☆☆

9 □□□ ポーツマス条約は西暦何年に調印されたか。 — 1905年

★★★★★★★

10 □□□ 日露講和会議の日本の全権はだれか。 — 小村寿太郎（こむらじゅたろう）

第13章 近代国家の展開

★★★★★★★
11 □□□ 日露講和会議のロシアの全権はだれか。 — ウィッテ

★★★★★★★
12 □□□ 日本国内では、賠償金を得られなかったことなどから、ポーツマス条約を屈辱的なものとして反対の集会が開かれ、条約破棄を叫んで暴動化する事件に発展した。これを何というか。 — 日比谷(ひびや)焼打ち事件

★★★★★★★
13 □□□ 日露戦争の軍事費は約17億円にのぼったが、国内の増税でまかなわれたのは3億2000万円弱であった。残りは何によってまかなわれたか。2つあげよ。 — 外国債(がいこくさい)(外債)・内国(ない)債(内債)

★★★★★★★
14 □□□ ポーツマス条約で、ロシアは日本にどこの指導権を認めたか。 — 韓国(かんこく)

★★★★★★★
15 □□□ ポーツマス条約で、ロシアから日本に譲られた満洲の租借地(そしゃくち)(都市)を2つあげよ。 — 旅順・大連(だいれん)

★★★★★★★
16 □□□ ポーツマス条約で、ロシアから日本に譲られた満洲の鉄道はどこから旅順までか。 — 長春(ちょうしゅん)

★★★★★★★
17 □□□ ポーツマス条約で、ロシアから日本に割譲された領土はどこか。 — 北緯50度以南の樺太(からふと)(サハリン)

★★★★★★★
18 □□□ ポーツマス条約で、ロシアは日本にどこの漁業権を認めたか。 — 沿海州(えんかいしゅう)・カムチャツカ

■韓国併合

★★★★★★★
1 □□□ 1905(明治38)年に結ばれた、日本の首相と特使として来日したアメリカの陸軍長官との秘密覚書で、アメリカのフィリピン統治と、日本の韓国に対する指導権を日米両国が相互に認めあった協定を何というか。 — 桂(かつら)・タフト協定

★★★★★★★
2 □□□ 日露戦争が勃発すると、日本は韓国との間で、韓国保全のためとして日本軍の自由行動を認めさせ、日本に軍事上の拠点を提供させる取り決めを結んだが、これを何というか。 — 日韓議定書(にっかんぎていしょ)

★★★★★★★
3 □□□ 日本は韓国と3度にわたる協約を締結して、韓国を支配下においていったが、これらの協約を何というか。 — 日韓協約(きょうやく)

★★★★★★★
4 □□□ 第2次日韓協約で、日本が韓国の外交権を行使するため、 — 統監府(とうかんふ)

1905年に漢城(現ソウル)においた日本政府の代表機関を何というか。

	問題	解答
★★★★★★★ 5 □□□	統監府の長官を何というか。	統監
★★★★★★★ 6 □□□	初代の統監にはだれが就任したか。	伊藤博文
★★★★★★★ 7 □□□	1907年に韓国皇帝が日本の行為を訴えるために、オランダで開催された国際会議に使節を派遣したが、この事件を何というか。	ハーグ密使事件
★★★★★★☆ 8 □□□	1907年に韓国政府が密使を派遣した国際会議の名称をあげよ。	第2回万国平和会議
★★★★★★★ 9 □□□	第3次日韓協約による韓国軍の解散命令に反対した兵士を中心に、広い階層の人々が参加して反日武装闘争が展開された。これを何と呼んでいるか。	義兵運動
★★★★★★★ 10 □□□	伊藤博文を暗殺した韓国の独立運動家はだれか。	安重根(アンジュングン)
★★★★★★★ 11 □□□	伊藤博文が暗殺されたのはどこか。	ハルビン
★★★★★★☆ 12 □□□	韓国を日本領に編入する条約を何というか。	韓国併合条約
★★★☆☆☆☆ 13 □□□	韓国併合条約が締結されたのは西暦何年のことか。	1910年
★★★★★★★ 14 □□□	韓国併合後の朝鮮統治のため、新たにおかれた機関を何というか。	朝鮮総督府
★★★★★★★ 15 □□□	朝鮮総督府の長官を何というか。	総督
★★★★★★★ 16 □□□	初代の朝鮮総督にはだれが就任したか。	寺内正毅
★★★★★★☆ 17 □□□	韓国併合後、総督府によって行われた朝鮮の土地所有権の確定、土地価格の査定、土地台帳の作成などの事業を何というか。	土地調査事業
★★★★★☆☆ 18 □□□	1908年に朝鮮の土地開発を目的に日韓両国政府によって設立された国策会社を何というか。	東洋拓殖会社

■満洲への進出

	問題	解答
★★★★★★★ 1 □□□	旅順・大連を含む遼東半島南部の日本租借地を何と呼ん	関東州

だか。

★★★★★★★

2 □□□ 関東州の日本租借地を統治するため、1906(明治39)年に旅順に設置された機関を何というか。 — 関東都督府(ととくふ)

★★★☆☆☆☆

3 □□□ 関東都督府は、1919(大正8)年に廃止され、軍事部門と行政部門とに分離された。行政部門を担当した統治機関を何というか。 — 関東庁

★★★★★★★

4 □□□ ポーツマス条約でロシアから得た長春(ちょうしゅん)・旅順間の鉄道、および付属鉱山・製鉄所を経営するため、1906年に設立された半官半民の特殊会社を何というか。 — 南満洲(みなみまんしゅう)鉄道株式会社(満鉄)

★★★★★☆☆

5 □□□ ポーツマス条約でロシアから得た鉄道は、ロシアが経営していたハルビン・旅順間の鉄道の一部であるが、この鉄道を含めロシアがウラジヴォストークから北満洲を横断して敷設(ふせつ)した鉄道を何というか。 — 東清(とうしん)鉄道

★★★★★☆☆

6 □□□ 日本の満洲独占支配などの台頭が、欧米諸国に黄禍論(こうかろん)として警戒の念を与え、日米関係に亀裂が生じた。これに関係してアメリカでおこった日本人に対する運動を何というか。 — 日本人移民排斥(いみんはいせき)運動

★★★★★★★

7 □□□ 日露戦争後、日露間で満洲や内蒙古(ないもうこ)の勢力範囲について秘密裏に4回の取り決めが行われたが、これを何というか。 — 日露協約

★★★★☆☆☆

8 □□□ 日露戦争後、イギリスは日本の韓国保護権を承認し、同盟の適用範囲をインドまで拡大した。これを何というか。 — 第2次日英(にちえい)同盟協約

★☆☆☆☆☆☆

9 □□□ 1911年に、日本とイギリスとの提携はドイツの進出に対応して改定されたが、これを何というか。 — 第3次日英同盟協約

★★★★★★★

10 □□□ 1905年に中国同盟会を組織し、民族・民権・民生の革命理論を主張した人物はだれか。 — 孫文(そんぶん)

★★★★★☆☆

11 □□□ 孫文の革命理論を総称して何と呼んでいるか。 — 三民(さんみん)主義

★★★★★★★

12 □□□ 1911年、中国で革命派の新軍による武昌(ぶしょう)蜂起が全国に波及し、翌年1月には臨時政府が成立し、建国宣言がなされ、2月には皇帝が退位して清朝は滅亡した。この変革を何というか。 — 辛亥(しんがい)革命

★★★★★★★

13 □□□ 辛亥革命で成立した新しい国を何というか。 — 中華民国（ちゅうかみんこく）

★★★★★★★

14 □□□ 1913年に、中華民国の大総統に正式に就任したのはだれか。 — 袁世凱（えんせいがい）

■桂園時代

★★★★★★★

1 □□□ 藩閥・軍閥を代表する桂太郎と立憲政友会の西園寺公望が明治時代末期に政権を交互に担当したが、これを何と呼んでいるか。 — 桂園時代（けいえん）

★★★★★★★

2 □□□ 日英同盟協約を締結し、日露戦争を遂行（すいこう）したが、日比谷焼打ち事件で退陣した内閣名をあげよ。 — 第1次桂太郎内閣（かつらたろう）

★★★★★★★

3 □□□ 立憲政友会（りっけんせいゆうかい）の2代総裁の内閣は、鉄道国有法を制定し、満鉄（まんてつ）を設立した。また、日本社会党の結成を承認するなど社会主義者に寛大であった。この内閣名をあげよ。 — 第1次西園寺公望内閣（さいおんじきんもち）

★★★★★★☆

4 □□□ 日露戦争後、第2次桂太郎内閣は国民の間に芽生えた自由主義的傾向を是正するため詔書の発布をあおいだが、この詔書（しょうしょ）を何というか。 — 戊申詔書（ぼしんしょうしょ）

★★★★★★★

5 □□□ 日露戦争後の経済不況下に、疲弊した地方自治体の財政再建と農業振興、民心向上などを目的とした内務省主導の運動が推進されたが、これを何というか。 — 地方改良運動（ちほうかいりょううんどう）

★☆☆☆☆☆☆

6 □□□ 1898(明治31)年に「社会主義の原理とこれを日本に応用するの可否」を研究する目的で結成された研究団体を何というか。 — 社会主義研究会

★☆☆☆☆☆☆

7 □□□ 社会主義研究会は1900年に、研究と宣伝のために改組されたが、その名称をあげよ。 — 社会主義協会

★★★★★☆☆

8 □□□ アメリカ留学から帰国後、キリスト教的立場から社会主義運動に参加し、社会主義研究会や日本最初の社会主義政党の創立に加わり、また早稲田大学野球部の創立者としても有名なのはだれか。 — 安部磯雄（あべいそお）

★★☆☆☆☆☆

9 □□□ 中学時代にキリスト教に入信して、片山潜（かたやません）らと『労働世界』を発行し、日本最初の社会主義政党の創立に参加したのはだれか。 — 西川光二郎（にしかわみつじろう）

番号	重要度	問題	解答
10	★★★★★★★	日露開戦に反対して『万朝報(よろずちょうほう)』を退社し、戦後渡米して、帰国後は無政府主義をとなえた、『廿世紀之怪物帝国主義(にじっせいきのかいぶつ)』でも知られる人物はだれか。	幸徳秋水
11	★★★★★★★	日露開戦に反対して『万朝報』を退社し、『平民新聞』を発行し、その後、日本の社会主義・共産主義を指導し、昭和初期には社会民主主義の立場をとった人物はだれか。	堺利彦
12	★★★★★★★	片山潜・安部磯雄・幸徳秋水・木下尚江・西川光二郎・河上清(かわかみきよし)の6人が結成した、日本最初の社会主義政党を何というか。	社会民主党
13	★	社会民主党が結成されたのは西暦何年のことか。	1901年
14	★★★★★★	社会民主党に対し、結成直後に結社禁止を命じた内閣名をあげよ。	第4次伊藤博文内閣
15	★★★★★★★	日本最初の合法的社会主義政党を何というか。	日本社会党
16	★	日本社会党は西暦何年に結成されたか。	1906年
17	★★★★★★★	日本社会党の結成を認めた内閣名をあげよ。	第1次西園寺公望内閣
18	★★	日本社会党はやがて党内分裂をおこすが、議会を中心に全国的組織運動を主張する片山潜ら穏健派は何と呼ばれたか。	議会政策派(ぎかいせいさく)
19	★★	日本社会党内で、アメリカより帰国した幸徳秋水らは労働者のストライキによる革命的行動を主張したが、この派を何というか。	直接行動派(ちょくせつこうどう)
20	★★★★★★★	明治天皇暗殺を計画したとの理由で、無政府主義者・社会主義者ら26人が検挙され、幸徳秋水以下12人が死刑に処せられた事件を何というか。	大逆事件(たいぎゃく)
21	★★★	大逆事件は西暦何年におこったか。	1910年
22	★★★★★★	大逆事件がおこった時の内閣名をあげよ。	第2次桂太郎内閣
23	★★★★	大逆事件以後、社会主義運動は停滞するにいたったが、この時期を何と呼んでいるか。	冬の時代

❷ 第一次世界大戦と日本

用語集 p.261〜266

民衆の政治的成長を背景に第１次護憲運動がおこり、藩閥政治をゆるがした。一方、ヨーロッパで勃発した第一次世界大戦を契機に、日本は中国における勢力拡大をはかった。大戦後、大正デモクラシー思想の拡大や、民衆運動の高まりは政党内閣の成立をもたらした。

■大正政変

	問題	解答
★★★★★★★ 1 □□□	大日本帝国憲法の解釈で、統治権は法人である国家にあり、天皇はその最高機関として統治権を行使するという憲法学説を何というか。	天皇機関説(国家法人説)
★★★★★★★ 2 □□□	天皇機関説を『憲法撮要』などでとなえ、国民に新しい政治を期待させた東京帝国大学教授・憲法学者はだれか。	美濃部達吉
★★★★★★★ 3 □□□	1911(明治44)年８月に成立した内閣は、財政の立て直しのため緊縮財政の方針をとり、辛亥革命に触発される抗日運動対策として２個師団増設を主張する陸軍の要求を退けた。この内閣名をあげよ。	第２次西園寺公望内閣
★★★★★★ 4 □□□	第２次西園寺公望内閣に対して、陸軍は２個師団をどこに配置することを要求していたか。	朝鮮
★★★★ 5 □□□	第２次西園寺公望内閣が２個師団増設を退けると、陸軍大臣は帷幄上奏を行い辞任したが、この大臣はだれか。	上原勇作
★★★★★★★ 6 □□□	西園寺公望首相は辞職した陸軍大臣の後任大臣の推薦を求めたが、陸軍はいわゆる「陸軍のストライキ」を行い推薦を拒絶した。このため第２次西園寺公望内閣は総辞職に追い込まれたが、これはどのような制度があったからか。	軍部大臣現役武官制
★★★★ 7 □□□	陸軍の要求した２個師団の増設を、1915(大正４)年に実現した内閣名をあげよ。	第２次大隈重信内閣
★★★★★★★ 8 □□□	陸軍の圧力で退陣した西園寺公望内閣のあと、内大臣兼侍従長として宮中にあった人物が首相に推薦されたが、この時に大正天皇の詔勅を受けて組閣した内閣名をあげよ。	第３次桂太郎内閣

★★★★★★★
9 □□□ 第3次桂太郎内閣の成立は軍部・元老（げんろう）の横暴と受け取られ、首相の退陣を要求する運動が全国的に広まった。この運動を何と呼んでいるか。

第1次護憲（ごけん）運動

★★★★★★★
10 □□□ 第1次護憲運動のスローガンを2つあげよ。

閥族打破（ばつぞくだは）・憲政擁護（けんせいようご）

★★★★★★★
11 □□□ 第1次護憲運動の先頭に立った政治家を2人あげよ。

尾崎行雄（おざきゆきお）・犬養毅（いぬかいつよし）

★★★★★★☆
12 □□□ 第1次護憲運動に対して、桂太郎首相は新しく政党を組織して衆議院で多数の獲得をはかったが失敗した。この新しい政党を何というか。

立憲同志会（りっけんどうしかい）

★★★★★★★
13 □□□ 数万の群衆が議事堂を取り囲むなかで、第3次桂太郎内閣は在職50日余りで総辞職した。この事件を何と呼んでいるか。

大正政変（たいしょうせいへん）

★★★★★★★
14 □□□ 大正政変のあと、立憲政友会（せいゆうかい）を与党として、薩摩（さつま）閥の海軍の長老が組閣したが、この内閣を何というか。

第1次山本権兵衛（やまもとごんべえ）内閣

★★★☆☆☆☆
15 □□□ 第1次山本権兵衛内閣のもとで軍部大臣現役武官制が改正されたが、現役武官以外に任用が認められたものを2つあげよ。

予備役（よびえき）・後備役（こうびえき）

★★★★☆☆☆
16 □□□ 第1次山本権兵衛内閣は政党員の高級官僚任用へ道を開いたが、何という法令を改正したか。

文官任用令（ぶんかんにんようれい）

★★★★★★★
17 □□□ 第1次山本権兵衛内閣は1914年、軍艦購入などに関する贈収賄事件の責任をとって辞職した。この事件を何というか。

シーメンス事件

■第一次世界大戦

★★★★★★★
1 □□□ 19世紀後半に国内を統一したドイツは、ビスマルクの外交政策によって、オーストリア・イタリアとの間に、1882年に相互防衛条約を締結した。これを何というか。

三国同盟（さんごくどうめい）

★★★★★★★
2 □□□ イギリス・ロシア・フランスは1894年の露仏同盟を軸に、1904年に英仏協商、1907年に英露協商を結んで3国の関係を強めた。これを何というか。

三国協商（きょうしょう）

★★★★★★★
3 □□□ バルカン半島のサライェヴォでオーストリアの帝位継承者夫妻が暗殺される事件がおこったことを契機に勃発し

第一次世界大戦

た戦争を何というか。

★★★★★★★

4 □□□ 第一次世界大戦は西暦何年に勃発したか。 | 1914年

■日本の中国進出

★★★★★★★

1 □□□ 第一次世界大戦の勃発後、将来の東アジアにおける日本の地位の強化をはかるべきであると判断し、参戦を決定した内閣名をあげよ。 | 第2次大隈重信内閣

★★★★★★★

2 □□□ 第一次世界大戦勃発時の外務大臣はだれか。 | 加藤高明（かとうたかあき）

★★★★★★★

3 □□□ 第一次世界大戦中に、日本は日英同盟を理由にドイツに宣戦を布告し、ドイツの中国における根拠地を占領したが、何という都市か。 | 青島（チンタオ）

★★★★★★★

4 □□□ 中国からドイツの勢力を駆逐（くちく）した日本は、ドイツが中国に所有していた権益の継承と懸案事項の解決のため、1915(大正4)年1月に袁世凱政府に5号21カ条からなる要求を行った。これを何というか。 | 二十一カ条の要求

★★★★★★★

5 □□□ 二十一カ条の要求の1つに、中国の鉄鉱石・石炭の採掘と製鉄を主とする会社を、日中合弁にしようとするものがあったが、この会社名をあげよ。 | 漢冶萍公司（かんやひょうコンス）

★★★★★★★

6 □□□ 日本は最後通牒（つうちょう）を発して、二十一カ条の要求を第5号を除き袁世凱（えんせいがい）政府に承認させたが、中国はこの要求を受諾した5月9日を抗日運動のための記念日とした。これを何というか。 | 国恥（こくち）記念日

★★★★★★★

7 □□□ 袁世凱の死後中華民国の北京（ペキン）政権の実権を握り、内閣を組織して日本から財政的援助を受けた軍閥はだれか。 | 段祺瑞（だんきずい）

★★★★★★★

8 □□□ 日本は、段祺瑞の北京政権に多額の借款（しゃっかん）を与えて権益の拡大をはかった。この借款を何というか。 | 西原借款（にしはらしゃっかん）

★★★★★★★

9 □□□ 西原借款を行った内閣名をあげよ。 | 寺内正毅（てらうちまさたけ）内閣

★★★★★★★

10 □□□ 日本の中国進出によって、アメリカとの関係が急速に悪化した。このため、1917年に日本は特派大使を送り、アメリカ国務長官と妥協点を探りあったが、この大使名と国務長官名をあげよ。 | 石井菊次郎（いしいきくじろう）・ランシング

★★★★★★★

11 □□□ 1917年に、アメリカは中国における日本の特殊権益を、日本は中国における領土保全・門戸開放・機会均等を承認する日米の共同宣言が調印された。これを何というか。

石井・ランシング協定

★★★★★★★

12 □□□ 1917年にロシアでニコライ2世のロマノフ王朝が倒され、さらに同年、レーニンが率いるボリシェヴィキが政権を獲得した。この一連の革命を何というか。

ロシア革命

★★★★★★★

13 □□□ ロシア革命によって成立した政権を何というか。

ソヴィエト政権

★★★★★★★

14 □□□ 日・米・英・仏軍がロシア革命に干渉するため軍隊を派遣したが、この派兵(はへい)を何と呼んでいるか。

シベリア出兵

★★★★★★★

15 □□□ シベリア出兵はどこの国の軍隊の救出を名目として行われたか。

チェコスロヴァキア

★★★★★★★

16 □□□ シベリア出兵は西暦何年に行われたか。

1918年

★★★★★★★

17 □□□ シベリア出兵を行った時の日本の内閣名をあげよ。

寺内正毅内閣

★★★★★★★

18 □□□ 日本軍によるシベリア出兵に際し、1920年にニコラエフスクの日本守備兵がパルチザンとの協定を無視したため、多数の日本人将兵と居留民(きょりゅうみん)が殺害された。この事件を何というか。

尼港(にこう)事件

★★★★★★★

19 □□□ シベリア出兵で、日本軍はいつまで駐兵を続けたか。

1922年

■政党内閣の成立

★★★★★★★

1 □□□ 産業の発展や市民社会の成立、第一次世界大戦当時の世界的な自由主義の風潮を背景に高揚した、大正期の自由主義・民主主義的風潮を何と呼んでいるか。

大正デモクラシー

★★★★★★★

2 □□□ 1916(大正5)年に、「憲政の本義を説いて其有終(そのゆうしゅう)の美を済(な)すの途(みち)を論ず」と題する論文が雑誌『中央公論』に発表されたが、これを発表したのはだれか。

吉野作造(よしのさくぞう)

★★★★★★★

3 □□□ 吉野作造は、主権がどこにあるかということを別にして、政治の目的は民衆の福利にあり、政策決定は民衆の意向によるべきだとした。この主張を何というか。

民本主義(みんぽん)

	問題	解答
★★★☆☆☆☆ 4 □□□	吉野作造の論文「憲政の本義を説いて其有終の美を済すの途を論ず」の具体的なねらいは何であったか。	政党政治・普通選挙の実現
★★★★★★★ 5 □□□	1916年に、第2次大隈重信(おおくましげのぶ)内閣のあとを受けて、非立憲的藩閥内閣を組織した内閣名をあげよ。	寺内正毅内閣
★★★★★★★ 6 □□□	大戦景気による物価上昇や、シベリア出兵などから米価が急騰し、そのため米価引下げ・米の安売りを要求して、38市・153町・177村で暴動がおこった。これを何というか。	米騒動(こめそうどう)
★★☆☆☆☆☆ 7 □□□	米騒動のきっかけとなったのは主婦たちの行動であったが、これを何と呼ぶか。	越中女一揆(えっちゅうおんないっき)(女房一揆(にょうぼういっき))
★★★★★☆☆ 8 □□□	米騒動が始まったのは何県か。	富山県
★★★☆☆☆☆ 9 □□□	米騒動がおこったのは西暦何年か。	1918年
★★★★★★★ 10 □□□	1918年に、立憲政友会(りっけんせいゆうかい)の総裁で、華族でも藩閥出身でもない人物が内閣総理大臣になったが、だれか。	原敬(はらたかし)
★★★★★★☆ 11 □□□	原敬首相は華族でも藩閥出身でもなかったため、何と呼ばれたか。	平民宰相(へいみんさいしょう)
★★★★★★★ 12 □□□	原敬は陸軍大臣・海軍大臣・外務大臣以外はすべて立憲政友会の党員で組閣した。このように議会内多数党により組織された内閣を何というか。	政党内閣
★★★★★☆☆ 13 □□□	野党(憲政会(けんせいかい))は普通選挙法案を提出したが、原敬内閣では納税資格の引下げを行うにとどまった。いくらからいくらに引き下げたか。	10円以上から3円以上に
★★★★★★☆ 14 □□□	1921年に原敬が東京駅で刺殺されたあと、立憲政友会の総裁として内閣を引き継いだが、閣内不統一のため翌年辞職したのはだれか。	高橋是清(たかはしこれきよ)
★★★★★★☆ 15 □□□	海軍大将でワシントン会議の首席全権をつとめ、立憲政友会の支持を受けて組閣し、陸軍軍縮・シベリア撤兵を実現したのはだれか。	加藤友三郎(かとうともさぶろう)

③ ワシントン体制

用語集 p.266〜271

第一次世界大戦後の国際的な協調体制のもと、日本は協調外交を進めた。国内ではロシア革命や米騒動などを契機に社会運動が勃興するとともに、デモクラシー思想の浸透を背景に、第2次護憲(ごけん)運動を経て普通選挙法が成立した。

■パリ講和会議とその影響

No.	重要度	問題	解答
1	★★★★★★★	ドイツの降伏により、第一次世界大戦は終結したが、1919(大正8)年に開かれたこの戦争の講和会議を何というか。	パリ講和会議
2	★★★★★★☆	パリ講和会議にあたって、14カ条からなる平和の原則を提示したアメリカ大統領はだれか。	ウィルソン
3	★★★★★★★	第一次世界大戦のドイツと連合国との講和条約を何というか。	ヴェルサイユ条約
4	★★★★★☆☆	第一次世界大戦後、ヴェルサイユ条約がもとになってつくられたヨーロッパの国際秩序を何というか。	ヴェルサイユ体制
5	★★★★★★★	パリ講和会議に参加した日本の首席全権はだれか。	西園寺公望(さいおんじきんもち)
6	★★★★★★★	アメリカ大統領ウィルソンが提案し、1920年に発足した最初の国際平和維持機関を何というか。	国際連盟
7	★★★★★★☆	国際連盟は総会・理事会・事務局から構成されていたが、理事会を構成する常任の国は何と呼ばれたか。	常任理事国(じょうにんりじこく)
8	★★★★★★☆	国際連盟が発足した当初の常任理事国4カ国をあげよ。	イギリス・フランス・イタリア・日本
9	★★☆☆☆☆☆	国際連盟設立の提案を行ったアメリカは、ある宣言に抵触するとして上院が批准を拒否し、加盟しなかった。その宣言を何というか。	モンロー宣言
10	★★★★★★★	第一次世界大戦後、国際連盟から日本が統治をまかされた地域はどこか。	赤道以北旧ドイツ領南洋諸島
11	★★★★★★★	国際連盟から統治をまかされた地域およびその権限は、それぞれ何と呼ばれるか。	委任統治(いにんとうち)領・委任統治権
12	★★★★★★★	パリ講和会議では、二十一カ条の要求の無効を求めた中	五(ご)・四(し)運動

国の要求が無視されたため、北京(ペキン)の学生集会を契機に、反日・反帝国主義運動が中国全土に展開された。これを何というか。

★★★★★★★

13 □□□	ウィルソンの14カ条の民族自決主義をきっかけに、朝鮮全土で発生した独立運動を何というか。	三(さん)・一(いち)独立運動(万(ばん)歳(ざい)事件)
14 □□□	三・一独立運動がおきた時の日本の首相はだれか。	原敬(はらたかし)

★☆☆☆☆☆☆ (14)

■ワシントン会議と協調外交

星	問	問題	解答
★★★★★★★	1 □□□	第一次世界大戦後、国際協調によって戦争を回避しようと、軍備縮小などを目的として、アメリカ大統領ハーディングの提唱で開かれた国際会議を何というか。	ワシントン会議
★★★☆☆☆☆	2 □□□	ワシントン会議は西暦何年に開催されたか。	1921～22年
★★★★★★☆	3 □□□	ワシントン会議の日本の首席全権はだれか。	加藤友三郎(かとうともさぶろう)
★★★★★★★	4 □□□	ワシントン会議では、太平洋諸島に対する相互の権利尊重、問題の平和的解決が約束されたが、その条約を何というか。	四カ国(しかこく)条約
★★★★★★☆	5 □□□	四カ国条約により、廃棄されることになった条約は何か。	日英(にちえい)同盟協約
★★★★★★★	6 □□□	ワシントン会議では、中国の主権尊重・門戸開放・機会均等について条約の締結がなされたが、この条約を何というか。	九カ国条約
★★★★★☆☆	7 □□□	九カ国条約により、廃棄されることになった協定は何か。	石井・ランシング協定
★★★★★★★	8 □□□	ワシントン会議におけるアメリカの主要目的は、アメリカ・イギリス・日本の建艦競争を抑止することにあったが、いわゆる5大国(米・英・日・仏・伊)で締結された軍備縮小の条約を何というか。	ワシントン海軍軍備制限(軍縮)条約
★☆☆☆☆☆☆	9 □□□	ワシントン海軍軍備制限条約は、主力艦と航空母艦を対象としていたが、主力艦には戦艦と何が含まれるか。	巡洋戦艦(じゅんようせんかん)
★★★☆☆☆☆	10 □□□	ワシントン海軍軍備制限条約で主力艦の保有率は、5大国間でどのように定められたか。	英米5・日3・仏伊1.67

★★★★★★★

11 □□□ ワシントン海軍軍備制限条約の有効期間は何年間とされたか。 — 10年間

★★★★★★★

12 □□□ ワシントン会議の結果、形成された国際秩序を何というか。 — ワシントン体制

★★★★★★★

13 □□□ 欧米との武力対立を避け、中国に対しても不干渉主義を掲げて経済的進出をはたそうとした外交政策を何というか。 — 協調外交

★★★★★★★

14 □□□ 大正から昭和にかけて協調外交政策を推進した外務大臣はだれか。 — 幣原喜重郎（しではらきじゅうろう）

★★★★★★★

15 □□□ 幣原喜重郎外務大臣の時、1925年に北京（ペキン）で調印され、日ソ国交を樹立した条約を何というか。 — 日ソ基本条約

★★★★★★★

16 □□□ 1925年には、上海（シャンハイ）の在華紡（ざいかぼう）でのストライキをきっかけに大規模な反帝国主義闘争が中国全土に広がったが、この事件を何というか。 — 五・三〇（ごさんじゅう）事件

★★★★★★★

17 □□□ 1925年に加藤高明（かとうたかあき）内閣の陸軍大臣によって、4個師団の削減とともに兵備の近代化が進められたが、この陸軍の軍縮を行った陸軍大臣はだれか。 — 宇垣一成（うがきかずしげ）

■社会運動の勃興

★★★★★★★

1 □□□ 1918（大正７）年、吉野作造（よしのさくぞう）・麻生久（あそうひさし）など民本主義（みんぽん）をとなえる自由主義者・進歩的学者らによって、デモクラシー思想の発展・普及のために結成された団体は何か。 — 黎明会（れいめいかい）

★★★★★★★

2 □□□ 1918年、吉野作造の指導下で東京帝国大学の学生が思想運動団体を結成したが、これを何というか。 — 新人会（東大新人会）

★★★★★★★

3 □□□ 大正デモクラシーの風潮のもとで、社会主義運動も復活した。1920年に、資本主義に反対する様々な思想をもつ人たちによって結成された社会主義団体を何というか。 — 日本社会主義同盟

★★★★★★★

4 □□□ 1920年に『経済学研究』に掲載したロシアの無政府主義者に関する研究論文が危険思想とみなされ、東京帝国大学助教授が休職処分にされる事件がおきた。この学者はだれか。 — 森戸辰男（もりとたつお）

★★☆☆☆☆☆

5 □□□ 森戸辰男が東京帝国大学を休職処分とされた論文は、ロシアの何という思想家についての研究論文か。 — クロポトキン

★★★★★★☆

6 □□□ 社会主義者のなかで、国家権力をはじめいっさいの権威を否定し、自由人の自由な結合による理想社会を目指す思想がとなえられたが、このような考え方を何というか。 — 無政府主義(アナーキズム)

★★★★★★☆

7 □□□ 無政府主義の中心人物で、労働組合運動と結びつけたアナルコ＝サンディカリスムをとなえた人物はだれか。 — 大杉栄(おおすぎさかえ)

★★★★☆☆☆

8 □□□ 1919年にモスクワで結成された、世界の革命政党や組織の指導機関を何というか。 — コミンテルン(第3インターナショナル)

★★★★★★★

9 □□□ ボルシェビズムの考え方に立ち、労働組合や革命勢力を統合し指導するため、1922年に非合法裏に結成され、コミンテルンの日本支部となった政党を何というか。 — 日本共産党(きょうさんとう)

★★★★★★★

10 □□□ 日本共産党の結成時の委員長はだれか。 — 堺利彦(さかいとしひこ)

★★★☆☆☆☆

11 □□□ 日本共産党の創設に参画したが、1923年には解党を主張し、のち離党して労農派(ろうのうは)の中心的理論家として活躍したのはだれか。 — 山川均(やまかわひとし)

★★★★★★☆

12 □□□ 女性解放運動は、1911(明治44)年に、「女流文学の発達を計り、各自天賦(てんぷ)の特性を発揮せしめ、他日女流の天才を生まむ事を目的とす」という文学団体に始まったが、この団体を何というか。 — 青鞜社(せいとうしゃ)

★★★★★★★

13 □□□ 青鞜社の中心人物はだれか。 — 平塚(ひらつか)らいてう(雷(らい)鳥(ちょう)、明(はる))

★★★★★★★

14 □□□ 創刊号において平塚らいてうが「元(げん)始(し)、女性は実に太陽であった」と宣言した雑誌を何というか。 — 青鞜

★★☆☆☆☆☆

15 □□□ 第5条で女性の政治活動を禁止していた法律とは何か、法律名をあげよ。 — 治安警察法(ちあんけいさつ)

★★★★★★★

16 □□□ 1920年に、女性の政党加入・政治演説会参加を禁じた治安警察法第5条の修正運動を展開する新しい団体が結成された。この団体を何というか。 — 新婦人協会

★★★★★★★
17 □□□ 新婦人協会を平塚らいてうらと結成し、のちに婦人参政権獲得期成同盟会を結成したのはだれか。 | 市川房枝

★☆☆☆☆☆☆
18 □□□ 治安警察法が改正されて女性の政治演説会参加が認められたのは西暦何年か。 | 1922年

★★★★☆☆☆
19 □□□ 1921年に、山川菊栄・伊藤野枝らにより結成された女性の社会主義団体を何というか。 | 赤瀾会

★★★★★☆☆
20 □□□ 1924年に、普選運動の活発化にともなって、市川房枝らを中心に、女性の参政権を要求する団体が結成されたが、これを何というか。 | 婦人参政権獲得期成同盟会

★★★☆☆☆☆
21 □□□ 大正時代に被差別民自身により主体的に差別撤廃をはかろうとする運動が始められたが、この運動を何というか。 | 部落解放運動

★★★★★★★
22 □□□ 1922年に、部落解放運動を展開するために結成された団体を何というか。 | 全国水平社

■普選運動と護憲三派内閣の成立

★★★★★★★
1 □□□ 1923(大正12)年９月１日に発生した大災害は何か。 | 関東大震災

★★★★☆☆☆
2 □□□ 関東大震災の最中に組閣し、震災内閣の異名をとった内閣名をあげよ。 | 第２次山本権兵衛内閣

★★★★★☆☆
3 □□□ 関東大震災に際し、行政・司法権を軍の指揮下におく天皇の勅令が出されたが、これを何というか。 | 戒厳令

★★★★★☆☆
4 □□□ 関東大震災の混乱のなか、住民の自衛組織などによって多数殺害されたのはどのような人々か。 | 朝鮮人

★★★★★☆☆
5 □□□ 関東大震災の混乱のなかで組織された住民の自衛組織を何というか。 | 自警団

★★★★☆☆☆
6 □□□ 関東大震災の混乱下に社会主義者10人が警察署で軍隊と警察に殺される事件がおきたが、この事件を何というか。 | 亀戸事件

★★★☆☆☆☆
7 □□□ 関東大震災の混乱下で無政府主義者の大杉栄・伊藤野枝夫妻が憲兵大尉に殺害された事件を何というか。 | 甘粕事件

★★★

8 □□□ 1923年12月に、帝国議会の開院式に臨む摂政宮が無政府主義者の一青年に狙撃される事件がおきたが、この事件を何というか。 | 虎の門事件

★★★

9 □□□ 虎の門事件で狙撃された摂政宮とはだれか。 | 裕仁親王

★★★

10 □□□ 虎の門事件で摂政宮を狙撃した無政府主義者はだれか。 | 難波大助

★★★★★★★

11 □□□ 虎の門事件で退陣した第2次山本権兵衛内閣のあと、貴族院を中心に超然内閣を組織した枢密院議長はだれか。 | 清浦奎吾

★★★★★★★

12 □□□ 清浦奎吾の内閣は多くの閣僚を貴族院から選出したため、1924年に超然内閣打倒のスローガンを掲げた倒閣運動が展開された。この運動を何というか。 | 第2次護憲運動

★★★★★★★

13 □□□ 第2次護憲運動を展開したのは、立憲政友会・革新倶楽部と、もう1つの党は何か。 | 憲政会

★★★★★★

14 □□□ 第2次護憲運動に対して政府は議会を解散し、総選挙に臨んだが敗れ、それまでの野党3派が政党内閣を組織した。この内閣を何と呼んだか。 | 護憲三派内閣

★★★★★★★

15 □□□ 護憲三派内閣の首相はだれか。 | 加藤高明

★★★★★

16 □□□ 護憲三派のうち、立憲政友会と革新倶楽部の党首をそれぞれあげよ。 | 高橋是清・犬養毅

★★★★★★★

17 □□□ 護憲三派内閣成立から1932(昭和7)年に犬養毅内閣が倒れるまで、衆議院で多数を占めた政党が組閣する慣例が続いた。これを何と呼んだか。 | 憲政の常道

★★★★★★★

18 □□□ 護憲三派内閣によって、1925年に改正された衆議院議員選挙法は、通称で何と呼ばれるか。 | 普通選挙法

★★★★★★★

19 □□□ 1925年に、日ソ国交樹立後の社会運動の活発化を見越して制定された社会運動取締法を何というか。 | 治安維持法

★

20 □□□ 治安維持法の最高刑は懲役・禁錮10年であったが、のちに死刑が追加された。それは西暦何年のことか。 | 1928年

第14章 近代の産業と生活

① 近代産業の発展

用語集 p.272〜281

明治時代には、欧米の思想・文化の導入を背景に産業革命が進み、日清戦争後には繊維産業を中心として資本主義が本格的に成立した。日露戦争後には重工業分野も拡大していくが、社会問題も発生し、労働運動が展開されることとなった。

■通貨と銀行

重要度	No.	問題	解答
★★★★★★★	1 □□□	1872(明治5)年、政府は殖産興業に資金を提供するため、民間の金融機関設立を認める条例を制定したが、この条例を何というか。	国立銀行条例
★★★★★★★	2 □□□	国立銀行条例の制定に尽力し、のちに第一国立銀行頭取となった人物はだれか。	渋沢栄一
★★★★★★★	3 □□□	国立銀行条例に従い、渋沢栄一によって東京に設立された金融機関名をあげよ。	第一国立銀行
★★☆☆☆☆☆	4 □□□	当初、国立銀行から発行された紙幣は、どのような紙幣であったか。	兌換銀行券(兌換紙幣)
★☆☆☆☆☆☆	5 □□□	国立銀行条例は1876年に改正され、正貨兌換の義務が取り除かれたため、銀行の設立が急増した。1879年に設立された最後の銀行名をあげよ。	第百五十三国立銀行
★★★★★★★	6 □□□	明治10年代の初め、激しいインフレーションにより経済はおおいに混乱し、政府歳入は実質的減少となり財政困難をきたした。このため、増税と歳出の切りつめによるデフレ政策を進めた大蔵卿はだれか。	松方正義
★★★★★★★	7 □□□	松方正義の財政政策を、何と呼ぶか。	松方財政
★★★★★☆☆	8 □□□	松方財政はいつから始められたか。西暦年で答えよ。	1881年
★☆☆☆☆☆☆	9 □□□	松方財政で、経済を安定させるための通貨政策として、まず行われたことは何か。	紙幣(不換紙幣)の整理
★★★★☆☆☆	10 □□□	松方財政において行われた官営事業の整理を何というか。	官営事業払下げ
★★★★★★★	11 □□□	松方財政によって抜本的な貨幣・金融制度の改革が行わ	日本銀行

れたが、1882年に設立された政府の銀行を何というか。

★★★★★★☆

12 □□□	日本銀行は、1885年から兌換紙幣を発行したが、その紙幣は何と呼ばれたか。	日本銀行券

★★★★★★☆

13 □□□	松方財政で実質的に正貨(本位貨幣)とされたのは何か。	銀貨

★★☆☆☆☆☆

14 □□□	1883年に国立銀行条例が改正されて、国立銀行は銀行券発行権を停止され、どのような銀行になったか。	普通銀行

■産業革命

★★★★★★★

1 □□□	作業機械や動力機械の発明を契機として、新しい生産様式が生み出され、生産も飛躍的に増大した。こうした変革を何と呼んでいるか。	産業革命

★★★☆☆☆☆

2 □□□	産業革命はいつ頃、どこの国で始まったか。	18世紀後半・イギリス

★☆☆☆☆☆☆

3 □□□	産業革命は、日本でもまず製糸・紡績業などで始まったが、それはいつ頃か。	1890年代

★★★★★★★

4 □□□	資本主義体制のもとで、過剰生産を主な原因としておきる経済の大混乱を何というか。	恐慌

★★★☆☆☆☆

5 □□□	日本最初の恐慌は西暦何年におこったか。	1890年

★★★★★★★

6 □□□	1897(明治30)年に日清戦争の賠償金の一部を準備金として進められたもので、欧米にならって始められた貨幣制度は何か。	金本位制

★★★☆☆☆☆

7 □□□	金本位制を実施するために制定された法令は何か。	貨幣法

★★★☆☆☆☆

8 □□□	1880年に貿易金融を目的として設立された特殊銀行で、第二次世界大戦後に東京銀行として再発足したものは何か。	横浜正金銀行

★★☆☆☆☆☆

9 □□□	1897年に設立され、農工業を改良・発展させるための資金を融資した特殊銀行は何か。	日本勧業銀行

★★☆☆☆☆☆

10 □□□	1902年に設立された特殊銀行で、外資導入や資本輸出に活躍した長期融資機関は何か。	日本興業銀行

■紡績と製糸

★★★★★★

1 □□□ 日本の産業革命のさきがけとなった紡績業の発展は、渋沢栄一らによって1883(明治16)年に開業された会社の大規模経営の成功を1つの契機としている。この会社名をあげよ。

大阪紡績会社

★★★★★★★

2 □□□ 大阪紡績会社の蒸気機関を用いた生産方式が急速に普及し、従来の水車利用の紡績機を圧倒した。新しい生産方式名とそれ以前の紡績機名をあげよ。

機械紡績・ガラ紡

★★★★

3 □□□ ガラ紡を発明した人物はだれか。

臥雲辰致

★

4 □□□ 機械紡績により、綿糸の生産量が飛躍的にのびたが、綿糸の国内生産高が輸入高を上まわるのは西暦何年か。

1890年

★

5 □□□ 日本で綿糸の輸出高が輸入高を上まわるのは西暦何年か。

1897年

★★★★★

6 □□□ 1896年に日本最初の木製動力織機(国産力織機)を発明して、日本の織物業の発展に貢献したのはだれか。

豊田佐吉

★★★★★★★

7 □□□ 開国以来、重要な輸出産業であった製糸業も技術革新が行われ、日清戦争後には新技術による生産量が、幕末以来の技術による生産量を上まわった。この新しい技術と幕末以来の技術をそれぞれ答えよ。

器械製糸・座繰製糸

■鉄道と海運

★★★★★★

1 □□□ 1881(明治14)年に華族を主体として設立され、今日の東北本線の建設を行った会社を何というか。

日本鉄道会社

★★★★★

2 □□□ 新橋・横浜間の鉄道開通から17年後には新橋・神戸間の鉄道が全通したが、この鉄道路線を何というか。

東海道線

★

3 □□□ 東海道線の鉄道路線全通の年は鉄道営業キロ数で民営が官営を上まわった年でもあるが、西暦何年のことか。

1889年

★★★★★★

4 □□□ 軍事・財政・私鉄救済の目的で、政府による民営鉄道の買収が行われたが、この鉄道の国有化をはかった法令を何というか。

鉄道国有法

★★★

5 □□□ 鉄道国有法の制定は西暦何年か。

1906年

★★★★★☆☆
6 □□□ 郵便汽船三菱会社と半官半民の共同運輸会社との合併によって1885年に設立され、政府の進める海運業奨励政策にあと押しされて、1893年にはボンベイ航路、1896年には欧米への航路を開いた日本最大の海運会社は何か。 — 日本郵船会社

★★★☆☆☆☆
7 □□□ 政府の海運業奨励政策として1896年に出されたもので、鉄鋼船の建造と外国航路への就航に奨励金を出した法令をそれぞれあげよ。 — 造船奨励法・航海奨励法

■重工業の形成

★★★★★★☆
1 □□□ 日清戦争後の軍備拡張・鉄鋼業振興政策によって北九州に設立・開業された工場を何というか。 — 官営製鉄所(八幡製鉄所)

★☆☆☆☆☆☆
2 □□□ 官営製鉄所(八幡製鉄所)の開業は西暦何年か。 — 1901年

★★★★★★☆
3 □□□ 官営製鉄所(八幡製鉄所)で使用した鉄鉱石は、清との独占的な契約で輸入されたものであったが、清のどこの鉄山のものか。 — 大冶

★★★★☆☆☆
4 □□□ 日露戦争後の1907(明治40)年に、三井資本とイギリスのアームストロング・ヴィッカース両兵器会社との提携で、日本最大の民間兵器製鋼会社が室蘭に設立された。この会社名をあげよ。 — 日本製鋼所

★★☆☆☆☆☆
5 □□□ 工作機械の分野において、先進国なみの精度をもった旋盤が、1905年に国産化された。これを製造した会社を何というか。 — 池貝鉄工所

★★★★★★★
6 □□□ 種々の産業や金融を支配下においた、一族の独占的出資の多角的事業経営体を何というか。 — 財閥

★★★★★☆☆
7 □□□ 株式への投資および株式所有によって企業を支配する会社を何というか。 — 持株会社

★★★★★★☆
8 □□□ 江戸時代の両替商で、1876年に銀行・商社を設立し、1888年には三池炭鉱の払下げを受けた財閥を何というか。 — 三井(財閥)

★☆☆☆☆☆☆
9 □□□ 三井財閥の本社として1909年に設立され、同族の共有財産として銀行・物産の株式などを保有し、王子製紙などの系列会社を統轄した会社を何というか。 — 三井合名会社

★★★★★★☆ 10 □□□	江戸時代末期に土佐藩の通商に従事した岩崎弥太郎が、日本の海運業を独占するなかで財閥を形成していった。この財閥を何というか。	三菱(財閥)
★★★★★★☆ 11 □□□	江戸時代以来の別子銅山をもとに築かれた財閥を何というか。	住友(財閥)
★★★☆☆☆☆ 12 □□□	江戸に両替店を開き、幕末・維新の混乱期に、金や太政官札の取引で巨利を得て成長し、発展した財閥を何というか。	安田(財閥)
★★★☆☆☆☆ 13 □□□	幕末・維新期の京都の生糸商人が、1877年に足尾銅山、その後院内銀山・阿仁銅山を入手して形成した財閥を何というか。	古河(財閥)
★★★★☆☆☆ 14 □□□	京都の生糸商人出身で、古河財閥の創始者はだれか。	古河市兵衛
★★★☆☆☆☆ 15 □□□	深川工作分局でセメント製造を始め、のち諸事業に進出して浅野財閥を形成したのはだれか。	浅野総一郎

■農業と農民

★★★★★★★ 1 □□□	地租改正・松方デフレ後に増加した、みずからは農業経営をせず、小作料による収入に依存する大土地所有者を何というか。	寄生地主
★★★★★★★ 2 □□□	日露戦争後にみられた農村困窮などの社会問題に対し、第2次桂太郎内閣は内務省を中心に運動を進めた。この運動とは何か。	地方改良運動

■労働運動の進展

★★★☆☆☆☆ 1 □□□	1888(明治21)年に三宅雪嶺によって炭鉱労働者の惨状が、雑誌『日本人』に取り上げられ、問題化した。この炭鉱名をあげよ。	高島炭鉱
★★★★★★★ 2 □□□	銅山が有毒廃液を渡良瀬川に流し、流域の農漁業に被害を与えた。この事件を何と呼んでいるか。	足尾鉱毒事件
★★★★★★☆ 3 □□□	足尾鉱毒事件で住民を指導し、明治天皇に直訴を試みたのはだれか。	田中正造

★★★★★ 4	政府は足尾銅山に鉱毒流出防止工事を命じる一方、洪水緩和のため遊水地を設けることにした。このためわずかの買収費で廃村とされた栃木県の村名をあげよ。	谷中村
★★★ 5	1899年の刊行物で、東京の貧民窟・下層労働者・小作人の実態を調査し、社会のひずみを訴えた書物と、その著者名をあげよ。	日本之下層社会・横山源之助
★★ 6	1903年の農商務省の刊行物で、全国工場労働者の実態を調査した報告書を何というか。	職工事情
★★ 7	1925(大正14)年の刊行で、紡績工場の苛酷な労働条件とその悲惨な生活を訴えた書物を何というか。	女工哀史
★★ 8	『女工哀史』の著者はだれか。	細井和喜蔵
★★★★★★ 9	1897年に労働組合結成促進を目指して組織された団体を何というか。	労働組合期成会
★★ 10	鉄工労働者1000余人により組織された組合を何というか。	鉄工組合
★★★★★ 11	職工義友会や労働組合期成会を組織した中心人物で、「職工諸君に寄す」の檄文を起草したのはだれか。	高野房太郎
★ 12	労働組合期成会と鉄工組合が共同で日本最初の労働組合の機関紙を創刊したが、これを何というか。	労働世界
★★★★★ 13	労働組合期成会の中心メンバーの1人で、『労働世界』の編集長となった人物はだれか。	片山潜
★★ 14	1898年に、日本最初の民間鉄道会社でも労働組合が組織されたが、この労働組合名をあげよ。	日本鉄道矯正会
★★★★★★★ 15	1897年頃より高まってきた労働運動や農民運動に対し、政府は集会・結社・言論の自由を抑圧する治安立法を集大成して公布した。特に17条では団結権、ストライキ権(争議権)の制限を規定しているが、この法律を何というか。	治安警察法
★★★ 16	治安警察法が公布されたのは西暦何年か。	1900年
★★★★★★ 17	治安警察法が公布された時の内閣総理大臣はだれか。	山県有朋

★★★★★★★
18 □□□ 工場労働者を保護するため、事業主に義務を課した日本最初の労働者保護法を何というか。 — 工場法

★★★★★★★
19 □□□ 工場法は西暦何年に公布され、また何年に施行されたか。 — 1911年公布・1916年施行

★★★★★★★
20 □□□ 1912年に、労働者階級の地位の向上と労働組合の育成とを目的とする労働団体が設立された。これを何というか。 — 友愛会（ゆうあいかい）

★★★★★★★
21 □□□ 友愛会を設立した初代会長はだれか。 — 鈴木文治（すずきぶんじ）

★★★★★★★
22 □□□ 友愛会は労働組合の全国組織へと発展したが、1919年には何と改称されたか。 — 大日本労働総同盟友愛会

★★★★★★★
23 □□□ 大日本労働総同盟友愛会により日本最初の労働者の祭典メーデーが行われたのは西暦何年か。 — 1920年

★★★★★★★
24 □□□ 大日本労働総同盟友愛会は労資協調主義から、しだいに階級闘争主義に転じ、1921年には何と改称されたか。 — 日本労働総同盟

★★★★★★★
25 □□□ 1925年に日本労働総同盟を除名された左派が、日本共産党の影響の下に設立した団体は何か。 — 日本労働組合評議会

★★★★★★★
26 □□□ 戦後恐慌は小作農（こさくのう）の生活を窮迫させ、各地で小作料引下げを要求する運動が1921年以降激化した。これを何と呼んでいるか。 — 小作争議（こさくそうぎ）

★★★★★★★
27 □□□ 1922年に小作人組合の全国組織が誕生したが、これを何というか。 — 日本農民組合

★★★★★★★
28 □□□ 日本農民組合はだれによって設立されたか。２人あげよ。 — 賀川豊彦（かがわとよひこ）・杉山元治郎（すぎやまもとじろう）

★★★★★★★
29 □□□ 激化した小作争議のために、当事者の申立てで裁判所が調停を行う法律が1924年に成立したが、これを何というか。 — 小作調停法（ちょうていほう）

❷ 近代文化の発達

用語集 p.281〜293

明治政府の近代化政策にともない、教育・文化の面でも様々な変化がみられた。教育では制度が整備され、外国人教師も活躍した。文学では写実主義・ロマン主義・自然主義などが展開した。芸術の分野では西洋の文化を取り入れる一方、伝統美術を見直す動きもみられた。

■明治の文化と宗教

★★★★☆☆☆

1 □□□ 政府の神道(しんとう)国教化政策に反対し、廃仏毀釈(はいぶつきしゃく)で打撃を受けた仏教の復興に努力した浄土真宗(じょうどしんしゅう)の僧侶はだれか。 — 島地黙雷(しまじもくらい)

★★★☆☆☆☆

2 □□□ 1871(明治4)年に熊本藩が創立した学校の教師として招かれたアメリカ人はだれか。 — ジェーンズ

★★☆☆☆☆☆

3 □□□ ジェーンズが教育・経営をまかされた学校を何というか。 — 熊本洋学校

★★☆☆☆☆☆

4 □□□ 熊本洋学校で学び、同志社(どうししゃ)を卒業後に伝道(でんどう)に専念し、神道と融合した日本的キリスト教をとなえたのはだれか。 — 海老名弾正(えびなだんじょう)

★★★☆☆☆☆

5 □□□ 明治維新後も事実上存続していた公娼(こうしょう)制度の廃止を要求し、売春廃止に取り組んだ運動を何というか。 — 廃娼(はいしょう)運動

■教育の普及

★★★★★☆☆

1 □□□ 地方の実情を無視した画一的な学校制度の行き詰まりを打開するため、1879(明治12)年にアメリカの教育制度を参考にして出された法令は何か。 — 教育令

★★★★★★☆

2 □□□ 1886年に公布された一連の勅令(ちょくれい)で、国家主義的思想にもとづいた近代的学校体系を確立した法令を総称して何というか。 — 学校令

★★★★★★☆

3 □□□ 学校令が公布された時の文部大臣はだれか。 — 森有礼(もりありのり)

★★★★☆☆☆

4 □□□ 学校令のうち、国家にとって有為な人材を育成するための最高学府の設立に関する法令を何というか。 — 帝国大学令

★★★★★★☆

5 □□□ 帝国大学令にもとづいて、東京(1886年)・京都(1897年)などに設立された学校を総称して何というか。 — 帝国大学

★★★★★★★
6 □□□ 学校令のうち、教員養成を目的として制定された法令を何というか。
師範学校令

★★★★★★★
7 □□□ 学校令のうち、中等教育に関して公布された法令を何というか。
中学校令

★★★★★★★
8 □□□ 学校令のうち、初等教育に関して公布された法令を何というか。
小学校令

★★★★★★★
9 □□□ 小学校令で初等教育機関は2種にわかれていたが、それぞれ何というか。
尋常小学校・高等小学校

★★★★★★★
10 □□□ 1894年以降、中学校のなかの高等中学校が分離され新しい名称となったが、何という名称の学校になったか。
高等学校

★★★★★★★
11 □□□ 1886・90年の小学校令で3〜4年、1907年に6年、1947(昭和22)年の基本教育法および学校教育法で9年と、児童・生徒の就学を保護者に義務づけた制度を何というか。
義務教育制

★★★★★★★
12 □□□ 児童の就学率は義務教育期間の授業料廃止により急速に上昇し、1902年に90%をこえた。授業料が廃止されたのは何年か。
1900年

★★★★★★★
13 □□□ 忠君愛国を学校教育の基本と規定した、教育の指導原理を示す勅語を何というか。
教育勅語(教育に関する勅語)

★★★★★★★
14 □□□ 教育勅語は西暦何年に発布されたか。
1890年

★★★★★★★
15 □□□ 1891年に第一高等中学校で講師をつとめていた人物が、キリスト教徒としての良心から教育勅語に対し拝礼を拒否したために批判を受け、教壇を追われた。この不敬事件をおこしたのはだれか。
内村鑑三

★★★★★★★
16 □□□ 教科書疑獄事件が契機となって、1903年から小学校教科書は文部省の著作に限ることが定められたが、この制度を何というか。
国定教科書制度

★★★★★★★
17 □□□ 福沢諭吉によって設立された学校を何というか。
慶応義塾

★★★★★★★
18 □□□ 安中藩(現、群馬県南西部)を脱藩してアメリカで神学を学び、帰国後キリスト教主義の学校を設立した人物名と、その学校名をあげよ。
新島襄・同志社英学校

★★★★★★★
19 □□□ 大隈重信によって設立された学校を何というか。 — 東京専門学校

★★★★★★★
20 □□□ 8歳で岩倉使節団に従い渡米し、帰国後、女性教育に尽力したのはだれか。 — 津田梅子

★★★★★★★
21 □□□ 津田梅子が1900年に創立した学校名をあげよ。 — 女子英学塾

■科学の発達

★★★★★★★
1 □□□ 1876(明治9)年に来日したドイツ人で、東京大学で内科・産科を講義し、特にその日記は当時を知る好史料とされるのはだれか。 — ベルツ

★★★★★★★
2 □□□ 1877年に来日したアメリカ人で、東京大学で動物学を担当し、ダーウィンの進化論の紹介や、大森貝塚の発掘で知られるのはだれか。 — モース

★★★★★★★
3 □□□ ドイツに留学してコッホに師事し、1890年に破傷風の血清療法を確立し、帰国後に伝染病研究所の設立にあたったのはだれか。 — 北里柴三郎

★★★★★★★
4 □□□ 伝染病研究所に入って細菌学を研究し、1897年に赤痢菌を発見した学者はだれか。 — 志賀潔

★★★★★★★
5 □□□ ニューヨークに研究所を設立し、強心薬や消化薬など数多くの発明・発見をした応用化学者はだれか。 — 高峰譲吉

★★★★★★★
6 □□□ 高峰譲吉が抽出した強心薬を何というか。 — アドレナリン

★★★★★★★
7 □□□ 高峰譲吉が創製した消化薬を何というか。 — タカジアスターゼ

★★★★★★★
8 □□□ 渡欧して蛋白質を研究し、1910年にオリザニン(ビタミンB_1)の抽出に成功するなど、ビタミン学の基礎を確立したのはだれか。 — 鈴木梅太郎

★★★★★★★
9 □□□ 震災予防調査会を主宰し、地震計や地震についての公式を考案した国際的な地震学者はだれか。 — 大森房吉

★★★★★★★
10 □□□ 岩手県水沢の緯度観測所初代所長で、万国測地学協会の共同観測に参加し、緯度変化の公式にZ項を追加する修正をし、国際的な業績をあげたのはだれか。 — 木村栄

★★★★★★★
11 □□□ 磁気ひずみや有核原子模型の理論、原子の微細構造の解明に寄与した物理学者はだれか。
長岡半太郎

★★★★★★★
12 □□□ 日本の物理学の基礎を確立した人で、特に地磁気測定に大きな業績を残し、またメートル法やローマ字の普及にも貢献したのはだれか。
田中舘愛橘

★★★★★★★
13 □□□ 岩倉使節団に随行し、『米欧回覧実記』を編集した歴史学者で、1891年に発表した神道に関する論文が、神道家や国学者の攻撃を受け、東京帝国大学教授の職を追われた人物はだれか。
久米邦武

★★★★★★★
14 □□□ 神道家や国学者から攻撃を受けた久米邦武の論文の題名は何か。
神道は祭天の古俗

■近代文学

★★★★★★★
1 □□□ 江戸後期から明治初期の世相・人情などを中心とした大衆文芸を総称して何というか。
戯作文学

★★★★★★★
2 □□□ 『安愚楽鍋』など、明治の文明開化の世相を滑稽本風に描いた戯作文学の作家はだれか。
仮名垣魯文

★★★★★★★
3 □□□ 自由民権運動の発生と前後して誕生し、政治思想の宣伝を目的として書かれた小説を何と呼んでいるか。
政治小説

★★★★★★★
4 □□□ 『経国美談』で、ギリシアのテーベが専制政治を打倒し、民主政治を確立する経緯を描き、自由民権の思想を宣伝したのはだれか。
矢野龍溪

★★★★★★★
5 □□□ 憂国の志士が世界を周遊し、時勢を慨嘆する趣向の『佳人之奇遇』という政治小説を著したのはだれか。
東海散士

★★★★★★★
6 □□□ 戯作文学や政治小説に対して、1887年前後におこった、人間の内面や世相を客観的・写実的に描くことを提唱した文学の潮流を何というか。
写実主義

★★★★★★★
7 □□□ 写実主義を最初にとなえた人はだれか。
坪内逍遙

★★★★★★★
8 □□□ 坪内逍遙が写実主義の理論を主張して発表した評論をあげよ。
小説神髄

★★★★★★
9 □□□ 従来の文語体の文章にかわって、話し言葉と同様の文章で文学が書かれるようになったが、この文体を何というか。
言文一致体（げんぶんいっちたい）

★★★★★
10 □□□ 言文一致体の先駆となった作品を著し、坪内逍遙の提唱を文学作品として表した小説家とその作品名をあげよ。
二葉亭四迷（ふたばていしめい）・浮雲（うきぐも）

★★★★
11 □□□ 欧化主義に対し伝統的な江戸趣味と近代的写実主義で文芸小説の大衆化をはかった、1885(明治18)年創設の文学団体をあげよ。
硯友社（けんゆうしゃ）

★★★
12 □□□ 硯友社の同人誌(回覧雑誌)を何というか。
我楽多文庫（がらくたぶんこ）

★★★★
13 □□□ 硯友社を主宰した人物は、井原西鶴（いはらさいかく）に傾倒し華麗な文章を書いた人として有名であるが、だれか。
尾崎紅葉（おざきこうよう）

★★★
14 □□□ 硯友社の創立に参加した人で、「です」調の言文一致体の短編集『夏木立（なつこだち）』を発表し、のちに新体詩（しんたいし）の分野でも業績を残した人はだれか。
山田美妙（やまだびみょう）

★★★
15 □□□ 理想主義的な作品を数多く描き、東洋的な観念を主題とする作風を示し、尾崎紅葉と並び称されて、紅露（こうろ）時代を築いたのはだれか。
幸田露伴（こうだろはん）

★★★★★★
16 □□□ 日清（にっしん）戦争前後、啓蒙（けいもう）主義や合理主義に反発して、感情や個性の躍動を重んじるべきとの主張が盛んになった。文学におけるこのような主張を何というか。
ロマン主義

★★★★
17 □□□ 1893年に創刊の文芸雑誌は、ロマン主義を推し進める母体となった。この文芸雑誌名と創刊者をあげよ。
文学界・北村透谷（きたむらとうこく）

★★★★★★
18 □□□ 封建的な因習や貧困にうちひしがれた女性の悲哀を抒情（じょじょう）豊かに描いたロマン主義の女流作家はだれか。
樋口一葉（ひぐちいちよう）

★★★★
19 □□□ 樋口一葉が、遊廓（ゆうかく）に近い下町（したまち）の少女と少年の姿を美しい文体で描いた作品を何というか。
たけくらべ

★★★★★★★
20 □□□ ロマン主義の風潮は、明治30年代に全盛期を迎え、特に詩歌において顕著であった。1897年出版の詩集で、新体詩を開拓したのはだれか。その詩集名と人物名をあげよ。
若菜集（わかなしゅう）・島崎藤村（しまざきとうそん）

★★★★★★★

21 □□□ 情熱的で華麗な短歌をつくり、日露戦争を批判する詩でも知られる歌人はだれか。また、その短歌集をあげよ。

与謝野晶子（よさのあきこ）・みだれ髪（がみ）

★★★★★★★

22 □□□ 1900年にロマン主義の詩歌で知られる雑誌が発刊された。ロマン主義文学運動の中心となった、この雑誌名とその主宰者名をあげよ。

明星（みょうじょう）・与謝野鉄幹（てっかん）（寛（ひろし））

★★★★★★★

23 □□□ 人道主義に立ち、夫婦の愛情が封建的家族制度の犠牲となるロマン主義の小説『不如帰（ほととぎす）』を発表したのはだれか。

徳冨蘆花（とくとみろか）

★★★★★★★

24 □□□ 日露戦争の前後には、フランスやロシア文学の影響を受けて、人間社会の暗い現実の姿をありのままに写し出そうとする文学的立場が現れてきた。これを何というか。

自然主義

★★★★★★★

25 □□□ 1906年に発刊され、自然主義を確立する先駆となった、被差別部落出身の瀬川丑松（せがわうしまつ）の生き方を取り扱った『破戒』の作者はだれか。

島崎藤村（しまざきとうそん）

★★★★★★★

26 □□□ 1907年に、小説家の内弟子へのとげられない愛欲と身辺描写を克明に著した作品『蒲団（ふとん）』を発表したのはだれか。

田山花袋（たやまかたい）

★★★★★★★

27 □□□ 日清戦争に従軍記者として参加し、『武蔵野（むさしの）』で文壇（ぶんだん）に登場、のちにロマン主義から自然主義へ移行した小説家はだれか。

国木田独歩（くにきだどっぽ）

★★★★★★★

28 □□□ 尾崎紅葉の弟子で、自伝的私小説である『黴（かび）』など、自己の生活を題材にした作品が多い自然主義文学の代表的作家はだれか。

徳田秋声（とくだしゅうせい）

★★★★★★★

29 □□□ 自然主義の隆盛に対立するかたちで、博識と広い視野に立つ理知的・倫理的な文学的立場を何と呼んでいるか。

反自然主義（余裕派（よゆうは））

★★★★★★★

30 □□□ 反自然主義の作家で、『吾輩（わがはい）は猫である』『坊っちゃん』など、多くの作品を残した近代文学史上の文豪はだれか。

夏目漱石（なつめそうせき）

★★★★★★★

31 □□□ 陸軍軍医でもあり、小説・戯曲・評論・翻訳など幅広い活動を行って、のちに文豪とあおがれたのはだれか。

森鷗外（もりおうがい）

★★★★★★★

32 □□□ 窮乏生活のなかから社会的関心を深め、3行書きによる生活派短歌を試み、大逆事件（たいぎゃくじけん）を契機として社会主義への傾斜を強めた歌人はだれか。

石川啄木（いしかわたくぼく）

★★★★★★★

33 □□□ 短詩形文学である俳句や短歌の革新運動を展開したのはだれか。 — 正岡子規

★★★★★★★

34 □□□ 正岡子規が俳句や短歌の革新運動を展開した雑誌名をあげよ。 — ホトトギス

★★★★★★★

35 □□□ 『ホトトギス』を正岡子規から引き継いで主宰した、子規の門人はだれか。 — 高浜虚子

★★★★★★★

36 □□□ 万葉調と写生を基本とする、正岡子規の門人らが1908年に創刊した短歌の雑誌名をあげよ。 — アララギ

★★★★★★★

37 □□□ 正岡子規の根岸短歌会に参加し、写生風の短歌をつくり、「冴え」と「品位」を主張した歌人で、小説『土』でも知られるのはだれか。 — 長塚節

★★★★★★★

38 □□□ 正岡子規の弟子で、根岸短歌会の機関誌『馬酔木』を創刊し、小説『野菊の墓』を著した歌人・小説家はだれか。 — 伊藤左千夫

■明治の芸術

★★★★★★★

1 □□□ 江戸時代後期には世話物で、また明治に入ると史実を重んじ写実的に演出した歌舞伎(散切物・活歴物)の脚本を書き、活躍したのはだれか。 — 河竹黙阿弥

★★★★★★★

2 □□□ 1889(明治22)年に落成した歌舞伎座を中心に、歌舞伎の一大全盛期がおとずれた。この全盛期を築いたのは、市川団十郎(9代)とだれか、2人あげよ。 — 尾上菊五郎(5代)・市川左団次(初代)

★★★★★★★

3 □□□ 明治時代中期の歌舞伎の全盛時代を、当時活躍していた役者の名前から何というか。 — 団菊左時代

★★★★★★★

4 □□□ 自由党員が自由民権思想の大衆普及と浮浪壮士に職を与える目的で始めた素人演劇を何というか。 — 壮士芝居(書生芝居)

★★★★★★★

5 □□□ 自由と民権を宣伝し、時局を風刺するオッペケペー節を創始して人気を博し、壮士芝居を演じたのはだれか。 — 川上音二郎

★★★★★★★

6 □□□ 壮士芝居は、日清戦争前後から通俗小説(大衆小説)の劇化で人気となり、商業演劇としての基礎を築いた。この演劇を歌舞伎に対して何と呼ぶようになったか。 — 新派劇

★★★★★★☆
7
□□□
歌舞伎・新派劇に対して、ヨーロッパ近代劇の影響を受けておこった演劇を何というか。

新劇（しんげき）

★★★☆☆☆☆
8
□□□
1906年、文芸一般の革新を目的として結成され、のちに新劇発展の基礎を築いた演劇団体を何というか。

文芸協会

★★★★☆☆☆
9
□□□
1909年にヨーロッパ留学から帰国した市川左団次（２代）が、小山内薫（おさないかおる）とともに西洋近代劇の翻訳劇や、日本人若手の創作劇上演のため、新劇の劇団を結成した。この劇団名を何というか。

自由劇場

★★★★☆☆☆
10
□□□
アメリカに留学し、帰国後に文部省教科書編集局長となり、小学校教育に西洋歌謡を模倣した唱歌（しょうか）を採用して『小学唱歌集』を編集したのはだれか。

伊沢修二（いさわしゅうじ）

★★★★★★☆
11
□□□
1887年に国立の音楽教育機関が設立されたが、これを何というか。

東京音楽学校

★★★★☆☆☆
12
□□□
1901年に文部省の留学生としてドイツに学んだが、病を得て帰国後に死去した作曲家で、「荒城（こうじょう）の月」「箱根八里（はこねはちり）」「花」などの曲を残した人物はだれか。

滝廉太郎（たきれんたろう）

★★★★☆☆☆
13
□□□
1875年に大蔵省に招かれて来日し、紙幣・切手・有価証券などの原版を作成し、銅版画技術を指導したイタリア人はだれか。

キヨソネ

★★★★☆☆☆
14
□□□
政府は開化策の一環として、1876年に工部省工学寮内に美術学校を開設し、イタリア人画家フォンタネージらを招き洋画を学ばせた。この学校を何というか。

工部（こうぶ）美術学校

★★★★☆☆☆
15
□□□
川上冬崖（かわかみとうがい）やイギリス人ワーグマンに師事し、明治期の洋画の開拓者といわれ、代表作「鮭（さけ）」を残した画家はだれか。

高橋由一（たかはしゆいち）

★★★★★☆☆
16
□□□
1878年に来日し、東京大学で哲学・政治学などを講義する一方、日本美術を高く評価して伝統美術の復興をとなえたアメリカ人はだれか。

フェノロサ

★★★★★★☆
17
□□□
フェノロサに師事・協力して日本美術の復興に努力し、のち明治美術の父と称されたのはだれか。

岡倉天心（覚三）（おかくらてんしん（かくぞう））

★★★★★★☆
18
□□□
欧化主義に反対して国粋保存運動（こくすい）が高まると、政府は日本美術の奨励策をとり、1887年に美術教育のための学校

東京美術学校

をフェノロサや岡倉天心の尽力で創立した。その学校名をあげよ。

★★★★★★★

19 □□□ 東京美術学校の日本画教授として迎えられ、内国勧業博覧会に『竜虎図』という六曲一双の屏風絵を発表した画家はだれか。

橋本雅邦

★★★★★★★

20 □□□ 人間の母性愛を象徴的に描いた「悲母観音」で著名な日本画家はだれか。

狩野芳崖

★★★★★★★

21 □□□ 1898年に岡倉天心を中心にして、橋本雅邦ら26人の日本画家・彫刻家らが結成した在野の美術団体を何というか。

日本美術院

★★★★★★★

22 □□□ 東京美術学校の卒業生で、洋画の技法を取り入れて伝統的日本画の革新につとめ、「落葉」「黒き猫」などの作品を描いたのはだれか。

菱田春草

★★★★★★★

23 □□□ 東京美術学校に西洋絵画・彫刻科が当初おかれなかったため、1889年に設立された日本最初の洋画団体を何というか。

明治美術会

★★★★★★★

24 □□□ 明治美術会の設立の中心になり、フォンタネージの画風を引き継ぎ、農民を写実的に描いた「収穫」の作者はだれか。

浅井忠

★★★★★★★

25 □□□ 外光派の1人で、フランスに留学してラファエル＝コランに師事し、清新で明るい画風を始め、「読書」「舞妓」で有名な画家はだれか。

黒田清輝

★★★★★★★

26 □□□ 黒田清輝の代表作で、箱根芦ノ湖畔に涼をとる夫人を描いた、1897年の作品を何というか。

湖畔

★★★★★★★

27 □□□ 黒田清輝や久米桂一郎を中心として、1896年に設立された洋画団体を何というか。

白馬会

★★★★★★★

28 □□□ 東京美術学校在学中に白馬賞を受賞し、インドや日本の神話、上代の生活を色調豊かに描き、明治のロマン的風潮を代表した画家はだれか。

青木繁

★★★★★★★

29 □□□ 青木繁の代表作で、大魚をかつぐ漁師の裸像群を描いた作品名をあげよ。

海の幸

★★★★★★★
30 □□□ 伝統美術と西洋美術の共栄をはかり、文部省が1907年に開設した発表の場は何と呼ばれるか。 — 文部省美術展覧会(文展)

★★★★★★★
31 □□□ 日本画・洋画・彫刻の3部門よりなる総合展覧会の開設をはかり、第1回文部省美術展覧会(文展)を開催した、第1次西園寺公望内閣の文部大臣(大久保利通の子でもある)はだれか。 — 牧野伸顕

★★★★★★★
32 □□□ 1919(大正8)年に、勅令で設立された帝国美術院が文展を引き継いで開催した展覧会を何というか。 — 帝国美術院美術展覧会(帝展)

★★★★★★★
33 □□□ アメリカ・フランスで学び、ロダンの「考える人」に感銘を受けて彫刻に転じ、「坑夫」などの本格的な近代彫刻の作品を制作し、彫刻界に転機をもたらしたのはだれか。 — 荻原守衛

★★★★★★★
34 □□□ 荻原守衛の代表作品を、「坑夫」以外に1つあげよ。 — 女

★★★★★★★
35 □□□ 伝統的木彫の技法に写実性を加え、伝統彫刻の近代化に努力したのはだれか。 — 高村光雲

★★★★★★★
36 □□□ 高村光雲の代表作で、シカゴ万国博覧会で入賞した作品は何か。 — 老猿

★★★★★★★
37 □□□ 1877年に来日したイギリス人で、工部大学校で教師として造家学科を担当し、日本の洋風建築の発達に尽力したのはだれか。 — コンドル

★★★★★★★
38 □□□ 工部大学校の第1回卒業生で、イギリスに留学後、教育者・建築家として活躍し、日本銀行本店や東京駅などの設計で知られるのはだれか。 — 辰野金吾

★★★★★★★
39 □□□ 片山東熊の代表作で、ヴェルサイユ宮殿を模し、東宮御所として建設された本格的西洋建築物は、現在何と呼ばれているか。 — 迎賓館赤坂離宮

■生活様式の近代化

★★★★★★★
1 □□□ 1880年代に上野ではじめて点灯し、大都市で実用化された照明は何か。 — 電灯

★★★★★★★
2 □□□ 1890年代、京都市ではじめて開通した交通機関は何か。 — 路面電車

❸ 市民生活の変容と大衆文化

用語集 p.293〜305

第一次世界大戦は、日本に大戦景気をもたらしたが、一方で物価の高騰(こうとう)で苦しむ民衆もいた。都市では俸給(ほうきゅう)生活者が増加し、一部の職種では職業婦人も現れ、都市化が進展した。また、教育の普及により、一般勤労者を担い手とする大衆文化が誕生した。大正デモクラシーの風潮のもと、多様な学問や芸術が発達した。

■大戦景気

★★★★★★★

1 □□□ **第一次世界大戦**によって、日本は経済不況と財政危機とを一挙にふきとばし、未曽有(みぞう)の**好景気**を迎えた。これを何と呼んでいるか。

大戦景気(たいせんけいき)

★★★★★☆☆

2 □□□ 第一次世界大戦による世界的な**船舶**不足で、日本の**海運・造船業**は活気づき、巨利を得る者が現れた。これを何と呼んだか。

船成金(ふなないきん)

★★★★☆☆☆

3 □□□ 第一次世界大戦による好景気で鉄鋼業でも生産高が飛躍的にのびたが、それは特に**二十一カ条の要求**で得た採掘権をもとに**満鉄**(まんてつ)が設立した大製鉄所に負うところが大きかった。この製鉄所名をあげよ。

鞍山製鉄所(あんざん)

★☆☆☆☆☆☆

4 □□□ 第一次世界大戦による**ドイツ**からの輸入途絶のため、国内自給の体制が整えられ、新興産業として発展し始めたのは、どのような工業部門か。

化学工業

★★★☆☆☆☆

5 □□□ 第一次世界大戦による好景気を契機に、工業原動力の転換も進んだ。何から何へ転換していったか。

蒸気(じょうき)力から電力へ

★★★★★★☆

6 □□□ 資本輸出の例で、第一次世界大戦後、日本の**紡績会社**(ぼうせき)が**中国**各地に建設した紡績工場を何と呼んでいるか。

在華紡(ざいかぼう)

■都市化の進展と市民生活

★★★★☆☆☆

1 □□□ 大正から昭和初期に都市を中心に増加した、事務系の職場で働く**ホワイトカラー**の人々を何というか。

俸給(ほうきゅう)生活者(サラリーマン)

★★★★★★★

2 □□□ 大正から昭和初期、**タイピスト**や**電話交換手**などの職種に進出した働く女性を何と呼んだか。

職業婦人

★★★★★★★

3 □□□ 大正から昭和初期、郊外に住む**新中間層**の間で流行した**和洋折衷**(わようせっちゅう)の住宅を何というか。

文化住宅

★★★★★★☆
4 □□□ 東京では1927(昭和2)年に上野・浅草間、大阪では1933年に梅田・心斎橋間で開通した新しい交通機関は何か。 — 地下鉄

★★★★★★☆
5 □□□ 洋服を着たり断髪したりするなど、当時流行のファッションに身をつつんだ女性を称して呼んだ、大正から昭和初期の流行語は何か。 — モガ(モダンガール)

★★★★★☆☆
6 □□□ 私鉄(郊外電車)の都市中心部の発着駅に建てられた百貨店のことを何というか。 — ターミナルデパート

★★★★★☆☆
7 □□□ 阪急(はんきゅう)電鉄社長小林一三(こばやしいちぞう)が組織した女性だけの劇団を何というか。 — 宝塚(たからづか)少女歌劇団(かげきだん)(宝塚歌劇団)

■大衆文化の誕生

★★★★★★★
1 □□□ 高等学校令や大学令を出して、高い教育を求める民衆の要求にこたえた内閣をあげよ。 — 原敬(はらたかし)内閣

★★★★★☆☆
2 □□□ 帝国大学以外に、公立・私立大学や単科大学の設立も認めた1918(大正7)年の法令を何というか。 — 大学令

★★★★★★★
3 □□□ 大正から昭和初期の文化の特徴として、活字文化の広まりやラジオ放送の開始などによる一般国民の文化参加・創造をあげることができる。こうした文化は何と呼ばれるか。 — 大衆(たいしゅう)文化

★★★★☆☆☆
4 □□□ 1879(明治12)年に大阪で創刊され、のち東京へ進出し、はじめは大衆的な報道が中心であったが、しだいに論説面を強化して大新聞(おおしんぶん)となったのは何か。 — 朝日新聞

★★★★☆☆☆
5 □□□ 1876年創刊の『大阪日報』を1888年に改題して発行し、そののち各種の新聞を合併し、東京にも進出した大新聞は何か。 — 大阪毎日新聞

★★★☆☆☆☆
6 □□□ 1872年の創刊で、福地源一郎(ふくちげんいちろう)が入社してから政府を支持する御用新聞となった日刊紙は何か。 — 東京日日(にちにち)新聞

★★★★☆☆☆
7 □□□ 小新聞の元祖で、硯友社(けんゆうしゃ)の作家が活躍し、娯楽と雑報中心で、街頭で販売された、口語体(こうごたい)・ふりがな付きの新聞は何か。 — 読売新聞

★★★★☆☆☆
8 □□□ 小説や随筆などの軽い読み物から、論文や社会評論まで、 — 総合雑誌

様々な情報を加えて総合的に編集された雑誌を何というか。

★★★★★

9 □□□ 1週間に1回発行される、1922年刊行の『週刊朝日』や『サンデー毎日』などの雑誌を何というか。 — 週刊誌

★★★★★★★

10 □□□ 吉野作造の民本主義を説く論文などを掲載して、大正デモクラシーの論壇の中心になった総合雑誌は何か。 — 中央公論

★★★★★★

11 □□□ 社会改造を民衆に求めるという編集方針で、社会主義者などの論文発表の場となった山本実彦が発行した総合雑誌は何か。 — 改造

★★★★★★★

12 □□□ 大日本雄弁会講談社が「日本一面白くて為になる」雑誌界の王を目指して創刊した大衆娯楽雑誌は何か。 — キング

★★★★

13 □□□ 夏目漱石の門下生で、その作風は情緒的・唯美的であったが、のちに童話作家として活躍し、児童詩の普及に貢献した人物はだれか。 — 鈴木三重吉

★★★★

14 □□□ 鈴木三重吉が1918年に創刊した児童雑誌名をあげよ。 — 赤い鳥

★★★★★★

15 □□□ 関東大震災後の不況下で、改造社が『現代日本文学全集』を1冊1円で刊行して成功し、この方式が昭和初期の出版界に流行した。このような出版物を何というか。 — 円本

★

16 □□□ 内外の古典などを手軽なかたちで世に紹介した本の形式は何と呼ばれたか。 — 文庫本

★★★

17 □□□ 文庫本のなかで、ドイツのレクラム文庫を範として、1927(昭和2)年に最初に創刊されたものを、その出版社名から何というか。 — 岩波文庫

★

18 □□□ 東京芝の愛宕山の東京放送局でラジオの本放送が開始されたのは何年か。 — 1925年

★★★★★★

19 □□□ 大衆娯楽として成立した映画は、大正期においてはセリフや音がない無声映画であったが、1930年代になると画面と音が一体化するようになった。こうした有声映画は何と呼ばれたか。 — トーキー

■学問と芸術

	問題	解答
★★ 1	階級闘争による**プロレタリア革命**を必然とする、近代労働者解放の科学的理論・労働運動の指導理論は何か。	マルクス主義（マルキシズム）
★★★★★ 2	貧困層の現状・原因・救済策を**『朝日新聞』**に連載し、大きな反響を呼んだ京都帝国大学教授の経済学者はだれか。	河上肇（かわかみはじめ）
★★★★ 3	**河上肇**が京都帝国大学教授時代に『朝日新聞』に連載した代表的著作を何というか。	貧乏物語（びんぼう）
★★★★★★ 4	**河上肇**が、雑誌**『社会問題研究』**で紹介した、労働価値説に立って資本主義を分析した社会主義経済学は何か。	マルクス主義経済学
★★ 5	**マルクス**の説いた歴史発展の諸段階のなかに、明治維新以降の日本の近代社会を位置づける立場から編集・刊行された書物は何か。	日本資本主義発達史講座
★★ 6	**マルクス主義**の理論家で、**『日本資本主義発達史講座』**を企画・編集したが、日本共産党員として活動中に逮捕され、獄死したのはだれか。	野呂栄太郎（のろえいたろう）
★★★★★★ 7	ドイツ観念論哲学に禅（ぜん）などの東洋思想を加味して、独自の観念論的体系をうち立て、**『善の研究』**を著したのはだれか。	西田幾多郎（にしだきたろう）
★ 8	ニーチェなどの西洋哲学や日本思想を研究し、**『古寺巡礼』**や『風土』などを著した倫理学者はだれか。	和辻哲郎（わつじてつろう）
★★★★ 9	歴史学者で『古事記』『日本書紀』の文献学的批判を行い、**『神代史の研究』**『古事記及日本書紀の研究』などを著して古代史の解明に貢献し、1940（昭和15）年には国粋（こくすい）主義者から不敬（ふけい）と非難され、著書の発禁処分を受けたのはだれか。	津田左右吉（つだそうきち）
★★★★★★★ 10	**民間伝承**・風習・祭礼などを通して生活変遷のあとを訪ね、民衆文化を明らかにしようとする学問を何というか。	民俗学（みんぞくがく）
★★★★★★★ 11	雑誌『郷土研究』を発行し、無名の民衆（**「常民（じょうみん）」**）の生活史の解明につとめ、**民俗学**を開拓したのはだれか。	柳田国男（やなぎたくにお）
★★★★ 12	欧米、特にドイツに学び、東北帝国大学教授となり、鉄鋼・合金の研究を行い、物理冶金学（やきんがく）を開拓して世界的業	本多光太郎（ほんだこうたろう）

績をなしたのはだれか。

★★★★★★★
13 □□□ 本多光太郎の主な業績をあげよ。 | KS磁石鋼の発明など

★★★★★★★
14 □□□ 伝染病研究所で北里柴三郎に師事し、ロックフェラー医学研究所員となり、現在のガーナで、研究中の病原菌に感染して死亡したのはだれか。 | 野口英世

★★★★★★★
15 □□□ 野口英世の主な業績をあげよ。 | 黄熱病の研究・梅毒スピロヘータの脳内組織における発見など

★★★★★★★
16 □□□ 1917(大正6)年以降、産業界・学界の要請で、高度・精密な研究施設を備えた研究機関が多く設立されたが、のちに、コンツェルンを形成し新興財閥の母体となった、物理・化学の研究機関は何か。 | 理化学研究所

★★★★★★★
17 □□□ 明治末期の文壇を風靡した自然主義文学にかわって、人道主義・新理想主義・個人主義を尊重して大正文学の主流となった文学流派を何というか。 | 白樺派

★★★★★★★
18 □□□ 白樺派の理論的指導者で、理想主義的人道主義実践の場として、1918年宮崎県に「新しき村」を建設し、『お目出たき人』や、戦争で盲目となった画家と妹とが人間的葛藤に苦しむ姿を戯曲化した『その妹』などを残したのはだれか。 | 武者小路実篤

★★★★★★★
19 □□□ 白樺派中随一のリアリストで、唯一の長編『暗夜行路』でも冷徹な目で簡潔な描写を行い、強い個性的な倫理観を示した作家はだれか。 | 志賀直哉

★★★★★★★
20 □□□ 白樺派の作家で、『或る女』や『カインの末裔』などを残し、社会主義的人道主義と自分が上層階級の出身であることとの矛盾に苦悩し、軽井沢で自殺したのはだれか。 | 有島武郎

★★★★★★★
21 □□□ 現実を直視し醜い面ばかりを描く自然主義の反動として、芸術至上主義を主張し、風俗・官能・詩情の世界にひたった文学流派を何というか。 | 耽美派

★★★★★

22
□□□
耽美派の作家で、刺青(しせい)を彫った一女性の病的な官能美を描いた作品『刺青』を出世作とし、その後も『痴人(ちじん)の愛』など特異な官能描写による作品を発表したのはだれか。

谷崎潤一郎(たにざきじゅんいちろう)

★★★★★

23
□□□
はじめゾラに傾倒し自然主義的作風を示したが、欧米留学後は、『あめりか物語』で耽美派を代表する作家となり、花柳界(かりゅうかい)の人情の機微を描いた『腕くらべ』などを残したのはだれか。

永井荷風(ながいかふう)

★★★★

24
□□□
大正中期以降、文壇の主流となったのは新現実主義であった。このうち、現実の矛盾を理知的にえぐり出し表現した文学流派を何というか。また、その同人雑誌を何というか。

新思潮(しちょう)派・新思潮

★★★★★★

25
□□□
新思潮派の作家で、『今昔(こんじゃく)物語集』などに素材を求めた『羅生門(らしょうもん)』『鼻』など、数々の傑作を生み出したのはだれか。

芥川龍之介(あくたがわりゅうのすけ)

★★★★★

26
□□□
新思潮派の作家で、はじめ常識的で明快なテーマ小説を発表し、のち通俗小説家となり、1919年に九州耶馬溪(やばけい)の洞門(どうもん)にまつわる『恩讐(おんしゅう)の彼方(かなた)に』を発表し、1923年に雑誌『文藝春秋(ぶんげいしゅんじゅう)』を創刊したのはだれか。

菊池寛(きくちかん)

★★★★★★

27
□□□
大正末期から新聞や大衆雑誌などを発表の場として、広範な庶民層の要求にこたえる読み物が発表されるようになった。こうした文学を何と呼んでいるか。

大衆文学

★★★★★★

28
□□□
剣客机竜之助(つくえりゅうのすけ)が幕末を舞台に活躍する波瀾(はらん)の時代小説『大菩薩峠(だいぼさつとうげ)』を著したのはだれか。

中里介山(なかざとかいざん)

★★★★

29
□□□
大作『宮本武蔵(みやもとむさし)』など、多くの時代小説を創作した大衆文学の第一人者はだれか。

吉川英治(よしかわえいじ)

★★★

30
□□□
娯楽雑誌に『鞍馬天狗(くらまてんぐ)』を発表して成功し、『赤穂浪士(あこうろうし)』などで大衆作家の地位を確立したのはだれか。

大佛次郎(おさらぎじろう)

★★★★

31
□□□
1923年に『二銭銅貨』を発表して以来、日本における探偵小説・推理小説の基礎を築いたのはだれか。

江戸川乱歩(えどがわらんぽ)

★★★★★★★

32
□□□
第一次世界大戦後のデモクラシーの風潮と労働者の増加により階級対立が激しくなり、その結果、大正末期から昭和にかけて無産階級文学運動がおこったが、この文学

プロレタリア文学運動

運動を何と呼んでいるか。

★★☆☆☆☆☆
33 □□□ 1921年に発刊された、プロレタリア文学運動の出発点となった雑誌名をあげよ。

種蒔く人

★★☆☆☆☆☆
34 □□□ プロレタリア文学運動は分裂し、急進的な傾向を示す人たちによって1928年に新たに機関誌が発刊され、『種蒔く人』を引き継いだ『文芸戦線』と対立した。その機関誌は何か。

戦旗

★☆☆☆☆☆☆
35 □□□ 『戦旗』は何という団体の機関誌か。

全日本無産者芸術連盟(ナップ)

★★★★★★☆
36 □□□ 雑誌『戦旗』を中心に作品を発表し、『一九二八年三月十五日』で認められ、1933年に官憲の拷問で虐殺されたプロレタリア作家はだれか。

小林多喜二

★★★★★☆☆
37 □□□ 小林多喜二の代表作で、オホーツク海へ出漁する労働者の様子を描いたプロレタリア文学の代表作は何か。

蟹工船

★★★★★☆☆
38 □□□ プロレタリア作家徳永直の代表作品で、共同印刷争議を題材としたものを何というか。

太陽のない街

★★★★☆☆☆
39 □□□ 東京美術学校を卒業後、欧米に学びロダンに傾倒したが、帰国後に、享楽主義詩人として詩作を開始し、やがて理想主義の傾向を強め、独自の力強い男性的詩風を完成した詩人・彫刻家はだれか。

高村光太郎

★★★★★★☆
40 □□□ 1909(明治42)年に、2代目市川左団次と自由劇場を創立したが、渡欧してモスクワ芸術座に傾倒し、帰国後に新しく劇場を創設し演出を担当したのはだれか。

小山内薫

★★★★★★☆
41 □□□ 前売券制度や椅子席の観劇を採用し、近代的方法を実現した「演劇の実験室」として小山内薫らによって1924年に創設された劇場を何というか。

築地小劇場

★★☆☆☆☆☆
42 □□□ 築地小劇場の建設に際し私財を投じ、新劇運動、特にリアリズム演劇の確立につとめ、のちに新築地劇団を創立し、プロレタリア演劇に進出したのはだれか。

土方与志

★★★★☆☆☆
43 □□□ 日本最初の交響楽団を結成し、日本交響楽協会を組織するなど交響楽運動の推進につとめた、童謡「赤とんぼ」などの作曲でも知られる人物はだれか。

山田耕筰

★☆☆☆☆☆☆

44 □□□

1898年に岡倉天心(おかくらてんしん)らが創立したあと、明治末に不振となっていたが、1914年に再興された日本美術院主催の展覧会は何と呼ばれるか。

院展(いんてん)

★★★★★★★

45 □□□

官立の文部省主催の展覧会に不満をもつ旧日本美術院派の人々は、1914年に院展を再興したが、その中心人物で、岡倉天心の弟子の日本画家はだれか。

横山大観(よこやまたいかん)

★★☆☆☆☆☆

46 □□□

文展の洋画部門に、日本画部門と同様に一科(旧派)・二科(新派)の設置を要求して拒絶された人々が、1914年に設立した在野の洋画団体を何というか。

二科会(にかかい)

★★★★☆☆☆

47 □□□

二科会の中心人物で、浅井忠(あさいちゅう)に学び、渡仏してルノアールに学び、「紫禁城(しきんじょう)」などを描き、東洋風の豪華な画風で知られるのはだれか。

梅原龍三郎(うめはらりゅうざぶろう)

★★★★☆☆☆

48 □□□

浅井忠に学び、渡仏後、ミレーやピサロ、特にセザンヌの感化を受け、滞欧中に描いた作品を二科展に出品して認められたのはだれか。

安井曽太郎(やすいそうたろう)

★★★☆☆☆☆

49 □□□

安井曽太郎が独自の画風を示した女性の肖像画の傑作をあげよ。

金蓉(きんよう)

★☆☆☆☆☆☆

50 □□□

1914年に再興された院展の洋画部門と日本画部門との対立から、1922年に独立・設立された洋画団体を何というか。

春陽会(しゅんようかい)

★★★★★★☆

51 □□□

はじめ外光派を学んだが、後期印象派の影響を受け、さらに写実主義に進み草土社(そうどしゃ)を設立したのち、春陽会の客員として参加・活躍し、「麗子像(れいこぞう)」などを描いたのはだれか。

岸田劉生(きしだりゅうせい)

★★★☆☆☆☆

52 □□□

ロマン的美人画で大衆の心をとらえ、「黒船屋(くろふねや)」「灯籠流し(とうろうながし)」などを描いた大正期の抒情(じょじょう)画家はだれか。

竹久夢二(たけひさゆめじ)

第15章 恐慌と第二次世界大戦

① 恐慌の時代

用語集 p.306〜311

1920年代は恐慌が相次いだ。戦後恐慌に続く金融恐慌は、モラトリアムによって沈静化されたが、その後も金解禁をきっかけに、昭和恐慌・農業恐慌が発生した。対外的には協調外交路線がとられたが、田中義一内閣の時には中国政策をめぐり一時強硬姿勢に転じ、ロンドン会議後には、協調外交を復活させた浜口雄幸首相が狙撃されて内閣は退陣した。

■戦後恐慌から金融恐慌へ

★★★★★★★
1 □□□ 1920(大正9)年、株式の大暴落を契機に、繊維・銅をはじめとする商品価格が大暴落を続けた。この恐慌を何というか。
戦後恐慌

★★★★☆☆☆
2 □□□ 1923年におこった関東大震災の際、政府は震災地から振り出されていた手形を補償する処置をとって混乱を収拾しようとしたが、この手形を何というか。
震災手形

★★★★★★★
3 □□□ 震災手形の補償が不況のためなかなか進まず、この手形をかかえた銀行の経営が悪化していくなかで、1926(昭和元)年に成立し、この手形の処理にのり出した内閣を何というか。
第1次若槻礼次郎内閣

★★★★☆☆☆
4 □□□ 議会で震災手形の処理案が審議されている時、大蔵大臣の失言から、取付け騒ぎがおこり、中小銀行が休業する事態になったが、この時の大蔵大臣はだれか。
片岡直温

★★★★★☆☆
5 □□□ 1877(明治10)年に設立され、第一次世界大戦中に飛躍的に成長し、戦後恐慌で打撃を受けて経営が破綻した神戸の総合商社を何というか。
鈴木商店

★★★★★★★
6 □□□ 植民地におかれた紙幣発行権をもつ銀行で、鈴木商店に対する巨額の不良債権が原因で休業に追い込まれた銀行を何というか。
台湾銀行

★★★★★★★
7 □□□ 片岡直温の失言から取付け騒ぎがおき、その後、各地の銀行の休業や会社・商店の倒産が相次いだが、この事態を何と呼んでいるか。
金融恐慌

★★☆☆☆☆☆
8 □□□ 金融恐慌の際、第1次若槻礼次郎内閣の外交政策に不満をもつ野党と結んだ機関が、内閣の求めた台湾銀行救済の緊急勅令案を否決したことが若槻内閣総辞職のきっかけとなったが、その機関を何というか。 — 枢密院

★★★★★★★
9 □□□ 第1次若槻礼次郎内閣は金融恐慌を収拾できずに退陣したが、そのあと組閣した陸軍大将で長州閥の立憲政友会総裁はだれか。 — 田中義一

★★★★★★☆
10 □□□ 田中義一内閣が金融恐慌の収拾のために緊急勅令によって出した命令は何か。 — モラトリアム(支払猶予令)

★★★★★★☆
11 □□□ 田中義一内閣の大蔵大臣として、金融恐慌の沈静化に成功したのはだれか。 — 高橋是清

★★★★☆☆☆
12 □□□ 金融恐慌後、預金は大銀行に集中し、政府も銀行法を改正して弱小銀行を整理・統合する方針を打ち出したため、特定の銀行が金融界を支配するようになった。いわゆる五大銀行をあげよ。 — 三井・三菱・住友・安田・第一

★★★★☆☆☆
13 □□□ 五大銀行を中心とした金融独占資本により、産業界では部門別の企業連合も結成されたが、これを何というか。 — カルテル(企業連合)

★★☆☆☆☆☆
14 □□□ 同一産業部門の企業合同のことを何というか。 — トラスト(企業合同)

★★★★☆☆☆
15 □□□ 種々の産業が同一系統の資本に支配される独占の形態を、何というか。 — コンツェルン

■社会主義運動の高まりと積極外交への転換

★★★★★★★
1 □□□ 第1回普通選挙に向けて社会主義者・労働運動家・知識人などにより政党の結成が進められたが、これらの政党は総称して何と呼ばれたか。 — 無産政党

★☆☆☆☆☆☆
2 □□□ 無産政党のうち、最初に結成された政党は、1925(大正14)年に農民組合が中心となり、日本労働総同盟系・日本労働組合評議会系を除いたものであったが、共産党と関係があるとして即日禁止された。この政党を何というか。 — 農民労働党

★★★★★★☆
3 □□□ 無産政党のうち、1926(昭和元)年に杉山元治郎らを中心 — 労働農民党

に右派・中間派によって結成された合法的な政党を何というか。

★☆☆☆☆☆☆

4 □□□ 左派の加入要求から労働農民党が分裂し、中間派の麻生久・浅沼稲次郎らが1926年に結成した政党を何というか。 — 日本労農党

★★★☆☆☆☆

5 □□□ 労働農民党の分裂後、議会主義をとる右派の安部磯雄・片山哲らが1926年に結成した政党を何というか。 — 社会民衆党

★☆☆☆☆☆☆

6 □□□ 無産政党は、田中義一内閣のもとで実施された最初の普通選挙で8人の当選者を出したが、この選挙は西暦何年に行われたか。 — 1928年

★★★★☆☆☆

7 □□□ 無産政党の進出に衝撃を受けた田中義一内閣は、日本共産党に対し、1928年と翌29年の2度にわたって弾圧を加えた。これらの弾圧事件をそれぞれ何というか。 — 三・一五事件、四・一六事件

★★★★★★☆

8 □□□ 1928年に全国に設置された、思想・言論・政治行動などを取り締まる機関を何というか。 — 特別高等警察(特高)

★★★★★★★

9 □□□ 田中義一内閣は欧米に対しては協調外交を継承し、アメリカ大統領クーリッジの提案を受けて、補助艦制限を目的とする国際会議に代表を派遣したが、不調に終わった。この会議を何というか。また、西暦何年に開催されたか。 — ジュネーヴ会議・1927年

★☆☆☆☆☆☆

10 □□□ パリで開催された国際会議では、国策の手段としての戦争の放棄を約した条約が結ばれたが、この国際会議は西暦何年に開催されたか。 — 1928年

★★★★★★★

11 □□□ パリの国際会議で結ばれた条約は、条文中の「人民ノ名ニ於テ」が国内で問題化し、田中義一内閣が「この一文は日本には適用されない」と条件をつけて批准した。この条約を何というか。 — 不戦条約

★★★★★★★

12 □□□ 1924年、「連ソ・容共・扶助工農」のスローガンを掲げて中国共産党との提携を決意した中国の政党名をあげよ。 — 中国国民党

★★★★★★☆

13 □□□ 中国国民党が、中国南部の広州で1925年に発足した政権を核に、1927年に南京で樹立した政府を何というか。 — 国民政府

★★★★★★★

14 □□□ 1928年に国民政府の主席となったのはだれか。 — 蔣介石

★★★★★★★

15 □□□ 蔣介石は中国統一を目指し、1926年には北方軍閥の支配地域に進撃を開始したが、これを何というか。

北伐（ほくばつ）

★★★★★★★

16 □□□ 田中義一内閣は、中国に対する従来の外交方針を変更し、中国統一を目指す北伐軍を阻止する方針を定めたが、この外交を何というか。

積極外交（強硬外交（きょうこう））

★★★★★★★

17 □□□ 積極外交方針にのっとり、日本は1927年5月に居留民保護（きょりゅうみん）を名目として中国の青島（チンタオ）・済南（さいなん）などへの出兵を強行した。これを何というか。

山東出兵（さんとう）

★★★★★★★

18 □□□ 第1次山東出兵のあと、田中義一内閣は中国関係の外交官や軍人を招集して、満洲（まんしゅう）における日本権益を実力で守る方針を決定したが、この会議を何というか。

東方会議（とうほう）

★★★★★★★

19 □□□ 1928年の、第2次山東出兵の際には日本軍と中国軍との衝突事件がおこったが、この事件を何というか。

済南事件（さいなん）

★★★★★★★

20 □□□ 1928年6月に、日本と密接な関係をもっていた満洲軍閥の巨頭が関東軍により爆殺されたが、この人物はだれか。

張作霖（ちょうさくりん）

★★★★★★★

21 □□□ 張作霖の爆殺事件の真相は国民に隠されたため、この事件は当時日本で何と呼ばれたか。

満洲某重大事件（まんしゅうぼうじゅうだいじけん）

★★★★★★★

22 □□□ 満洲某重大事件のあと、満洲を国民政府に合流させたのはだれか。

張学良（ちょうがくりょう）

■金解禁と世界恐慌

★★★★★★★

1 □□□ 経済的不況を乗り切るために、財政緊縮など3大政策を掲げて1929（昭和4）年に成立した内閣を何というか。

浜口雄幸内閣（はまぐちおさち）

★★★★★★★

2 □□□ 浜口雄幸内閣の与党をあげよ。

立憲民政党（りっけんみんせいとう）

★★★★★★★

3 □□□ 浜口雄幸内閣の3大政策の1つに、1917（大正6）年に停止した金本位制への復帰があるが、この政策を何というか。

金解禁（きんかいきん）（金輸出解禁）

★★★★★★★

4 □□□ 浜口雄幸内閣は金解禁を西暦何年に実施したか。

1930年

★★★★★★★

5 □□□ 浜口雄幸内閣の3大政策の1つで、不健全な企業の整理や経営の効率化を何というか。

産業合理化

★★★★★★★

6 □□□ 昭和恐慌への対策として、1931年に公布された指定産業でのカルテルを助成する法律は何か。 — 重要産業統制法

★★★★★★★

7 □□□ 財政緊縮・産業合理化・金解禁の3大政策を実施した、浜口雄幸内閣の大蔵大臣はだれか。 — 井上準之助（いのうえじゅんのすけ）

★★★★★★★

8 □□□ ニューヨークのウォール街における株価の暴落を契機として、恐慌が世界中の資本主義国に波及した。これを何というか。また、いつのことか。 — 世界恐慌・1929年

★★★★★★★

9 □□□ 世界恐慌の時期に金解禁を行ったため、正貨（せいか）の流出・企業倒産・失業者増大などをまねき、日本経済は大不況におちいったが、この恐慌を何というか。 — 昭和恐慌

★★★★★★★

10 □□□ 恐慌のなかで産業界が行う機械の一部停止や作業時間の短縮を何というか。 — 操業短縮（そうぎょう）

★★★★★★★

11 □□□ 世界恐慌によりアメリカ向けの生糸（きいと）輸出が激減して繭価（まゆか）が下落し、また1930年の豊作による米価の下落も重なって、農家が危機的状況におちいった恐慌を何というか。 — 農業恐慌

★★★★★★★

12 □□□ 昭和恐慌の際、金輸出再禁止を予測した財閥が、円の低落に先立って多額の円をドルに交換したが、これを何というか。 — 円売り・ドル買い

■協調外交の挫折

★★★★★★★

1 □□□ イギリス首相マクドナルドの提案で、補助艦保有量の制限が話し合われた会議を何というか。 — ロンドン会議

★★★★★★★

2 □□□ ロンドン会議で米・英・日の補助艦保有量の制限を定めた条約名をあげよ。 — ロンドン海軍軍備制限（軍縮）条約

★★★★★★★

3 □□□ 軍備制限を議題としたロンドン会議は西暦何年に開催されたか。 — 1930年

★★★★★★★

4 □□□ ロンドン会議には首席全権として元首相が派遣されたがだれか。 — 若槻礼次郎（わかつきれいじろう）

★★★★★★★

5 □□□ ロンドン海軍軍備制限条約の批准をめぐって、海軍や右翼・野党などが激しく政府を攻撃したが、彼らが政府を攻撃した根拠は何か。 — 統帥権干犯（とうすいけんかんぱん）

第15章 恐慌と第二次世界大戦

★★★★★★★

6 □□□ ロンドン海軍軍備制限条約を調印したのは何内閣か。 | 浜口雄幸内閣

★★★★★★★

7 □□□ 浜口雄幸内閣の外務大臣で、協調外交を推進したのはだれか。 | 幣原喜重郎(しではらきじゅうろう)

❷ 軍部の台頭

用語集 p.311〜317

関東軍は柳条湖(りゅうじょうこ)事件を契機に満洲(まんしゅう)事変をおこし、「満洲国」を建国した。日本は国際連盟からも脱退し、国際的に孤立していった。国内ではテロ事件が相次ぎ、五・一五事件で犬養(いぬかい)首相が暗殺されて「憲政の常道」は終焉(しゅうえん)した。軍部の政治的影響力が強まるなか、二・二六事件で陸軍統制派が実権を握り、統制経済・総力戦体制が進められていった。経済面では、高橋財政(積極財政)のときに世界恐慌以前の生産水準を回復し、重化学工業化が進んだ。

■満洲事変

★★★★★★★

1 □□□ 中国で国権回復運動が高まるなかで、日本陸軍は奉天(ほうてん)郊外で南満洲鉄道の線路を爆破し、これを中国軍のしわざとして満洲への軍事行動を開始した。この事件を何というか。 | 柳条湖事件(りょうじょうこじけん)(南満洲(みなみまんしゅう)鉄道(てつどう)爆破事件)

★★★

2 □□□ 柳条湖事件は西暦何年のことか。 | 1931年

★★★★★★★

3 □□□ 柳条湖事件をおこした日本陸軍を何というか。 | 関東軍(かんとうぐん)

★★★★★★★

4 □□□ 関東軍の参謀で、『満蒙(まんもう)問題私見(しけん)』や『世界最終戦論』を著し、この軍事行動計画の中心となった人物はだれか。 | 石原莞爾(いしわらかんじ)

★★★★★★★

5 □□□ 柳条湖事件の勃発に対し、政府は不拡大方針を発表したが、その時の内閣名をあげよ。 | 第2次若槻礼次郎(わかつきれいじろう)内閣

★★★★★★★

6 □□□ 柳条湖事件後の政府の不拡大方針にもかかわらず、関東軍は軍事行動を拡大し続けた。こうしてひきおこされた戦争を何というか。 | 満洲事変(じへん)

★★★★★

7 □□□ 1932(昭和7)年1月に、日本人僧侶が殺害されたことを口実に、日本軍が中国のある都市に出兵し、日中両軍が衝突事件をおこした。これを何と呼んでいるか。 | 第1次上海(シャンハイ)事変

★★★★★★★

8 □□□ 中国東北部の主要地域をほぼ占領した関東軍は、新国家を樹立したが、この日本の傀儡(かいらい)国家を何というか。 | 満洲国

★★★★★★★

9 □□□ 満洲国の元首となった人物はだれか。 — 溥儀

★★★★★★★

10 □□□ 建国当初、満洲国の元首の地位は何といったか。 — 執政

■政党内閣の崩壊と国際連盟からの脱退

★★★★★★☆

1 □□□ 統帥権干犯問題・昭和恐慌・満洲事変を契機に、国粋的・保守的思想をもって行動する民間人の運動が急速に活発化した。このような思想で行動する人々を一般に何というか。 — 右翼

★★☆☆☆☆☆

2 □□□ 1930(昭和5)年に、橋本欣五郎を中心として参謀本部や陸軍省の青年将校らが結成した秘密結社を何というか。 — 桜会

★★★★★☆☆

3 □□□ 1930年頃から活発となる、右翼や青年将校・国家社会主義者らが現状打破を目指した革新運動を何というか。 — 国家改造運動

★★★★☆☆☆

4 □□□ 1931年に、桜会が宇垣一成を首班とする軍部内閣、また荒木貞夫を首班とする軍部内閣の樹立をはかったが、未遂に終わった。これらの事件を何というか。発生した順に2つあげよ。 — 三月事件・十月事件

★★★★☆☆☆

5 □□□ 猶存社を組織し、三月事件・十月事件にも加担した民間右翼の指導者はだれか。 — 大川周明

★★★★★★☆

6 □□□ 井上日召を中心に、一人一殺主義で、政界・財界の要人を暗殺した右翼団体を何というか。 — 血盟団

★★★★★★☆

7 □□□ 1932年2月に、血盟団の団員によって暗殺された、浜口雄幸・若槻礼次郎内閣の大蔵大臣はだれか。 — 井上準之助

★★★★★★☆

8 □□□ 1932年3月にある財閥の理事長が血盟団の団員に暗殺されたが、だれか。 — 団琢磨

★★★★☆☆☆

9 □□□ 団琢磨は何という会社の理事長であったか。 — 三井合名会社

★★★★★★☆

10 □□□ 井上準之助・団琢磨が暗殺された事件を何と呼んでいるか。 — 血盟団事件

★★★★★★★

11 □□□ 1932年5月15日に、海軍の青年将校らは首相官邸を襲撃し、時の首相を射殺したが、この事件を何というか。 — 五・一五事件

★★★★★★★

12 □□□ 五・一五事件で射殺された首相はだれか。 — 犬養毅(いぬかいつよし)

★★★★★★★

13 □□□ 五・一五事件により、「憲政の常道(けんせいのじょうどう)」といわれた政治的慣行は終わったが、具体的には何の終焉を指すか。 — 政党内閣

★★★★★★★

14 □□□ 五・一五事件後、挙国一致内閣を組織したのはだれか。 — 斎藤実(さいとうまこと)

★★★★★★

15 □□□ 斎藤実内閣が満洲国を承認して取りかわした協定を何というか。 — 日満議定書(にちまんぎていしょ)

★★★★★★★

16 □□□ 満洲事変について、中国の訴えと日本の意向で国際連盟は調査団を派遣し報告書を作成したが、この調査団の団長はだれか。 — リットン

★★★★★★★

17 □□□ 国際連盟の臨時総会でリットン報告書とそれにもとづく対日勧告案が採択された際、日本はどのように対応したか。 — 国際連盟を脱退(だったい)した

★★★★★★

18 □□□ 国際連盟の臨時総会でリットン報告書とそれにもとづく対日勧告案が採択された時の日本代表はだれか。 — 松岡洋右(まつおかようすけ)

★

19 □□□ 国際連盟の臨時総会でリットン報告書とそれにもとづく対日勧告案が採択されたのは西暦何年のことか。 — 1933年

★★★★★★

20 □□□ 満洲事変を処理するため、日本と中国国民政府間で結ばれた停戦協定を何というか。 — 塘沽(タンクー)停戦協定

■恐慌からの脱出

★★★★★★★

1 □□□ 世界恐慌による輸出不振と激しい金(きん)の流出にみまわれたために、政府は金本位制(きんほんいせい)を再び放棄することになった。この政策を何というか。 — 金輸出再禁止

★★★★★★★

2 □□□ 昭和恐慌打開のために金輸出再禁止をとった内閣名をあげよ。 — 犬養毅内閣

★

3 □□□ 金輸出再禁止は西暦何年に行われたか。 — 1931年

★★★★★★

4 □□□ 金輸出再禁止を行った大蔵大臣はだれか。 — 高橋是清(たかはしこれきよ)

★★★★★★

5 □□□ 1931(昭和6)年に、銀行券の金兌換(だかん)も停止され、政府が通貨の最高発行額を管理・統制した。この制度を何とい — 管理通貨制度

うか。

★★☆☆☆☆☆
6 □□□ 高橋是清蔵相のもとで進行した大幅な円安を利用して、輸出が飛躍的にのび、日本は綿織物(めんおりもの)では世界一の輸出国になったが、イギリスなどの列強はこれを何と呼んで非難したか。 | ソーシャル＝ダンピング

★★☆☆☆☆☆
7 □□□ 世界恐慌に対し、アメリカのフランクリン＝ローズヴェルト大統領は新規まきなおし政策をとり、不況を克服しようとした。この政策を何というか。 | ニューディール政策

★★★☆☆☆☆
8 □□□ 世界恐慌に対してイギリスは帝国経済会議を開き、イギリス本国と植民地の間に特恵関税(とっけい)を設定したが、この政策を何というか。 | ブロック経済

★★★★★☆☆
9 □□□ 資本主義の危機的段階に出現する反民主主義の全体主義的な独裁政治を何というか。 | ファシズム

★★★★★★☆
10 □□□ イタリアで一党独裁のファシズム体制を確立したのは何という政党か。 | ファシスト党

★★★★★★★
11 □□□ イタリアでファシスト党を率いて政権を握り、世界恐慌に際して全体主義体制を確立して対外侵略を主張したのはだれか。 | ムッソリーニ

★★★★★★★
12 □□□ ドイツで一党独裁の全体主義体制をつくった政党を何というか。 | ナチ党(国民〈国家〉社会主義ドイツ労働者党)

★★★★★★★
13 □□□ 1921年よりナチ党の党首となったのはだれか。 | ヒトラー

★★★☆☆☆☆
14 □□□ 財閥(ざいばつ)を中心とする重化学工業の発達をもたらすことになった、重要産業統制法を公布したのは何内閣の時か。 | 浜口雄幸(はまぐちおさち)内閣

★★★★☆☆☆
15 □□□ 1934年に製鉄会社の大合同によって創設され、鉄鋼生産の90%を占めた半官半民の国策会社を何というか。 | 日本製鉄会社

★★★★★★☆
16 □□□ 化学工業では、満洲事変以来、軍需工業を中心に国策に協力しつつ成長した勢力があるが、これを何というか。 | 新興財閥(しんこうざいばつ)

★★★★★☆☆
17 □□□ 新興財閥のうち、満洲の重化学工業を独占支配した鮎川義介(あいかわよしすけ)の財閥を何というか。 | 日産(にっさん)コンツェルン

★★★★★★★
18 □□□ 新興財閥のうち日本窒素肥料会社を中心とし、朝鮮の水力発電・化学工業を開発・支配した財閥を何というか。
日窒コンツェルン

★★★★★★★
19 □□□ 日窒コンツェルンの母体である日本窒素肥料会社の創設者はだれか。
野口遵

★★★★★★★
20 □□□ 農業恐慌から脱却するため、内務省や農林省が進めた農村の自力更生と隣保共助をはかろうとした運動を何というか。
農山漁村経済更生運動

■転向の時代

★★★★★★★
1 □□□ 社会主義者・共産主義者が弾圧などによってその思想を放棄して保守主義に転じることを、何と呼んだか。
転向

★★★★★★★
2 □□□ 1933(昭和８)年に、獄中でコミンテルンを批判し、一国社会主義の実現を目指す国家社会主義に転じる声明を出した共産党幹部を２人あげよ。
佐野学・鍋山貞親

★★★★★★★
3 □□□ 無産政党も国家社会主義に転じたが、赤松克麿により結成され、天皇を中心とする平等社会の実現、戦争の支持を主張した政党を何というか。
日本国家社会党

★★★★★★★
4 □□□ 自由主義・民主主義的な思想・学問も弾圧され、1933年に京都帝国大学教授が著書『刑法読本』などによって、休職処分になったが、この教授はだれか。
滝川幸辰

★★★★★★★
5 □□□ 滝川事件の時の斎藤実内閣の文部大臣はだれか。
鳩山一郎

■二・二六事件

★★★★★★★
1 □□□ 陸軍が1934(昭和９)年10月に、国防軍事優先の国家建設のため、統制経済の実現などを主張するパンフレットを発行したが、これを何というか。
国防の本義と其強化の提唱(陸軍パンフレット)

★★★★★★★
2 □□□ 1935年に貴族院で菊池武夫議員が、元東京帝国大学教授の憲法学説を反国体的であるとして非難し、政治問題となったが、これを何というか。
天皇機関説事件

★★★★★★★
3 □□□ 天皇機関説事件で、その学説が批判された憲法学者はだれか。
美濃部達吉

★★★★★☆☆

4 □□□ 天皇機関説事件について、政府は美濃部達吉の憲法学説を否定する声明(せいめい)を出したが、この声明を何というか。

国体明徴声明(こくたいめいちょうせいめい)

★★★★★★☆

5 □□□ 国体明徴声明を2度にわたって出した内閣名をあげよ。

岡田啓介内閣(おかだけいすけ)

★★☆☆☆☆☆

6 □□□ 東京帝国大学で憲法を講じ、絶対主義的解釈で君主権を強調し、美濃部達吉と論争を展開した学者はだれか。

上杉慎吉(うえすぎしんきち)

★★★★★★★

7 □□□ 政治的発言力を増した陸軍内部では、派閥の対立が激しくなった。その派の1つで永田鉄山(ながたてつざん)軍務局長を中心として合法的手段による軍部中心の政権樹立を目指した派を何というか。

統制派(とうせい)

★★★★★★★

8 □□□ 陸軍内における派閥で、直接行動により既成支配層の打倒と天皇親政の実現を目指した派を何というか。

皇道派(こうどう)

★★★★★★★

9 □□□ 青年将校らに思想的影響を与えた国家社会主義者で、のちに二・二六事件に関与して処刑された人物はだれか。

北一輝(きたいっき)

★★★★★☆☆

10 □□□ 北一輝が1919(大正8)年に著し、のち改稿して1923年に刊行した日本の国家改造計画に関する著書を何というか。

日本改造法案大綱(たいこう)

★★★★★★★

11 □□□ 皇道派の青年将校らは、兵1400人余りを率いて首相官邸や警視庁などを襲撃したが、この事件を何というか。

二・二六事件(に・にろく)

★★★☆☆☆☆

12 □□□ 二・二六事件は西暦何年におこったか。

1936年

★★★★★★☆

13 □□□ 二・二六事件で官邸を襲撃された首相はだれか。

岡田啓介

★★★★★★☆

14 □□□ 二・二六事件で殺害された大蔵大臣はだれか。

高橋是清

★★★★★★★

15 □□□ 二・二六事件で殺害された内大臣はだれか。

斎藤実

★★★★★★★

16 □□□ 二・二六事件のあとに組閣された内閣名をあげよ。

広田弘毅内閣(ひろたこうき)

★★★★★★☆

17 □□□ 広田弘毅内閣は、軍の要求をいれて軍部大臣に関する制度を復活したが、この制度を何というか。

軍部大臣現役武官制(ぐんぶだいじんげんえきぶかんせい)

★★★☆☆☆☆

18 □□□ 広田弘毅内閣は陸海軍による帝国国防方針の改定を受け、対ソ戦略(北進論(ほくしん))に加え、南進論(なんしん)を併記したが、これを何というか。

国策の基準(こくさく)

★★★★★★★

19 □□□ 広田弘毅内閣の総辞職、宇垣一成内閣の成立失敗のあとを受けて組閣された、財界と軍部の調整(軍財抱合)を目指した内閣名をあげよ。

林銑十郎内閣

★★★★★★★

20 □□□ 1937年6月に広い階層から期待を受けて、貴族院議長であった人物が組閣した内閣名をあげよ。

第1次近衛文麿内閣

③ 第二次世界大戦

用語集 p.317〜331

日中戦争が長期化するなか第二次世界大戦が勃発し、日本は日独伊三国同盟を締結した。このことはアメリカとの対立を生み、それを回避できずに太平洋戦争に突入した。日本は緒戦は勝利したがしだいに劣勢となり、ポツダム宣言受諾、降伏文書に署名して太平洋戦争は終了した。長期におよぶ戦争で生活物資は著しく不足し、国民生活は崩壊した。

■三国防共協定

★★★★★★★

1 □□□ 1936(昭和11)年、日本とドイツが結んだコミンテルンの活動に対する共同防衛措置を何というか。

日独防共協定

★★★★★★★

2 □□□ 日独防共協定を結んだ時の日本の首相はだれか。

広田弘毅

★★★★★★★

3 □□□ 1937年、前年に日本とドイツが結んだ日独防共協定にイタリアも参加したが、これを何というか。

日独伊三国防共協定

★★★★★★★

4 □□□ 日独伊三国防共協定を結んだ時の日本の首相はだれか。

近衛文麿

★★★★★★★

5 □□□ 日独伊三国防共協定により、3カ国の政治ブロックが成立したが、これを欧米の民主主義国に対して何と呼んだか。

枢軸国

■日中戦争

★★★★★★★

1 □□□ 1935(昭和10)年以降、関東軍が進めた、中国のチャハル・綏遠・河北・山西・山東の5省を国民政府から切り離して支配しようとする政策を何というか。

華北分離工作

★★★★★★★

2 □□□ 日本の侵略に対し、中国の抗日救国運動が高まり、1936年には、張学良が蔣介石を監禁し、共産党との内戦の停止と一致抗日を要求する事件がおこった。この事件を何というか。

西安事件(シーアン)

★★★★★★☆
3 □□□ 西安事件の結果、1937年に中国共産党と国民党の提携が実現したが、これを何というか。 — 第2次国共合作

★★★★★★★
4 □□□ 1937年9月、中国で抗日運動のための組織が結成されたが、これを何というか。 — 抗日民族統一戦線

★★★★★★★
5 □□□ 第1次近衛文麿内閣が成立して1カ月後の1937年7月7日、北京郊外で日中両国軍による武力衝突事件がおこったが、これを何というか。 — 盧溝橋事件

★★★★★★★
6 □□□ 盧溝橋事件に対し、内閣は最初不拡大方針をとったが、軍部強硬派の圧力もあり、中国との全面戦争に突入することになった。この戦争を何というか。 — 日中戦争

★★★★★★☆
7 □□□ 日中戦争は戦前の日本では何と呼ばれたか。はじめの呼称と、戦火が拡大したあとの呼称と2つあげよ。 — 北支事変・支那事変

★★★★★★★
8 □□□ 1937年12月に日本軍が中国の首都を占領した際、多数の中国人一般住民や捕虜を殺害した。この事件を何というか。 — 南京事件

★★★★★★★
9 □□□ 首都を占領しても、日中戦争を収拾する機会をつかむことができなかった日本は、1938年1月、政府が「国民政府を対手とせず」の声明を発表し、事態をさらに悪化させた。この声明を何というか。 — 第1次近衛声明

★★★★★☆☆
10 □□□ 1938年11月の第2次近衛声明では、日中戦争を日・満・華3国提携による経済的・政治的結束と繁栄・防共の体制をつくり出すためのものと発表したが、この体制を何と呼んだか。 — 東亜新秩序

★★★★★★★
11 □□□ 第2次近衛声明に応じて、重慶から脱出した中国国民政府の要人はだれか。 — 汪兆銘(精衛)

★★☆☆☆☆☆
12 □□□ 日本政府は1940年に、汪兆銘に傀儡政権を樹立させたが、この政府を何というか。 — 新国民政府(南京政府)

■戦時統制と生活

★★★★☆☆☆
1 □□□ 日中戦争にともない、戦争遂行の物資動員計画や経済統制を行うため、1937(昭和12)年に設置された機関は何か。 — 企画院

★★★★★★★

2 □□□ 日中戦争にともない、軍需産業に資金や輸入資材を集中的に割り当てるために、1937年に制定された法律を2つあげよ。

臨時資金調整法・輸出入品等臨時措置法

★★★★★★★

3 □□□ 中国との戦争が長期化するのにともない、政府は議会の承認なしに、勅令によって人的・物的資源を統制・運用できる法律を制定したが、これを何というか。

国家総動員法

★★★★★★★

4 □□□ 国家総動員法は西暦何年、何内閣の時に成立したか。

1938年・第1次近衛文麿内閣

★★★★★★★

5 □□□ 国家総動員法にもとづき、翌年、一般国民を軍需工場に動員するための勅令が出されたが、これを何というか。

国民徴用令

★★★★★★★

6 □□□ 国家総動員法にもとづき、原則として1939年9月18日の価格から物価値上げを禁止し、戦時適正価格(公定価格)制を実施する勅令が出されたが、これを何というか。

価格等統制令

★★★★★★★

7 □□□ 電力会社を単一の国策会社(日本発送電会社)に統合し、電力の国家管理を行う目的で、国家総動員法と同時に制定された法律を何というか。

電力管理法

★★★★★★★

8 □□□ 戦時体制が強化されるなかで、切符や通帳などを用いて生活必需品を割当てるために始められた制度を総称して何というか。

配給制

★★★★★★★

9 □□□ 1940年に出された、高級衣料や装飾品など贅沢品の製造・販売を禁止した制限規則を何というか。

七・七禁令

★★★★★★★

10 □□□ 1938年、国策に協力するため各職場につくられた労資一体の組織は何か。

産業報国会

★★★★★★★

11 □□□ すべての国民諸組織を戦時体制に動員し、国民の精神の高揚をはかった第1次近衛文麿内閣による運動を何というか。

国民精神総動員運動

★★★★★★★

12 □□□ 1937年、日本は天皇を中心とする家族国家であるというような思想を広めるために、文部省が発行したテキストを何というか。

国体の本義

★★★★★★★

13 □□□ 植民地経済政策の研究者で、大陸政策を批判し、1937年、その論説「国家の理想」が反戦思想と攻撃されて東京帝国

矢内原忠雄

大学を追われた学者はだれか。

★★★★★★☆

14 □□□ 1937年12月、戦争反対・ファシズム反対を呼びかけていた日本無産党・社会大衆党および労農派の関係者400人余りが検挙され、さらに翌年2月には東京帝国大学教授らが検挙されたが、この事件を何というか。

人民戦線事件

★★★★★☆☆

15 □□□ 人民戦線事件で検挙された東京帝国大学教授で、労農派の指導的理論家として活躍していたのはだれか。

大内兵衛

■戦時下の文化

★★★★☆☆☆

1 □□□ 1930年代後半には日本の伝統文化を重視する傾向が強まったが、仏教美術や思想に傾倒した亀井勝一郎や、古典に関心をもった保田与重郎らが刊行した雑誌は何か。

日本浪曼派

★★★☆☆☆☆

2 □□□ 大正末期から昭和初期にかけて、『文芸時代』によって文学技法や表現の革命を目指し、プロレタリア文学と並んで、既成文壇に対抗した文学流派を何というか。

新感覚派

★★☆☆☆☆☆

3 □□□ 出世作『日輪』や『機械』『旅愁』で知られる、新感覚派の中心人物はだれか。

横光利一

★★★★☆☆☆

4 □□□ 新感覚派の作家で、『雪国』などを著し、1968(昭和43)年のノーベル文学賞を受賞したのはだれか。

川端康成

★★★★★☆☆

5 □□□ 徐州作戦を描きベストセラーとなった戦争文学『麦と兵隊』の作者はだれか。

火野葦平

★★☆☆☆☆☆

6 □□□ 日本軍の残虐行為の描写で発禁処分となった『生きてゐる兵隊』の作者はだれか。

石川達三

★★★★☆☆☆

7 □□□ 1942年、政府の外郭団体として結成された小説家による戦争協力のための組織を何というか。

日本文学報国会

■第二次世界大戦の勃発

★★★★★☆☆

1 □□□ 1939(昭和14)年に、枢密院議長を首班として成立した内閣は、ドイツが防共協定の仮想敵国であるソ連と条約を結ぶという国際情勢の急変に対応できず、「欧州情勢は複雑怪奇」として総辞職したが、この内閣を何というか。

平沼騏一郎内閣

★★★★★★

2

1939年に、平沼騏一郎内閣が総辞職したが、その原因となった、ドイツとソ連が結んだ条約を何というか。

独ソ不可侵条約

★★★

3

1938年と1939年に、日本は仮想敵国であるソ連と紛争をひきおこした。ソ満国境の東部での紛争と、満洲西部の満蒙国境での紛争名をそれぞれあげよ。

張鼓峰事件・ノモンハン事件

★★★★★

4

1939年に、日本が南シナ海の中国の海南島を占領し南方進出の姿勢を示すと、アメリカは日本との条約を廃棄する通告をした。この条約を何というか。

日米通商航海条約

★★★★★★★

5

1939年9月にドイツがポーランドに侵攻し、イギリス・フランスがドイツに宣戦布告して開始された戦争を何というか。

第二次世界大戦

★★★

6

1939年に、欧州戦争に不介入、日中戦争解決に邁進する旨の声明を発表した内閣名をあげよ。

阿部信行内閣

★★★★★

7

1940年7月に、日独伊三国軍事同盟締結に反対したため、陸軍の協力が得られず、総辞職した内閣名をあげよ。

米内光政内閣

★★★★★★★

8

第二次世界大戦勃発後、ヨーロッパでのドイツ優位のなかで、欧米列強の植民地支配からアジアを解放し、日本を盟主とする共存共栄の秩序の確立がとなえられた。この構想を何というか。

大東亜共栄圏

★★

9

1940年、議会において軍・政府の中国での戦争政策を批判する反軍演説を行い、衆議院議員を除名された立憲民政党所属の議員はだれか。

斎藤隆夫

■新体制と三国同盟

★★★★★★★

1

1940(昭和15)年、枢密院議長を辞した人物が新しい国民組織をつくるための運動を始めると、軍部もこれを支持し、この人物が組閣した。この内閣名をあげよ。

第2次近衛文麿内閣

★★★★★★

2

近衛文麿が推進した新しい国民組織をつくる運動を何というか。

新体制運動

★★★★★★★

3

新体制運動の結果、首相を総裁、道府県知事を支部長とする官製の国民統合組織が成立したが、この組織を何と

大政翼賛会

いうか。

★★★★★

4 □□□ 5～10戸ほどで構成される、大政翼賛会の最末端組織を何というか。 | 隣組(隣保班)

★★★★★★

5 □□□ 都市や村において、隣組の上部におかれた組織を何というか、2つあげよ。 | 町内会・部落会

★★★★

6 □□□ 大政翼賛会の傘下におさめられた婦人団体の統合組織を何というか。 | 大日本婦人会

★★★★★★★

7 □□□ 労働組合や労働団体が解散して、工場ごとに新たな組織を結成し、その全国連合体が1940年に成立した。大政翼賛会傘下のこの団体を何というか。 | 大日本産業報国会

★★★★★★★

8 □□□ 1941年に、小学校はナチ党の教育制度を模倣して8年制の義務教育となり、何と改称されたか。 | 国民学校

★★★★★★

9 □□□ 1939年に、朝鮮では姓名を日本風に改名することが強制されたが、このことを何というか。 | 創氏改名

★★★★★★★

10 □□□ 戦時体制が強まるなかで、朝鮮や台湾で、創氏改名や、日本語使用・宮城遙拝・神社参拝などが強制されたが、この政策を何というか。 | 皇民化政策

★★★★★★★

11 □□□ 第2次近衛文麿内閣は懸案の枢軸国との相互援助の協定を締結したが、これを何というか。また、西暦何年に結ばれたか。 | 日独伊三国同盟・1940年

★★★★★★★

12 □□□ 日独伊三国同盟締結の直前に、日本はイギリス・アメリカが行っていた重慶の蔣介石政権への援助阻止と南方進出を目的として、ハノイへ軍を進めたが、これを何というか。 | 北部仏印進駐

★★★★★★

13 □□□ 日中戦争でイギリス・アメリカが行っていた中国の重慶への援助ルートを何と呼ぶか。 | 援蔣ルート

■太平洋戦争の始まり

★★★★★★

1 □□□ 対米開戦を避けようとした第2次近衛文麿内閣は、1941(昭和16)年4月から駐米特命全権大使に日米交渉を開始させたが、この大使名とアメリカ側代表名をあげよ。 | 野村吉三郎・ハル

	問題	解答
★★★★★★ 2 □□□	日米交渉に強く反対した第2次近衛文麿内閣の外務大臣はだれか。	松岡洋右(まつおかようすけ)
★★★★★★★ 3 □□□	第2次近衛文麿内閣は、ソ連との間で中立友好と領土保全・不可侵を約した条約を締結したが、この条約を何というか。	日ソ中立条約
★ 4 □□□	日ソ中立条約は西暦何年に締結されたか。	1941年
★★★★★★ 5 □□□	独ソ開戦に刺激された陸軍は、極東ソ連領の占領計画を立て、1941年7月に満洲に兵力を集結させた。この集結は何を名目として行われたか。	関東軍特種演習(関特演(かんとくえん))
★★★★★★ 6 □□□	陸海軍の代表や首相をはじめ、政府代表が参加する大本営(だいほんえい)政府連絡会議に天皇が臨席する場合、この会議は何と呼ばれたか。	御前会議(ごぜんかいぎ)
★★★★★★★ 7 □□□	1941年に行われた、現在のベトナム南部への軍事進出を何というか。	南部仏印進駐
★ 8 □□□	日本による南部仏印進駐に対して、アメリカは在米日本人の資産を凍結するとともに、あるものの対日輸出を禁止した。それは何か。	石油
★★★★★★ 9 □□□	南部仏印進駐などの日本による南進政策に対し、1941年以降に強化されたアメリカ・イギリス・中国・オランダの対日包囲網を何と呼んだか。	ABCD包囲陣
★★★ 10 □□□	1941年9月6日の御前会議(ごぜんかいぎ)では、10月上旬までに対米交渉がまとまらない場合に対米(およびイギリス・オランダ)開戦を決定したが、この御前会議での決定を何というか。	帝国国策遂行要領(すいこうようりょう)
★★★★★★★ 11 □□□	日米交渉が妥協点を見出せないなか、1941年10月に新内閣が成立したが、この内閣の首相はだれか。	東条英機(とうじょうひでき)
★★★★★★★ 12 □□□	アメリカの国務長官が提出した、満洲事変以前の状態への復帰を求めるアメリカ側の最終提案を、何と呼んでいるか。	ハル=ノート
★★★★★★★ 13 □□□	1941年12月8日に、日本がアメリカ・イギリスに宣戦を布告して始まった戦争を何というか。	太平洋戦争

★★★★★★★

14 □□□ 1941年12月8日に、日本海軍はアメリカに対し奇襲攻撃を敢行したが、これを何と呼んでいるか。 | 真珠湾攻撃(しんじゅわん)

■戦局の展開

★★★★★★★

1 □□□ 第二次世界大戦で日・独・伊を中心とする枢軸国に対し、米・英・ソを中心とする国々を何というか。 | 連合国

★★★★★★☆

2 □□□ 1942(昭和17)年の選挙に際して、東条英機内閣は大政翼賛会(たいせいよくさんかい)・財界などの代表を招いて協議会を結成し、候補者を推薦して選挙に臨んだが、この選挙を何というか。 | 翼賛選挙(よくさん)

★★★★★☆☆

3 □□□ 1942年の選挙で推薦を受けて当選した議員(翼賛議員)を中心に、東条英機首相の指示で結成された政治結社(けっしゃ)を何というか。 | 翼賛政治会

★★★★★★★

4 □□□ 太平洋戦争の戦局は、1942年6月に行われた海戦(かいせん)で日本が大敗北を喫して制空・制海権を失うと、大きく転換した。この戦いを何というか。 | ミッドウェー海戦

★★★★★★☆

5 □□□ 日本は、太平洋戦争中の1943年にアジア諸国の代表者を集めて東京で会議を開いたが、この会議を何というか。 | 大東亜会議(だいとうあ)

★★★★★★★

6 □□□ マリアナ諸島のある島が、1944年アメリカ軍に占領され、アメリカ軍機の日本爆撃の基地となったが、この島を何というか。 | サイパン島

★★★★★★☆

7 □□□ サイパン島が陥落したあと、東条英機内閣は総辞職したが、そのあとに首相になった人物はだれか。 | 小磯国昭(こいそくにあき)

★★★★☆☆☆

8 □□□ 太平洋戦争中、中国戦線において、中国共産党が華北(かほく)の農村地帯に解放区を設定してゲリラ戦を展開したが、日本軍の抗日(こうにち)ゲリラ掃討作戦を中国側では何と呼んだか。 | 三光作戦(さんこう)

★★★★☆☆☆

9 □□□ 太平洋戦争中、中国戦線では毒ガスも使用され、細菌兵器の研究も行われたが、ハルビン郊外におかれた細菌戦研究の日本の特殊部隊は一般に何と呼ばれるか。 | 731部隊

■国民生活の崩壊

★★★★★★☆

1 □□□ 戦線の拡大と戦争の長期化にともない、日本では戦力・労働力の不足が生じ、学生・生徒や女性を軍需(ぐんじゅ)工場などへ動員したが、これを何というか。

勤労動員(きんろうどういん)

★★★★★★★

2 □□□ 1943(昭和18)年以降、軍需工場に動員するために14〜25歳までの未婚女性を加入させた組織を何というか。

女子挺身隊(ていしんたい)

★★★★★★★

3 □□□ 1943年9月には、文科系学生の徴兵猶予(ちょうへいゆうよ)が停止され、戦場へ送られることになったが、これを何というか。

学徒出陣(がくとしゅつじん)

★★★★★★★

4 □□□ 空襲被害を避けるために大都市の学童は地方へ集団で移動させられたが、これを何というか。

学童疎開(がくどうそかい)

★★★★★★★

5 □□□ 1944年6月にマリアナ群島中にあった日本の拠点サイパン島が陥落したため、日本の主要都市がアメリカ軍のB29爆撃機(ばくげきき)により空襲を受けるようになった。この空襲を何と呼んだか。

本土空襲(ほんどくうしゅう)

★★★★★★★

6 □□□ 1945年3月10日、アメリカ軍機の首都圏への爆撃は、一夜で10万人以上の死者を出した。この爆撃を何と呼んでいるか。

東京大空襲

■敗戦

★★★★★★★

1 □□□ 1945(昭和20)年4月にアメリカ軍が上陸を開始し、激しい地上戦が展開され、軍人・民間人18万人余りが犠牲となり、6月末には占領されたのはどこか。

沖縄本島

★★★★★★☆

2 □□□ 沖縄戦のさなかに内閣を組織し、1945年8月、昭和天皇の「聖断」を仰いでポツダム宣言の受諾を決定した総理大臣はだれか。

鈴木貫太郎(すずきかんたろう)

★★★★★★★

3 □□□ 1943年11月に、アメリカ・イギリス・中国の首脳が会談して対日戦争の遂行・処理案を決定・発表したが、これを何というか。

カイロ宣言

★★★★☆☆☆

4 □□□ カイロ宣言について話し合った会談に参加したアメリカ・イギリス・中国の首脳の名をあげよ。

ローズヴェルト・チャーチル・蔣介石(しょうかいせき)

★★★★★★

5	1945年2月、アメリカ・イギリス・ソ連の首脳がクリミア半島で会談し、ソ連の対日参戦を決定する秘密協定を結んだが、これを何というか。	ヤルタ秘密協定
6	1945年7月、アメリカ・イギリス・ソ連の首脳がベルリン郊外で会談し、アメリカ・イギリス・中国の3国の名で日本の戦後処理方針と日本軍隊の無条件降伏を勧告する宣言を発表したが、これを何というか。	ポツダム宣言
7	ヤルタ・ポツダムの会談に参加したソ連の首脳はだれか。	スターリン
8	ポツダム会談に参加したアメリカの大統領はだれか。	トルーマン
9	原子爆弾がはじめて投下された都市はどこか。	広島
10	広島に原子爆弾が投下されたのは西暦何年何月何日か。	1945年8月6日
11	2つ目の原子爆弾が投下された都市はどこか。	長崎
12	長崎に原子爆弾が投下されたのは西暦何年何月何日か。	1945年8月9日
13	1945年8月に中立条約を破棄して日本に宣戦布告し、満洲・朝鮮に侵攻した国はどこか。	ソ連
14	ポツダム宣言を受諾したことは、1945年8月15日正午に、国民に対してどのような方法で伝えられたか。	天皇のラジオ放送（玉音放送）
15	1945年9月2日には、アメリカ軍の戦艦上で、降伏文書の調印が行われたが、この戦艦名を何というか。	ミズーリ号

第16章 占領下の日本

① 占領と改革

用語集 p.332〜339

第二次世界大戦後、日本ではアメリカによる占領下で諸改革が実施された。GHQは、日本経済の後進性を象徴する財閥(ざいばつ)・寄生地主(きせいじぬし)制が軍国主義の温床(おんしょう)になったとみて、それらの解体を経済民主化の中心課題とした。民主化政策が次々に実施されるなかで、各政党も相次いで復活ないし結成された。

■戦後世界秩序の形成

	問題	解答
★★ 1	1945(昭和20)年に、連合国50カ国が国際平和確立のためにサンフランシスコ会議を開いたが、その席上採択された憲章を何というか。	国際連合憲章(けんしょう)
★★★★★★★ 2	国際連合憲章を批准した51カ国で発足した、国際機構を何というか。	国際連合
★★★★★★ 3	国際連合の中心的機関で、平和の破壊や侵略に対し、軍事的制裁措置を決定できる機関を何というか。	安全保障理事会
★★★★★★★ 4	第二次世界大戦後の世界は、軍事力と経済力を有する2大国を軸に展開することになったが、その2国をあげよ。	アメリカ・ソ連
★ 5	日本の占領地域で、大戦後にスカルノを中心に独立を宣言し、オランダとの間で独立戦争を戦った国はどこか。	インドネシア
★ 6	日本の占領地域で、大戦後に独立を宣言し、フランスとの間で独立戦争を戦った国はどこか。	ベトナム
★★★★★★★ 7	日本の降伏とともに北緯38度線で米・ソに分割占領され、統一的な独立ができなかったのはどこか。	朝鮮

■初期の占領政策

	問題	解答
★★★★★★★ 1	ポツダム宣言の受諾によって、日本は連合国軍の占領下におかれたが、連合国(軍)最高司令官総司令部の略称をあげよ。	GHQ
★★★★★★★ 2	連合国(軍)最高司令官総司令部の最高司令官に就任したのはだれか。	マッカーサー

★★★★★★★
3 □□□ ワシントンに設置された、連合国11カ国(のち13カ国)からなる占領政策の最高決定機関を何というか。 — 極東委員会

★★★★★★★
4 □□□ 東京に設置された、米・英・中・ソ4カ国からなる連合国軍最高司令官の諮問機関を何というか。 — 対日理事会

★★★★★★★
5 □□□ 降伏直後に成立した内閣は、治安維持法の廃止や政治犯の釈放(人権指令)をためらったため、GHQの圧力で総辞職に追い込まれたが、この内閣の総理大臣はだれか。 — 東久邇宮稔彦

★★★★★★★
6 □□□ 戦前に外務大臣として協調外交を推進し、東久邇宮内閣にかわって内閣を組織したのはだれか。 — 幣原喜重郎

★★★★★★★
7 □□□ GHQは幣原内閣に対して、婦人(女性)参政権の付与や労働組合の結成奨励・教育の自由主義化・圧政的諸制度の廃止・経済の民主化についての指令を発したが、これを何というか。 — 五大改革指令

★★★★★★★
8 □□□ 戦後、思想・言論など市民的自由が保障されたものの、占領軍に対する批判は禁止された。GHQによる新聞・出版に対する検閲の基準を何というか。 — プレス=コード

★★★★★★★
9 □□□ 戦争犯罪人(戦犯)とされた者のうち、「平和に対する罪」を問われた人々を何というか。 — A級戦犯

★★★★★★★
10 □□□ A級戦犯に対する連合国の裁判を何というか。 — 極東国際軍事裁判(東京裁判)

★★★★★★★
11 □□□ GHQの指令で、戦争協力者・職業軍人・国家主義者などが政界・官界・財界・言論界などから排除されたが、これを何というか。 — 公職追放

★★★★★★★
12 □□□ 戦後、天皇が神格を否定した宣言を行ったが、これを何というか。 — 天皇の人間宣言

★★★★★★★
13 □□□ 天皇の人間宣言は西暦何年に出されたか。 — 1946年

■民主化政策

★★★★★★★
1 □□□ GHQが軍国主義の基盤になっていたと考えたもののうち、経済を民主化するためにその解体をはかったものがあるが、2つあげよ。 — 寄生地主制・財閥

	問題	解答
★★★★★★★ 2 □□□	GHQの指令により、1945(昭和20)年に三井・三菱・住友・安田などの資産が凍結され、翌年にそれらの持株を管理・公売する改革が行われたが、これを何というか。	財閥解体
★★★★★★★ 3 □□□	財閥解体を行う際、持株を管理・公売した機関を何というか。	持株会社整理委員会
★★★★★★★ 4 □□□	カルテル・トラストなどの企業結合や、不公正な取引を禁止した法律を何というか。	独占禁止法
★★★★★★★ 5 □□□	独占禁止法は、西暦何年に出されたか。	1947年
★★★★★★★ 6 □□□	1947年に公布された経済民主化のための法律に、各産業部門の巨大独占企業を分割させる目的をもったものがあるが、この法律を何というか。	過度経済力集中排除法
★★★★★★★ 7 □□□	寄生地主と高率小作料から農民を解放し、自作農創設を目的として2次にわたり実施されたものを何というか。	農地改革
★★★★★★★ 8 □□□	第1次農地改革にあたって改正された法律を何というか。	農地調整法
★★★★★★★ 9 □□□	第2次農地改革を実施するための基本的な法律を何というか。	自作農創設特別措置法
★★★★★★★ 10 □□□	第2次農地改革で、国によって全貸付地を強制的に買収されたのはどのような人々か。	不在地主
★★★★★★★ 11 □□□	第2次農地改革で、国によって1町歩(北海道は4町歩)をこえる貸付地を強制的に買収されたのはどのような人々か。	在村地主
★★★★★★★ 12 □□□	農地改革で、農地の買収や売渡しなどを実施するため、各市町村に設けられた機関を何というか。	農地委員会
★★★★★★★ 13 □□□	1945年12月に制定され、労働者の団結権・団体交渉権・争議権の保障などを定めた法律を何というか。	労働組合法
★★★★★★★ 14 □□□	1946年に制定され、労働争議の調整方法や争議行為の制限を内容とする法律を何というか。	労働関係調整法
★★★★★★★ 15 □□□	1947年に制定され、8時間労働制など、労働条件の最低基準を規定した法律を何というか。	労働基準法

★★★★★★
16 □□□ 1945年から1947年にかけて、労働者の保護のため制定された3つの法律を総称して何と呼んでいるか。 — 労働三法

★★★★
17 □□□ 1946年に、産業別に統合された労働組合の全国組織を何というか。 — 全日本産業別労働組合会議(産別会議)

★★★★
18 □□□ 1946年に成立した、都道府県別に連合した労働組合の全国的組織を何というか。 — 日本労働組合総同盟(総同盟)

★★★★★
19 □□□ 1950年に、産別会議を脱退した組合や中立組合などが反共民主労組として結成した全国組織を何というか。 — 日本労働組合総評議会(総評)

★★★★
20 □□□ 1946年に、GHQの招請で、教育の民主化を勧告するために来日した使節団を何というか。 — アメリカ教育使節団

★★★★★★★
21 □□□ 1947年3月に制定され、教育勅語にかわって教育の機会均等や男女共学の原則をうたった、教育に関する法律を何というか。 — 教育基本法

★★★★★★★
22 □□□ 1947年3月に、6・3・3・4の新学制を定めた法律を何というか。 — 学校教育法

★★★★★★★
23 □□□ 教育基本法によって義務教育は何年に延長されたか。 — 9年

★★★★★
24 □□□ 教育行政の地方分権化をはかるため、1948年に設置された機関を何というか。 — 教育委員会

★★★★★
25 □□□ 教育委員会の委員の選出方法は、1956年の改正により大きく変化したが、どのように改正されたか。 — 公選制から任命制へ

■政党政治の復活

★★★★★★★
1 □□□ 1945(昭和20)年に、徳田球一らを中心に、はじめて合法政党として活動を開始したのは何党か。 — 日本共産党

★★★★★★★
2 □□□ 1945年に、翼賛選挙の非推薦議員が旧無産政党各派を統合し、片山哲を書記長として結成した政党を何というか。 — 日本社会党

★★★★★★★
3 □□□ 1945年に、翼賛選挙の非推薦議員が旧立憲政友会系を統合して結成された政党を何というか。 — 日本自由党

★★★★★★★
4 □□□ 日本自由党の初代総裁に就任したのはだれか。 — 鳩山一郎

★★★★★★★
5
1945年に、旧立憲民政党系の翼賛選挙の推薦議員を中心に結成された政党を何というか。
日本進歩党

★★★★★★★
6
1945年結成の政党で、協同組合主義・労使協調を主張した中間的保守政党を何というか。
日本協同党

★★★★★★★
7
戦後、民主化政策の推進にともなって、女性参政権を認めるなど、議会の議員選挙も新しくなったが、この時に改正された法律を何というか。
衆議院議員選挙法

★★★★★★★
8
女性参政権を認めた衆議院議員選挙法の公布は西暦何年に公布されたか。
1945年

★★★★★★★
9
衆議院議員選挙法の改正で、有権者は何歳以上とされたか。
20歳以上

★★★★★★★
10
1946年、新選挙法による総選挙の結果、第１党になった政党名をあげよ。
日本自由党

★★★★★★★
11
前総裁が公職追放を受けたあと日本自由党総裁となり、５次にわたって内閣を組織した人物はだれか。
吉田茂

■日本国憲法の制定

★★★★★★★
1
GHQによる憲法改正の指示を受け、幣原喜重郎内閣が松本烝治国務大臣を長として設置した組織を何というか。
憲法問題調査委員会

★★★★★★★
2
森戸辰男や高野岩三郎ら学識経験者７名で結成された民間組織で、「憲法草案要綱」を作成したのは何という組織か。
憲法研究会

★★★★★★★
3
マッカーサー草案をもとに政府は帝国憲法改正草案要綱を発表し、衆議院・貴族院で修正可決されたが、この新憲法の正式名称を何というか。
日本国憲法

★★★★★★★
4
日本国憲法の公布は西暦何年何月何日であったか。
1946年11月３日

★★★★★★★
5
新憲法の３原則は、主権在民と残り２つは何か。
平和主義・基本的人権の尊重

★★★★★★★
6
新憲法第９条は何についての条文か。
戦争放棄

★★★★★
7 □□□ 新憲法では、天皇のあり方はどのように定められたか。 | 日本国民統合の象徴

★★★★★
8 □□□ 新憲法により、国権の最高機関と規定されたのは何か。 | 国会

★★★★
9 □□□ 国会は、国民の選挙による議員で構成される2院からなるが、それぞれ何というか。 | 衆議院・参議院

★
10 □□□ 新憲法で、最高司法機関として設けられたものを何というか。 | 最高裁判所

★★★★★★
11 □□□ 新憲法の精神にもとづいて、男女同権や均分相続など、個人尊重の理念に従って大改正された法律を何というか。 | 民法(新民法)

★★
12 □□□ 民法の改正により、戸主が家族を統率・支配する権限が否定されたが、旧民法において戸主が家族についての権利を独占的に相続することを何というか。 | 家督(かとく)相続

★★★★★★★
13 □□□ 戦後、地方公共団体の権限が強化され、地方公共団体の首長も公選されることになったが、これらの基本となった法律を何というか。 | 地方自治法

★★★★★
14 □□□ 人口5000人以上の市町村長の所轄とし、市町村公安委員会によって運営された警察を何というか。 | 自治体警察

★★★
15 □□□ 首相に直属し国家公安委員会によって運営され、自治体警察が設置されない地域を所轄した警察を何というか。 | 国家地方警察

★★★★
16 □□□ 戦前に地方行政や警察に権力をふるってきたが、GHQの命令で廃止された省庁は何か。 | 内務省(ないむしょう)

■生活の混乱と大衆運動の高揚

★★★★★★
1 □□□ 武装解除された軍人や兵隊が各自の家庭に帰り、平時の生活に戻ることを何と呼んだか。 | 復員(ふくいん)

★★★★★★
2 □□□ 敗戦時にアジア諸地域に在留した民間人は、敗戦によって日本本土へ帰国することになったが、この海外在留日本人の帰国を何というか。 | 引揚(ひきあ)げ

★★★★★★
3 □□□ 敗戦の混乱のなかで、各地に生まれた露店(ろてん)形式で、公定価格外の自由取引市場のことを何というか。 | 闇市(やみいち)

★★★★★☆☆
4 □□□ 敗戦の混乱のなかで、深刻な食料不足から、人々は農村へ食料購入に出かけたが、これを何というか。 — 買出し

★★★★★★☆
5 □□□ 敗戦後のインフレーション阻止のため1946(昭和21)年2月に公布され、預金を封鎖して新銀行券と旧円を交換した法律を何というか。 — 金融緊急措置令(そち)

★★★★★★☆
6 □□□ 戦後、鉄鋼・石炭などの基礎資材を増産するため、これらに資金・労働力などを優先的に集中投入した政策を何というか。 — 傾斜生産方式(けいしゃ)

★★★★★☆☆
7 □□□ 1947年に設立され、石炭・鉄鋼・電力などの基幹産業に資金を提供した政府の金融機関を何というか。 — 復興金融金庫(復金)

★★★★★★★
8 □□□ 戦後の労働運動の高まりのなかで、官公庁の組合を中心に大規模なゼネストが計画されたが、決行前日に中止された。これを何というか。 — 二・一ゼネスト計画(に いち)

★★★☆☆☆☆
9 □□□ 二・一ゼネストの計画を進めた組織名をあげよ。 — 全官公庁共同闘争委員会(かんこうちょう)

★☆☆☆☆☆☆
10 □□□ 二・一ゼネストが計画されたのは西暦何年のことか。 — 1947年

★★★★★☆☆
11 □□□ 二・一ゼネストに対し中止を命じた機関は何か。 — GHQ

★★☆☆☆☆☆
12 □□□ 強権的な農産物の供出や地主の土地取上げの反対などのために、1946年に結成された、戦後の農民運動の中心的組織を何というか。 — 日本農民組合

★★☆☆☆☆☆
13 □□□ 1947年に、農民の農業経営や生活擁護の活動のために、各地に設立された組織を何というか。 — 農業協同組合(農協)

★★★★★★★
14 □□□ 日本社会党は、新憲法公布後の総選挙で第1党となり、1947年に同党を中心とする連立内閣をつくったが、その首班はだれか。 — 片山哲(かたやまてつ)

★★★★★★☆
15 □□□ 日本進歩党は1947年に民主党となり、翌年連立内閣を成立させたが、昭和電工事件で倒れた。この内閣の首班はだれであったか。 — 芦田均(あしだ ひとし)

★★★★★☆☆
16 □□□ 片山哲内閣・芦田均内閣で、与党となって労使協調を主張した政党を何というか。 — 国民協同党

❷ 冷戦の開始と講和

用語集 p.339〜345

冷戦体制が形成されていくなかで、日本の占領政策が転換され、サンフランシスコ平和条約の調印によって独立にいたった。占領期における一連の改革によって、思想や言論に対する国家の抑圧が取り除かれ、従来の価値・権威は大きく否定された。かわってアメリカ的な生活様式や大衆文化が流れ込み、日本の人々に受け入れられていった。

■冷戦体制の形成と東アジア

★★★★★★★ 1 □□□	第二次世界大戦後、資本主義陣営(西側)と社会主義陣営(東側)とが国際間の重要問題について鋭く対立した状態を、実際の戦争に対して何と呼んだか。	冷戦(れいせん)(冷たい戦争)
★★★ 2 □□□	1947(昭和22)年に、アメリカ大統領がアメリカの安全のため、ソ連「封じ込め」政策の必要を宣言したが、これを何というか。	トルーマン＝ドクトリン
★★★★★ 3 □□□	1947年に、アメリカは共産主義勢力の国際的進出に対抗して、西欧諸国の経済復興を援助する方針をとったが、これを何というか。	マーシャル＝プラン
★★★★ 4 □□□	1949年に、アメリカは西欧諸国とともに、ソ連「封じ込め」の一環として共同防衛組織を結成したが、これを何というか。	北大西洋条約機構(NATO(ナトー))
★★★★ 5 □□□	ソ連は1949年に原爆を開発し、1955年にはソ連と東ヨーロッパ7カ国で友好協力相互援助条約を締結した。この条約による集団安全保障機構を何というか。	ワルシャワ条約機構
★★★★★★★ 6 □□□	日中戦争終了後、中国で1945年11月から内戦を再開した2つの勢力をあげよ。	国民党(国民政府)・共産党
★★★★★★★ 7 □□□	国民党・共産党の勢力のうち、中国内戦でアメリカの援助を受けた勢力はどちらか。また、その主席はだれか。	国民党・蔣介石(しょうかいせき)
★★★★★★★ 8 □□□	1949年に、中国共産党によって樹立された国を何というか。	中華(ちゅうか)人民共和国
★★★★★★★ 9 □□□	1949年に、中華人民共和国の国家主席に就任したのはだれか。	毛沢東(もうたくとう)

★★★★★★★

10 □□□ 1948年に、朝鮮半島南部のアメリカ軍占領地に成立した国を何というか。

大韓民国(韓国)

★★★★★★★

11 □□□ 1948年に、朝鮮半島北部のソ連軍占領地に成立した国を何というか。

朝鮮民主主義人民共和国(北朝鮮)

★★★★★★★

12 □□□ 1948年に朝鮮半島に成立した、2つの国の境界線はどこか。

北緯38度線

■占領政策の転換

★★★★★★★

1 □□□ 1948(昭和23)年に、GHQの指令を受け芦田均内閣は、労働運動の是正のため、公務員のストライキ(争議)を禁止する政令を出したが、この政令を何というか。

政令201号

★★★★★★★

2 □□□ 政令201号にもとづき改正された、公務員の争議権を否定することを明記した法律を何というか。

国家公務員法

★★★★★★★

3 □□□ 日本経済の自立のため、1948年12月に、GHQが総予算の均衡・徴税強化・賃金安定などの指示を行ったが、これを何というか。

経済安定九原則

★★★★★★★

4 □□□ GHQの招きで1949年に来日したアメリカの特別公使が示した経済政策を何というか。

ドッジ=ライン

★★★★★★★

5 □□□ ドッジ=ラインの政策で、円とドルの換算について単一為替レートが採用されたが、1ドルは何円に固定されたか。

360円

★★★★★★★

6 □□□ 日本経済の自立のために、アメリカが派遣した使節団による税制改革の勧告を何というか。

シャウプ勧告

★★★★★★★

7 □□□ ドッジ=ラインが強行されるなかで不況が深刻化し、労働運動が激化した。そのような情勢のなか、国鉄の人員整理の発表直後に、国鉄総裁が轢死体で発見されたが、この事件を何というか。

下山事件

★★★★★★★

8 □□□ 国鉄の人員整理が進むなかで、東京都のある駅構内で無人電車が暴走した事件を何というか。

三鷹事件

★★★★★★★

9 □□□ 国鉄の人員整理が進むなかで、福島県のある駅付近でおこった列車転覆事件を何というか。

松川事件

★★★★★★★
10 □□□ 下山事件・三鷹事件・松川事件など国鉄をめぐる真相不明の事件は、西暦何年におこったか。 | 1949年

■朝鮮戦争と日本

★★★★★★★
1 □□□ 北緯38度線を境に南北に分立した国家の間で発生した戦争を何というか。 | 朝鮮戦争

★★★★★★★
2 □□□ 朝鮮戦争が発生したのは西暦何年か。 | 1950年

★★★★★★★
3 □□□ 朝鮮戦争で韓国を援助した軍事力を何というか。その主力となった国も答えよ。 | 国連軍・アメリカ

★★★★★★★
4 □□□ 朝鮮戦争で北朝鮮を援助した軍事力を何というか。 | 中国人民義勇軍(ぎゆう)

★★★★★★★
5 □□□ 朝鮮戦争は1953(昭和28)年7月に休戦したが、この交渉地となった北緯38度線上の地名をあげよ。 | 板門店(はんもんてん)(パンムンジョム)

★★★★★★★
6 □□□ 二大陣営の対立激化や中国革命の進展にともない、アメリカは対日政策を転換して、日本を「反共の防壁」とするようになった。このためGHQの指令により官公庁その他で共産党幹部や共産主義者が追放されたが、これを何というか。 | レッド=パージ

★★★★★★★
7 □□□ 朝鮮戦争の勃発直後、在日アメリカ軍の朝鮮出動の軍事的空白を埋める目的で、マッカーサーの指令により新設されたものを何というか。 | 警察予備隊

■講和と安保条約

★★★★★★★
1 □□□ 日本の独立を認めるための連合国との間の講和会議はどこで開催されたか。 | サンフランシスコ

★★★★★★★
2 □□□ サンフランシスコ講和会議は西暦何年に開かれたか。 | 1951年

★★★★★★★
3 □□□ サンフランシスコ講和会議における日本の主席全権はだれか。 | 吉田茂(よしだしげる)

★★★★★★★
4 □□□ 日本と連合国48カ国との間で調印された平和条約を何というか。 | サンフランシスコ平和条約

★★★☆☆☆☆

	問題	解答
5 □□□	アメリカを中心とする対日平和条約に反対し、調印しなかった参戦国で社会主義国は**ソ連**とどこか。2つあげよ。	チェコスロヴァキア・ポーランド

★★★★★☆☆

	問題	解答
6 □□□	代表権問題で**アメリカ**と**イギリス**が対立したために、サンフランシスコ講和会議に招かれなかったアジアの主要参戦国を2つあげよ。	中華民国・中華人民共和国

★★★★★★☆

	問題	解答
7 □□□	アメリカ・イギリスを中心として進められた講和に反対し、**すべての交戦国**との講和と厳正中立を要求する日本国内の主張を何というか。	全面講和論

★★★★★★★

	問題	解答
8 □□□	1951(昭和26)年の平和条約調印と同じ日に調印され、日本国内とその周辺に**アメリカ軍**の駐留(ちゅうりゅう)を認めた条約を何というか。	日米安全保障条約(安保(あんぽ)条約)

★★★★★★★

	問題	解答
9 □□□	1952年に、日米間で、**駐留アメリカ軍**に基地(施設・区域)の提供と駐留費用の分担を約束した取り決めを何というか。	日米行政協定

■占領期の文化

★★☆☆☆☆☆

	問題	解答
1 □□□	科学の発達とその行政・産業・国民生活への反映を目的として、1949(昭和24)年に設置された学界の代表機関を何というか。	日本学術会議

★★★★★★☆

	問題	解答
2 □□□	1949年に、日本人ではじめて**ノーベル賞**を受けた理論物理学者はだれか。	湯川秀樹(ゆかわひでき)

★★★★★★☆

	問題	解答
3 □□□	1949年の**法隆寺金堂壁画焼損**(ほうりゅうじこんどうへきがしょうそん)をきっかけに、国宝やその他芸能などの国家的保護を行うため、翌年に制定された法律を何というか。	文化財保護法

★☆☆☆☆☆☆

	問題	解答
4 □□□	映画は1896(明治29)年に、ラジオ放送は**1925(大正14)年**に始まったが、ラジオの民間放送が始まったのは西暦何年か。	1951年

★★★★★★☆

	問題	解答
5 □□□	1950年に、**「羅生門」**(らしょうもん)でヴェネチア国際映画祭金獅子賞を受賞し、以後も多くの話題作を制作した映画監督はだれか。	黒澤明(くろさわあきら)

第17章 高度成長の時代

❶ 55年体制

用語集 p.346〜353

冷戦構造の世界のなかで、日本では55年体制という政治体制がつくられ、欧米諸国をしのぐ高度経済成長をとげた。新安保条約ではアメリカの日本防衛義務が明文化され、さらに条約付属の文書で在日アメリカ軍の日本および「極東」での軍事行動に関する事前協議が定められた。

■冷戦構造の世界

問題	解答
★★ 1 □□□ 軍拡競争は宇宙開発競争へと進んだが、1957(昭和32)年に、ソ連がはじめて地球の周りをまわる軌道に打上げたものを何というか。	人工衛星（じんこうえいせい）
★ 2 □□□ 1969年に、アメリカの宇宙船によって、人類がはじめて月に到達したが、この宇宙船を何というか。	アポロ11号
★★★★ 3 □□□ 1950年代半ばから東西対立を緩和する動きが生まれたが、この緩和の動きを何というか。	雪どけ
★★★★ 4 □□□ 「雪どけ」の動きを推進したソ連の書記長はだれか。	フルシチョフ
★★★★★ 5 □□□ 1963年にモスクワで米・英・ソ3国外相が調印した核兵器に関する条約は、一般的に何と呼ばれているか。	部分的核実験禁止条約
★★★★★ 6 □□□ 1968年に、核兵器所有国の非所有国への供与禁止と非所有国の製造禁止を内容とする条約が締結されたが、この条約を何というか。	核兵器拡散防止条約
★★ 7 □□□ 西欧6カ国の経済統合のための機構が1957年に調印されたが、この機構名と略称をあげよ。	ヨーロッパ経済共同体・EEC
★★★ 8 □□□ 1967年に、経済のみならず政治面も視野に入れた西側ヨーロッパの協力機構が成立したが、これを何というか。	ヨーロッパ共同体(EC)
★★★★★★ 9 □□□ 1961年に成立した、開発途上国への援助と自由貿易拡大のための機構の名称と略称をあげよ。	経済協力開発機構・OECD
★ 10 □□□ 1956年に、フルシチョフの平和共存提唱とスターリン批判を機に、中国がソ連を修正主義と非難し、両国の関係が悪化して互いに批判し始めた。これを何というか。	中ソ対立(論争)

重要度	番号	問題	解答
★★★☆☆☆☆	11 □□□	中国の劉少奇(りゅうしょうき)国家主席の進める資本主義を導入した近代工業化策に、**毛沢東**(もうたくとう)らが反対したことをきっかけとして、1966年から1976年にかけて毛らを中心に中国全土で展開された思想運動・政治権力闘争を何というか。	文化大革命
★★★★★★★	12 □□□	1954年、中国とインドの首相が主権尊重・相互不可侵(ふかしん)・内政不干渉(ふかんしょう)・平等互恵(ごけい)・平和共存の**平和五原則**を確認しあい、大きな反響を呼んだ。この時の中国の首相とインドの首相名をあげよ。	周恩来(しゅうおんらい)・ネルー
★★★★★★☆	13 □□□	1955年4月に、インドネシアで開催された29カ国による会議で、**平和共存**と**反植民地主義**の宣言が決議されたが、この会議を何というか。	アジア＝アフリカ会議
★★★★★☆☆	14 □□□	**アジア＝アフリカ会議**はインドネシアのどこで開催されたか。	バンドン
★★★★★☆☆	15 □□□	長く西欧諸国の支配下にあったアジアの諸民族は、第二次世界大戦後、次々と独立をはたしたが、ベトナムで1945年に成立した国を何というか。	ベトナム民主共和国
★★★☆☆☆☆	16 □□□	**ベトナム民主共和国**の大統領に就任した指導者はだれか。	ホー＝チ＝ミン
★☆☆☆☆☆☆	17 □□□	**フランス**はベトナム支配の復活をねらい、1946年以来戦争を続けたが、この戦争を何というか。	インドシナ戦争
★★★★☆☆☆	18 □□□	1954年にスイスで開かれた国際会議で、**インドシナ戦争の休戦協定**が成立したが、この都市はどこか。	ジュネーヴ
★★★★☆☆☆	19 □□□	ベトナムにおいて、北部の**ベトナム民主共和国**とともに、南部の**ベトナム共和国**に対して解放闘争を展開した勢力を何というか。	南ベトナム解放民族戦線
★★★★★★☆	20 □□□	1964年のトンキン湾事件を口実に、翌年から北部のベトナム民主共和国に空軍による大規模な攻撃(**北爆**(ほくばく))を行った国はどこか。	アメリカ
★★★★★★★	21 □□□	1965年の北爆によって、**アメリカ**とベトナム民主共和国および南ベトナム解放民族戦線との戦争が本格化したが、この戦争を何というか。	ベトナム戦争
★★★☆☆☆☆	22 □□□	**ベトナム戦争**は西暦何年に終結したか。	1973年

★★★★★☆☆
23 □□□ ベトナム戦争の終結を取り決めた協定を何というか。 ベトナム和平協定

■独立回復後の国内再編

★★☆☆☆☆☆
1 □□□ 1952(昭和27)年のメーデーで、デモ隊と警察隊とが皇居前広場で衝突し、大乱闘になったが、この事件を何というか。 血のメーデー事件(皇居前広場事件)

★★★★★☆☆
2 □□□ 血のメーデー事件をきっかけに、暴力的破壊活動を行った団体を取り締まる法律が制定されたが、これを何というか。 破壊活動防止法(破防法)

★★★★★★★
3 □□□ 1952年のサンフランシスコ平和条約の発効後に警察予備隊が改組され、名称も改められたが、その名称をあげよ。 保安隊

★★★★☆☆☆
4 □□□ 1954年に、新警察法が公布されて警察の一本化がはかられ、警察庁指導下におかれた警察を何というか。 都道府県警察

★★★★★★☆
5 □□□ 1954年に、日本は防衛力を増強することを条件に、アメリカの武器援助や経済援助を受ける協定を結んだが、これらの協定を何というか。 MSA 協定(日米相互防衛援助協定など4協定の総称)

★★★★★★★
6 □□□ MSA 協定の結果、日本の防衛組織は陸・海・空の3部から構成されるようになり、その名称は何と改められたか。 自衛隊

★★★☆☆☆☆
7 □□□ 自衛隊を統轄するため新設された官庁を何というか。 防衛庁

★★★★★★★
8 □□□ 1954年にアメリカの水爆実験が行われた中部太平洋上の場所をあげよ。 ビキニ環礁

★★★★★★★
9 □□□ ビキニ環礁での水爆実験で被爆した日本の漁船を何というか。 第五福竜丸

★★☆☆☆☆☆
10 □□□ 第五福竜丸が被爆した放射能の灰を一般に何と呼んだか。 死の灰

★★★★★★★
11 □□□ 第五福竜丸の被爆事件後、1955年には原水爆の禁止を訴える国際大会が開催されたが、これを何というか。 第1回原水爆禁止世界大会

★★★★★★★
12 □□□ 原水爆の禁止を訴える運動を何というか。 原水爆禁止運動

★★★★★

13 □□□ アメリカ軍の日本における軍事施設や演習場の設置に対する反対運動を何というか。 | 基地反対闘争

★★★★★

14 □□□ 基地反対闘争が全国的規模に広がるきっかけとなった、1952～53年の石川県のアメリカ軍試射場に対する反対運動を何というか。 | 内灘事件

★★★★★★

15 □□□ 1955年、東京都下のアメリカ軍基地の拡張に対する反対運動のなかでおこった流血事件を何というか。 | 砂川事件

■55年体制の成立

★★★★★★★

1 □□□ 平和条約締結の是非をめぐって左右に分裂していた日本社会党が1955(昭和30)年に統一され、これに刺激されて日本民主党と日本自由党も合同したが、この合同を何と呼んでいるか。 | 保守合同

★★★★★★★

2 □□□ 1955年に保守合同によって成立した政党の名称をあげよ。 | 自由民主党

★★★★★★★

3 □□□ 自由民主党の初代の総裁はだれか。 | 鳩山一郎

★★★★★★★

4 □□□ 衆議院議員の3分の2弱を占めて政権を保持する自由民主党と、約3分の1を占める野党の日本社会党が議会で対立するという体制を何というか。 | 55年体制

★★★★★★★

5 □□□ 戦後、放置されていた社会主義諸国との関係も、「自主外交」のスローガンのもとで、その改善がはかられた。日ソ間で締結された、戦争終結宣言を何というか。 | 日ソ共同宣言

★

6 □□□ 日ソ共同宣言は西暦何年に締結されたか。 | 1956年

★★★★★★★

7 □□□ モスクワで、日ソ共同宣言に署名した首相はだれか。 | 鳩山一郎

★★★★★★★

8 □□□ 日ソ共同宣言により、ソ連の反対がなくなり、日本が加盟した国際機関は何か。 | 国際連合

★★★★★★★

9 □□□ 日ソ共同宣言のなかで平和条約締結後に、ソ連が返還を約束した北方領土はどことどこか。 | 歯舞群島・色丹島

★★★★★★★

10 □□□ 日本固有の領土として返還を要求している北方領土のうち、日ソ共同宣言でソ連が平和条約締結後の返還を約束しなかったのはどことどこか。 | 国後島・択捉島

■安保条約の改定

★★★★★★★

1 □□□ 1957(昭和32)年に成立し、日米安全保障条約を改定したのは何という内閣か。 — 岸信介内閣

★★★★★★★

2 □□□ 岸信介内閣による日米安全保障条約の改定は、西暦何年に行われたか。 — 1960年

★★★★★★★

3 □□□ 1960年に改定された新安保条約の正式名称を何というか。 — 日米相互協力及び安全保障条約

★★★★★★★

4 □□□ 新安保条約が衆議院で強行採決される前後から、改定阻止・民主主義擁護・内閣打倒を叫ぶ運動が急速に盛り上がり、安保改定阻止国民会議を中心に全学連や市民も激しく反対運動を展開した。この運動を何というか。 — 60年安保闘争

■保守政権の安定

★★★★★★★

1 □□□ 1960(昭和35)年に岸信介内閣にかわり、「寛容と忍耐」をとなえて登場した内閣を何というか。 — 池田勇人内閣

★★★★★★★

2 □□□ 1961年から1970年の間に１人当りの国民所得を２倍にしようとした池田勇人内閣の政策を何というか。 — 所得倍増政策

★★★★★★★

3 □□□ 1964年11月から1972年７月まで、長期にわたり内閣を組織し、ノーベル平和賞を受賞した内閣総理大臣をあげよ。 — 佐藤栄作

★★★★★★★

4 □□□ 佐藤栄作内閣の時、韓国との国交回復がはかられたが、韓国との間に締結された条約を何というか。 — 日韓基本条約

★★★★★★★

5 □□□ 日韓基本条約は西暦何年に締結されたか。 — 1965年

★★★★★★★

6 □□□ 1945年４月以降アメリカ軍の直接軍政下にあり、その後、アメリカの施政権下となっていた日本領が、1972年に正式に返還され本土に復帰した。それはどこか。 — 沖縄

★★★★★★★

7 □□□ 1971年に、佐藤栄作内閣はアメリカ政府と、沖縄の返還に関する正式協定書を調印したが、これを何というか。 — 沖縄返還協定

★★★★☆☆☆

8 □□□ 沖縄や小笠原(おがさわら)諸島の返還にあたり、佐藤栄作内閣がアメリカとの交渉のなかで明確にした「(核兵器を)もたず、つくらず、もち込ませず」という原則があるが、それを何というか。

非核(ひかく)三原則

★★★☆☆☆☆

9 □□□ 1960年に、社会党右派が脱退して西尾末広(にしおすえひろ)を党首として結成された政党を何というか。

民主社会党

★★★☆☆☆☆

10 □□□ 1964年に、創価学会(そうかがっかい)を支持母体として結成された新党を何というか。

公明党(こうめい)

❷ 経済復興から高度経済成長へ

用語集 p.353〜360

高度経済成長期には、日本の国土や社会のありさまが大きく変容した。また、個人所得の増大と都市化の進展によって生活様式に著しい変化が生じ、いわゆる大衆消費社会が形成された。高度経済成長が達成される一方で、深刻な社会問題も生み出された。

■朝鮮特需と経済復興

★☆☆☆☆☆☆

1 □□□ 戦後、不足していた食料は、アメリカの資金援助による緊急輸入で確保されたが、占領地行政救済資金を何というか。

ガリオア資金

★★★★★☆☆

2 □□□ 不況に苦しんでいた日本経済に、朝鮮戦争によって好景気がもたらされたが、この好景気を何と呼んだか。

特需(とくじゅ)景気

★★☆☆☆☆☆

3 □□□ 特需景気のなかで日本は、1952(昭和27)年に相次いで2つの国際金融機関に加盟したが、この2つをあげよ。

国際通貨基金(IMF)・世界銀行(国際復興開発銀行、IBRD)

■高度経済成長

★★★★☆☆☆

1 □□□ MSA協定や朝鮮復興資材の輸出などによってもたらされた、1955(昭和30)年から1957年の好景気を何というか。

神武(じんむ)景気

★★★★★★★

2 □□□ 食料事情・経済情勢も好転し、生活水準も回復したことを受けて、1956年の『経済白書』に記された有名な言葉をあげよ。

「もはや戦後ではない」

★★★★☆☆☆

3 □□□ 1958年から1961年にかけて、従来以上の大型の好景気がおとずれたが、これを何というか。 — 岩戸(いわと)景気

★★★★★☆☆

4 □□□ 1966年から1970年にかけての好景気を何というか。 — いざなぎ景気

★★★★☆☆☆

5 □□□ 1968年に、資本主義諸国のなかで日本はアメリカについでGNP第2位に達したが、GNPとは何か。 — 国民総生産

★★★★★★★

6 □□□ 1955年から1973年にかけての日本経済は、年平均10%前後の成長率を示したが、このような状況をどう呼んでいるか。 — 高度経済成長

★★★★★★☆

7 □□□ 高度経済成長を支えたのは、産業・経済上の画期的な進歩や、それを導入するための工場などの近代化であったが、この技術の進歩と近代化のための投資を何というか。 — 技術革新と設備投資

★★★★★★☆

8 □□□ 高度経済成長期には、新しいエネルギーへの転換が急速に進んだが、新しいエネルギーとは何か。 — 石油

★★★★★★★

9 □□□ 第2次池田勇人(いけだはやと)内閣のもとで、1961年に農産物の需要調整と農業所得安定を目指して農業の近代化と構造改革をはかるために制定された法は何か。 — 農業基本法

★★☆☆☆☆☆

10 □□□ 政府が米や麦などの主要食料を統制・管理する制度とは何か。 — 食糧(しょくりょう)管理制度

★★★★☆☆☆

11 □□□ 日本は欧米諸国の要求に応じて1960年代前半に、日本経済開放のための自由化に踏みきった。何と何の自由化か。 — 為替(かわせ)と資本の自由化

★★★★★★☆

12 □□□ 日本は1964年から国際収支を理由に為替(かわせ)管理を行えない国となったが、このような国を何というか。 — IMF 8条国

★★★★★★☆

13 □□□ 日本は1964年にはOECDに加盟し、資本の自由化が義務付けられたが、OECDの正式名をあげよ。 — 経済協力開発機構

★★★☆☆☆☆

14 □□□ 開放経済体制のもと、大型企業の合併が進み、終身雇用・年功序列型賃金の日本的経営が成立したが、三井(みつい)・三菱(みつびし)など6大都市銀行が、系列企業への融資を通じて6つのグループを形成した。これらのグループを何というか。 — 企業集団

■大衆消費社会の誕生

★★★★★★★

1 □□□ 高度経済成長にともない人口の都市部への集中が進み、周辺部に高層アパート群が建設された。それにともない、1世帯の平均人数も低下し、夫婦と少人数の子どもで構成される家族が多くなったが、そのような家族を何というか。

核(かく)家族

★★★★★★★

2 □□□ 高度経済成長にともない、衣・食・住をはじめ電気器具・自動車などの保持率が急激に高まったが、このような消費生活水準の向上を何というか。

消費革命

★★★★★★★

3 □□□ 「電化元年」といわれた1953(昭和28)年以降、家庭電化製品が急速に普及したが、当時、白黒テレビ・洗濯機・冷蔵庫の3つを何と総称したか。

三種(さんしゅ)の神器(じんぎ)

★★★★★★★

4 □□□ 1960年代後半から70年代にかけて普及した新三種の神器(3C)とは、自動車と何か。2つあげよ。

カラーテレビ・クーラー

★★★★★★★

5 □□□ 1965年、最初に全通した自動車専用高速道路の名称をあげよ。

名神(めいしん)高速道路

★★★★★★★

6 □□□ 1964年に自動列車制御装置など最新の技術を導入し、東京・新大阪間に開通したのは何か。

東海道新幹線

★★★★★★★

7 □□□ 自家用車が急速に普及し、交通手段の主力となったことを何というか。

モータリゼーション

★★★★★★★

8 □□□ 1953年に放送が始まり、1960年代に多くの家庭に普及し、日常生活に欠かせないものになったメディアは何か。

テレビ

★★★★★★★

9 □□□ 『点と線』で有名な社会派推理作家はだれか。

松本清張(まつもとせいちょう)

★★★★★★★

10 □□□ 『坂の上の雲』など多くの歴史小説を著したのはだれか。

司馬遼太郎(しばりょうたろう)

★★★★★★★

11 □□□ 日本人のなかに広がった、人並みの生活階層に属しているという意識を何というか。

中流(ちゅうりゅう)意識

★★★★★★★

12 □□□ 伝統ある文化財を保護し、文化を振興するために1968年に設立された官庁を何というか。

文化庁

★★★★★★★

13 □□□ 湯川秀樹(ゆかわひでき)について、1965年にノーベル物理学賞を受賞したのはだれか。

朝永振一郎(ともながしんいちろう)

★★★★★★★

14 □□□ 新感覚派の代表的作家で、1968年にノーベル文学賞を受賞したのはだれか。

川端康成(かわばたやすなり)

★★★★★★★

15 □□□ 半導体の理論をもとに、エサキダイオードを開発し、1973年にノーベル物理学賞を受賞したのはだれか。

江崎玲於奈(えさきれおな)

★★★★★★★

16 □□□ 1994(平成6)年に、日本人として2人目のノーベル文学賞を受賞したのはだれか。

大江健三郎(おおえけんざぶろう)

★★★★★★★

17 □□□ 1964年に、アジアではじめての世界的スポーツ大会が日本で開催されたが、これを何というか。

オリンピック東京大会(東京オリンピック)

★★★★★★★

18 □□□ 1970年に、「人類の進歩と調和」というテーマで大阪で開かれた世界的な文化事業を何というか。

日本万国博覧会(ばんこくはくらんかい)(大阪万博(ばんぱく))

■高度経済成長のひずみ

★★★★★★★

1 □□□ 高度経済成長がひきおこした様々な問題のなかで、都市への人口集中現象と農山村の人口流出現象があるが、それぞれ何と呼ばれるか。

過密化(かみつ)・過疎化(かそ)

★★★★★★★

2 □□□ 公害(こうがい)対策のために、1967(昭和42)年に制定された法律を何というか。

公害(こうがい)対策基本法

★★★★★★★

3 □□□ 1971年に新設された公害行政と環境保全施策のための官庁を何というか。

環境庁

★★★★★★★

4 □□□ 四大公害訴訟のうち、水俣病(みなまたびょう)の被害者がおこした訴訟は何県のものか、2つあげよ。

熊本県・新潟県

★★★★★★★

5 □□□ 四大公害訴訟のうち、富山県と三重県で発生した公害病はそれぞれ何か。

イタイイタイ病・四日市(よっかいち)ぜんそく

★★★★★★★

6 □□□ 1946年に、被差別部落の差別解消運動が再出発したが、何という組織の結成により進められたか。

部落解放全国委員会

★★★★★★★

7 □□□ 1955年に、部落解放全国委員会は何と改称されたか。

部落解放同盟

★★★★★★★

8 □□□ 1969年に、同和(どうわ)対策審議会の答申により、同和地区の生活環境の改善・社会福祉の向上などを内容とする法律が定められたが、その法律名は何か。

同和(どうわ)対策事業特別措置(そち)法

★★★★★★★

9

□□□ 1982年に制定された、同和地区の生活改善を目指す法律を何というか。

地域改善対策特別措置法

★★★★★★★

10

□□□ 高度経済成長のひずみへの住民の反発は、大都市に社会党・共産党系の首長を登場させたが、このような首長を何というか。

革新首長（かくしんしゅちょう）

★★★★★★★

11

□□□ 革新首長のうち、1967年に東京都知事に当選したのはだれか。

美濃部亮吉（みのべりょうきち）

第18章	激動する世界と日本

❶ 経済大国への道

用語集 p.361〜366

日本は高度経済成長の終焉後も先進諸国のなかでは相対的に高い経済成長を続け、経済大国と呼ばれるようになった。しかしその後、冷戦構造が崩壊し、世界のグローバル化が進むなかで、経済は停滞し、政治も不安定な状態が続いていく。

■ドル危機と石油危機

★★★★★★★ 1 □□□	ニクソン大統領は、1971年に金・ドルの交換を停止する政策を発表したが、この政策による衝撃はどう表現されているか。	ニクソン=ショック
★★★☆☆☆☆ 2 □□□	ニクソン大統領の政策に対して、先進10カ国蔵相会議は通貨調整を行い、日本も従来1ドル=360円の為替レートを308円に改めた。これを何と呼んでいるか。	円切上げ(ドル切下げ)
★★★★★★★ 3 □□□	1973年2月から日本も為替レートが実勢に応じて変動する体制に入った。この体制を何というか。	変動為替相場制
★★★★★★★ 4 □□□	1972(昭和47)年に、中国を突然に訪問し、米中国交正常化の道筋をつけたアメリカ大統領はだれか。	ニクソン
★★★★★☆☆ 5 □□□	1973年に、ニクソン大統領は経済を圧迫したベトナム戦争を終わらせるための協定を結び、戦争を終結させた。この協定を何というか。	ベトナム和平協定
★★★★★★★ 6 □□□	1973年10月、第4次中東戦争が勃発すると、OAPECはイスラエル支援国に対する石油輸出の制限と価格の引上げを実施し、石油不足と価格の高騰は、世界経済に深刻な影響を与えた。この事態を何というか。	第1次石油危機(石油ショック)
★★★★★★★ 7 □□□	第1次石油危機や変動相場制移行を契機とした世界不況打開のため、1975年以来、米・英・仏・独・伊・日の6カ国(翌1976年からカナダが加わる)首脳が毎年会議を開催しているが、この会議を何というか。	先進国首脳会議(サミット)

■高度経済成長の終焉

重要度	No.	問題	解答
★★★★★★★	1	佐藤栄作(さとうえいさく)内閣の退陣後、列島改造論(れっとうかいぞうろん)を掲げて成立した内閣を何というか。	田中角栄内閣(たなかかくえい)
★★★★★★★	2	田中角栄首相はみずから北京(ペキン)におもむき、不正常な状態にあった両国の関係を正常化したが、この時、発表されたものを何というか。	日中(にっちゅう)共同声明(せいめい)
★★★☆☆☆☆	3	日中共同声明は、西暦何年に調印されたか。	1972年
★★★★★★★	4	田中角栄首相は、太平洋ベルト地帯に集中した産業を全国に分散させ、新幹線や高速道路で結ぶという考え方を打ち出したが、これを何というか。	日本列島改造論
★★★★★★☆	5	第1次石油危機による原油価格暴騰で、激しいインフレーションが発生し、人々は異常な物価上昇に苦しんだが、これを何というか。	狂乱(きょうらん)物価
★★★☆☆☆☆	6	田中角栄内閣の時の経済混乱のなかで、日本の経済成長率は戦後はじめてマイナスとなり、以後低成長が続いたが、マイナス成長になったのは西暦何年か。	1974年
★★★★★☆☆	7	田中角栄首相が金脈問題で退陣したあと、「クリーン政治」をスローガンとして組閣したのはだれか。	三木武夫(みきたけお)
★★★★★☆☆	8	三木武夫内閣の時、田中角栄元首相と航空業界をめぐる汚職事件が暴露(ばくろ)されたが、この事件を何というか。	ロッキード事件
★★★★★★☆	9	自民党内の抗争激化と総選挙敗北の責任をとって退陣した、前内閣のあとを受けて1976(昭和51)年に組閣したのはだれか。	福田赳夫(ふくだたけお)
★★★★★★★	10	1978年に、第2条でアジア・太平洋地域での覇権(はけん)反対を表明した条約が、日本の園田直(そのだすなお)外相と中国の黄華(こうか)外相との間で調印されたが、この条約を何というか。	日中平和友好条約
★★★★★☆☆	11	1978年に自由民主党の総裁選挙で勝利したあとに組閣し、1980年の総選挙中に急死したのはだれか。	大平正芳(おおひらまさよし)
★★★★☆☆☆	12	大平正芳首相の急死後、1980年に組閣したのはだれか。	鈴木善幸(すずきぜんこう)

■経済大国の実現

★★★☆☆☆☆

1 □□□ 世界不況からいち早く脱出した日本は、1979(昭和54)年のイラン=イスラーム革命による第2次石油危機を乗り切り、低い成長率であったが確実なのびを示した。この時期の経済成長をどう呼んでいるか。

安定成長

★★★★☆☆☆

2 □□□ 低い経済成長のなかで利益をあげるため、企業は省エネルギー・人員削減・ME技術の導入でコスト削減をはかった。このような経営手法を何というか。

減量経営

★☆☆☆☆☆☆

3 □□□ 安定成長下の産業では自動車・電気機械のほか、半導体・IC(集積回路)・コンピュータなどが生産をのばし、貿易黒字を拡大した。このような産業分野を何というか。

ハイテク(先端技術)分野

★★★★★★★

4 □□□ 貿易黒字の拡大は、欧米諸国との間に経済問題を発生させたが、これを何というか。

貿易摩擦(まさつ)

★★★★★★★

5 □□□ 貿易黒字の拡大により円為替(かわせ)相場も大きくかわったが、どのようになったか。

円高(えんだか)

★★★★★★☆

6 □□□ 経済大国化した日本は、開発途上国に対する政府の資金供与(きょうよ)も1989(平成元)年に世界第1位となったが、その供与を何というか。

政府開発援助(ODA)

★☆☆☆☆☆☆

7 □□□ 1978年、千葉県に開港した空港名をあげよ。

新東京国際空港

★☆☆☆☆☆☆

8 □□□ 1988年、すでに結ばれていた九州に加え、北海道・本州・四国が陸路で結ばれた。北海道と本州を結んだ陸路の名称をあげよ。

青函(せいかん)トンネル

■バブル経済と市民生活

★★★★☆☆☆

1 □□□ アメリカからの農産物輸入自由化の要求を受け、1988(昭和63)年に輸入自由化を受け入れた産物は何か、2つあげよ。

牛肉・オレンジ

★★☆☆☆☆☆

2 □□□ 貿易摩擦に不満をもつアメリカが、自由な貿易をはばむ日本の構造障壁撤廃を目指して、1989(平成元)年より開始した日米協議を何というか。

日米構造協議

★★★★★★★

3 □□□ 開発途上国のうち1970年代に急速な経済成長をとげた国・地域を、どのように呼んでいるか。

NIES(新興(しんこう)工業経済地域)

★★★★★★★

4 □□□ 1985年に、ニューヨークで開かれた5カ国大蔵大臣(財務大臣)・中央銀行総裁会議で、ドル高是正のための協調介入の合意がなされ、以後、急速に円高が進んだが、その合意を何というか。

プラザ合意

★★★★★★★

5 □□□ 1987年頃から、金融機関や企業にだぶついた資金の流入から、地価や株価が投機的高騰を始めたが、このような経済を何と呼んでいるか。

バブル経済

★★★★★★★

6 □□□ 1982年に、「戦後政治の総決算」をとなえて行財政改革・教育改革・税政改革を推進した内閣を何というか。

中曽根康弘(なかそねやすひろ)内閣

★★★★★★★

7 □□□ 中曽根康弘内閣は電電公社・専売公社・国鉄の民営化を実現したが、それぞれ現在の会社を略称で順にあげよ。

NTT・JT・JR

★★★★★★★

8 □□□ 1989年に、新しい税制度を導入したが、これに対する反発やリクルート事件により退陣した内閣を何というか。

竹下登(たけしたのぼる)内閣

★★★★★★★

9 □□□ 1989年に、竹下登内閣が実施した新しい税を何というか。

消費税

★★★★★★★

10 □□□ 労働運動は後退し、1989年に労使協調的な全国組織が結成された。この全国組織を何というか。

日本労働組合総連合会(連合)

❷ 冷戦の終結と日本社会の変容

用語集 p.366〜375

冷戦の象徴であった「ベルリンの壁」は打ちこわされ、1990年に東西ドイツが統一を実現した。1991年末にはソ連が解体し、東西対立の構造が崩れた。日本国内では1990年代に入ると、「バブル経済」が崩壊し平成不況となった。少子・高齢社会をはじめ、日本社会は様々な課題に直面している。

■冷戦から地域紛争へ

★★★★★★★

1 □□□ アメリカのレーガン大統領やイギリスのサッチャー首相らは、ケインズ政策を批判して、政府支出を抑制し「小さな政府」の実現を目指した。このような主義を何というか。

新自由(新保守)主義

★★★★★★☆
2 □□□ 1985(昭和60)年にソ連共産党書記長となり、**ペレストロイカ**(国内体制の立直し)・**グラスノスチ**(情報公開)などの改革を実施し、新思考外交を展開した人物はだれか。
ゴルバチョフ

★★★★☆☆☆
3 □□□ **ゴルバチョフ**と**レーガン**米大統領との首脳会談のあと、1987年に、ある核兵器の全廃条約が締結されたが、この条約名をあげよ。
中距離核戦力(INF)全廃条約

★★★★★☆☆
4 □□□ **ゴルバチョフ**ソ連共産党書記長のもとで、ソ連は1979年以来、親ソ政権擁護のため侵攻していたある国から撤兵したが、その国はどこか。
アフガニスタン

★★★★★★★
5 □□□ 1989年12月には、**ゴルバチョフ**ソ連共産党書記長と**ブッシュ**米大統領が地中海の**マルタ島**で会談をもち、画期的な宣言がなされたが、その内容は何か。
冷戦(れいせん)終結

★★★★★☆☆
6 □□□ **冷戦終結**が宣言されたあと、東西ドイツの統一が実現するが、西暦何年のことか。
1990年

★★★★★☆☆
7 □□□ **冷戦終結後**、ソ連の経済再建・政治改革はうまく進まず、ソ連邦・ソ連共産党は崩壊したが、これは西暦何年のことか。
1991年

★★★★★★★
8 □□□ 1990年にイラクが**クウェート**に侵攻し、国連決議を背景にアメリカ軍を中心とする多国籍軍がイラク軍を攻撃して、**クウェート**の占領を解除した。この戦争を何というか。
湾岸(わんがん)戦争

★★★★★★☆
9 □□□ 湾岸戦争に際して、アメリカから「国際貢献」を求められた日本は、**国連平和維持活動**に協力し、自衛隊の海外派(は)兵(へい)を可能とする法律を1992(平成4)年に制定した。**国連平和維持活動**をアルファベット3文字で何というか。
PKO

■55年体制の崩壊

★★★☆☆☆☆
1 □□□ 1989(平成元)年に、リクルート事件で退陣した竹下登(たけしたのぼる)内閣のあとに成立したが、参議院議員選挙で自民党が過半数を割るという大敗で辞職した内閣を何というか。
宇野宗佑(うのそうすけ)内閣

★★★☆☆☆☆
2 □□□ 1989年に組閣し、**湾岸戦争**(わんがん)の際に多国籍軍に多額の支出を行った内閣を何というか。
海部俊樹(かいふとしき)内閣

★★★★★☆☆

3 □□□ 1992年に、国連平和維持活動(PKO)協力法を成立させ、カンボジアに自衛隊を派遣したが、1993年の総選挙で与党自民党が分裂して過半数を失い、総辞職した内閣を何というか。

宮沢喜一内閣（みやざわきいち）

★★★★★★★

4 □□□ 1992年に、日本新党を結党し、政治改革を旗印に1993年、非自民8党派連立内閣で首相となり、55年体制を崩壊させたのはだれか。

細川護熙（ほそかわもりひろ）

★★★★★★★

5 □□□ 1994年6月に、羽田孜（はたつとむ）内閣の総辞職後、自民党・社会党の連合で総理に指名された日本社会党の委員長はだれか。

村山富市（むらやまとみいち）

★★★☆☆☆☆

6 □□□ 1994年に二大政党制を目指し、野党4党などによって結党され、その後1997年には6会派に分裂した政党を何というか。

新進党（しんしん）

★★★★★★☆

7 □□□ 1996年に、自社連立で、自民党総裁を総理とする内閣が成立したが、総理大臣になったのはだれか。

橋本龍太郎（はしもとりゅうたろう）

★★☆☆☆☆☆

8 □□□ 橋本龍太郎内閣とクリントン米大統領との間で、アジア・太平洋地域安定のためアメリカ軍兵力の維持を確認する宣言が出され、これにより「日米防衛協力のための指針」(ガイドライン)の見直しが行われた。この宣言を何というか。

日米安保共同宣言（にちべいあんぽ）

★★★★★☆☆

9 □□□ 橋本龍太郎内閣により消費税は何%から何%に定められたか。

3%から5%に

★★★★☆☆☆

10 □□□ 橋本龍太郎内閣のあとを受け、自民党単独内閣をスタートさせた人物はだれか。

小渕恵三（おぶちけいぞう）

★★★☆☆☆☆

11 □□□ 小渕恵三内閣は野党の反対を押し切り、3つの法案を制定し、日本がアメリカ軍を支援する体制を整えたが、その3法を何と総称するか。

新ガイドライン関連法

★★★★☆☆☆

12 □□□ 「日の丸」を国旗、「君が代」を国歌とする国旗・国歌法を制定した内閣を何というか。

小渕恵三内閣

■平成不況下の日本経済

★☆☆☆☆☆☆

1 □□□ バブル経済は、まず株価が、続いて地価が下落して、出口のみえない深刻な複合不況に突入したが、それは西暦何年のことか。 — 1991年

★★★★★☆☆

2 □□□ 複合不況下で企業は事業の整理、人員削減により大胆な経営の効率化をはかり、大量の失業者が生まれたが、この経営の効率化を何というか。 — リストラ

■現代の諸課題

★★★★★★★

1 □□□ 1995(平成7)年1月に、神戸市やその南部で発生し、約6400人の死者を出した災害は何か。 — 阪神(はんしん)・淡路(あわじ)大震災(だいしんさい)

★★★★★☆☆

2 □□□ 1995年、オウム真理教が東京でおこしたテロ事件を何と呼ぶか。 — 地下鉄サリン事件

★★★☆☆☆☆

3 □□□ 1997年、地球温暖化を防止することを目的に、温室効果ガス排出削減目標を定めた議定書(ぎていしょ)を何というか。 — 京都議定書

★★★★★★★

4 □□□ 森喜朗(もりよしろう)内閣が低支持率のなかで退陣に追い込まれ、構造改革や郵政民営化をとなえる人物が2001年4月に内閣を組織したが、だれか。 — 小泉純一郎(こいずみじゅんいちろう)

★★★★★★☆

5 □□□ 小泉純一郎首相が国交正常化交渉のため2002年9月に訪問し、日本人拉致(らち)問題について話し合った国はどこか。 — 朝鮮民主主義人民共和国(北朝鮮)

★★★★☆☆☆

6 □□□ 2001年9月に、アメリカで世界貿易センタービルや国防総省などに対する同時多発テロがおきたが、この時のアメリカ大統領はだれか。 — ブッシュ(子)大統領

★★★☆☆☆☆

7 □□□ アメリカは同時多発テロ事件の報復としてテロ組織アル=カーイダの本拠を攻撃したが、それはどこの国か。 — アフガニスタン

★★★★★★☆

8 □□□ 2009年、衆議院総選挙で民主党が圧勝し、民主党政権が誕生したが、組閣した首相はだれか。 — 鳩山由紀夫(はとやまゆきお)

★★★★★★★

9 □□□ 2011年3月11日に東北地方の太平洋沖を震源とする大地震が発生し、地震による巨大な津波で深刻な被害をもたらした災害を何というか。 — 東日本大震災

索引

この索引は、解答として掲載している用語のページを示しています。

■ う ■

■ え ■

■ お ■

■ か ■

■ き ■

索引

■ こ ■

■ さ ■

■ し ■

索引

■ た ■

■ へ ■

■ ほ ■

索引

■ ま ■

■ み ■

■ む ■

■ め ■

■ も ■

■ や ■

■ ゆ ■

■ よ ■

山川 一問一答日本史

2024年 1 月　初版発行

編者　日本史一問一答編集委員会
発行者　野澤武史
印刷所　明和印刷株式会社
製本所　有限会社　穴口製本所
発行所　株式会社　山川出版社
〒101-0047　東京都千代田区内神田 1-13-13
電話 03(3293)8131(営業)　03(3293)8135(編集)
https://www.yamakawa.co.jp/
装幀　水戸部功
本文デザイン　株式会社　ウエイド(山岸全)

＊＊＊＊

ISBN978-4-634-01224-0　NYZH0101